Diana Schmidt

Erfolgreich Programmieren mit Ada

Unter Berücksichtigung
des objektorientierten Standards

Springer-Verlag Berlin Heidelberg GmbH

Prof. Dr. Diana Schmidt
Studiengang Medizinische Informatik
der Universität Heidelberg/FH Heilbronn
Fachhochschule Heilbronn
Max-Planck-Straße 39
D-74081 Heilbronn

ISBN 978-3-642-63407-9

Die Deutsche Bibliothek – CIP-Einheitsaufnahme
Schmidt, Diana: Erfolgreich programmieren mit Ada: unter Berücksichtigung des objektorientierten
Standards / Diana Schmidt. - Berlin; Heidelberg; New York; London; Paris; Tokyo; Hong Kong;
Barcelona; Budapest: Springer, 1994
ISBN 978-3-642-63407-9   ISBN 978-3-642-57935-6 (eBook)
DOI 10.1007/978-3-642-57935-6

Dieses Werk ist urheberrechtlich geschützt. Die dadurch begründeten Rechte, insbesondere die der
Übersetzung, des Nachdrucks, des Vortrags, der Entnahme von Abbildungen und Tabellen, der
Funksendung, der Mikroverfilmung oder der Vervielfältigung auf anderen Wegen und der Speicherung in Datenverarbeitungsanlagen, bleiben, auch bei nur auszugsweiser Verwertung, vorbehalten.
Eine Vervielfältigung dieses Werkes oder von Teilen dieses Werkes ist auch im Einzelfall nur in den
Grenzen der gesetzlichen Bestimmungen des Urheberrechtsgesetzes der Bundesrepublik Deutschland vom 9. September 1965 in der jeweils geltenden Fassung zulässig. Sie ist grundsätzlich
vergütungspflichtig. Zuwiderhandlungen unterliegen den Strafbestimmungen des Urheberrechtsgesetzes.

© Springer-Verlag Berlin Heidelberg 1994
Ursprünglich erschienen bei Springer-Verlag Berlin Heidelberg New York 1994

Die Wiedergabe von Gebrauchsnamen, Handelsnamen, Warenbezeichnungen usw. in diesem Werk
berechtigt auch ohne besondere Kennzeichnung nicht zu der Annahme, daß solche Namen im Sinne
der Warenzeichen- und Markenschutz-Gesetzgebung als frei zu betrachten wären und daher von
jedermann benutzt werden dürften.

Umschlaggestaltung: Konzept & Design, Ilvesheim
Satz: Reproduktionsfertige Vorlage der Autorin
SPIN 10059695   45/3140 – 5 4 3 2 1 0 – Gedruckt auf säurefreiem Papier

Vorwort

Als Ada 1983 auf den Markt kam, war es die einzige standardisierte Sprache, die in großem Umfang anerkannte Prinzipien des Software Engineering unterstützte. Die Skepsis war groß, ob durch Anwendung dieser Prinzipien mit Ada wirklich transparente, zuverlässige und wartbare Softwaresysteme pünktlich fertiggestellt werden können. Zwischen Anspruch und Wirklichkeit klafft ja nur allzu oft eine große Lücke.

Heute können wir auf elf Jahre Erfahrung mit Ada zurückblicken. Es hat sich gezeigt, daß das Codieren und Übersetzen einer größeren Anwendung in Ada etwas länger dauern kann als in manchen anderen Sprachen, dafür aber die Anzahl der nach der Übersetzung verbliebenen Fehler und der Aufwand, sie zu lokalisieren, auf einen Bruchteil reduziert wird. Insgesamt bringt Ada also schon bis zum Ende der Testphase eine erhebliche Kostenersparnis — vorausgesetzt, man wendet die Programmierprinzipien an, die Ada unterstützt. In der Wartungsphase (also bei Fehlerbehebung, funktionalen Änderungen und Portierungen), die bei großen Programmsystemen typischerweise mehr kostet als die Hardware und die Programmerstellung zusammengenommen, zeigt Ada genauso große Vorteile wie in der Testphase.

Die Erfahrung der frühen Jahre, daß man den Einsatz von Ada mit ineffizientem Code bezahlen muß, gilt auch längst nicht mehr. Wer also heute ein größeres Programm entwickelt, hat allen Grund, es in Ada zu schreiben. Dieses Buch soll die nötigen Kenntnisse der Sprache und der dazugehörigen Methoden vermitteln. Es behandelt dabei auch objektorientierte Methoden und ihren Einsatz in der unmittelbar bevorstehenden neuen Version der Sprache.

An der Entstehung dieses Buches waren viele Menschen beteiligt, denen ich danken möchte. Das Buch ist aus Ada-Schulungen entstanden, die ich seit 1986 entwickle und halte und immer wieder aufgrund der Reaktionen der Schulungsteilnehmer verbessert und ausgebaut habe; ihre Äußerungen und Vorschläge haben also wesentlich dazu beigetragen. Georg Winterstein regte mich dazu an, das Buch zu schreiben; seinen Hinweisen verdanke ich wertvolle Erkenntnisse, die in dieses Buch eingeflossen sind. Von meinen ehemaligen Kollegen bei Alsys GmbH habe ich sehr viel über Methoden und Prinzipien erfolgreichen Programmierens und über Ada gelernt. Sie haben die Compiler gebaut, die alle Programmbeispiele und Musterlösungen in diesem Buch übersetzt haben, und sie waren immer gerne bereit, ihr Können einzusetzen und mir mit Rat und auch praktischer Hilfe beizustehen. Insbesondere haben Manfred Dausmann, Wolf-Dieter Heker, Wolfgang Herzog und Erich Zimmermann durch kritisches Lesen größerer Teile des Manuskripts und Diskussionen über seinen Inhalt das Buch ganz entscheidend verbessert. Wolfgang Herzog hat außerdem mit großer Geduld viele mehr oder weniger knifflige Ada-Fragen beantwortet. Hans Wössner und Barbara Gängler vom Springer-Verlag verdanke ich viele Verbesserungen im großen und im kleinen, die die endgültige Form des Buches wesentlich beeinflußt haben.

Ganz besonders danke ich meiner Familie: Robin gestaltete die Bilder, Martin lieferte den nötigen Optimismus, Christopher stand mir als PC-Experte zur Seite, und mein Mann Norbert setzte sich immer überall ein, wo noch Hilfe nötig war.

Karlsruhe, Juli 1994   Diana Schmidt

Inhaltsverzeichnis

1	**Einleitung**	1
1.1	Die Terminologie	2
1.2	Die Programmbeispiele	3
1.3	Die Übungsaufgaben	3
1.4	Ada 9X	4
2	**Der Werdegang von Ada**	5
2.1	Die Software-Krise	5
2.2	Ein Weg aus der Krise	7
2.3	Die Suche nach einer Sprache	8
2.4	Verbesserung und Standardisierung	10
2.5	Chronologischer Überblick	11
2.6	Was ist Validierung?	12
2.7	Die Entwicklungsumgebung	13
3	**Erfolgreiches Programmieren und Ada**	15
3.1	Abstraktion	16
3.1.1	Abstraktion von Daten	17
3.1.2	Abstraktion von Aktionen	18
3.2	Programmentwurf	19
3.3	Lesbarkeit und Transparenz	22
3.4	Modularisierung und getrennte Übersetzung	24
3.5	Spezifikation, Schnittstelle, Implementierung	24
3.6	Geheimnisprinzip	25
3.7	Arbeitsteilung	26
3.8	Zuverlässigkeit	27
3.8.1	Strenge Typisierung	28
3.8.2	Laufzeitfehlerkonzept	28

3.9	Wiederverwendbarkeit	29
3.10	Wartbarkeit	29
3.11	Portierbarkeit	30
3.12	Maschinennahes Programmieren	30
3.13	Parallele Prozesse und Echtzeit	31
3.14	Sprachübersicht	31
4	**Ein einfaches Ada-Programm**	**33**
4.1	Bemerkungen zur Syntax	35
5	**Anweisungen**	**39**
5.1	Einfache Anweisungen	40
5.2	Bedingte Anweisungen	42
5.2.1	Die IF-Anweisung	42
5.2.2	Die CASE-Anweisung	45
5.3	LOOP-Anweisungen	47
5.4	Blockanweisungen	52
5.5	Übung 1: Anweisungen	54
6	**Unterprogramme**	**57**
6.1	Unterprogramme und ihre Schnittstellen	59
6.2	Die Implementierung eines Unterprogramms	61
6.3	Lokale Unterprogramme	62
6.4	Stummel und Untereinheiten	67
6.5	Explizite Unterprogrammvereinbarungen	70
6.6	Verdecken und Überladen	72
6.7	Bibliotheksunterprogramme	75
6.8	Unterprogramme und das Geheimnisprinzip	78
6.9	Spezifikation des Vokabel-Trainers	78
6.9.1	Funktionaler Überblick	79
6.9.2	Funktionale Beschreibung	79
6.10	Übung 2: Entwurf eines Ada-Programms	80
6.10.1	Objekte, Aktionen und Eigenschaften	81
6.10.2	Was bezieht sich auf welches Objekt?	83
6.10.3	Formulierung in Ada	84
6.11	Lösung zur Entwurfsübung	85

6.11.1	Objekte, Aktionen und Eigenschaften	85
6.11.2	Ada-Darstellung der Objekte	86
6.11.3	Ada-Darstellung der Aktionen/Eigenschaften	87
6.12	Übung 3: Aufruf von Unterprogrammen	89
7	**Daten: Typen und Objekte**	**93**
7.1	Aufzählungstypen	95
7.2	Operatoren	101
7.3	Der Typ boolean	102
7.4	ARRAY-Typen	104
7.4.1	Uneingeschränkte ARRAY-Typen	108
7.4.2	Aggregate und Ausschnitte	110
7.4.3	Mehrdimensionale ARRAYs	113
7.4.4	Attribute und Operatoren	115
7.5	RECORD-Typen	116
7.5.1	RECORDs mit Variantenteil	118
7.5.2	Mehr RECORD-Typen mit Diskriminanten	121
7.5.3	Diskriminanten mit Vorbesetzung	125
7.6	ACCESS-Typen	126
7.7	Verkettete Strukturen	130
7.8	Numerische Typen	133
7.8.1	Gleitpunkttypen	137
7.8.2	Festpunkttypen	141
7.9	Abgeleitete Typen, Typkonvertierung	143
7.10	Übung 4: Typen und Unterprogramme	147
8	**Pakete**	**149**
8.1	Ein einfaches Paket	150
8.2	Die USE-Klausel	151
8.3	Der Aufbau eines Pakets	156
8.4	Ein Paket mit Implementierungsdetails	158
8.4.1	Anwendung des Pakets	161
8.4.2	Der Paketrumpf	162
8.5	Ein weiteres Paketbeispiel	164
8.6	Private Typen	169
8.7	LIMITED PRIVATE Typen	172
8.8	PACKAGE liste mit privatem Typ	175
8.9	Paket mit Anweisungen	178
8.10	Übung 5: Anwendung eines Pakets	179

9	Getrennte Übersetzung	183
9.1	Die Bibliothek	183
9.2	Übersetzungseinheiten	184
9.3	Abhängigkeiten zwischen Einheiten	185
9.4	Ein Beispiel	187
9.4.1	Eine Alternativstruktur	190
9.5	Modulare Struktur eines Ada-Programms	191
9.6	Übung 6: Sichtbarkeit im Ada-Programm	192
9.7	Übung 7: Struktur des Vokabel-Trainers	193
9.8	Lösung zu Übung 6	194
9.9	Lösung zu Übung 7	195

10	Abarbeitung	199
10.1	Lokale Abarbeitungsfehler	201
10.2	Abarbeitung von Bibliothekseinheiten	203
10.3	PRAGMA elaborate	206

11	Ein-/Ausgabe	211
11.1	Textausgabe	212
11.2	Textausgabe von Zahlen und Aufzählungswerten	215
11.3	Portable benutzerdefinierte Ein-/Ausgabe	220
11.4	Texteingabe	222
11.5	Texteingabe von Zahlen und Aufzählungswerten	225
11.6	Übung 8: Text-Ein-/Ausgabe	227
11.7	Umgang mit Dateien	228
11.8	Übung 9: Ein-/Ausgabe im internen Format	231

12	Schablonen	237
12.1	Eine einfache generische Prozedur	240
12.2	Ausprägungen als Bibliothekseinheiten	243
12.3	Die Übersetzungsreihenfolge bei Schablonen	245
12.4	PACKAGE liste als Schablone	246
12.5	Ein generisches Mengenpaket	248
12.6	Eine generische formale Prozedur	253
12.7	Eine generische formale Funktion	257
12.8	Übung 10: Schablonen	263

13	**Fehler**	**269**
13.1	Ausnahmen	269
13.2	Das Auslösen von Ausnahmen	271
13.3	Primitive Ausnahmebehandler	273
13.4	Ausnahmen behandeln und weiterreichen	276
13.5	Wiederholungsversuche	278
13.6	Weiterreichen von Ausnahmen	281
13.7	Übung 11: Ausnahmebehandlung	283
13.8	Übung 12: Ausnahmebehandlung	283
13.9	Übung 13: Programmerweiterung	283
13.10	Fehler, die das Ada-System nicht erkennt	284
13.10.1	Erroneous execution	284
13.10.2	Incorrect order dependences	286
14	**Parallele Prozesse**	**291**
14.1	Einleitung	291
14.2	Rendezvous	292
14.2.1	Varianten des ENTRY-Aufrufs	293
14.2.2	Varianten der ACCEPT-Anweisung	294
14.3	Vergabe knapper Ressourcen	294
14.4	Identische TASKs	296
14.5	Aktivierung von TASKs	298
14.6	Beendigung von TASKs	299
14.7	Beispiele	300
14.7.1	Beispiel: Privatparkplatz	300
14.7.2	Beispiel: Parkplatzgebühren	303
14.7.3	Beispiel: Viele Autos	307
14.7.4	Beispiel: Verschiedenartige Autofahrer	311
14.7.5	Beispiel: Täglicher Feierabend	318
14.7.6	Beispiel: Mehrklassen-Parkhaus	323
14.8	Attribute für TASKing	327
14.9	Ausnahmen in TASKs	328
14.10	Gemeinsam benutzte Variablen	329
14.11	Ein-/Ausgabe in Programmen mit TASKs	331
15	**Systemnahes Programmieren**	**333**
15.1	Zugriffe auf systemabhängige Größen	334
15.1.1	PACKAGE system	334
15.1.2	Darstellungsattribute	336
15.2	Festlegen der internen Darstellung	338

15.2.1	Längenklauseln	339
15.2.2	Darstellungsklauseln	341
15.2.3	PRAGMA pack	343
15.2.4	Darstellungsklauseln und Effizienz	343
15.2.5	Adreßklauseln	344
15.2.6	Behandlung von Unterbrechungen	346
15.3	Programmteile in anderen Sprachen	353
15.3.1	Unterprogramme in anderen Sprachen	353
15.3.2	Maschinencode-Einfügungen	354
15.4	Freigeben von Speicherplatz	355
15.5	Unterbinden von Typprüfungen	357
16	**Compilerdirektiven: PRAGMAs**	**359**
16.1	Beschleunigung des Programmablaufs	360
17	**Musterlösungen**	**361**
17.1	Lösung zu Übung 1	361
17.2	Lösung zu Übung 3	362
17.3	Lösung zu Übung 4	364
17.4	Lösung zu Übung 5	366
17.5	Lösung zu Übung 8	367
17.6	Lösung zu Übung 9	369
17.7	Lösung zu Übung 10	369
17.8	Lösung zu Übung 11	371
17.9	Lösung zu Übung 12	373
17.10	Lösung zu Übung 13	374
17.11	Vokabel-Trainer: Überblick	376
17.12	Weitere Übersetzungseinheiten	378
18	**Ada 9X**	**387**
18.1	Objektorientiertes Programmieren	389
18.1.1	Begriffsklärung	390
18.1.2	Vererbung: TAGGED Typen	392
18.1.3	Wartbarkeit durch TAGGED Typen	396
18.1.4	Polymorphie: class-wide programming	398
18.1.5	Abstrakte Typen	400
18.1.6	Mehrfache Vererbung	403
18.2	Erweiterung und Gliederung von Paketen	411
18.2.1	Gliederung nichtgenerischer Pakete	411

18.2.2	Gliederung von Paketrümpfen	413
18.2.3	Erweiterung von Paketen	415
18.2.4	Erweiterung generischer Pakete	416
18.3	Neue Möglichkeiten mit ACCESS-Typen	418
18.3.1	„ACCESS-to-subprogram"-Typen	418
18.3.2	ACCESS-Zugang zu vereinbarten Objekten	421
18.4	TASKing-Neuerungen	422

Literaturverzeichnis 425

Stichwortverzeichnis 427

1 Einleitung

Ada unterstützt die Entwicklung von Programmen, die auch bei großem Umfang

- zuverlässig,
- wartbar und
- portabel

sind. Wir werden erst in den nächsten beiden Kapiteln die spezifischen Eigenschaften von Ada ausführlich besprechen.

Dieses Buch setzt beim Leser keine Ada-Kenntnisse voraus. Man braucht aber fundierte Kenntnisse einer blockstrukturierten Sprache wie Pascal oder C. (Es gibt allerdings grundlegende Unterschiede zwischen Ada und C; [Weinert] ist eine Gegenüberstellung, die C-Programmierern die Orientierung und den Umstieg nach Ada erleichtern kann.) Wenn Sie insbesondere mit der Vereinbarung eigener Datentypen, darunter auch RECORD- (Verbund-) Typen, und dem Umgang mit rekursiven Unterprogrammen vertraut sind, sollte dieses Buch für Sie verständlich sein. Andernfalls sollten Sie zuerst das Buch [Schmidt] lesen, um die fehlenden Voraussetzungen zu erwerben. Im Gegensatz dazu behandelt dieses Buch den vollständigen Sprachumfang von Ada.

Dieses Buch soll den sinnvollen Umgang mit Ada vermitteln. Darum wird gleich im Kapitel 2 die Entstehungsgeschichte der Sprache geschildert mitsamt den Zielen ihrer Entwickler. Und im Kapitel 3 werden diese Ziele und die ihnen zugrundeliegenden (größtenteils keineswegs Ada-spezifischen) Ideen erläutert, bevor irgendein Sprachkonstrukt vorgestellt wird. Die Sprachkonstrukte ihrerseits werden aus dem gleichen Grunde durch Programmbeispiele vorgestellt. Dabei weisen wir auf diejenigen Ideen und Prinzipien hin, die das jeweilige Konstrukt unterstützt.

Ada besitzt in [Ada] eine sehr genaue Sprachdefinition. Die Genauigkeit dieser Beschreibung ist unerläßlich für den hohen Grad der Zuverlässigkeit und Portabilität von Ada-Programmen: Vermeintlich unwichtige Aspekte, die in anderen Sprachdefinitionen unerwähnt bleiben und deshalb von

Fall zu Fall (und zumindest von Übersetzer zu Übersetzer) verschieden behandelt werden, sind in [Ada] genau geregelt.

Gerade diese Gründlichkeit aber macht die Sprachdefinition für Ada-Neulinge schwer zu lesen: Wer Ada allein aus der Sprachdefinition lernen will, muß schon sehr viel Erfahrung mit anderen Programmiersprachen mitbringen. Dieses Buch soll [Ada] für Ada-Anwender nicht ersetzen. Es soll sie vielmehr in die Lage versetzen, die Sprachdefinition zu verstehen und zu benutzen. Deswegen enthält dieser Band zum Beispiel nicht die formale Syntaxdefinition, die vollständig und leicht zugänglich in [Ada] zu finden ist.

1.1 Die Terminologie

[Ada] ist die verbindliche Definition der Sprache; eine DIN-Übersetzung ist in [Deutsch-Ada] verfügbar. Für die zahlreichen in [Ada] definierten Begriffe verwenden wir in der Regel die DIN-Übersetzung, wobei wir beim ersten Vorkommen jedes Begriffs den englischen Originalterminus (in Klammern, in der Einzahl bzw. im Infinitiv) dazuschreiben. Die einzigen Ausnahmen sind:

- Begriffe (wie `ARRAY` und `RECORD`) aus [Ada], die mit einem reservierten Ada-Bezeichner übereinstimmen, übersetzen wir meist nicht, sondern verwenden dafür das (großgeschriebene) reservierte Wort.
- Zwei weitere im §13.10 eingeführte Begriffe („erroneous execution" und „incorrect order dependence") sind aus den dort angegebenen Gründen englisch wiedergegeben.

Zu jedem Begriff erscheint (falls er verwendet wird) nicht nur die deutsche Übersetzung, sondern auch der englische Originalbegriff im Stichwortverzeichnis, das sich deswegen gleichermaßen zur Verwendung mit [Ada] und mit [Deutsch-Ada] eignet.

Bei ihrer Einführung setzen wir Begriffe *kursiv*. Eine Unterstreichung dient dagegen der Hervorhebung. Ada-Programmtexte und Teile davon erscheinen in einem besonderen (nichtproportionalen) Schrifttyp: `PROCEDURE ein_ada_programm;`

1.2 Die Programmbeispiele

Das Buch soll den sinnvollen Gebrauch von Ada durch Besprechung von Programmbeispielen vermitteln. Die meisten Unterabschnitte enthalten jeweils genau ein solches Programmbeispiel. In diesem Fall weisen wir nicht explizit auf das Beispiel hin; Bemerkungen über Teile eines Ada-Programms beziehen sich also auf das einzige Beispiel im aktuellen Abschnitt. In den Abschnitten, die mehrere Beispiele enthalten, haben die Beispiele Namen, auf die im Text Bezug genommen wird. Bis auf wenige Ausnahmen ist jedes Beispiel zusammenhängend auf einer Seite abgedruckt.

Jedes Beispiel sollte erst dann gelesen werden, wenn im Text Bezug auf Teile des Beispiels genommen wird. Manche Abschnitte fangen aus umbruchtechnischen Gründen gleich mit einem Beispiel an; auch bei diesen empfiehlt es sich, zunächst mit dem Lesen des erklärenden Textes zu beginnen.

1.3 Die Übungsaufgaben

Wer eine Programmiersprache beherrschen will, muß Programme darin entwickeln. Dieses Buch enthält Aufgaben, deren Bearbeitung das Verständnis des jeweils zuvor besprochenen Stoffs festigt und vertieft. Zu jeder Aufgabe gibt es im Kapitel 17 eine komplette Musterlösung. Da Ada vor allem für große Programmsysteme konzipiert wurde, wird nur in der ersten Übungsaufgabe ein kleines, in sich abgeschlossenes Programm geschrieben. Alle anderen Aufgaben tragen zur Entwicklung eines einzigen, größeren Programms bei: eines Vokabel-Trainers. Um die eigene Lösung zu diesen Aufgaben übersetzen, binden und laufen lassen zu können, braucht man andere Programmteile, die im Kapitel 17 abgedruckt und außerdem als Textdateien auf Diskette für IBM-PC erhältlich sind.

Manche Leser werden die Aufgaben nicht selber lösen wollen, entweder weil sie dieses Buch nicht zum ersten Einstieg in Ada verwenden, sondern zum Schmökern und Nachschlagen, oder weil sie Ada erst beim Schreiben eines eigenen Ada-Programms lernen möchten und dadurch selbst genügend Übungsstoff haben. Um den Preis des Buches für diese Leser nicht unnötig zu erhöhen, wird die oben angesprochene Diskette nicht dem Buch beigelegt, sondern auf Wunsch gegen Einsendung von 10 DM zugeschickt. Die Einsendung kann durch Überweisung geschehen

(Konto Nr. 3411 08 608, Kontoinhaberin Diana Schmidt, Postbank Frankfurt a.M., BLZ 500 100 60) oder per Brief (Diana Schmidt, Battertstr. 17, D-76189 Karlsruhe). Geben Sie auf jeden Fall Ihren Namen und Ihre Adresse an, sowie die gewünschte Diskettengröße ($3\frac{1}{2}$" oder $5\frac{1}{4}$").

1.4 Ada 9X

Bei Fertigstellung dieses Buches ist die erste Revision der Sprachdefinition so weit fortgeschritten, daß der aktuelle Entwurf des neuen Sprachstandards mit großer Wahrscheinlichkeit zum neuen Standard erklärt wird. Der Arbeitstitel der Revision ist Ada 9X, weil sie in einem der neunziger Jahre (sehr wahrscheinlich im Herbst 1994) fertig werden soll, und wir verwenden diesen Namen, um den neuen Sprachstandard vom Standard [Ada] aus dem Jahre 1983 zu unterscheiden. Da die Leser dieses Buches wohl in absehbarer Zeit die neue Sprachdefinition benutzen werden, behandeln wir die Neuerungen darin:

- Zentrale neue Konstrukte, die in [Ada] überhaupt nicht vorhanden sind, besprechen wir im Kapitel 18 mit Beispielen. Dazu gehören insbesondere Konstrukte, die objektorientiertes Programmieren in vollem Umfang ermöglichen.
- Verbesserungen bestehender Konstrukte erwähnen wir dort, wo die betreffenden Konstrukte besprochen werden.

Die Kapitel 1 bis 17 vermitteln also Kenntnisse des zur Zeit gültigen Sprachstandards [Ada] und erwähnen Neuerungen in Ada 9X nur am Rande. Alle Beispiele in diesen Kapiteln, insbesondere auch alle Musterlösungen, wurden durch validierte Compiler nach dem zur Zeit gültigen Sprachstandard überprüft.

2 Der Werdegang von Ada

Um zu verstehen, wie sich Ada von anderen Sprachen unterscheidet, ist es hilfreich zu wissen, warum und wie Ada entwickelt wurde. Das vorliegende Kapitel soll dieses Wissen vermitteln.

2.1 Die Software-Krise

Am Anfang des Computerzeitalters war Hardware so teuer und langsam, daß niemand daran dachte, große Programme zu schreiben. Es ist deshalb nicht verwunderlich, daß die Programmiermethoden und -sprachen, die in dieser Zeit entstanden, sich für die Entwicklung großer Programmsysteme nicht sonderlich gut eigneten.

Im Laufe der Zeit ermöglichten die drastisch sinkenden Hardware-Preise die Verwendung immer größerer Programme, die nun aber in Sprachen geschrieben werden mußten, die gar nicht für große Programme konzipiert wurden. Die Folge war das Syndrom, das in den sechziger Jahren unter dem Namen *Software-Krise* bekannt wurde und sich bis heute überall dort breit macht, wo große Programme mit ungeeigneten Methoden und Sprachen entwickelt werden: Große Software-Systeme wurden meist mit erheblicher Verspätung fertiggestellt und waren trotzdem alles andere als Qualitätsprodukte. Sie waren in der Regel so unüberschaubar, daß sie von vornherein mit Fehlern behaftet und außerdem ausgesprochen wartungsunfreundlich waren. Solche großen Programme hatten aber meist ein langes Leben, in deren Verlauf oft funktionale Änderungen notwendig wurden; sowohl die Behebung der mitgelieferten Fehler als auch die Implementierung funktionaler Änderungen waren enorm kostspielig.

Stellte anfangs die Hardware den Löwenanteil der Kosten, so war seit Anfang der siebziger Jahre bei großen Programmsystemen allein die Wartung der Software (also Behebung von Fehlern und Durchführung funktionaler Änderungen) meist teurer als die Hardware und die Erstellung der Software zusammen. Hinzu kam, daß diese teure Wartung höchst unbefriedigende Ergebnisse lieferte.

Das Fehlen angemessener Methoden und die damit einhergehende mangelnde Eignung der bestehenden Programmiersprachen für die Entwicklung großer Programmsysteme waren zwar die wichtigsten Gründe für die Software-Krise. Wesentlichen Anteil daran hatte aber auch die große Sprachenvielfalt und das Fehlen genauer, weit verbreiteter Standards für die bestehenden Sprachen.

Im technisch-wissenschaftlichen Bereich war FORTRAN weit verbreitet, im kommerziellen Bereich COBOL. Noch umfangreicher als diese beiden Bereiche war aber mittlerweile der neuere Bereich der *computerintegrierten Anwendungen* (*embedded computer application*), in denen der Rechner in einem umfassenderen automatischen System integriert ist. Beispiele sind Rechner in einem Verkehrsleitsystem, Bordcomputer zur Steuerung eines Flugzeugs oder eines Schiffs oder Rechner zur Steuerung einer Bewässerungsanlage. Für diesen Anwendungsbereich gab es keine Standardsprachen außer Assembler; für viele Anwendungen wurde entweder eine ganz neue Sprache oder zumindest eine neue Erweiterung einer existierenden Sprache geschaffen. Je nachdem, ob man verschiedene Dialekte einer Sprache als verschiedene Sprachen auffaßte oder nicht, konnte man damals zwischen 500 und 1500 verschiedene Sprachen in diesem Anwendungsbereich zählen.

Eine Folge dieser Sprachenvielfalt war mangelnde Portabilität der Programme. Bei rascher technischer Entwicklung war es oft nötig, auf einen anderen Rechner umzusteigen, und dies war meist mit hohen Kosten verbunden, weil die benutzte Sprache keine Standardsprache war und folglich auf dem neuen Rechner kein Compiler für sie vorhanden war. Zu den hohen Portierungskosten kamen hohe Ausbildungskosten für das Personal: Jeder, der an der Entwicklung oder Wartung eines Programms in einer solchen Sprache arbeitete, mußte erst die Sprache erlernen. Ein dritter Nachteil der Sprachenvielfalt war das Fehlen von Entwicklungshilfen. Wurde nämlich eine Sprache oder ein Dialekt nur für eine Anwendung entwickelt, reichten meist die erstellten Werkzeuge gerade aus, um Programme übersetzen, binden und laufen zu lassen; an Hilfen wie Testwerkzeuge oder syntaxorientierte Editoren war nicht zu denken. Entsprechend mühsam und deshalb teuer gestaltete sich deswegen die Entwicklung und Wartung eines Programms.

Aber auch bei weitverbreiteten Standardsprachen gab es ähnliche Probleme, wenn auch in geringerem Maße. Die Definitionen dieser Sprachen waren nämlich an sich schon ungenau und ließen außerdem Erweiterungen zu. So war zum Beispiel FORTRAN auf zwei verschiedenen Rechnern durchaus nicht die gleiche Sprache: Programme, die sich mit dem einen Compiler übersetzen ließen, konnten vom anderen als inkorrekt abgelehnt werden, und Programme, die sich von verschiedenen Compilern übersetzen ließen, konnten sich zur Laufzeit ganz verschieden verhalten. Auch bei den Standardsprachen bedeutete deshalb eine Portierung auf einen anderen Rechner meist einen beträchtlichen Aufwand, ebenso wie die Einarbeitung von Mitarbeitern, die zwar die Sprache schon kannten, aber nicht den verwendeten Compiler.

2.2 Ein Weg aus der Krise

Die Gründe für die Software-Krise waren also

- die Verwendung ungeeigneter Methoden und Sprachen,
- die Sprachenvielfalt und
- die mangelnde Standardisierung der vorhandenen Sprachen.

Die Software-Krise traf alle Auftraggeber großer Programmsysteme; am schwersten traf es die größten Auftraggeber, allen voran das Verteidigungsministerium der USA (Department of Defense - DoD). Deswegen suchte das DoD nach Wegen, die daraus resultierenden Kosten einzudämmen. Die von ihr eingeleiteten Untersuchungen ergaben, daß über die Hälfte ihrer Ausgaben für Rechner und Programme im Bereich der computerintegrierten Systeme lag. Die Anwendungen in diesem Bereich waren zwar sehr verschiedenartig, sie hatten aber auch einige Eigenschaften gemeinsam: Sie waren

- sehr groß (hunderttausende oder gar Millionen Zeilen),
- langlebig (mindestens 10 Jahre),
- Anforderungen unterworfen, die sich häufig veränderten,
- stark maschinenabhängig, und
- ihre Zuverlässigkeit war vielfach unabdingbar, weil menschliches Leben von ihrem richtigen Funktionieren abhing.

Im Hinblick auf die generellen Gründe für die Software-Krise suchte das DoD einen Ausweg in der Favorisierung einer Sprache. Diese sollte sich sowohl für große Programme ganz allgemein als auch für computerintegrierte Anwendungen mit den obengenannten Merkmalen besonders eignen und sollte stark standardisiert sein, um eine hohe Portabilität zu gewährleisten.

Anfang 1975 gründete das DoD eine Arbeitsgruppe zur Verfolgung dieser Absicht: die Higher Order Language Working Group (HOLWG).

2.3 Die Suche nach einer Sprache

Die Suche nach einer geeigneten Sprache war ein bedeutendes Projekt, sollte es doch den gesamten Lebenszyklus vieler großer, teurer Programmsysteme beeinflussen. Die Art und Weise, in der die HOLWG dieses Projekt anging, mußte Auswirkungen auf die Qualität des Ergebnisses haben; deswegen ist ihre Vorgehensweise von Interesse, wenn man Ada verstehen will.

Die HOLWG hielt sich an ein scheinbar selbstverständliches und dennoch erstaunlich oft mißachtetes Gebot für erfolgreiche Projekte: Man muß festlegen, was das Ziel des Projekts ist, bevor man es ansteuert. (Anders ausgedrückt: Vor der Implementierung muß immer die funktionale Spezifikation kommen — siehe Kapitel 3.) Das Projekt war die Suche nach einer (eventuell noch nicht existierenden) Sprache; also wurde zunächst eine Anforderungsbeschreibung für die Sprache geschrieben.

Ein weiteres nur scheinbar selbstverständliches Gebot ist, vor einer Entscheidung alle relevanten Informationen einzuholen und insbesondere auch die entsprechenden Fachleute zu befragen. Die HOLWG holte in jedem Stadium des Projekts die Meinung vieler Fachleute ein. Dabei beschränkte sie sich nicht etwa auf militärische Kreise, sondern befragte auch Experten aus der Industrie und den Hochschulen, darunter auch solche aus Europa. Zu verschiedenen Zeitpunkten während des Projekts wandte sich die HOLWG auch an die Öffentlichkeit mit der Bitte um Beteiligung, denn die Sprache, die aus dem Projekt hervorging, sollte eine breite Akzeptanz und eine hohe praktische Anwendbarkeit haben.

Bei einem erfolgreichen Projekt muß man bereit sein, die Anforderungen im Hinblick auf neuere Erkenntnisse oder auf Erfahrungen bei der Durchführung des Projekts zu revidieren und zu ergänzen. Die Erstellung der Anforderungsbeschreibung für die Standardsprache war ein iterativer Prozeß: Beginnend mit der ersten Version „Strawman" wurde jede Version an die oben erwähnten Fachleute geschickt. Ihre zahlreichen Bemerkungen und Vorschläge sowie (in den späteren Versionen) Erfahrungen mit Sprachentwürfen wurden dann in der nächsten Version berücksichtigt. So entstanden die späteren Versionen „Woodenman", „Tinman", „Ironman" und schließlich „Steelman" ([Steelman]).

Man könnte allerdings meinen, daß eine Anforderungsbeschreibung, an der so viele Leute direkt oder indirekt mitwirkten, ein unerfüllbares Sammelsurium sich widersprechender Wünsche sein müßte. Man stellte aber erstaunt einen sehr hohen Grad an Übereinstimmung fest, so daß die Gesamtheit der Anforderungen durchaus erfüllt werden konnte.

2.3 Die Suche nach einer Sprache

Zunächst wurden (auf der Grundlage der Anforderungsbeschreibung Tinman) 23 übliche Hochsprachen auf ihre Verwendbarkeit als Standardsprache untersucht. Man kam zu dem Schluß, daß sich keine bestehende Hochsprache eignete und beschloß, eine neue Sprache entwickeln zu lassen.

Nun standen zwei grundsätzliche Möglichkeiten zur Auswahl für die Entwicklung der neuen Sprache: einen Auftrag an einen Menschen oder eine Firma zu vergeben, oder die Sprache von einem Ausschuß entwickeln zu lassen. Man wählte eine mittlerweile im Städtebau übliche Variante des ersten Wegs, nämlich eine öffentliche (internationale) Ausschreibung. Diese fand in drei Runden statt: An der ersten konnte sich jedermann mit einem Entwurf beteiligen, aus den Entwürfen jeder Runde wurden die besten zur Weiterentwicklung und Teilnahme an der nächsten Runde ausgewählt. Ab der zweiten Runde wurden die Entwürfe nur noch durch Farbcodes identifiziert, um eine unparteiische Beurteilung zu ermöglichen.

Diese ist wohl gelungen, denn der Gewinner der Ausschreibung kam aus Frankreich — ein bemerkenswertes Ergebnis für eine Ausschreibung einer staatlichen Behörde der USA. Es war eine Gruppe der Firma Honeywell Bull unter Jean Ichbiah.

Genannt wurde die neue Sprache nach Ada Lovelace, Tochter des englischen Dichters Byron, die eine begabte Mathematikerin war. Charles Babbage, Mathematiker und Erfinder (zum Beispiel des Kuhfängers für Eisenbahnlokomotiven) im letzten Jahrhundert, erfand Vorstufen des modernen Computers: Zunächst die Difference Engine, eine nicht programmierbare Rechenmaschine, und dann die Analytical Engine, deren Ablauf durch Lochkarten gesteuert werden konnte. Er bekam zwar staatliche finanzielle Unterstützung zum Bau seiner Rechner. Diese versiegte aber schon beim Bau der Difference Engine, weil die maschinenbaulichen Techniken der damaligen Zeit nicht die nötige Präzision ermöglichten und daher immer neue Veränderungen nötig machten. So wurde der Bau der Analytical Engine nicht einmal begonnen und auch die dahinterliegenden Ideen von kaum jemandem verstanden. Die Ausnahme war Ada Lovelace, die eine detaillierte Beschreibung der Maschine erstellte und zeigte, wie man sie zur Lösung sehr verschiedener Probleme programmieren konnte.

2.4 Verbesserung und Standardisierung

Nach der Auswahl des Sprachentwurfs der Gruppe um Jean Ichbiah war die Arbeit keineswegs getan.

Zum einen erfuhr der Entwurf noch zwei Revisionen, bevor er 1983 zum jetzt gültigen ANSI- und ISO-Standard wurde: eine Revision aufgrund von Bemerkungen und Kritik von befragten Fachleuten und aus der Öffentlichkeit und eine weitere Revision aufgrund des Verfahrens zur Anerkennung als ANSI-Standard.

Zum anderen war von Anfang an eine stark standardisierte Sprache angestrebt worden, um eine hohe Zuverlässigkeit und Portabilität der Programme zu gewährleisten. Deshalb fing man schon vor Fertigstellung der Sprachdefinition an, ein *Validierungs*verfahren zu entwickeln, das die Einhaltung des Sprachstandards überprüfen und von jedem angehenden Ada-Compiler durchlaufen werden sollte — mehr dazu in §2.6.

1980 wurde die HOLWG aufgelöst; seitdem ist das Ada Joint Program Office (AJPO) für alle Ada-Aktivitäten zuständig, zum Beispiel für die Entwicklung und Durchführung der Validierungsprozedur. Eine weitere Aktivität ist die Beantwortung von Fragen der Interpretation des Sprachstandards. Trotz ihres Umfangs enthält die Sprachdefinition unbeabsichtigte Lücken und Ungenauigkeiten; für jede wird, wenn sie entdeckt wird, in einem Gremium von Experten eine verbindliche Interpretation festgelegt. Diese Interpretation wird als *Ada Issue* herausgegeben und schlägt sich auch in der Validierungsprozedur nieder.

Die Anerkennung der Sprachdefinition als ANSI- und ISO-Standard brachte die Verpflichtung zur regelmäßigen Überprüfung und, falls nötig, zur Revision mit sich. Die erste Überprüfung ist bei Fertigstellung dieses Buches noch im Gange. Dabei erfährt die Sprache eine wesentliche Revision; das Revisionsprojekt heißt Ada 9X (weil die neue Sprachdefinition in einem der neunziger Jahre fertig werden soll) und wird voraussichtlich Ende 1994 beendet; die ersten Validierungen nach diesem Standard werden nicht vor 1995 stattfinden. Für Informationen über Ada 9X verweisen wir den Leser auf Kapitel 18.

2.5 Chronologischer Überblick

Für Leser, die mehr über die Chronologie der oben skizzierten Entwicklung wissen möchten, geben wir hier einen tabellarischen Überblick:

1975 *Strawman* HOLWG gegründet

1976 *Tinman* bestehende Hochsprachen evaluiert
Internationale Ausschreibung

1977 *Ironman* 17 Entwürfe eingereicht
4 davon in engere Wahl zur Weiterentwicklung:
SofTech: blau
SRI International: gelb
Intermetrics: rot
Honeywell Bull: grün

1978 *Steelman* Weiterentwickelte Entwürfe von ca.
400 Reviewern in 80 Teams ausgewertet
Rot und Grün zur Weiterentwicklung ausgewählt

1979 Grün als neue Sprache gewählt
Name Ada festgelegt
öffentliche Einladung zur Benutzung eines
Test-Übersetzers und Teilnahme an Schulungen
vorläufige Sprachdefinition an 2000 Experten verteilt
Entwicklung einer Validierungsprozedur begonnen
öffentliche Test- und Evaluierungstagung in Boston
500 Gutachten aus 15 Ländern ausgewertet

1980 Sprache angepaßt und der HOLWG übergeben
MIL-STD 1815 DoD Standard für Ada
HOLWG aufgelöst
Ada Joint Program Office (AJPO) gegründet

1983 ANSI-Standard für Ada festgelegt
erste Compiler validiert

1987 ISO-Standard für Ada festgelegt

199x Ada 9X

2.6 Was ist Validierung?

Validierung ist ein Verfahren, mit dem Compiler auf ihre Einhaltung der Sprachdefinition überprüft werden können. Ein Compiler, der diese Prüfung bestanden hat, darf sich (eine Zeitlang) *Validierter Ada-Compiler* nennen.

Das Validierungsverfahren besteht aus einer Anzahl von Ada-Programmen (in der jetzt gültigen Version 1.11 sind es über 4.500 Programme). Diese müssen teilweise vom Compilerkandidaten nur übersetzt werden (nämlich um zu überprüfen, daß er bestimmte inkorrekte Programme ablehnt und bestimmte korrekte Programme akzeptiert), in den meisten Fällen aber muß das erzeugte Programm auch ablaufen, damit seine Semantik überprüft werden kann.

Die Validierung dient dazu, viele Arten möglichen Fehlverhaltens eines Compilers auszuschließen; sie ist aber keine Verifikation, kann also nicht feststellen, ob der Compiler anderes Fehlverhalten aufweist. Ein validierter Compiler muß also durchaus nicht fehlerfrei sein. Die Validierung hat auch nicht die Aufgabe, die Effizienz des Compilers oder des von ihm erzeugten Codes zu evaluieren.

Die Programme im Validierungsverfahren überprüfen teilweise die Einhaltung der Sprachdefinition in [Ada], zum größten Teil aber auch die Einhaltung verbindlicher Interpretationen, die in Ada Issues festgelegt wurden. Nach Herausgabe einer Ada Issue mit einer solchen Festlegung werden nämlich zusätzliche Tests in die nächste Version des Validierungsverfahrens aufgenommen, um die Einhaltung dieser Interpretation zu überprüfen. Deswegen gilt eine Validierungsurkunde nur für eine begrenzte Zeit (normalerweise ein Jahr), damit validierte Compiler stets auf aktuellem Stand sind.

Die Tatsache, daß der de facto Sprachstandard (= [Ada] + Ada Issues) sich regelmäßig ändert, kann natürlich bedeuten, daß ein heute korrektes Ada-Programm bald nicht mehr korrekt ist. Da aber schon [Ada] sehr detailliert ist und das Verfahren mit den Ada Issues seit fast zehn Jahren praktiziert wird, liegen die Ungenauigkeiten, die jetzt noch bemerkt werden, in recht ausgefallenen Bereichen und betreffen deshalb sehr wenige Programme.

2.7 Die Entwicklungsumgebung

Einer der Gründe für die Software-Krise war, daß für Sprachen, die nur für wenige Anwendungen verwendet wurden, meist nur eine minimale Entwicklungsumgebung vorhanden war.

Die HOLWG erkannte, daß die Entwicklungsumgebung einer Sprache ganz wesentlich zu ihrer Qualität und praktischen Anwendbarkeit beiträgt. Deswegen ließ es nach den Anforderungsbeschreibungen für die Sprache selbst auch Anforderungsbeschreibungen für die Entwicklungsumgebung erstellen: „Sandman", „Pebbleman" und schließlich „Stoneman" ([Stoneman]). Allerdings waren die Erkenntnisse im Bereich der Entwicklungsumgebungen damals bei weitem nicht so ausgereift wie im Bereich der Programmiersprachen. So enthält Stoneman zwar Anforderungen an eine Ada-Entwicklungsumgebung, aber eine verpflichtende Standardisierung in diesem Bereich kam nicht zustande.

3 Erfolgreiches Programmieren und Ada

Wie am Anfang der Einleitung charakterisiert, unterstützt die Sprache Ada die Entwicklung von Programmen, die auch bei großem Umfang

- zuverlässig,
- wartbar und
- portabel

sind. In diesem Kapitel besprechen wir Begriffe im Bereich des Programmierens, die mit diesen Eigenschaften zusammenhängen, und Programmierprinzipien, deren Einhaltung die Entwicklung von Programmen mit den eben genannten Eigenschaften erleichtert. Wir tun dies jetzt, damit wir später bei der Besprechung einzelner Sprachkonstrukte ohne Umschweife darauf hinweisen können, mit welchen Begriffen die Konstrukte zusammenhängen und welche Programmierprinzipien sie unterstützen. Informatiker und andere Leser, für die diese Begriffe und Programmierprinzipien zur selbstverständlichen Grundlage des Programmierens gehören, können dieses Kapitel überfliegen und sich auf den letzten Abschnitt konzentrieren, der eine Übersicht der wichtigsten Sprachkonstrukte enthält.

Die drei genannten Eigenschaften sind Merkmale fertiger Programme. Je größer aber ein Programm ist, desto schwieriger ist schon die Erstellung des Programms, auch wenn man von Ansprüchen wie den drei oben genannten ganz absieht. Durchaus nicht jede Programmiersprache unterstützt Programmierer in der Erstellung großer Programme. Wir werden also auch Begriffe und Prinzipien besprechen, die nicht primär mit den genannten drei Eigenschaften zusammenhängen, sondern mit dem Erstellen großer Programme.

3.1 Abstraktion

Dieses Thema sprechen wir im Interesse des Lesers zuerst an, weil es so zentral ist, daß es bei allen grundlegenden Themen in diesem Kapitel auftaucht.

Mit einer Abstraktion meinen wir eine Sicht, die eine Zusammenfassung bestimmter Dinge/Merkmale/Aktionen als zusammenhängendes Ganzes betrachtet und dieser Zusammenfassung eine eigene Identität zuschreibt. Abstraktionen dienen dazu, das zusammenhängende Ganze zu erfassen oder zu vermitteln. Dabei werden seine Einzelheiten in den Hintergrund gestellt.

Wir benutzen im Leben ständig Abstraktionen, um unsere Umwelt zu verstehen und zu beschreiben. Die Wiederholung der Aktionenfolge

- linken Fuß nach vorne bewegen,
- Körpergewicht nach vorne verlagern,
- linken Fuß aufsetzen,
- auf linkem Fuß balancieren,
- rechten Fuß nach vorne bewegen,
- Körpergewicht nach vorne verlagern,
- rechten Fuß aufsetzen,
- auf rechtem Fuß balancieren

betrachten wir zum Beispiel als zusammenhängende Aktion und nennen sie *gehen*. Man stellt also die Einzelaktionen, die zum Gehen gehören, in den Hintergrund, um die zusammenhängende Aktion zu erfassen oder zu vermitteln. Die Sicht auf jede Einzelaktionen als zusammenhängende Aktion ist natürlich wieder eine Abstraktion (auf niederer Ebene).

Daß der Begriff *Wald* eine Abstraktion ist, kommt in der Redewendung „man sieht den Wald vor lauter Bäumen nicht" zum Ausdruck. Wenn man vom Wald spricht, stellt man die einzelnen Bäume in den Hintergrund, um den Wald als Ganzes zu erfassen.

Ein weiteres Beispiel einer Abstraktion ist der Begriff *Geld* (beschränken wir uns der Einfachheit halber auf deutsches Bargeld). Bei oberflächlicher Betrachtung erscheint dieser Begriff als Name einer Zusammenfassung von Münzen und Scheinen. Zum Wesen des Geldes gehören aber auch bestimmte Merkmale dieser Münzen und Scheine, zum Beispiel die Tatsache, daß jede Münze und jeder Schein einen bestimmten numerischen Wert hat. Zum Wesen des Geldes gehören aber auch bestimmte Aktionen, die sich auf Geld beziehen, zum Beispiel Geld verdienen, mit Geld etwas kaufen, für Geld etwas verkaufen. Man sieht also, daß diese Abstraktion Dinge, Merkmale und Aktionen als zusammenhängendes Ganzes zusammenfaßt und damit recht komplex ist; trotzdem verwenden wir sie täglich.

Um ein großes Programm zu schreiben, muß man Abstraktionen aus dem täglichen Leben leicht erkennbar darstellen, manchmal aber auch neue Abstraktionen formulieren, definieren und im Programm jeweils als zusammenhängendes Ganzes darstellen. Nur so wird das Programm für den Programmierer (und erst recht für diejenigen, die es später zu Wartungszwecken lesen müssen) transparent; sonst versinkt er schon beim Schreiben in einem Morast von Einzelheiten. Eine Programmiersprache, die die Entwicklung großer Programme unterstützt, muß also die adäquate Darstellung auch komplexer Abstraktionen ermöglichen.

Im Programm ist natürlich außerdem immer eine radikalere Art der Abstraktion vorhanden: Viele Einzelheiten aus der realen Welt werden im Programm nicht nur in den Hintergrund gestellt, sondern vollends weggelassen, weil sie für die Aufgabe, die das Programm lösen soll, irrelevant sind. In einem Programm, das den (Nenn-)Wert von Münzen zusammenrechnet, ist zum Beispiel das Prägedatum einer Münze irrelevant; diese Einzelheit wird deshalb in der Darstellung der Münze im Programm weggelassen.

In den nächsten beiden Abschnitten besprechen wir zwei Arten von Abstraktionen.

3.1.1 Abstraktion von Daten

Die Kunst der Abstraktion von Daten besteht darin, eine Zusammenfassung bestimmter Dinge/Merkmale/Aktionen als zusammenhängendes Ding zu betrachten.

Abstraktionen von Daten sind selten völlig vorgegeben und für alle Menschen gleich einsichtig, oft sind sie vollständig von Menschen erfunden.

Zum Beispiel sind Farben zwar auf den ersten Blick eine vorgegebene Abstraktion. Bekanntlich sind sich aber viele Menschen über die Grenze zwischen grün und blau nicht einig; für Farbenblinde hat Farbe ohnehin nur eine geringe oder gar keine intuitive Bedeutung. Man kann eine objektive Definition der Farben festlegen über ihre Wellenlänge, also über eine andere Abstraktion.

Adressen sind eine ganz und gar künstliche Abstraktion zur eindeutigen Identifizierung des Standortes einer Wohnung, bei der die vielen anderen Merkmale des Standortes unbeachtet bleiben. Es gibt andere denkbare Abstraktionen für diesen Zweck: Man könnte den Standort auch durch Längen- und Breitengrad und Höhe über dem Meeresspiegel identifizieren. Dies würde die Berechnung der Entfernung zwischen Wohnungen sehr vereinfachen, das Auffinden einer Wohnung in einem Straßennetz aber sehr erschweren, falls die Straßen nicht in nord-südlicher bzw. ost-westlicher Richtung verlaufen. Oder man könnte in einem gewaltigen Verwaltungsakt alle vorhandenen Wohnungen durchnumerieren. Dies würde zu kurzen Adressen führen und möglicherweise Adressenfirmen erfreuen, die dann weniger Speicherplatz bräuchten. Behörden, die jede Wohnung anschreiben wollten, hätten es ebenfalls gut. Allerdings wäre auch bei dieser Abstraktion das Auffinden einer Wohnung meist eine abendfüllende Beschäftigung.

Man sieht also, daß man schon zur Kommunikation im täglichen Leben Abstraktionen von Daten braucht, daß verschiedene Abstraktionen sich für verschiedene Zwecke verschieden gut eignen, und daß manchmal Fantasie und schöpferische Fähigkeit nötig sind, um die richtige (oder zumindest eine gute) Abstraktion für einen bestimmten Zweck zu finden.

Ein lauffähiges Computer-Programm beinhaltet sehr viel Kommunikation, sowohl zwischen dem Programm und der Außenwelt als auch innerhalb des Programms. Die Programmquelle beschreibt diese Kommunikation, dient aber auch selbst zur Kommunikation, nämlich zwischen Programmierer und Rechner, und außerdem zwischen dem Programmierer und den Menschen, die das Programm lesen (zum Beispiel um es zu verändern oder um seine Qualität zu überprüfen).

Das bisher Gesagte über die Entwicklung geeigneter Abstraktionen gilt also in besonderem Maße für Programme. Eine Programmiersprache, in der wartbare Programme geschrieben werden können, muß also Mittel enthalten, um die verschiedensten Abstraktionen von Daten leicht erkennbar abzubilden.

Ada unterstützt die Abstraktion von Daten durch die vielfältigen Möglichkeiten, eigene Datentypen zu vereinbaren. Darüber hinaus bietet Ada das Paketkonstrukt, das man zur Darstellung von Datenstrukturen zusammen mit ihren Operationen verwenden kann.

3.1.2 Abstraktion von Aktionen

Auch Abstraktion von Aktionen praktiziert man täglich in der Umgangssprache, wenn man eine Aktion als zusammenhängendes Ganzes betrachtet, obwohl sie aus vielen kleineren Aktionen besteht. Hier abstrahiert man, damit Einzelheiten, die (im Augenblick) unwesentlich sind, das Verständnis des Ganzen nicht erschweren.

In einem großen Programm müssen solche Abstraktionen erkennbar dargestellt werden, damit die Programmquelle verständlich bleibt. Es geht hier also um die Kommunikation zwischen dem Programmierer und den Lesern der Programmquelle.

Auch für Abstraktionen von Aktionen gilt, daß oft Fantasie und schöpferische Fähigkeit nötig sind, um für einen bestimmten Zweck eine günstige Abstraktion zu finden, und daß eine Programmiersprache, die das Schreiben wartbarer Programme unterstützen soll, Mittel enthalten muß, die die verschiedensten Abstraktionen von Aktionen leicht erkennbar abbilden.

Ada unterstützt die Abstraktion von Aktionen durch das Unterprogrammkonstrukt.

3.2 Programmentwurf

Am Anfang der Entwicklung eines Programms steht der Entwurf.

Schon diese Behauptung ist falsch, denn vor dem Entwurf muß noch die *funktionale Spezifikation* kommen, also die möglichst genaue Formulierung dessen, was das Programm leisten soll, losgelöst von der Frage, wie es diese Leistung programmtechnisch bewerkstelligen soll.

Damit eine solche funktionale Spezifikation erstellt werden kann, muß der Auftraggeber genau wissen, was er will, er muß also auf jede genaue Frage über die gewünschte Funktionalität des Programms eine genaue Antwort geben können; dies ist eine hohe Anforderung an den Auftraggeber.

Nehmen wir an, daß der Auftraggeber jede spezifische Frage über die Funktionalität des Programms genau beantworten kann. Die Wünsche des Auftraggebers müssen nun vollständig in einer funktionalen Spezifikation formuliert werden. Diese Arbeit erfordert Durchblick und oft viel Abstraktionsvermögen und Kreativität: Die Bildung und Definition von Begriffen, die in der Luft liegen, aber nie ausgesprochen wurden, oder ausgesprochen, aber nie genau definiert wurden. Auch diese Anforderung ist oft nicht erfüllt: In vielen „funktionalen Spezifikationen" fehlen die abstrakten Begriffe, die erst eine genaue Formulierung der Programmaufgabe ermöglichen würden; dafür enthalten sie umso mehr Einzelheiten über die programmtechnische Realisierung. Dies führt zwangsläufig zu intransparenten und deshalb fehleranfälligen und schwer wartbaren Programmen.

Die bisher besprochenen Stadien auf dem Weg zum Programm sind einerseits so wichtig, weil hier gemachte Fehler in späteren Stadien nicht mehr oder nur mit astronomischem Aufwand wettzumachen sind. Andererseits sind dies Stadien, die kaum etwas mit der benutzten Programmiersprache zu tun haben. Sie gehören trotzdem zum Thema dieses Kapitels, denn ein Programm, bei dem in diesem Stadium gravierende Fehler gemacht wurden, wird trotz optimaler Verwendung von Ada kein gutes Programm.

Wenn die funktionale Spezifikation fertiggestellt ist, ist der nächste Schritt in der Entwicklung des Programms der Entwurf. Darunter verstehen wir eine abstrakte Darstellung des Programms in mehr oder weniger groben Zügen (unter „Entwurf" versteht man aber auch die Schritte, mit denen man diese Darstellung aus der funktionalen Spezifikation erstellt). Mit dem Entwurf verhält es sich ähnlich wie mit der funktionalen Spezifikation: Wenn man in diesem Stadium gravierende Fehler macht, kann man sie in späteren Stadien nicht mehr wettmachen, und sie kosten viel Zeit und Geld.

Ein Programmentwurf kann in einer natürlichen Sprache verfaßt sein, oder aber in einer geeigneten formalen Sprache, eventuell auch in der Sprache, in der das Programm geschrieben werden soll (wegen der Möglichkeiten, Abstraktionen darzustellen, eignet sich Ada relativ gut für diesen Zweck).

Es gibt auch mittlerweile einige spezielle Entwurfswerkzeuge, die eine Entwurfssprache mit einem Übersetzer in eine Programmiersprache verbinden. Der Benutzer schreibt also (meist mit interaktiver Unterstützung des Werkzeugs) seinen Entwurf in der Entwurfssprache. Das Werkzeug prüft den Entwurf auf Konsistenz und erstellt daraus das Gerüst eines fertigen Programms in der Programmiersprache sowie eine graphische Darstellung der Programmstruktur und eventuell weitere Programmdokumentation. Solche Werkzeuge können hilfreich sein; sie können dem Programmierer aber nicht die schöpferische geistige Arbeit abnehmen, Zusammenhänge zu erkennen und sich gute Abstraktionen zu überlegen. Sehr oft wird der Ruf nach einem Entwurfswerkzeug laut, weil man sich diese Arbeit nicht zutraut; dann wird das Programm, das mit Hilfe des Entwurfswerkzeugs erstellt wird, keinen Deut besser als ohne diese Hilfe. Oft wird es sogar unübersichtlicher, weil man mit Hilfe des Werkzeugs in die Lage versetzt wird, Programmodule zu erstellen, die man bei eigenhändiger Erstellung schon längst als unübersichtlich empfunden und deswegen im eigenen Interesse strukturiert hätte. In den meisten Fällen produziert das Werkzeug auch viel (teils ungelesenes) Papier.

Ob man aber mit oder ohne Entwurfswerkzeug arbeitet — man wird bei einem großen Programm ohne eine gewisse Methodik nicht auskommen. Wenn ab einem gewissen Stadium der Entwurf in der Programmiersprache verfaßt werden soll, ist es wichtig, daß diese die gängigen Vorgehensweisen beim Programmentwurf unterstützt. Dazu gehört die

Methode des Entwerfens durch schrittweise Verfeinerung (*top-down design*): Durch Benutzung geeigneter Abstraktionen beschreibt man die Struktur des Programms zunächst in sehr groben Zügen; anschließend geht man daran, die durch die Abstraktionen in den Hintergrund gestellten Einzelheiten mit Hilfe von Abstraktionen auf einer niedrigeren Ebene zu beschreiben. Diese Vorgehensweise wendet man solange iterativ an, bis die Abstraktionen, die man verwendet, nur noch Einzelheiten in den Hintergrund stellen, die für die Lösung der Aufgabe ohnehin irrelevant sind.

Die Methode der schrittweisen Verfeinerung bei Aktionen ist schon seit dem Aufkommen des strukturierten Programmierens Anfang der siebziger Jahre ([Dijkstra]) üblich; alle blockstrukturierten Sprachen, auch Ada, können diese Methode im Programm durch die Vereinbarung geschachtelter Unterprogramme widerspiegeln. In Ada hat man darüber hinaus durch die getrennte Übersetzung die Möglichkeit, Unterprogramme auf einer hohen Abstraktionsebene vollständig, d.h. mitsamt den Aufrufen von Unterprogrammen einer niedrigeren Abstraktionsebene zu übersetzen. Eine Übersetzung der Implementierung der letztgenannten Unterprogramme kann dann später erfolgen. Man kann also nicht nur den Entwurf im Programm widerspiegeln, sondern jede Abstraktionsebene in sich abgeschlossen programmieren und übersetzen, bevor man mit dem Programmieren der nächsten Abstraktionsebene beginnt. Bei der Entwicklung eines großen Programms ist dies organisatorisch wichtig: Wenn der Entwurf niedrigerer Abstraktionsebenen auf verschiedene Menschen aufgeteilt wird, müssen diese nicht mehr die Programmquellen der höheren Abstraktionsebenen verändern.

Die Methode der schrittweisen Verfeinerung bei Datenstrukturen ist in der COBOL-Welt weit verbreitet und genauso sinnvoll: Man beschreibt eine Datenstruktur zunächst in sehr groben Zügen; anschließend geht man daran, die Einzelheiten der Struktur zu beschreiben. In Ada kann man diese Methode im Programm widerspiegeln, durch zusammengesetzte Datentypen und durch Pakete. Bei der Benutzung von Paketen hat man außerdem über die getrennte Übersetzung die Möglichkeit, die aktuelle Abstraktionsebene vollständig zu programmieren und zu übersetzen, bevor man mit dem Programmieren der nächsten Abstraktionsebene beginnt.

Die Verwendung bewährter Programmteile zum Bau größerer Teile (*bottom-up design*) sowohl bei Aktionen als auch bei Datenstrukturen ist auch eine sinnvolle Vorgehensweise, die Ada ebenfalls unterstützt.

Beim *objektorientierten Entwurf* (*object oriented design*, abgekürzt *OOD*) identifiziert man die Objekte und die Klassen gleichartiger Objekte in der Aufgabe. Klassen von Objekten (zum Beispiel „Geld") sind Abstraktionen, die sowohl Daten/Eigenschaften (zum Beispiel „10", „Wert

10 DM") als auch Aktionen/Operationen (zum Beispiel „verkaufen") umfassen. Das Ziel ist, jede solche Abstraktion im Programm so darzustellen, daß alle für die Aufgabe relevanten Aspekte der realen Welt durch diese Darstellung im Programm erkennbar und adäquat abgebildet werden. [Ada] unterstützt einen objektorientierten Entwurf nur zum Teil, Ada 9X dagegen uneingeschränkt. Wir verweisen den Leser auf [Booch 86] für eine eingehende Erklärung einer für [Ada] geeigneten Variante dieser Entwurfsmethode, die wir für die Entwurfsübungen (Übungen 2, 6 und 7) in diesem Buch verwenden. Im Kapitel 18 besprechen wir diejenigen neuen Konstrukte in Ada 9X, die (zusammen mit den schon in [Ada] vorhandenen Mitteln) uneingeschränktes objektorientiertes Programmieren ermöglichen.

3.3 Lesbarkeit und Transparenz

Die in diesem Buch häufig verwendeten Begriffe *Lesbarkeit* und *Transparenz* drücken verschiedene Aspekte der Verständlichkeit eines Programmtextes aus. Oft wird für beide Aspekte der Begriff „Lesbarkeit" verwendet; wir differenzieren:

Mit *Lesbarkeit* meinen wir eine lokale Eigenschaft des Programmtextes: Ein lesbarer Teil des Programmtextes ist einer, der vom Auge leicht aufgenommen und oberflächlich verstanden wird, unabhängig vom Kontext. Zur Lesbarkeit in diesem engen Sinne tragen zum Beispiel einheitliche Konventionen über Groß/Kleinschreibung und Formatierung und der durchdachte Einsatz von Leerzeichen und Leerzeilen genauso bei wie der Gebrauch vollständiger Wörter und Ausdrücke der natürlichen Sprache statt schwer verständlicher Kürzel. Diese Lesbarkeit erscheint manchen zu banal. Wichtig ist sie dennoch, denn ein höherer Aufwand bei der Aufnahme des Programmtextes führt zwangsläufig dazu, daß der Leser weniger Ressourcen für das Verstehen der Zusammenhänge übrig hat.

Mit *Transparenz* meinen wir die Verständlichkeit der Zusammenhänge im Programm. In einem wirklich transparenten Programm sind im Großen wie im Kleinen alle Zusammenhänge überschaubar. Trivialerweise gilt also:

- Ein transparentes Programm oder Programmteil kann man nur schreiben, wenn man zuvor die Zusammenhänge in der Aufgabe so gut verstanden hat, daß man geeignete Begriffe/Abstraktionen formulieren konnte, um die Zusammenhänge genau und trotzdem überschaubar darzustellen.

3.3 Lesbarkeit und Transparenz

- Ein transparentes Programm ist zuverlässig: Wenn man die Zusammenhänge leicht verstehen kann, springen Fehler ins Auge statt sich in einem Berg von Einzelheiten zu verstecken.
- Ein transparentes Programm ist wartbar: Wenn man die Zusammenhänge überschaut, überschaut man auch die Auswirkungen einer Änderung.

Aus diesen Bemerkungen wird klar, daß Transparenz kein Luxus ist, sondern Mittel zu dem allgemein anerkannten Zweck, zuverlässige und wartbare Programme zu schreiben.

Ada fördert die Lesbarkeit unter anderem durch:

- freie Wahl der Bezeichner in beliebiger Länge unter Benutzung von Groß- und Kleinbuchstaben und Tiefstrichen, wobei alle Zeichen auch für den Compiler signifikant sind;
- eine durchdachte Syntax, bei der eine syntaktisch korrekte Programmzeile nicht etwa durch Hinzufügen einer Leerstelle eine völlig andere Bedeutung bekommen kann;
- Formatfreiheit der Sprache, so daß Leerstellen, Zeilenwechsel und Leerzeilen im Interesse der Lesbarkeit eingefügt werden können; dadurch
- leichte Formatierbarkeit, so daß Ada-Programmierumgebungen ohne großen Aufwand einen Formatierer mitliefern können;
- die getrennte Übersetzbarkeit, durch die Programmodule stets klein gehalten werden können.

Ada fördert die Transparenz unter anderem durch:

- die Möglichkeit, bei Unterprogrammaufrufen die aktuellen Parameter über Namen zuzuordnen;
- die strenge Typisierung (siehe §3.8.1);
- die Möglichkeit, strukturgleiche, aber verschiedenartige Daten durch Zuordnungen an verschiedene Typen zu unterscheiden;
- die vielfältigen Möglichkeiten, Informationen nur in den Teilen des Programms zugänglich zu machen, in denen sie inhaltlich relevant sind (siehe §3.6).

3.4 Modularisierung und getrennte Übersetzung

Sehr kleine Programme können auch ohne Strukturierung transparent sein. Sobald aber ein Programm mehr als etwa hundert Zeilen hat, empfiehlt sich schon wegen der Transparenz eine Strukturierung in verschiedene Module. Zur Strukturierung kann man in Ada Unterprogramme verwenden, aber auch Pakete.

Bei einem Programm, das in wenigen Sekunden übersetzt werden kann, kann man eine erneute Übersetzung des ganzen Programms bei jeder Änderung in Kauf nehmen; bei einem größeren Programm, dessen Übersetzung Minuten oder gar Stunden dauert, ist dies unwirtschaftlich. Deshalb kann man die Unterprogramme und Pakete, die man in einem Ada-Programm zur Strukturierung vereinbart, getrennt von anderen Teilen des Programms übersetzen. Bei einer Änderung im Unterprogramm bzw. im Paket muß man dann nur den betroffenen Teil des Programms erneut übersetzen.

An anderer Stelle (§3.7) besprechen wir die von der Sprache vorgeschriebenen Konsistenzprüfungen, die jede Anwendung eines Unterprogramms oder eines Pakets auf Konformität mit der Schnittstelle (§3.5) kontrollieren. Diese Prüfungen tragen ganz wesentlich zur Zuverlässigkeit von Ada-Programmen und zur frühen Aufdeckung von Fehlern bei. Aus diesem Grunde müssen sie bei getrennter Übersetzung eines Unterprogramms bzw. eines Pakets genauso durchgeführt werden.

3.5 Spezifikation, Schnittstelle, Implementierung

Zunächst definieren wir die drei Begriffe, um die es in diesem Abschnitt geht:

Im §3.2 haben wir darauf hingewiesen, wie wichtig es ist, vor dem Entwurf und der Implementierung des Programms eine genaue funktionale Spezifikation zu erstellen. Bisher war also von der funktionalen Spezifikation eines Programms die Rede. Dieser Begriff läßt sich aber genauso auf Programmodule anwenden. Da im vorliegenden Band die funktionale Spezifikation eine große Rolle spielt und an keiner Stelle irgendeine anderen Art von Spezifikation erwähnt wird, werden wir dazu einfach „Spezifikation" sagen. Damit gilt ab jetzt in diesem Band: Eine *Spezifikation* eines Programms oder eines Programmoduls ist eine genaue Beschreibung seiner Funktionalität, also dessen, was es tut, losgelöst von der Frage, wie es diese Leistung programmtechnisch bewerkstelligt.

Die Spezifikation eines Programmoduls wird teilweise in der Programmiersprache ausgedrückt, in der es geschrieben ist. Wir bezeichnen in diesem Band den in Ada gefaßten Teil einer Spezifikation eines Moduls als die *Schnittstelle* des Moduls.

Eine Spezifikation sagt nichts darüber aus, wie die dort beschriebene Funktionalität realisiert wird. Mit der *Implementierung* eines Programms oder eines Programmoduls meinen wir die Realisierung der in der Spezifikation beschriebenen Funktionalität. Die Spezifikation ist also die Außenansicht des Programms und die Implementierung die Innenansicht.

Die beim Entwurf eingebrachten Abstraktionen werden im Programm oft durch Unterprogramme oder Pakete dargestellt. Auch hier ist es wichtig, daß vor deren Implementierung eine Spezifikation erstellt wird, also eine Beschreibung aus der Sicht des Anwenders, die man meist nur zum Teil in Ada ausdrücken kann. Die Teile des Programms, die das Unterprogramm bzw. Paket anwenden, sollten sich dabei nur auf die Spezifikation stützen können, nicht aber auf Einzelheiten der Implementierung. Durchbricht man dieses Prinzip, so büßt man sowohl Transparenz als auch Wartbarkeit des Programms ein. Wenn man nämlich bei der Betrachtung eines Unterprogrammaufrufs nicht nur die Spezifikation, sondern auch die Implementierung des Unterprogramms im Auge haben muß, dann kann man weniger Aufmerksamkeit auf andere Zusammenhänge verwenden; das Programm verliert also insgesamt an Transparenz. Und wenn die Wirkung eines Unterprogrammaufrufs von Einzelheiten der Implementierung abhängt, dann müßten bei jeder Änderung der Implementierung sämtliche Aufrufe berücksichtigt werden; das Programm ist also schlecht wartbar.

Um solche Abhängigkeiten zu vermeiden, besteht in Ada grundsätzlich die Möglichkeit, Schnittstelle und Implementierung räumlich voneinander zu trennen und zu verschiedenen Zeiten zu übersetzen. Man kann also diese Gefahr dadurch reduzieren, daß der Programmierer, der das Unterprogramm bzw. Paket verwendet, nicht zwangsläufig beim Lesen der Schnittstelle auch die Implementierung sieht.

3.6 Geheimnisprinzip

Die Ideen im letzten Abschnitt sind nur ein Spezialfall des *Geheimnisprinzips* (*information hiding*), das wir in diesem Abschnitt besprechen. Das Geheimnisprinzip lautet: An jeder Stelle eines Programms sollte nur das zugänglich sein, was inhaltlich an der Stelle relevant ist.

Dieses Prinzip hat nichts mit militärischen Geheimnissen und dergleichen zu tun, sondern mit Transparenz und Wartbarkeit. Mit „zugänglich" meinen wir nicht „zugänglich für die Augen des Programmierers", sondern „zugänglich für einen bestimmten Teil des Programms". Das Geheimnisprinzip soll also nicht den Programmierer entmündigen, so daß ihm das Einsehen des Textes bestimmter Module verwehrt wird. Vielmehr ist es eine durch Sprachmittel unterstützte Trennung relevanter und irrelevanter Dinge, die sowohl die Transparenz als auch die Wartbarkeit des Programms erhöht.

Wenn nämlich inhaltlich irrelevante Dinge mit den relevanten Dingen vermischt werden, dann nehmen sie die Aufmerksamkeit des Programmierers und des Lesers unnötig in Anspruch. Dadurch kann weniger Aufmerksamkeit auf die relevanten Dinge verwendet werden; das Programm verliert also an Transparenz. Außerdem kann der Programmierer, aus welchen Gründen auch immer, auf diese (eigentlich irrelevanten) Dinge zugreifen; dann aber wird sein Teil des Programms abhängig davon und das Programm verliert an Wartbarkeit. Bei Programmen, in denen das Geheimnisprinzip mißachtet wird, kann typischerweise eine kleine Änderung zu Fehlern in ganz anderen Teilen des Programms führen, die vermeintlich nichts mit der geänderten Stelle zu tun haben.

Das Geheimnisprinzip sollte in einem transparenten und wartbaren Programm auf jeder Ebene gelten, im Großen wie im Kleinen. Zum Beispiel sollte man auf der obersten Abstraktionsebene des Entwurfs darauf achten, daß jedes Modul nur Zugang zu denjenigen Modulen hat, die dort inhaltlich relevant sind; und auf der untersten Ebene der Implementierung sollten dem Programmierer die Einzelheiten der maschineninternen Darstellung von Daten verborgen bleiben — außer, wenn sie an dieser Stelle des Programms inhaltlich wirklich von Belang sind.

Eine der größten Stärken von Ada ist die Vielfalt von Mitteln zur Wahrung des Geheimnisprinzips auf jeder Ebene. Wir werden bei der Besprechung der einzelnen Konstrukte darauf aufmerksam machen.

3.7 Arbeitsteilung

Die Arbeit an einem großen Programmsystem muß notwendigerweise unter vielen Menschen aufgeteilt werden. Die Crux einer erfolgreichen Arbeitsteilung, egal auf welchem Gebiet, ist die Identifizierung von Teilaufgaben, die einfach und eindeutig formuliert, unabhängig voneinander ausgeführt und auf die Richtigkeit der Ausführung hin geprüft werden können. Diese Identifizierung gehört zum Entwurf. Eine Sprache, die das

Schreiben großer Programmsysteme unterstützt, muß aber so beschaffen sein, daß ein solcher Entwurf getreu in die Sprache umgesetzt werden kann. Dazu gehört die schon in den vorhergehenden Abschnitten besprochene Unterstützung von Entwurfsmethodiken, von Möglichkeiten zur Modularisierung, von Transparenz und der Einhaltung des Geheimnisprinzips.

Wesentlich bei der Modularisierung sind zwei bisher nur nebenbei angesprochenen Aspekte: die Möglichkeiten zur getrennten Übersetzung und die Konsistenzprüfungen von getrennt übersetzten Teilen.

Bei geeigneter Strukturierung ist es in Ada möglich, nach Übersetzung der Schnittstelle eines Unterprogramms oder Pakets dessen Anwendungen (bei einem Unterprogramm sind das die Teile des Programms, die das Unterprogramm aufrufen) und dessen Implementierung völlig unabhängig voneinander zu übersetzen. Das heißt, daß verschiedene Programmierer an den Anwendungen und der Implementierung ohne zeitliche Abhängigkeit und im Idealfall sogar ohne Absprache bis zur Integrationsphase arbeiten können.

Wichtig dabei ist, daß bei Teilen des Programms, die voneinander abhängen, der Compiler auch bei getrennter Übersetzung die Konsistenz der Teile untereinander überwacht. Zum Beispiel müssen bei einem Unterprogrammaufruf die Anzahl und die Typen der Parameter mit denen übereinstimmen, die bei der Schnittstelle des Unterprogramms angegeben wurden; der Compiler prüft dies bei der Übersetzung des Aufrufs. Wird nun die Schnittstelle erneut übersetzt, dann verliert die schon erfolgte Prüfung ihre Aussagekraft. Der Ada-Compiler stellt dies automatisch fest und macht die schon geschehene Übersetzung des Programmteils, der den Aufruf enthält, rückgängig, so daß dieser Teil nicht versehentlich in ein Programm eingebunden werden kann.

Die getrennte Übersetzung in Ada bietet also viele Möglichkeiten der Arbeitsteilung, verhindert aber gleichzeitig, daß durch organisatorische Fehler Programmteile, die formal miteinander unverträglich sind, zusammen verwendet werden.

3.8 Zuverlässigkeit

Zu einem zuverlässigen Programm gehört möglichst weitgehende Freiheit von Fehlern.

Ada ist so konzipiert, daß sich jeder Fehler im Programm zum frühestmöglichen Zeitpunkt bemerkbar macht. Dies trägt natürlich zur Erstellung eines fehlerfreien Programms bei, aber es hilft auch, die Kosten bei dieser Erstellung zu senken: Je früher sich ein Fehler bemerkbar macht, desto weniger Zeit und Geld kostet es, ihn zu lokalisieren. Ada-Programme kosten deshalb bei der Kodierung manchmal etwas mehr Zeit als Programme in anderen Sprachen; in der Testphase aber müssen wesentlich weniger Fehler behoben werden, und die vorhandenen Fehler lassen sich meist schneller lokalisieren; die Testphase also, die bei großen Programmen meist sehr teuer ist, wird oft auf einen Bruchteil der erwarteten Dauer reduziert.

Man kann drei verschiedene Zeitpunkte unterscheiden, zu denen sich ein Fehler bemerkbar machen kann: Fehler, die bei der Übersetzung zutage treten, lokalisiert der Compiler; solche Fehler kosten also fast nichts. Teurer sind Fehler, die sich erst beim Programmablauf zeigen. Auch diese verursachen aber geringen Aufwand, wenn sie sofort beim Auftreten bemerkt werden. Die wirklich teuren Fehler, die Wochen oder gar Monate verschlingen können, sind solche, die sich erst durch Folgefehler zeigen.

3.8.1 Strenge Typisierung

Es gibt eine Klasse von Fehlern, die bei vielen Sprachen zur letzten Kategorie gehören, in Ada-Programmen aber schon zur Übersetzungszeit aufgedeckt werden: Fehler, die auf der Verwechslung verschiedener Arten von Dingen beruhen. Ein Beispiel ist der versehentliche Vergleich einer Längenangabe in Zentimetern mit einer Längenangabe in Metern. In Ada werden solche Fehler durch die *strenge Typisierung* vermieden: Jedes Datenobjekt muß bei seiner Vereinbarung einem Datentyp zugeordnet werden, und Operationen wie Vergleiche können nur auf Werte gleichen Typs angewendet werden. Da es bei Ada eine reiche Palette von Möglichkeiten zur Vereinbarung eigener Typen gibt, sollten in einem Ada-Programm (schon wegen der Transparenz) Zentimeter-Angaben und Meter-Angaben verschiedenen benutzerdefinierten numerischen Typen zugeordnet werden. Der oben skizzierte Vergleich würde dann schon bei der Übersetzung zu einer Fehlermeldung führen.

3.8.2 Laufzeitfehlerkonzept

Das Laufzeitfehlerkonzept von Ada trägt ebenfalls zur frühen Erkennung mancher Fehler bei, weil bestimmte Fehler sofort bei ihrem Auftreten gemeldet werden. Ein typisches Beispiel sind Fehler durch Überschreitung des Indexbereichs eines ARRAYs. Ist zum Beispiel in Ada ein ARRAY mit Indexbereich 1 bis 100 vereinbart und wird versehentlich die Komponente mit Index 101 angesprochen, die es gar nicht gibt, dann löst das Ada-System sofort einen Laufzeitfehler aus, so daß der Fehler automatisch lokalisiert wird. In Sprachen ohne diesen Mechanismus würde sich dieser Fehler normalerweise erst viel später durch Folgefehler bemerkbar machen und Detektivarbeit bei der Lokalisierung erfordern.

Das Laufzeitfehlerkonzept hilft noch auf andere Weise, Ada-Programme zuverlässig zu machen. Laufzeitfehler können nämlich gezielt im Programm behandelt werden. Die Sprache unterstützt also das Schreiben von Programmen, die auf Fehler sinnvoll reagieren.

3.9 Wiederverwendbarkeit

Die preiswertesten und zuverlässigsten Programmteile sind diejenigen, die nicht erst geschrieben werden müssen, weil sie schon für die Lösung einer anderen Aufgabe geschrieben wurden und sich dort bewährt haben. Dies gilt aber in der Regel nur dann, wenn sie so allgemeingültig verfaßt wurden, daß sie ohne Änderungen im veränderten Umfeld verwendet werden können.

Ada bietet die Möglichkeit, wiederverwendbare Programmteile zu schreiben. Dies sind Programmteile, in denen bestimmte zentrale Größen (zum Beispiel die zentralen Typen) durch Parameter dargestellt werden. Ist ein solcher Programmteil einmal übersetzt und getestet, kann er ohne Veränderung für verschiedene Zwecke durch Einsetzen verschiedener Parameter ausgeprägt werden. Solche Ausprägungen können besonders leicht geändert werden, nämlich durch den Austausch eines einzusetzenden Parameters.

3.10 Wartbarkeit

Der weitaus wichtigste Beitrag zur Wartbarkeit ist Transparenz: Ein Programm, in dem alle Zusammenhänge klar zu erkennen sind, wird bei Änderungen keine unangenehmen Überraschungen durch verborgene Zusammenhänge bieten. Deshalb erwähnen wir hier nur diejenigen Beiträge Adas zur Wartbarkeit von Programmen, die nicht auch zur Transparenz beitragen.

Einen Beitrag zur Wartbarkeit liefert die getrennte Übersetzung: Bei durchdachter Strukturierung eines Programms in Übersetzungseinheiten können viele Programmteile bei Bedarf erneut übersetzt werden, ohne daß deswegen andere Programmteile geändert oder auch nur nachübersetzt werden müssen. Aber auch die Änderung einer zentralen Schnittstelle, die das Nachübersetzen vieler Programmteile notwendig macht, verursacht keine ernsthaften Probleme, denn die heute in Ada-Programmierumgebungen üblichen Werkzeuge zur automatischen Übersetzung können die notwendigen Übersetzungen ermitteln und durchführen.

3.11 Portierbarkeit

Die Typphilosophie in Ada ist so angelegt, daß der Programmierer normalerweise keine Informationen über die maschineninterne Darstellung der Typen braucht. Die strenge Typisierung verhindert auch, daß im Programm versehentlich von maschineninternen Einzelheiten Gebrauch gemacht wird.

Zum Beispiel werden die Werte eines Aufzählungstyps nur über ihre Namen angesprochen und nicht über ihre interne numerische Darstellung; jeder Aufzählungstyp besitzt auch vordefinierte Operationen, die eine Bezugnahme auf die interne Darstellung unnötig machen. Dies trägt nicht nur zur Portierbarkeit bei, sondern auch zur Transparenz (und damit auch zur Wartbarkeit): Im Umgang mit einem Aufzählungstyp bleibt immer nur der Bezug zur realen Welt der Aufgabe sichtbar, nicht die Zwänge der internen Darstellung.

3.12 Maschinennahes Programmieren

Bestimmte Aufgaben machen es allerdings unumgänglich, maschinennah zu programmieren. Beispiele sind das Ansprechen von Informationen, die an bestimmten Hardware-Adressen gespeichert sind, oder die Interpretation von Eingabedaten, deren Darstellungsweise vorgegeben ist.

Ada bietet natürlich auch Sprachkonstrukte zum maschinennahen Programmieren, unterstützt dabei aber eine saubere Trennung zwischen den maschinennahen und den portablen Teilen des Programms:

- Maschinennahes Programmieren geschieht nur über ganz bestimmte Sprachelemente; alle anderen Teile der Sprache verwehren den Zugang zu maschinennahen Aspekten.

- Durch das Konzept der Modularisierung und der getrennten Übersetzung ist es möglich, die wirklich maschinennahen Teile eines Programms (zum Beispiel die Vereinbarung von Datentypen, die Hardware-Speicherbereiche darstellen mitsamt der Beschreibung der physikalischen Struktur dieser Bereiche) in wenigen Modulen zusammenzufassen und getrennt von den Anwendungen dieser Module zu übersetzen. Die restlichen Programmteile sind dann völlig portierbar. Bei einer Portierung müssen nur die wenigen maschinennahen Module verändert werden.

3.13 Parallele Prozesse und Echtzeit

Vor allem (aber nicht nur) in computerintegrierten Anwendungen können oft verschiedene Teile eines Programms zeitlich unabhängig voneinander arbeiten. Ein solcher Sachverhalt läßt sich in einer rein sequentiellen Sprache allenfalls mit großem Aufwand darstellen. Ada enthält Konstrukte zur Darstellung solcher Programmteile und eventueller Synchronisation und Kommunikation zwischen ihnen.

Computerintegrierte Anwendungen müssen auch meist bestimmte zeitliche Bedingungen erfüllen. Ada enthält deswegen Echtzeitkonstrukte, darunter eine standardisierte Schnittstelle zu einer Echtzeituhr.

3.14 Sprachübersicht

Hier geben wir einen Überblick über die wichtigsten Sprachkonstrukte in Ada:

Ada enthält einen Pascal-ähnlichen sequentiellen Kern:

- Ausdrücke
- Anweisungen (siehe Kapitel 5)
- Vereinbarungen von Typen und Datenobjekten bei strenger Typisierung (siehe §3.8.1 und Kapitel 7)
- Unterprogramme (Prozeduren und Funktionen) (siehe Kapitel 6)

Neben Unterprogrammen kann man in Ada weitere Arten von Modulen vereinbaren:

- Pakete (siehe §3.1.1 und Kapitel 8) zur Bündelung von Ressourcen und zur Darstellung beliebiger Datenstrukturen, und
- TASKs (siehe §3.13 und Kapitel 14) zur Darstellung von Programmteilen, die zeitweise unabhängig von anderen Programmteilen ausgeführt werden.

Des weiteren bietet Ada

- vordefinierte Pakete für portable Ein/Ausgabe (siehe Kapitel 11);
- die Möglichkeit, Unterprogramme und Pakete als Schablonen zu vereinbaren — das heißt, sie durch Parametrisierung wiederverwendbar zu machen (siehe §3.9 und Kapitel 12);
- die Möglichkeit, Ausnahmen (Laufzeitfehler) im Programm zu behandeln (siehe §3.8.2 und Kapitel 13), aber auch zu vereinbaren und auszulösen; und
- Konstrukte für maschinennahes Programmieren (siehe §3.12 und Kapitel 15).

4 Ein einfaches Ada-Programm

```
----------------------------------------------------------------|
PACKAGE reisebus IS

    TYPE termin IS
      RECORD
          tag    : integer RANGE 1 .. 31;
          monat  : integer RANGE 1 .. 12;
          jahr   : integer RANGE 1990 .. 2090;
          stunde : integer RANGE 0 .. 23;
          minute : integer RANGE 0 .. 60;
      END RECORD;

    FUNCTION ist_frei (von,
                      bis : termin) RETURN boolean;

    PROCEDURE reserviere (von,
                         bis : termin);

    PROCEDURE storniere_reservierung (von,
                                     bis : termin);

END reisebus;
----------------------------------------------------------------|
```

Das hier vorgestellte Ada-Programm besteht aus zwei benutzerdefinierten *Programmeinheiten* (*program unit*): einem Paket **reisebus** und einer Prozedur **menue**.

Das Paket **reisebus** stellt im Programm einen Reisebus dar. Da das Programm nur den Terminplan des Reisebusses verwaltet, kann diese Abstraktion im Programm auf Mittel zur Darstellung von Terminen und zur

```ada
WITH reisebus, text_io;

PROCEDURE menue IS

   TYPE funktion_typ IS (anfragen, reservieren, stornieren);

   funktion        : funktion_typ;
   termin_anfang   : reisebus.termin;
   termin_ende     : reisebus.termin;
BEGIN
   LOOP

-- Am Bildschirm erfragen, welche Funktion erwuenscht ist,
-- und die Antwort in die Variable "funktion" einlesen;
-- Anfang und Ende des Termins erfragen und die Antwort in
-- die Variablen "termin_anfang" und "termin_ende" einlesen.

      CASE funktion IS
         WHEN anfragen =>
            IF reisebus.ist_frei (von => termin_anfang,
                                  bis => termin_ende)
            THEN
               text_io.put_line ("Reisebus noch frei.");
            ELSE
               text_io.put_line
                  ("Reisebus leider schon reserviert.");
            END IF;

         WHEN reservieren =>
            reisebus.reserviere (von => termin_anfang,
                                 bis => termin_ende);

         WHEN stornieren =>
            reisebus.storniere_reservierung
               (von => termin_anfang,
                bis => termin_ende);

      END CASE;
   END LOOP;
END menue;
```

Verwaltung der Termine des Busses beschränkt werden. Wir zeigen die Schnittstelle des Pakets. Sie enthält einen (RECORD-) Typ **termin** und eine boolesche Funktion **ist_frei** sowie Prozeduren **reserviere** und **storniere_reservierung**.

Jeder Anwender des Pakets (zum Beispiel die Prozedur **menue**) kann nur über diese Schnittstelle auf das Objekt *reisebus* zugreifen, hat also keinen Zugriff auf die Implementierung (**PACKAGE BODY**) der Schnittstelle, zum Beispiel auf die Datenbasis, die den aktuellen Reservierungsplan für den Reisebus darstellt. Auch dem Programmierer der Prozedur **menue** können die Implementierungsdetails des Pakets verborgen bleiben; zum Beispiel muß er nicht wissen, ob die Programmeinheit **PACKAGE BODY reisebus** ihrerseits weitere Programmeinheiten benutzt. Wir zeigen hier nur die Schnittstelle, nicht die Implementierung (die natürlich auch zum Programm gehört und getrennt übersetzt werden kann).

Die Prozedur **menue** kann die Rolle des Hauptprogramms spielen. Außer **PACKAGE reisebus** benutzt **menue** auch das vordefinierte Paket **text_io**, das (unter anderem) eine Schnittstelle zum Terminal ist.

Die Zeilen zwischen **PROCEDURE menue IS** und **BEGIN** bilden den *Vereinbarungsteil* (*declarative part*) der Prozedur. Die *Vereinbarungen* (*declaration*), die hier stehen, gelten bis zum Ende der Prozedur.

Die Zeilen zwischen **BEGIN** und **END menue** enthalten *Anweisungen* (*statement*). Die ersten Anweisungen haben wir nur durch Kommentare angedeutet.

Die Schnittstelle eines Pakets, wie zum Beispiel des Pakets **reisebus**, enthält einen Vereinbarungsteil, aber keinen Anweisungsteil; die Größen, die dort vereinbart werden, werden normalerweise in anderen Programmteilen benutzt, in denen die Paketschnittstelle sichtbar ist. Hier zum Beispiel wird **PACKAGE reisebus** durch die *WITH-Klausel* (*with clause*) in **PROCEDURE menue** sichtbar gemacht, und die in **PACKAGE reisebus** vereinbarten Größen (der Typ, die Funktion und die beiden Prozeduren) werden im Vereinbarungs- und im Anweisungsteil von **PROCEDURE menue** benutzt.

4.1 Bemerkungen zur Syntax

Jede Anweisung und jede Vereinbarung in Ada, auch die letzte Vereinbarung in einem Vereinbarungsteil und die letzte Anweisung in einer Folge von Anweisungen, wird durch einen Strichpunkt beendet. Auch am Ende einer Prozedur muß ein Strichpunkt stehen.

Die Textteile, die mit „--" beginnen, sind *Kommentare*, dienen also ausschließlich der Programmdokumentation. Ein solcher Kommentar erstreckt sich bis zum jeweiligen Zeilenende.

Nun noch ein paar allgemeine Bemerkungen zur Ada-*Syntax*:

Bezeichner (*identifier*) sind Namen in Ada-Programmen für (Daten-) Objekte, Typen, Unterprogramme etc. Die Bezeichner, die in diesem Programm als Namen auftreten, sind:

`reisebus`	ein Paket
`termin`	ein RECORD-Typ
`tag, monat, jahr, stunde, minute`	Komponenten des Typs
`ist_frei`	eine Funktion
`von, bis`	Parameter
`reserviere, storniere_reservierung`	Prozeduren
`text_io`	ein vordefiniertes Paket
`menue`	eine Prozedur
`funktion_typ`	ein Aufzählungstyp
`anfragen, reservieren, stornieren`	Werte dieses Typs
`funktion, termin_anfang, termin_ende`	Variablen

Bezeichner müssen mit einem Buchstaben aus dem Alphabet anfangen und dürfen ansonsten beliebig viele Buchstaben, Ziffern und einzelne Tiefstriche (_) enthalten, müssen aber in eine Zeile passen. Damit liefert die Sprache ein sehr einfaches, aber wirksames Mittel, um Programme auf lokaler Ebene lesbarer zu machen. Man sollte sich die Mühe machen, wirklich passende und aussagekräftige Bezeichner zu verwenden, die einerseits vielfach Kommentare überflüssig machen und andererseits von ihrer Grammatik her so gewählt sind, daß sich der Ada-Programmtext weitgehend wie ein Text in einer natürlichen Sprache liest. Sowohl die Zeit, die man für das Auswählen guter Bezeichner aufwendet, als auch der erhöhte Schreibaufwand für diese Bezeichner ist gut investiert, denn das Programm wird nur einmal geschrieben, aber wahrscheinlich oft gelesen.

In Ada gibt es 63 *reservierte Wörter*; dies sind Bezeichner, die eine besondere Bedeutung haben (zum Beispiel IF, END) und deshalb nicht als Namen in Programmen verwendet werden dürfen. In den Beispielen sind die reservierten Wörter immer groß geschrieben, alle anderen Bezeichner klein. Die reservierten Wörter sind:

4.1 Bemerkungen zur Syntax

Reservierte Wörter

ABORT	DECLARE	GENERIC	OF	SELECT
ABS	DELAY	GOTO	OR	SEPARATE
ACCEPT	DELTA		OTHERS	SUBTYPE
ACCESS	DIGITS	IF	OUT	
ALL	DO	IN		TASK
AND		IS	PACKAGE	TERMINATE
ARRAY			PRAGMA	THEN
AT	ELSE		PRIVATE	TYPE
	ELSIF	LIMITED	PROCEDURE	
	END	LOOP		
BEGIN	ENTRY		RAISE	USE
BODY	EXCEPTION		RANGE	
	EXIT	MOD	RECORD	WHEN
			REM	WHILE
		NEW	RENAMES	WITH
CASE	FOR	NOT	RETURN	
CONSTANT	FUNCTION	NULL	REVERSE	XOR

Mit Bezeichnern nicht zu verwechseln sind die *Literale* (*literal*), die direkt angegebene Konstanten sind. In diesem Programm kommen zwei *Zeichenkettenliterale* (*string literal*) vor, zum Beispiel "Reisebus noch frei.".

Ein Wort zur *Formatierung*: Das Paket reisebus könnte man platzsparender so schreiben:

--|
```
package REISEbus IS TYPe TERMIN IS RECORD tag:Integer RaNgE
1..31;monat:integer RANGE 1..12;jahr:INTEGER RANGE 1990..
2090;stunde:integer RANGE 0..23;minute:iNTEGER range 0..60;
end record;FUNCTION ist_frei(von,bis:termin)RETURN boolean;
procedure RESERVIERE(von,bis:tErMiN);PROCEDURE
storniere_reservierung(von,bis:TeRmIn);END reiseBUS;
```
--|

Ada ist nämlich formatfrei (zum Beispiel spielt die Anzahl der Zwischenräume und/oder Zeilenwechsel zwischen zwei Bezeichnern keine Rolle) und unterscheidet auch nicht zwischen Groß- und Kleinbuchstaben innerhalb von Bezeichnern; zum Beispiel werden die Bezeichner Ada, ADA und ada als identisch betrachtet.

Die Sprache ist zwar formatfrei, [Ada, 1.5] empfiehlt aber bestimmte Konventionen für Zeilenwechsel und Einrückungen. Die Programmbeispiele in diesem Buch folgen diesen Empfehlungen, sofern nicht zu kurze Zeilen oder die Plazierung von Kommentaren Abweichungen erzwingen.

[Ada] enthält keine Empfehlung zur Groß/Kleinschreibung, aber in den Beispielen dort werden einheitlich die reservierten Wörter klein und fett, die Bezeichner groß geschrieben. In den Beispielen in diesem Buch sind stets die reservierten Wörter groß und die Bezeichner klein geschrieben, weil

- Fettdruck in echten Programmquellen nicht immer möglich ist, der Leser sich aber an ein Erscheinungsbild gewöhnen soll, das auch in der Praxis, zum Beispiel am Bildschirm, vorkommt;
- die Wörter im Programm, die man wirklich genau lesen muß, die Bezeichner sind; erfahrungsgemäß ist aber Text aus Kleinbuchstaben leichter zu lesen als Text aus Großbuchstaben.

Sicher ist die Wahl einer Konvention auch vom Geschmack abhängig; wichtiger ist, daß man sich überhaupt an eine einheitliche Konvention hält, denn dies erhöht die lokale Lesbarkeit von Programmen ganz erheblich, wie man an obigem Beispiel sieht.

5 Anweisungen

Eine *Anweisung* (*statement*) in Ada definiert eine Aktion; wenn die Anweisung *ausgeführt* (*execute*) wird, bewirkt sie diese Aktion. In diesem Kapitel werden folgende Anweisungen vorgestellt:

    NULL
    Zuweisung   (*assignment*)
    Prozeduraufruf   (*procedure call*)
    DELAY
    IF
    CASE
    LOOP
    EXIT
    Blockanweisung (*block statement*)

Die RETURN-Anweisung, spezielle Anweisungen zum Programmieren mit parallelen Prozessen und Ausnahmen und solche zum Einfügen von Maschinencode werden erst später eingeführt. Die GOTO-Anweisung ist auch in Ada vorhanden und in [Ada, §5.9] beschrieben; sie erscheint in den Beispielen nicht, weil sie in gut strukturierten Ada-Programmen sehr selten zu finden ist.

Ein Wort zu den Programmbeispielen in diesem und im folgenden Kapitel: Wir zeigen in diesem Buch keine Programmfragmente, weil dies beim Leser leicht zu Mißverständnissen und zu Schwierigkeiten im Erstellen eines vollständigen Programms führt. Da die Beispiele trotzdem für den Leser verständlich sein sollen, enthalten sie jeweils nur Konstrukte, die schon eingeführt wurden. Insbesondere verzichten wir in den Beispielen noch auf Ein/Ausgabe. Vielfach muß man sich diese also an passender Stelle dazudenken, damit die Programme etwas Sinnvolles tun.

5.1 Einfache Anweisungen

```
---------------------------------------------------------------|
PACKAGE aktionen IS

   PROCEDURE tu_was;

END aktionen;
----------------------------------------------------------------
WITH aktionen;

PROCEDURE anweisungen IS
   jahr                  : integer RANGE 1990 .. 2100;
   es_ist_ein_schaltjahr : boolean;
BEGIN

                     -- Zuweisungen:

   jahr := 1993;
   jahr := jahr + 77;
   es_ist_ein_schaltjahr :=
      ((jahr MOD 4 = 0 AND jahr MOD 100 /= 0) OR
       jahr MOD 400 = 0);

   NULL;                -- die NULL-Anweisung bewirkt nichts

   aktionen.tu_was;     -- ein Prozeduraufruf

   DELAY 3.0;           -- DELAY-Anweisung: 3 Sekunden warten
END anweisungen;
---------------------------------------------------------------|
```

In diesem Abschnitt werden Anweisungen vorgestellt, die nicht zusammengesetzt sind, die also nicht ihrerseits Anweisungen enthalten. Nach Ausführung einer einfachen Anweisung wird die im Text darunterstehende Anweisung (sofern vorhanden) ausgeführt.

Das Beispiel in diesem Abschnitt besteht aus zwei Programmeinheiten: Einem Paket **aktionen** (dessen Implementierung wir hier nicht zeigen) und einer Prozedur **anweisungen**. Der Anweisungsteil der Prozedur ist keine sinnvolle Abfolge von Anweisungen, sondern führt nur den Gebrauch der relevanten Anweisungen vor.

5.1 Einfache Anweisungen

In Ada gibt es keinen syntaktischen Unterschied zwischen Hauptprogramm und Unterprogrammen; jede parameterlose Prozedur kann als Hauptprogramm fungieren, oder als untergeordnetes Unterprogramm, oder mal als Hauptprogramm und mal als Unterprogramm. Die Prozedur anweisungen in diesem Beispiel kann also Hauptprogramm eines Ada-Programms sein.

Im Vereinbarungsteil der Prozedur anweisungen werden zwei Variablen vereinbart: eine Variable jahr des vordefinierten Typs integer und eine Variable es_ist_ein_schaltjahr des vordefinierten Typs boolean.

In einer Zuweisung steht rechts ein *Ausdruck (expression)*, der beliebig komplex sein darf — da die Sprache kein Format vorschreibt, kann der Ausdruck ja auch über mehrere Zeilen verteilt sein.

Die Bildung solcher Ausdrücke ist nicht nur bei numerischen Typen möglich; zum Beispiel kann man an die boolesche Variable es_ist_ein_schaltjahr den booleschen Ausdruck

```
((jahr MOD 4 = 0 AND jahr MOD 100 /= 0) OR
  jahr MOD 400 = 0)
```

zuweisen. Wie schon erwähnt, gibt es in Ada die strenge Typisierung, die dem Programmierer hilft (ihn sogar zwingt), Dinge, die er als verschiedenartig erklärt hat, auseinanderzuhalten. Die Zuweisung eines booleschen Ausdrucks an eine Variable des Typs integer oder umgekehrt ist in Ada nicht zulässig; solche Zuweisungen wird der Compiler also verbieten.

Es gibt andere Absichtserklärungen des Programmierers, die vom Ada-System nicht immer zur Übersetzungszeit, sondern eventuell erst zur Laufzeit überwacht werden; dazu gehört zum Beispiel die *Bereichseinschränkung (range constraint)* 1990 .. 2100 in der Vereinbarung der Variablen jahr. Wird zur Laufzeit einmal versucht, jahr mit einem Wert außerhalb dieses Bereichs zu belegen, so löst das Ada-System die vordefinierte Ausnahme constraint_error aus. *Ausnahmen (exception)* sind Fehlersituationen, die zur Laufzeit auftreten können. Man kann, wenn es inhaltlich angebracht ist, Ausnahmen im Programm behandeln (s. Kapitel 13). Ausnahmen, die von einem Fehler in der Programmlogik herrühren, sollte man natürlich nicht im Programm behandeln; denn bei solchen Fehlern reagiert das Laufzeitsystem normalerweise sofort mit einer Meldung über die Art der ausgelösten Ausnahme und erleichtert damit die Lokalisierung des Fehlers. In Sprachen, in denen es einen solchen Mechanismus nicht gibt, macht sich ein solcher Fehler oft erst viel später durch einen Folgefehler bemerkbar und wird dann erst nach langer Suche lokalisiert.

Auf eine Art von Fehlern, die das Ada-System nicht aufdeckt, machen wir hier aufmerksam: Manche Sprachen legen fest, welchen Wert die

Variablen vor Programmbeginn haben, so daß Programmierer sich darauf verlassen können, daß eine Variable, der im Programm noch kein Wert zugewiesen wurde, diesen Wert hat. In Ada wird kein automatisches Initialisieren von Variablen garantiert, damit Ada-Programme auch für unkundige Leser transparent sind. Im Gegenteil, ein Programm, das eine Variable auswertet, in die es noch keinen Wert geschrieben hat, ist *fehlerhaft (erroneous)* (in der Praxis bedeutet dies, daß das Programm bei jeder Ausführung anders laufen kann). Das heißt aber nicht, daß das Ada-System diesen Fehler aufdecken wird; es liegt in der Verantwortung des Programmierers, solche fehlerhaften Ausführungen zu vermeiden. In diesem Beispiel wäre die zweite Zuweisung fehlerhaft, wenn die erste gestrichen würde. Das Initialisieren von Variablen bei ihrer Vereinbarung (das wir in den nächsten Abschnitten mehrfach zeigen) ist ein einfaches Mittel, fehlerhafte Ausführung durch nichtinitialisierte Variablen von vornherein auszuschließen.

Die Ausführung der NULL-Anweisung bewirkt nichts. Die Syntax von Ada verlangt, daß an manchen Stellen mindestens eine Anweisung steht, zum Beispiel zwischen dem BEGIN und dem END einer Prozedur; soll dort aber keine Aktion ausgeführt werden, schreibt man eine NULL-Anweisung.

Eine Prozedur verkörpert eine Aktion, und folglich ist ein Prozeduraufruf eine Anweisung. Prozeduren werden im nächsten Kapitel ausführlich besprochen; wir zeigen in diesem Kapitel deshalb nur Aufrufe von parameterlosen Prozeduren, wie hier die Prozedur tu_was aus dem Paket aktionen.

Die DELAY-Anweisung wird in [Ada] zwar dem Themenkreis „parallele Prozesse" zugeordnet, sie kann aber genauso in sequentiellen Ada-Programmen verwendet werden; sie bewirkt dann eine Pause im Programmablauf. Die Dauer der Pause gibt man in Sekunden nach dem reservierten Wort DELAY an; hier wurde sie durch das reelle Literal 3.0 angegeben, man kann aber auch nach DELAY einen beliebigen Ausdruck — zum Beispiel eine Variable — des vordefinierten Festpunkttyps duration schreiben.

5.2 Bedingte Anweisungen

5.2.1 Die IF-Anweisung

Bevor die IF-Anweisung näher erklärt wird, ein Wort zu ihrer äußeren Struktur: Eine IF-Anweisung fängt immer mit IF an und endet mit END IF;. Die IF-Anweisung in Ada ist, wie in anderen Sprachen auch, eine *zusammengesetzte Anweisung*, also eine, die andere Anweisung(en)

5.2 Bedingte Anweisungen

```
PROCEDURE einfache_if_anweisung IS
   jahr                         : integer RANGE 1990 .. 2100
                                                := 1993;
   anzahl_der_tage_im_februar : integer RANGE 28 .. 29
                                                := 29;
   schaltjahr                   : boolean := true;
BEGIN
   IF ((jahr MOD 4 /= 0 OR jahr MOD 100 = 0) AND
      jahr MOD 400 /= 0)
   THEN
      anzahl_der_tage_im_februar := 28;
      schaltjahr := false;
   END IF;
END einfache_if_anweisung;
```

enthält (in den Beispielen in diesem Abschnitt sind es Zuweisungen, es könnten aber auch zum Beispiel wieder zusammengesetzte Anweisungen sein). In manchen anderen Sprachen ist an solchen Stellen (zum Beispiel in Pascal nach dem **then** einer **if**-Anweisung) jeweils nur eine Anweisung erlaubt; wenn man dort mehrere Anweisungen schreiben will, muß man sie durch **begin** ... **end** klammern. Braucht man an mehreren Stellen im Programmtext solche Klammern und vergißt man dabei ein **end**, ist es oft nicht leicht herauszufinden, wo das fehlende **end** hingehört. Getreu dem Prinzip, Fehler möglichst früh und leicht auffindbar zu machen, hat in Ada jede zusammengesetzte Anweisung von vornherein ihre eigene Klammerstruktur: IF ... END IF, CASE ... END CASE, LOOP ... END LOOP etc.; so kann in vielen Fällen schon der Compiler (rein syntaktisch) erkennen, bei welcher zusammengesetzten Anweisung das END ... fehlt.

Bei der IF-Anweisung sind viele Variationen möglich; wir zeigen im Beispiel einfache_if_anweisung die einfachste.

Zwischen IF und THEN steht ein boolescher Ausdruck, der zuerst ausgewertet wird. In diesem Beispiel ist der boolesche Ausdruck

```
((jahr MOD 4 /= 0 OR jahr MOD 100 = 0) AND
   jahr MOD 400 /= 0)
```

Zwischen THEN und END IF steht eine Folge von Anweisungen (in diesem Beispiel zwei), die nur dann ausgeführt wird, wenn der Wert des booleschen Ausdrucks **true** war.

Im Beispiel einfache_if_anweisung wird die Variable jahr schon bei ihrer Vereinbarung mit dem Wert 1993 initialisiert; damit schließt man

```
PROCEDURE if_anweisung IS

   TYPE stein_schere_papier IS (stein, schere, papier);

   meine_wahl,
   deine_wahl    : stein_schere_papier := stein;
   meine_punkte,
   deine_punkte : natural := 0;
BEGIN
   IF meine_wahl /= stein_schere_papier'last AND THEN
      stein_schere_papier'succ (meine_wahl) = deine_wahl
   THEN
      meine_punkte := meine_punkte + 1;
   ELSIF deine_wahl /= stein_schere_papier'last AND THEN
      stein_schere_papier'succ (deine_wahl) = meine_wahl
   THEN
      deine_punkte := deine_punkte + 1;
   ELSIF meine_wahl = deine_wahl THEN
      NULL;
   ELSIF meine_wahl = stein THEN
      deine_punkte := deine_punkte + 1;
   ELSE
      meine_punkte := meine_punkte + 1;
   END IF;
END if_anweisung;
```

von vornherein aus, daß sie ausgewertet wird, bevor das Programm ihr einen Wert zugewiesen hat. Ohne diese Initialisierung wäre das Programm fehlerhaft, weil sein Anweisungsteil die Variable jahr auswertet aber nicht mit einem Wert belegt. Das Ada-System müßte diesen Fehler weder zur Übersetzungs- noch zur Laufzeit aufdecken, und man müßte mit einem zufälligen Programmergebnis rechnen.

Im Beispiel if_anweisung werden durch

```
meine_wahl,
deine_wahl    : stein_schere_papier := stein;
```

zwei gleichartige Variablen vereinbart.

Das Beispiel if_anweisung zeigt eine IF-Anweisung mit ELSIF-Teilen und mit ELSE-Teil. Hier werden nacheinander die booleschen Ausdrücke (zwischen IF und THEN bzw. ELSIF und THEN) ausgewertet, bis einer mit dem Wert `true` gefunden wird; dann wird die Folge von Anweisungen zwischen dem dazugehörigen THEN und dem darauffolgenden ELSIF bzw. END IF ausgeführt. Haben alle booleschen Ausdrücke den Wert `false`, so wird die Folge von Anweisungen zwischen ELSE (sofern vorhanden) und END IF ausgeführt. Es wird also immer höchstens eine Folge von Anweisungen ausgeführt.

Nebenbei sieht man in diesem Beispiel `natural`, einen vordefinierten Untertyp, der nur die nichtnegativen Zahlen des vordefinierten Typs `integer` enthält. Außerdem sieht man die *Attribute* 'last und 'succ, die bei jedem diskreten (also numerischen oder Aufzählungs-) Typ vereinbart sind. `stein_schere_papier'last` ist der letzte Wert des Typs, also `papier`; `stein_schere_papier'succ` ist eine Funktion, die jedem Wert des Aufzählungstyps den darauffolgenden Wert zuordnet, so daß

```
stein_schere_papier'succ (stein) = schere
stein_schere_papier'succ (schere) = papier
```

Die Auswertung von `stein_schere_papier'succ (papier)` würde einen Laufzeitfehler auslösen, weil der Wert `papier` der letzte Wert im Typ ist. Deswegen steht hier zweimal AND THEN statt AND; bei AND werden nämlich immer beide Operanden ausgewertet, bei AND THEN dagegen wird der zweite Operand nur dann ausgewertet, wenn der erste den Wert `true` hat.

Attribute werden erst im Kapitel 7 ausführlich besprochen, der Unterschied zwischen AND und AND THEN ebenfalls.

5.2.2 Die CASE-Anweisung

Die CASE-Anweisung ist eine bedingte Anweisung, in der die auszuführenden Aktionen nicht (wie in der IF-Anweisung) nach dem Wert eines oder mehrerer boolescher Ausdrücke, sondern nach dem Wert eines beliebigen Ausdrucks eines *diskreten* (d.h. ganzzahligen oder Aufzählungs-) Typs bestimmt werden. In diesem Fall ist es der Ausdruck `wochentag` des Aufzählungstyps `wochentag_typ`.

Wie man im Beispiel sieht, kann man bei der Fallunterscheidung in einer CASE-Anweisung mehrere Werte dieses Typs zu Alternativen zusammenfassen: `montag .. donnerstag` faßt alle Werte von `montag` bis `donnerstag` (inklusive) zusammen, `freitag | sonntag` faßt `freitag` und `sonntag` zusammen (das Zeichen „|" kann auch durch ein Ausrufezeichen ersetzt werden).

Insgesamt muß aber jeder Wert des Typs in genau einer Alternative vorkommen. Vergißt man einen Wert oder behandelt man einen Wert

```
PROCEDURE bundesbahn_tarif_erklaeren IS

   TYPE wochentag_typ IS
      (montag     , dienstag  , mittwoch  , donnerstag,
       freitag    , samstag   , sonntag   );

   wochentag              : wochentag_typ := dienstag;

   TYPE rueckfahrts_tag_typ IS
      (gleicher_tag, darauffolgender_samstag);

   frueheste_rueckfahrt : rueckfahrts_tag_typ;
   super_sparpreis      : boolean;
BEGIN
   CASE wochentag IS
      WHEN montag .. donnerstag | samstag =>
         super_sparpreis := true;

      WHEN freitag | sonntag =>
         super_sparpreis := false;

   END CASE;

   CASE wochentag IS
      WHEN samstag =>
         super_sparpreis := true;
         frueheste_rueckfahrt := gleicher_tag;

      WHEN freitag | sonntag =>
         super_sparpreis := false;

      WHEN OTHERS =>
         super_sparpreis := true;
         frueheste_rueckfahrt := darauffolgender_samstag;

   END CASE;
END bundesbahn_tarif_erklaeren;
```

zweimal, so ist die Übersetzungseinheit inkorrekt und wird vom Compiler abgelehnt.

Man kann am Schluß die Werte, die bisher in keiner Alternative behandelt wurden, in einer OTHERS-Alternative zusammenfassen, wie in der zweiten CASE-Anweisung in diesem Beispiel; dadurch nimmt man dem Compiler allerdings eine Möglichkeit, Fehler (hier das Vergessen einer speziellen Behandlung für einen Wert) aufzudecken.

Natürlich kann man jede CASE-Anweisung durch IF-Anweisung(en) ersetzen (und umgekehrt); eine Fallunterscheidung nach dem Wert eines Ausdrucks läßt sich aber meist durch eine CASE-Anweisung lesbarer und transparenter ausdrücken als durch IF-Anweisungen.

5.3 LOOP-Anweisungen

```
-------------------------------------------------------------|
PACKAGE ueberwachung IS

   PROCEDURE registriere_temperatur;

   PROCEDURE loese_alarm_aus;

END ueberwachung;
-------------------------------------------------------------
WITH ueberwachung;

PROCEDURE endlosschleife IS
BEGIN
   LOOP
      ueberwachung.registriere_temperatur; -- jede Stunde
      DELAY 60 * 60.0;
   END LOOP;
END endlosschleife;
-------------------------------------------------------------|
```

Auch die LOOP-Anweisung gibt es in mehreren Variationen; wir zeigen im Beispiel **endlosschleife** zunächst die einfachste, eine Endlosschleife. In Ada kann eine Endlosschleife durchaus sinnvoll sein, vor allem in einem Ada-Programm mit mehreren parallelen Prozessen. Oft braucht man

```
----------------------------------------------------------------|
WITH ueberwachung;

PROCEDURE exit_anweisung IS
   temperatur : float RANGE - 30.0 .. 100.0;
BEGIN
   LOOP

      -- irgendwelche Anweisungen

      IF temperatur >= 50.0 THEN
         ueberwachung.loese_alarm_aus;
         EXIT;
      ELSE
         NULL; -- irgendwelche Anweisungen
      END IF;
   END LOOP;

   -- hier geht es nach EXIT weiter

END exit_anweisung;
----------------------------------------------------------------|


----------------------------------------------------------------|
PROCEDURE exit_when IS
   temperatur : float RANGE - 30.0 .. 100.0;
BEGIN
   LOOP

      -- irgendwelche Anweisungen

      EXIT WHEN temperatur >= 50.0;

      -- irgendwelche Anweisungen

   END LOOP;
END exit_when;
----------------------------------------------------------------|
```

Prozesse, die nur eine Tätigkeit immer wiederholen, zum Beispiel jede Stunde eine Temperatur zu registrieren.

Eine **EXIT**-Anweisung bewirkt, daß die Ausführung der Schleife abgebrochen wird und nach dem END LOOP dieser Schleife fortgefahren wird. Das Beispiel exit_anweisung enthält eine solche Anweisung.

Eine bedingte EXIT-Anweisung, wie im Beispiel exit_when, drückt

```
IF ... THEN EXIT; END IF;
```

etwas prägnanter aus.

Nun zu weiteren Variationen der LOOP-Anweisung:

```
---------------------------------------------------------------|
PROCEDURE while_loop IS
   temperatur : float RANGE - 30.0 .. 100.0;
BEGIN
   WHILE temperatur < 50.0 LOOP
      NULL; -- zum Beispiel weiter anheizen
   END LOOP;
END while_loop;
---------------------------------------------------------------|
```

Mit einer WHILE-Schleife läßt man eine Schleife solange durchlaufen, wie ein boolescher Ausdruck den Wert true hat. Der Ausdruck wird vor jedem Durchlauf ausgewertet und die Ausführung der Schleife sofort beendet, wenn sie den Wert false hat. Im Beispiel while_loop könnte die Variable temperatur durch Benutzung einer *Adreßklausel* (s. §15.2.5) an eine Speicheradresse gelegt werden, in die die relevante Temperatur regelmäßig (über einen Bus) geschrieben wird.

Will man die Anzahl der Schleifendurchläufe von vornherein beschränken, kann man dies durch eine FOR-Schleife erreichen. Dabei wird der Schleifenparameter (im Beispiel for_loop jeweils faktor) automatisch vor jedem Durchlauf mit dem richtigen Wert versehen und darf innerhalb der Schleife gelesen, aber nicht verändert werden (Verletzungen dieser Regel stellt der Compiler zur Übersetzungszeit fest und lehnt sie als inkorrekt ab). Der Schleifenparameter verletzt nur scheinbar die generelle Ada-Regel, daß jedes im Programm verwendete Datenobjekt explizit vereinbart sein muß: Der Text zwischen FOR und LOOP ist eine Vereinbarung, die nur innerhalb der Schleife sichtbar ist. Wäre schon (außerhalb der Schleife) die Vereinbarung eines Datenobjekts mit diesem Namen sichtbar, würde der Schleifenparameter innerhalb der Schleife diese Vereinbarung *verdecken* (*hide*). In diesem Beispiel gibt es also zwei Schleifenparameter faktor; einen in der ersten LOOP-Anweisung und einen in der zweiten.

Die in einer FOR-Schleife angegebenen Bereichsschranken (hier 2 und x) können auch komplexere Ausdrücke sein. Ein so angegebener Bereich enthält alle Werte, die größer/gleich dem zuerst angegebenen Wert und kleiner/gleich dem zuletzt angegebenen sind. Würde man also zum

```
PROCEDURE for_loop IS
   x                                 : integer := 4;
   y                                 : integer := 68;
   groesster_gemeinsamer_teiler      : integer := 1;
BEGIN
   FOR faktor IN 2 .. x LOOP
      x := x * faktor;
   END LOOP;

   FOR faktor IN REVERSE 2 .. x LOOP
      IF (x REM faktor) = 0 AND
         (y REM faktor) = 0
                  -- a REM b = Rest nach Teilung von a durch b
      THEN
         groesster_gemeinsamer_teiler := faktor;
         EXIT;
      END IF;
   END LOOP;
END for_loop;
```

```
PACKAGE kartenhaus IS                   -- siehe PROCEDURE
                                        -- bau_ein_kartenhaus
   PROCEDURE positioniere_oben_links;
   PROCEDURE ruecke_nach_rechts;
   PROCEDURE stelle_ein_kartenpaar_auf;
   PROCEDURE leg_eine_karte_hin;
   FUNCTION  ist_zusammengebrochen RETURN boolean;
   FUNCTION  bauen_macht_noch_spass RETURN boolean;

END kartenhaus;
```

Beispiel x .. 2 schreiben, so wäre der Bereich in diesem Beispiel leer und die Schleife würde 0 mal durchlaufen. Will man dagegen den Bereich rückwärts durchlaufen lassen, so schreibt man REVERSE 2 .. x, wie in der zweiten LOOP-Anweisung im Beispiel for_loop.

Die Bereichsschranken werden bei der Ausführung der LOOP-Anweisung nur einmal ausgewertet; zum Beispiel wird die Anweisung

```
----------------------------------------------------------------|
WITH kartenhaus, text_io;

PROCEDURE bau_ein_kartenhaus IS
   letzte_etage : CONSTANT := 10;
BEGIN
hausbau :
   LOOP
   hausbau_versuch :
      FOR etage IN 1 .. letzte_etage LOOP
         kartenhaus.positioniere_oben_links;
      etagenbau :
         FOR kartenpaar IN 1 .. (letzte_etage - etage + 1)
         LOOP
            kartenhaus.stelle_ein_kartenpaar_auf;
            EXIT hausbau_versuch WHEN
                  kartenhaus.ist_zusammengebrochen;
            IF etage = letzte_etage THEN
               text_io.put_line ("fertig!");
               EXIT hausbau;
            ELSE
               kartenhaus.ruecke_nach_rechts;
            END IF;
         END LOOP etagenbau;

         kartenhaus.positioniere_oben_links;
      zwischenboden :
         FOR karte IN 1 .. (letzte_etage - etage) LOOP
            kartenhaus.leg_eine_karte_hin;
            EXIT hausbau_versuch WHEN
                  kartenhaus.ist_zusammengebrochen;
            kartenhaus.ruecke_nach_rechts;
         END LOOP zwischenboden;

      END LOOP hausbau_versuch;

      IF NOT kartenhaus.bauen_macht_noch_spass THEN
         text_io.put_line ("Ich gebe es auf.");
         EXIT;
      END IF;
   END LOOP hausbau;

END bau_ein_kartenhaus;
----------------------------------------------------------------|
```

```
x := x * faktor;
```

in diesem Beispiel nur dreimal durchlaufen (mit **faktor** 2, 3 und 4), obwohl sich der Wert von **x** schon beim ersten Durchlauf erhöht.

Das Beispiel **bau_ein_kartenhaus** zeigt mehrere ineinandergeschachtelte Schleifen. Wie man hier sieht, kann man jede Schleife mit einem Namen versehen, wie hier **hausbau**, **hausbau_versuch** und **etagenbau**. Dieser steht am Anfang der Schleife, wird durch einen Doppelpunkt vom Rest des Schleifentextes getrennt und muß am Ende der Schleife wiederholt werden. Dies empfiehlt sich besonders bei geschachtelten Schleifen, weil:

- man dann eine **EXIT**-Anweisung (mit Schleifennamen) auch zum Verlassen einer äußeren Schleife verwenden kann (die **EXIT**-Anweisung ohne Schleifennamen bewirkt, daß die innerste Schleife verlassen wird);
- eine **EXIT**-Anweisung mit Schleifennamen meistens einen höheren Dokumentationswert hat als eine ohne Schleifennamen, auch wenn ohnehin die innerste Schleife verlassen wird;
- der Compiler dann den Namen am Ende der Schleife prüfen muß und so Hilfe bei der Fehlerlokalisation bietet, wenn man ein **END LOOP** vergessen hat.

Das Beispiel **bau_ein_kartenhaus** zeigt auch die Vereinbarung einer *Konstanten* (*constant*) **letzte_etage**. Der Compiler wird jeden Versuch, den Wert einer Konstanten zu verändern, als Fehler melden.

5.4 Blockanweisungen

Blockanweisungen in Ada können dazu benutzt werden, lokale Größen zu vereinbaren. Dies kann in zweierlei Situationen sinnvoll sein.

Einmal kann die Vereinbarung einer Größe von Variablen abhängen, die vorher erst durch Ausführung von Anweisungen einen Wert bekommen müssen. So ist es zum Beispiel möglich, den Index- oder Komponentenbereich eines **ARRAY**s durch Variablen anzugeben, die dynamisch, kurz vor der Vereinbarung des **ARRAY**s, mit einem Wert belegt werden. Dann wird das **ARRAY** — wie hier **buchstaben_array** bzw. **zahlen_array** — im Vereinbarungsteil einer Blockanweisung vereinbart, die auf die Berechnung der Variablenwerte folgt.

5.4 Blockanweisungen

```
---------------------------------------------------------------|
PROCEDURE block_anweisungen IS
   anzahl,
   maximaler_wert : natural;
BEGIN

   -- Werte der beiden Variablen festlegen

   DECLARE                         -- Anfang der Blockanweisung
      buchstaben_array : ARRAY (1 .. anzahl) OF character;
      lokale_variable  : character;
   BEGIN
      NULL;

      -- lokale_variable und buchstaben_array
      -- gibt es nur in dieser Blockanweisung

   END;                            -- Ende der Blockanweisung

   DECLARE

      SUBTYPE zahlenbereich IS integer
         RANGE - maximaler_wert .. maximaler_wert;

      lokale_variable : character;
      zahlen_array    : ARRAY (1 .. anzahl)
            OF zahlenbereich;
   BEGIN
      NULL;

      -- lokale_variable, zahlenbereich und zahlen_array
      -- gibt es nur in dieser Blockanweisung

   END;
END block_anweisungen;
---------------------------------------------------------------|
```

Zum anderen wird manchmal eine Vereinbarung nur in einem kurzen Abschnitt eines Anweisungsteils gebraucht. Dann sollte man sie im Interesse der Transparenz nicht im allgemeinen Vereinbarungsteil unterbringen, denn dort belastet sie den Leser nur unnötig. Stattdessen sollte man den Abschnitt mit einer Blockanweisung umschließen und die Vereinbarung in deren Vereinbarungsteil unterbringen, so daß der Leser sie kurz vor ihrem Gebrauch sieht und nachher schnell wieder vergessen kann. Typische Beispiele sind boolesche Variablen, die eine eben gefällte Entscheidung über wenige Anweisungen hinweg festhalten sollen. In Programmen, in denen eigentlich mehrere solche Variablen nacheinander nötig wären, wird oft aus Sparsamkeit eine Variable mehrfach verwendet und deshalb mit einem nichtssagenden Namen (wie "flag" oder "schalter") versehen. Dies führt häufig zur Verwirrung des Lesers. In Ada sollte man da ruhig mehrere Variablen in mehreren Blockanweisungen vereinbaren; wenn sie nicht gleichzeitig existieren, wird ein guter Compiler ohnehin dafür sorgen, daß der gleiche Speicherplatz mehrfach verwendet wird. In vielen Fällen wird ein guter Compiler den Wert einer solchen Variablen sogar in einem Register halten, so daß er überhaupt keinen Platz im Speicher beansprucht.

Das Beispiel in diesem Abschnitt enthält zwei Blockanweisungen. Diese beginnen jeweils mit DECLARE und enden mit END. Die zwischen DECLARE und dem darauffolgenden BEGIN vereinbarten Größen sind nur innerhalb der Blockanweisung sichtbar.

Blockanweisungen in Ada werden auch in der Behandlung von Laufzeitfehlern eingesetzt; dieses Thema wird erst im Kapitel 13 behandelt.

5.5 Übung 1: Anweisungen

Der Leser sollte sich jetzt durch eine einfache Übung an die Anweisungen in Ada gewöhnen. Die Übung erste_probe bietet einen Rahmen, der mit Anweisungen ausgefüllt werden kann.

Das Programm in diesem Abschnitt liest zunächst eine ganze Zahl anzahl_der_buchstaben ein; anschließend liest es diese Anzahl von ASCII-Zeichen ein und gibt sie dann in der gleichen Reihenfolge wieder aus. Es unterstützt aber nur Werte von anzahl_der_buchstaben, die nicht größer als 10 sind. Die Datei U1.ADA auf der Diskette enthält den Quelltext dieses Programms.

Modifizieren Sie bitte das Programm, so daß es

- beliebig große Werte von anzahl_der_buchstaben (innerhalb des Wertebereichs des Typs integer) unterstützt;
- nach dem Einlesen die Buchstaben in umgekehrter Reihenfolge wieder ausgibt;
- beim Ausgeben nur solche Buchstaben ausgibt, die großgeschrieben sind und nur aus geraden Linien bestehen (um Unsicherheiten

5.5 Übung 1: Anweisungen

```
------------------------------------------------------------|
WITH text_io;

PROCEDURE erste_probe IS
   anzahl_der_buchstaben : natural;

   PACKAGE zahlen_io IS NEW text_io.integer_io (natural);

   buchstaben_reihe        : ARRAY (1 .. 10) OF character;
BEGIN
   text_io.put_line
      ("Wieviele Buchstaben wollen Sie eintippen?");
   zahlen_io.get (anzahl_der_buchstaben); -- liest eine Zahl
                                          -- in die Variable
                                          -- anzahl_der_buchstaben
   text_io.put_line
      (
   "Bitte nur Großbuchstaben aus geraden Linien eintippen!"
         );
   FOR index IN 1 .. 10 LOOP
      text_io.get (buchstaben_reihe (index));   -- liest ein
                                    -- Zeichen in die Variable
                                    -- buchstaben_reihe (index)
   END LOOP;

   FOR index IN 1 .. 10 LOOP
      text_io.put (buchstaben_reihe (index));-- schreibt das
                                    -- Zeichen aus der Variablen
                                    -- buchstaben_reihe (index)
                                    -- auf den Bildschirm
   END LOOP;
END erste_probe;
------------------------------------------------------------|
```

auszuschließen, legen wir fest, daß dies die Buchstaben A, E, F, H, I, K bis N, T und V bis Z sind);
- und die Ausgabe abbricht und das Programm beendet, wenn ein Buchstabe ausgegeben werden soll, der überhaupt keine geraden Linien enthält (also c, C, o, O, s oder S).

Character-Literale (= direkt angegebene Konstanten vom Typ **character**) sehen in Ada so aus: **'A'**.

Wenn Sie das Programm fertiggeschrieben haben:

- Formatieren Sie Ihr Programm, sofern Sie sich nicht schon beim Eintippen an einheitliche Konventionen für Einrückung und Groß/Kleinschreibung gehalten haben. Ein so formatierter Programmtext ist wesentlich übersichtlicher als ein formatfrei geschriebener. Die meisten Ada-Programmierumgebungen enthalten einen *Formatierer* (oft „Pretty Printer" genannt), der Groß/Kleinschreibung und Einrückungen nach einer einheitlichen Konvention erzeugt. Dabei ist es meist möglich, über Aufrufparameter individuelle Wünsche anzugeben, zum Beispiel die reservierten Wörter groß schreiben zu lassen und die Bezeichner klein, oder umgekehrt.

- Richten Sie eine Ada-*Programmbibliothek* für die Module Ihres Programms ein. Wegen der Möglichkeiten, die Ada für getrennte Übersetzung von Programmodulen bietet, legt [Ada] fest, daß es (mindestens) eine Programmbibliothek gibt, und daß jede erfolgreiche Übersetzung zur Folge hat, daß die übersetzten Programmteile zur Bibliothek gehören. In Ada ist eine Programmbibliothek also nicht nur, wie in manchen Sprachen, ein Archiv für bewährte Routinen, und damit eine Annehmlichkeit, auf die man auch verzichten kann; vielmehr braucht man in Ada eine Bibliothek, bevor man überhaupt erst übersetzen kann.

- Übersetzen Sie nun Ihr Programm in Ihre Bibliothek. Möglicherweise werden sie erst nach mehreren Anläufen ein fehlerfreies Programm haben. Verzweifeln Sie nicht; Ada ist ja so konzipiert, daß möglichst viele Fehler schon zur Übersetzungszeit aufgedeckt werden, damit weniger Fehler beim Testen auftreten. Insgesamt spart man also Zeit mit Ada, da Fehler, die erst zur Laufzeit zutage treten, meist weitaus schwerer zu lokalisieren sind als solche, die schon bei der Übersetzung erkannt werden.

- Binden Sie ihr Programm und führen Sie es aus. Beim Bindekommando müssen Sie den Ada-Bezeichner des Hauptprogramms angeben, also in diesem Fall **erste_probe**.

Die Kommandos zur Einrichtung einer Programmbibliothek und zum Formatieren, Übersetzen, Binden und Ausführen eines Programms sind nicht Teil der Sprache, sondern der (Ada-)Entwicklungsumgebung. Als solche sind sie nicht in [Ada] festgelegt, sondern von Ada-System zu Ada-System verschieden. Ihre Beschreibung finden Sie also im Handbuch Ihres Ada-Systems.

6 Unterprogramme

Unterprogramme in Ada verkörpern Aktionen und Wertberechnungen. Sie sollen *Abstraktionen* im Programm ermöglichen und damit die Transparenz des Programms erhöhen.

Eine Aktion, die in der realen Welt als zusammenhängendes Ganzes gesehen wird, sollte auch im Programm so dargestellt werden, auch wenn ihre Implementierung aus vielen kleineren Aktionen zusammengesetzt ist. Man abstrahiert also von den Einzelschritten der Aktion, damit sie der Leser des Programms als Ganzes auffassen und das Programm so besser verstehen kann. Zum Beispiel spricht man in der realen Welt vom Lesen eines Buchs. In einem Programm, das mit dem Lesen von Büchern zu tun hat (zum Beispiel ein Abenteuer-Spiel, in dem der Held lesen muß), sollte diese Aktion deshalb als Ganzes dargestellt werden, obwohl sie aus vielen kleineren Aktionen (Seite lesen, umblättern, ...) besteht.

Genauso sollte eine Wertberechnung, die in der realen Welt als zusammenhängendes Ganzes gesehen wird, im Programm so dargestellt werden, auch wenn sie aus vielen Schritten besteht. Da man zum Beispiel in der realen Welt vom Volumen einer Kiste spricht und nicht von „Länge mal Breite mal Höhe" der Kiste, sollte man auch im Programm von diesen Einzelschritten in der Berechnung des Volumens abstrahieren und die Berechnung als Ganzes darstellen.

Es geht also nicht (in erster Linie) um das Sparen von Speicherplatz oder von Schreibarbeit durch mehrfache Benutzung der gleichen Codefolge, sondern um die Transparenz des Programms. Fast genauso wichtig ist: Unterprogramme bieten eine Schnittstelle zur Aktion (bzw. zur Wertberechnung), die sie verkörpern, und tragen damit zu einer klaren Trennung zwischen Spezifikation und Implementierung bei. Die Schnittstelle sollte aus genau den Informationen bestehen, die sowohl für die Implementierung des Unterprogramms als auch für seine Anwendung (= Aufruf) relevant sind. (Soll also im Abenteuer-Programm der Teil des Programms, der das Lesen eines Buchs veranlaßt, auch auf die Lesegeschwindigkeit

Bezug nehmen oder sie bestimmen können, dann gehört die Information „Lesegeschwindigkeit" zur Schnittstelle des Unterprogramms; anderenfalls gehört sie nicht dazu.) Dabei bleiben in den Teilen des Programms, die das Unterprogramm anwenden, also aufrufen, die Einzelheiten der Implementierung des Unterprogramms verborgen (Geheimnisprinzip!). Wenn also zum Beispiel die Information „Lesegeschwindigkeit" nicht zur Schnittstelle des Unterprogramms „Buch lesen" gehört, dann müssen Teile des Programms, die dieses Unterprogramm aufrufen, keinerlei Bezug zu dieser Information enthalten — Programmierer wie Programmleser werden entlastet. Die Programmierer, die solche Teile des Programms schreiben, haben sogar überhaupt keine Möglichkeit, sich auf diese Information zu beziehen oder sie zu verändern — sie können nicht durch Zugriff auf Interna der Implementierung unnötige Abhängigkeiten schaffen. Solche Abhängigkeiten sind nämlich bei einer späteren Änderung des Programms meist niemandem mehr bekannt und führen typischerweise zu Fehlern, die sehr schwer (und damit teuer) zu lokalisieren sind.

Unterprogramme werden also dazu benutzt, im Programm Abstraktionen darzustellen, die aus der realen Welt schon geläufig sind. Häufig aber stellt man beim Schreiben einer Folge von Anweisungen trotz Verwendung solcher Abstraktionen fest, daß die Folge insgesamt komplizierter und länger ist, als man erwartet hatte und intransparent zu werden droht. In solchen Fällen sollte man Unterprogramme zur Strukturierung benutzen, indem man logisch zusammenhängende Teile identifiziert und als Unterprogramme mit sinnvollen Namen vereinbart. Diese Unterprogramme stellen dann meist künstliche Abstraktionen dar; durch die Verwendung dieser Abstraktionen wird aber die Gesamtfolge kürzer und transparenter.

Da in diesem Kapitel zum ersten Mal Programme aus mehreren *Übersetzungseinheiten* eingehend besprochen werden, gehen wir hier kurz auf diesen Begriff und das damit zusammenhängende *Bibliothek*skonzept in Ada ein. Ausführlich werden diese Themen erst im Kapitel 9 behandelt.

Da Ada auch für große Programmsysteme konzipiert ist, bietet die Sprache reichhaltige Möglichkeiten, verschiedene Teile eines Programms zu verschiedenen Zeiten zu übersetzen. Jeder Programmtext, der allein schon die Eingabe für eine Übersetzung bilden kann und nicht auf mehrere Übersetzungen verteilt werden kann, heißt „Übersetzungseinheit".

Ada-Programme sollen aber auch dann, wenn sie aus mehreren Übersetzungseinheiten bestehen, die zu verschiedenen Zeiten übersetzt werden, genauso zuverlässig sein wie solche, die am Stück übersetzt werden. Alle Konsistenzprüfungen, die Fehler schon zur Übersetzungszeit aufdecken, sollen also auch über Übersetzungsgrenzen hinweg durchgeführt werden.

Dazu bedarf es einer Datenbasis, in der bei jeder Übersetzung alle Informationen abgelegt werden, die eventuell für Konsistenzprüfungen bei späteren Übersetzungen gebraucht werden. Diese Datenbasis heißt in Ada die *Programmbibliothek (program library)*, oder kurz *Bibliothek*. Eine erfolgreiche Übersetzung wird also immer durch Veränderung der Bibliothek dokumentiert.

6.1 Unterprogramme und ihre Schnittstellen

In Ada gibt es zwei Arten von Unterprogrammen: *Prozeduren (procedure)* und *Funktionen (function)*. Prozeduren verkörpern Aktionen, Funktionen verkörpern Wertberechnungen. Funktionen werden in der Regel dann zur Abstraktion eingesetzt, wenn lediglich ein an der Schnittstelle der Abstraktion sichtbarer Wert berechnet werden soll. Prozeduren dagegen stellen normalerweise Aktionen dar, die (zumindest aus Sicht der Schnittstelle) nicht im Wesentlichen aus einer Wertberechnung bestehen. Beispiele sind Aktionen, die die Werte verschiedener Variablen verändern, aber auch Aktionen, die zwar im Wesentlichen aus einer Wertberechnung und einer Zuweisung bestehen, bei denen aber die zu verändernde Variable an der Schnittstelle nicht sichtbar sein soll (Geheimnisprinzip!).

Da eine Funktion eine Wertberechnung verkörpert, besteht die Aufgabe der Funktion darin, ein *Ergebnis (result)* zu liefern; das ist ein Wert eines bestimmten Typs, der in der Schnittstelle der Funktion festgelegt wird. Zur Schnittstelle der Funktion gehören außerdem noch Namen und Typen ihre Parameter. Diese werden von der Funktion nur gelesen, nicht verändert.

Zur Schnittstelle einer Prozedur gehört kein Ergebnis. Dafür können aber Parameter einer Prozedur auch dazu bestimmt werden, Informationen aus der Prozedur zu übergeben. In der Schnittstelle der Prozedur wird für jeden Parameter festgelegt, in welche Richtung(en) er zur Laufzeit Informationen fließen läßt: in das Unterprogramm, aus dem Unterprogramm oder in beide Richtungen. Diese Information heißt der *Modus (mode)* des Parameters; Parameter einer Prozedur können den Modus IN, OUT oder IN OUT haben, Funktionsparameter dagegen nur den Modus IN.

Der Modus eines Parameters hat nichts damit zu tun, wie der Parameter zur Laufzeit übergeben wird (die Übergabemechanismen in Ada besprechen wir später); er informiert wirklich nur über die Richtung des Datenflusses. Der Sinn dieser Information ist:

- sie dokumentiert die beabsichtigte Rolle des Parameters, trägt also zur Transparenz des Programms bei;
- sie ermöglicht es dem Compiler, die Einhaltung dieser Absicht zu überwachen und so mögliche Fehler schon zur Übersetzungszeit zu entdecken. Der Compiler wird also zum Beispiel dafür sorgen, daß im Unterprogramm kein IN-Parameter verändert wird; genauso wird er verhindern, daß als aktueller Parameter für einen OUT- oder IN OUT-Parameter eine Konstante eingesetzt wird. In Sprachen ohne diesen Mechanismus sind das häufige und oft tückische Fehlerquellen.
- Einen weiteren Vorteil hat die Information dann, wenn die aktuellen Parameter zur Laufzeit durch Kopieren übergeben werden (s. §6.3): Hier trägt sie zur Effizienz des Ada-Programms bei, denn nur ein IN OUT-Parameter muß sowohl am Anfang des Aufrufs hinein- wie auch am Schluß herauskopiert werden, IN- bzw. OUT-Parameter dagegen nur einmal.

Die Schnittstelle eines Ada-Unterprogramms heißt *Unterprogrammvereinbarung (subprogram declaration)* und ist sichtbar sowohl in der Implementierung als auch in allen aufrufenden Programmteilen. Es ist meist nicht nötig, für ein Unterprogramm eine Vereinbarung explizit zu schreiben (siehe §6.2). Eine explizite Unterprogrammvereinbarung, falls vorhanden, sieht so aus:

PROCEDURE name	FUNCTION name	
(...)	(...)	Parameter-spezifikation(en) (sofern Parameter vorhanden)
	RETURN ergebnistyp	
;	;	

6.2 Die Implementierung eines Unterprogramms

Die Implementierung eines Ada-Unterprogramms heißt *Unterprogramm-rumpf (subprogram body)* und hat folgende, teilweise schon bekannte Gestalt:

Aufbau des *Rumpfes (body)*
eines Unterprogramms:

PROCEDURE name	FUNCTION name	
(...)	(...)	Parameter-spezifikation(en) (sofern Parameter vorhanden)
	RETURN typ	
IS	IS	
.	.	lokale
.	.	Vereinbarungen
.	.	(gelten nur
.	.	in diesem Rumpf)
BEGIN	BEGIN	
.	.	Anweisungen
.	.	
.	.	
.	RETURN ausdruck;	
.	.	
.	.	
.	.	
END name;	END name;	

Der Anfang eines Unterprogrammrumpfes sieht genauso aus wie eine Unterprogrammvereinbarung, bei der der abschließende Strichpunkt fehlt. Der Text des Rumpfes enthält also auch die Informationen, die zur Schnittstelle gehören. Wie man schon an den bisherigen Beispielen von Prozeduren sieht, muß es nicht zu jedem Unterprogramm eine explizite

Vereinbarung geben; der Text am Anfang des Rumpfes dient dann als (implizite) Vereinbarung. In §§6.5, 6.7 zeigen wir Situationen, in denen eine explizite Vereinbarung sinnvoll oder gar notwendig ist.

Zwischen IS und BEGIN können beliebig viele Vereinbarungen stehen. Diese dienen nur der Implementierung des Unterprogramms und sind außerhalb seines Rumpfes nicht *sichtbar* (*visible*), das heißt zugänglich (Geheimnisprinzip!).

6.3 Lokale Unterprogramme

Das Beispiel in diesem Abschnitt zeigt, wie man in Ada lokale Unterprogramme vereinbart und wie man sie aufruft. Es ergibt insgesamt keinen Sinn, sondern führt nur alle wichtigen Möglichkeiten zu diesem Thema auf kleinem Raum vor.

Im Vereinbarungsteil der Prozedur lokale_unterprogramme sind zwei lokale Prozeduren (vertausche und verdopple) und eine lokale Funktion (zwei_mal) vereinbart. Die Prozedur verdopple weist zweimal den Wert des (IN-)Parameters eingabe an den (OUT-)Parameter ausgabe. Zur Darstellung einer solchen Abstraktion eignet sich allerdings eine Funktion (wie hier zwei_mal) besser als eine Prozedur. Die Prozedur vertausche dagegen ist eine sinnvolle Abstraktion zur Darstellung der Aktion, die die Werte zweier Variablen vertauscht.

Die beiden Prozeduren haben die schon vertraute Syntax, bis auf die Parametervereinbarungen (in Klammern), die durch Strichpunkte getrennt werden und für jeden Parameter Namen, Modus und Typ angeben. Die Prozedur vertausche soll die Werte der beiden Parameter vertauschen; beide Parameter werden in vertausche sowohl gelesen als auch verändert, also müssen sie beide als IN OUT-Parameter spezifiziert werden. Die Prozedur verdopple soll den Wert des Parameters eingabe verdoppeln und dann an ausgabe zuweisen. eingabe soll in der Prozedur also nur gelesen, ausgabe nur verändert werden. Diese Absicht wurde durch Vereinbarung von eingabe als IN-Parameter und ausgabe als OUT-Parameter dokumentiert, das Einhalten der Absicht wird vom Compiler überwacht. Wären zum Beispiel aus Versehen in der Zuweisung

```
ausgabe := 2 * eingabe;
```

die beiden Parameter vertauscht worden, so würde der Compiler gleich zwei Fehler melden: Das Verändern eines IN-Parameters und das Lesen eines OUT-Parameters.

6.3 Lokale Unterprogramme

```
----------------------------------------------------------|
PROCEDURE lokale_unterprogramme IS
   eine_zahl,
   andere_zahl : integer;

   -- ******************************* eine Prozedur: ****
   PROCEDURE vertausche (erster,                         --*
                         zweiter : IN OUT integer) IS    --*
      puffer : integer := erster;                        --*
   BEGIN                                                 --*
      erster := zweiter;                                 --*
      zweiter := puffer;                                 --*
   END vertausche;   -- **********************************


   -- ****************************** noch eine: ***
   PROCEDURE verdopple (eingabe : IN integer;            --*
                        ausgabe : OUT integer) IS        --*
   BEGIN                                                 --*
      ausgabe := 2 * eingabe;                            --*
      RETURN;  -- hier unnoetig                          --*
   END verdopple;  -- *********************************


   -- ***************************** eine Funktion: ***
   FUNCTION  zwei_mal (zahl : IN integer) RETURN integer IS
   BEGIN                                                 --*
      RETURN 2 * zahl; -- unbedingt noetig               --*
   END zwei_mal;  -- *********************************

   -- Ende des Vereinbarungsteils von lokale_unterprogramme
BEGIN
   eine_zahl := 1;
   verdopple (eine_zahl, andere_zahl); -- andere_zahl = 2
   vertausche (eine_zahl, andere_zahl);

        -- Zuordnung der aktuellen Parameter ueber Position

   verdopple (ausgabe => andere_zahl, eingabe => eine_zahl);

        -- Zuordnung der aktuellen Parameter ueber Namen

   andere_zahl := zwei_mal (eine_zahl);
END lokale_unterprogramme;
----------------------------------------------------------|
```

Das Verbot, OUT-Parameter zu lesen, hat sich allerdings als wenig sinnvoll erwiesen. Es verhindert nämlich auch das Lesen eines schon errechneten Parameterwerts, der dann zur Berechnung weiterer Parameterwerte herangezogen werden soll. Deshalb ist in Ada 9X das Lesen von OUT-Parametern erlaubt. Das Ergebnis eines solchen Lesens ohne vorheriges Belegen des Parameters mit einem Wert wird allerdings genauso unvorhersehbar sein wie das Lesen einer nichtinitialisierten Variablen (siehe §5.1) und muß vom Programmierer genauso vermieden werden.

Die letzte Anweisung in der Prozedur verdopple ist eine RETURN-Anweisung; sie bewirkt, daß die Ausführung der Prozedur beendet wird. Das wäre hier allerdings nicht nötig, denn „auf das END laufen" bewirkt das Gleiche. Wir zeigen sie hier nur der Vollständigkeit halber. Sinnvoll ist sie in Prozeduren zum Beispiel dann, wenn in einer mitten im Anweisungsteil plazierten LOOP-Anweisung unter bestimmten Umständen die Ausführung der Prozedur beendet werden soll.

Die Syntax einer Funktion (wie hier zwei_mal) ist (abgesehen von den unterschiedlichen reservierten Wörtern PROCEDURE und FUNCTION) in zweierlei Hinsicht anders als die einer Prozedur: Erstens muß in der Vereinbarung zusätzlich RETURN und der Ergebnistyp stehen; und zweitens darf die Ausführung einer Funktion nur durch eine RETURN-Anweisung mit einem Ausdruck des Ergebnistyps beendet werden. Der Wert dieses Ausdrucks ist dann das Ergebnis, das die Funktion liefert. Im Anweisungsteil jeder Funktion muß also (mindestens) eine solche RETURN-Anweisung stehen; wenn nicht, lehnt der Compiler die gesamte Übersetzungseinheit ab. Wenn dort zwar eine steht, es dem Programmierer aber trotzdem gelingt, das END der Funktion erreichen zu lassen, dann steckt ein logischer Fehler im Programm, und das Ada-System löst (zur Laufzeit) die vordefinierte Ausnahme program_error aus.

Im Anweisungsteil der Prozedur lokale_unterprogramme werden die drei lokalen Unterprogramme aufgerufen. Die ersten beiden Aufrufe (von verdopple und vertausche) haben eine gängige Syntax. Die Zuordnung aktueller Parameter an formale Parameter geschieht *über die Position* (*positional association*), das heißt: Der erste aktuelle Parameter im Aufruf wird dem ersten formalen Parameter in der Unterprogrammvereinbarung zugeordnet und so weiter. Diese Art der Parameterzuordnung ist zwar vertraut, aber (zumindest bei Unterprogrammen mit mehreren Parametern) intransparent und fehleranfällig. Sie ist intransparent, weil man dem Unterprogrammaufruf nicht ansieht, welche Rollen die verschiedenen aktuellen Parameter im Unterprogramm spielen, und fehleranfällig, weil eine Veränderung der Reihenfolge der aktuellen Parameter gleich eine falsche Zuordnung bewirkt.

Deshalb gibt es in Ada (wie in vielen Kommandosprachen) die Möglichkeit der *Parameterzuordnung über Namen* (*named parameter association*), wie sie der zweite Aufruf von `verdopple` zeigt: Man nennt den formalen Parameter, dem der jeweilige aktuelle Parameter zugeordnet werden soll; die Reihenfolge spielt dabei keine Rolle. Man sollte schon wegen der Transparenz immer dann diese Möglichkeit nutzen, wenn mehrere Parameter, die nicht alle die gleiche Rolle spielen, angegeben werden müssen (bei `verdopple` sollte man zum Beispiel per Namen zuordnen, bei `vertausche` dagegen nicht). In Ada lohnt es sich, auch für formale Parameter aussagekräftige Bezeichner auszusuchen, um Unterprogrammaufrufe (mit Parameterzuordnung über Namen) transparenter (und damit auch weniger fehleranfällig und besser wartbar) zu machen.

Natürlich geschieht die Parameter<u>zuordnung</u> zur Übersetzungszeit; es spielt also zur Laufzeit keine Rolle, ob über Namen oder über Position zugeordnet wurde; die Parameter<u>übergabe</u> (*parameter passing*) dagegen geschieht zur Laufzeit.

Wer sich für die Effizienz von Ada-Programmen interessiert, wird gleich fragen, wie nun in Ada Unterprogrammparameter übergeben werden. Skalare Parameter (das sind solche, deren Typ ein Aufzählungs- oder numerischer Typ ist) werden grundsätzlich durch Kopieren übergeben. Beim Aufruf werden sie (sofern sie den nicht Modus `OUT` haben) in die entsprechenden formalen Parameter kopiert. Am Schluß der Ausführung des Unterprogramms werden die neu berechneten Werte der formalen Parameter (sofern sie nicht den Modus `IN` haben) in die umgekehrte Richtung, das heißt in die aktuellen Parameter des Aufrufs kopiert. Bei zusammengesetzten Parametern dagegen wird es dem Ada-System freigestellt, die Parameter entweder durch Kopieren oder aber durch Verweise (also durch Adressen) zu übergeben. Ein guter Ada-Compiler wird jeweils diejenige Art der Übergabe wählen, die für den betreffenden Parameter effizienter ist. In Ada sollte man also nicht aus Effizienzgründen Zeiger statt der eigentlichen Parameter übergeben, sondern diese Arbeit dem Compiler überlassen und damit die Transparenz des Programms erhalten.

In Ada sind grundsätzlich alle Unterprogramme reentrant, so daß ohne Einschränkung rekursiv programmiert werden kann. Das hat natürlich zur Folge, daß die lokalen Variablen eines Unterprogramms (wie hier die Variable `puffer` in der Prozedur `vertausche`) bei jedem Aufruf auf dem Keller neu angelegt werden. Man kann also nicht davon ausgehen, daß bei einer zweiten Ausführung die Variablen noch die Werte haben, die sie am Ende der ersten Ausführung hatten. Hier gilt also: eine Prozedur, die lokale Variablen auswertet, denen sie <u>in der aktuellen Ausführung</u> noch keinen Wert zugewiesen hat, ist fehlerhaft (s. §5.1).

Nun ein paar Worte zur Bezeichnerwahl: Eine Prozedur verkörpert eine Aktion, und ein Prozeduraufruf ist eine Anweisung. Um Ada-Text lesbar zu machen, sollte man deshalb als Prozedurnamen immer Bezeichner wählen, die Tätigkeiten darstellen, zum Beispiel:

```
zaehle
ermittle_anzahl_der_teilnehmer
```

Eine Funktion dagegen verkörpert eine Wertberechnung, und ein Funktionsaufruf ist keine Anweisung, sondern ein Ausdruck (und folglich dort anzutreffen, wo Ausdrücke stehen dürfen, zum Beispiel auf der rechten Seite einer Anweisung). Der Lesbarkeit zuliebe sollte man deshalb als Funktionsnamen Bezeichner wählen, die (ggf. zusammen mit der Parameterzuordnung) Dinge darstellen, zum Beispiel:

```
anzahl
anzahl_der_teilnehmer
```

Für Funktionen, die einen booleschen Wert liefern, ist das Ding, das der Bezeichner der Funktion darstellt, der Wahrheitswert (`true` bzw. `false`) einer Behauptung. Für diese Funktionen sollte man also Bezeichner wählen, die (ggf. zusammen mit den Bezeichnern der aktuellen Parameter) eine Behauptung darstellen, zum Beispiel:

```
hat_gewaehlt
anzahl_der_teilnehmer_ist_groesser_als
```

Im Vereinbarungsteil der Prozedur `lokale_unterprogramme` werden die Variablen `eine_zahl` und `andere_zahl` und die Unterprogramme `vertausche`, `verdopple` und `zwei_mal` vereinbart. Ein *Vereinbarungsteil* kann viele Arten von Vereinbarungen enthalten, und Ada macht nur wenige Vorschriften über die Reihenfolge. Die wichtigste ergibt sich aus der Sichtbarkeitsregel, daß innerhalb eines Vereinbarungsteils jede Vereinbarung nur von den nachfolgenden Vereinbarungen aus sichtbar ist — „man sieht nur nach oben". Folglich muß eine Vereinbarung, für deren Korrektheit eine andere im gleichen Vereinbarungsteil sichtbar sein muß, nach dieser im Text stehen. Ansonsten hat man fast freie Hand, durch geschicktes Anordnen den Vereinbarungsteil so transparent wie möglich zu gestalten.

Es gibt allerdings eine syntaktische Einschränkung: Nach der Vereinbarung eines Rumpfes (zum Beispiel eines Unterprogrammrumpfes) dürfen nur noch bestimmte Arten von Vereinbarungen stehen; zum Beispiel dürfen dort keine Variablen, Konstanten oder Typen vereinbart werden (s. „later declarative item" in [Ada, §3.9]). In diesem Beispiel müssen deshalb die Vereinbarungen der beiden Variablen vor den drei Unterprogramm(rümpf)en stehen. Der Grund für diese Vorschrift ist, daß Rümpfe meistens umfangreich sind, so daß anschließende Variablenvereinbarungen leicht übersehen werden könnten; die Vorschrift soll also die Lesbarkeit von Ada-Programmen erhöhen. Dieser Grund ist allerdings nicht immer stichhaltig, denn manche Rümpfe (die Stummel, die im nächsten

Abschnitt besprochen werden) sind ausgesprochen kurz. Deswegen fällt diese Einschränkung in Ada 9X weg.

6.4 Stummel und Untereinheiten

Lokale Unterprogramme bieten den Vorteil, daß sie nur dort sichtbar sind, wo sie wirklich gebraucht werden (Geheimnisprinzip!). Sie haben aber auch den Nachteil, daß der Vereinbarungsteil, in dem sie vereinbart sind, leicht unübersichtlich wird. Deshalb gibt es in Ada die Möglichkeit, den vollen Text eines lokalen Unterprogramms auszulagern. Dabei bleibt das Unterprogramm lokal; die Sichtbarkeitsverhältnisse bleiben also unverändert.

In diesem Abschnitt haben wir das Beispiel aus dem vorhergehenden Abschnitt umgeschrieben, um diese Möglichkeit vorzuführen: Der Text der Unterprogramme `verdopple` und `zwei_mal` wurde ausgelagert (und die Kommentare und die Prozedur `vertausche` entfernt). Anstelle der *eigentlichen Rümpfe* (*proper body*) der beiden Unterprogramme stehen jetzt *Stummel* (*body stub*). Die Wirkung ist genau die gleiche, wie wenn die eigentlichen Rümpfe an dieser Stelle stünden: `verdopple` und `zwei_mal` sind nach wie vor lokale Unterprogramme, die (nur) innerhalb von `vatereinheit` sichtbar sind; und nach wie vor sind in den Rümpfen dieser lokalen Unterprogramme die beiden Variablen `eine_zahl` und `andere_zahl` sichtbar.

Die eigentlichen Rümpfe der beiden Unterprogramme müssen nun nachgeliefert werden, bevor `vatereinheit` gebunden werden kann. Dabei steht jeder eigentliche Rumpf in einer eigenen Übersetzungseinheit (hier durch gestrichelte Linien optisch voneinander getrennt), die mit **SEPARATE** (`vatereinheit`) beginnt. Damit werden diese beiden Übersetzungseinheiten als *Untereinheiten* (*subunit*) von `vatereinheit` gekennzeichnet; `vatereinheit` wiederum ist *Vatereinheit* (*parent unit*) der beiden Untereinheiten, die mit vollständigen Namen `vatereinheit.verdopple` bzw. `vatereinheit.zwei_mal` heißen.

`vatereinheit` und die beiden Untereinheiten sind Übersetzungseinheiten; jede von ihnen kann also in einer eigenen Übersetzung übersetzt werden. Sie können aber auch alle in einem Ablauf übersetzt werden, indem man sie hintereinander in eine Datei schreibt und den Inhalt dieser Datei übersetzen läßt. Wichtig ist allerdings, daß die Vatereinheit vor den Untereinheiten übersetzt wird. Dies ist zunächst vielleicht ungewohnt; aber die Notwendigkeit für die Untereinheiten entsteht erst dadurch, daß

```
---------------------------------------------------------------|
PROCEDURE vatereinheit IS
   eine_zahl,
   andere_zahl : integer;

   PROCEDURE verdopple (eingabe : IN integer;
                       ausgabe : OUT integer) IS SEPARATE;

                                                    -- Stummel

   FUNCTION  zwei_mal (zahl : IN integer) RETURN integer
                       IS SEPARATE; -- noch ein Stummel
BEGIN
   eine_zahl := 1;
   verdopple (eine_zahl, andere_zahl);
   verdopple (eingabe => eine_zahl, ausgabe => andere_zahl);
   andere_zahl := zwei_mal (eine_zahl);
END vatereinheit;
----------------------------------------------------------------
SEPARATE (vatereinheit)

PROCEDURE verdopple (eingabe : IN integer;
                    ausgabe : OUT integer) IS
BEGIN
   ausgabe := 2 * eingabe;
END verdopple;
----------------------------------------------------------------
SEPARATE (vatereinheit)

FUNCTION  zwei_mal (zahl : IN integer) RETURN integer IS
BEGIN
   RETURN 2 * zahl;
END zwei_mal;
---------------------------------------------------------------|
```

die Vatereinheit die entsprechenden Stummel enthält. Erst nach Übersetzung der Vatereinheit können die Untereinheiten überhaupt eingeordnet werden. Außerdem sind ja die Sichtbarkeitsverhältnisse genauso, als wenn die Stummel durch die eigentlichen Rümpfe ersetzt würden. Es wäre also durchaus möglich (wenn auch schlechter Programmierstil), daß in den eigentlichen Rümpfen zum Beispiel auf die Variablen eine_zahl und andere_zahl zugegriffen wird.

6.4 Stummel und Untereinheiten

Das heißt: Erst wenn die Vatereinheit übersetzt wurde, können die beiden Untereinheiten übersetzt werden. Wenn danach aus irgendeinem Grunde die Vatereinheit erneut übersetzt wird, dann sind die schon übersetzten Untereinheiten *veraltet* (*obsolete*), das heißt, das Ada-System sorgt dafür, daß sie nicht mehr in der Bibliothek stehen. Wenn die Vatereinheit noch die gleichen Stummel enthält, dann müssen die Untereinheiten nachübersetzt werden, bevor **vatereinheit** gebunden werden kann.

Diese Abhängigkeiten kann man graphisch so darstellen (in dieser und den folgenden Abbildungen bedeutet ein Strich zwischen zwei Übersetzungseinheiten, daß die am oberen Ende des Strichs vor der am unteren Ende des Strichs übersetzt werden muß, und daß erneutes Übersetzen der Einheit am oberen Ende des Strichs zur Folge hat, daß die Einheit am unteren Ende des Strichs veraltet ist):

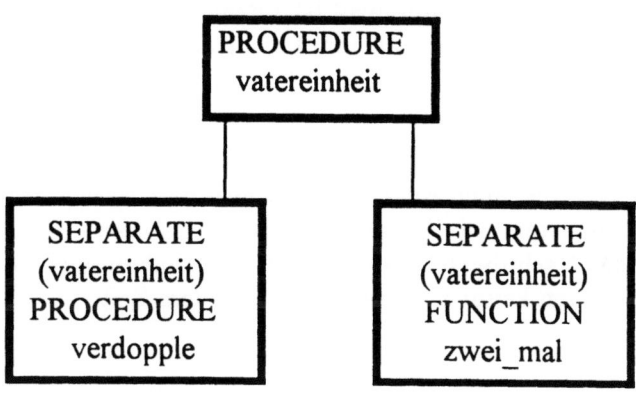

Hier sieht man deutlich, daß **vatereinheit** zuerst übersetzt werden muß; dann können aber die beiden Untereinheiten unabhängig voneinander (vielleicht von verschiedenen Leuten) entwickelt und übersetzt werden. Muß eine Untereinheit verändert und nachübersetzt werden, so wird weder die andere Untereinheit noch die Vatereinheit davon berührt; man muß nur das Programm neu binden.

Wir haben hier den Mechanismus „Stummel und Untereinheit" als Lesbarkeitshilfe vorgestellt. Man kann ihn aber auch zur Programmierung durch schrittweise Verfeinerung (*top-down programming*) anwenden: Man schreibt zuerst ein Hauptprogramm mit einer Anzahl von lokalen Unterprogrammen, die nur als Stummel vereinbart sind. Dann muß man erst nach Übersetzung des Hauptprogramms die eigentlichen Rümpfe dieser Unterprogramme schreiben und übersetzen. In den Untereinheiten, die diese eigentlichen Rümpfe enthalten, kann man wiederum Stummel lokaler Unterprogramme vereinbaren, und so weiter; so kann man mit beliebiger Schachtelungstiefe top-down programmieren.

Diese Methode hat allerdings zwei Nachteile, zumindest dann, wenn man sie intensiv anwendet:

- In den Untereinheiten sind mit zunehmender Schachtelungstiefe immer mehr Namen sichtbar, die nicht dort vereinbart sind. Zum Beispiel sind die beiden Variablen eine_zahl und andere_zahl in beiden Untereinheiten sichtbar, in allen Untereinheiten dieser Untereinheiten (sofern vorhanden), und so weiter. Außerdem ist die Prozedur verdopple in der Untereinheit zwei_mal sichtbar und in allen ihren Untereinheiten (sofern vorhanden). Diese Namen dort anzusprechen gilt zu Recht als schlechter Programmierstil, denn dadurch entsteht eine Abhängigkeit zwischen der Wirkung des Unterprogrammaufrufs und dem Wert von Variablen, die dem Unterprogrammaufruf überhaupt nicht anzusehen ist — der Unterprogrammaufruf ist intransparent. Werden diese Namen aber im Unterprogrammrumpf nicht angesprochen, dann sind sie dort irrelevant, sollten also auch nicht sichtbar sein (Geheimnisprinzip!).

- Nach einer Nachübersetzung der Vatereinheit sind sämtliche Untereinheiten veraltet, auch wenn sie nicht geändert werden müssen. Zwar haben die meisten Ada-Umgebungen einen „Make"-Mechanismus, so daß man das Nachübersetzen der veralteten Einheiten mit einem Kommando erledigen kann; aber es kostet trotzdem Zeit.

Aus diesen beiden Gründen sollte man es sich gut überlegen, bevor man Stummel und Untereinheiten intensiv zur top-down Programmierung einsetzt; es gibt nämlich eine weitere Möglichkeit, die am Ende dieses Kapitels vorgestellt wird.

6.5 Explizite Unterprogrammvereinbarungen

Bisher haben wir keine Beispiele von Unterprogrammen mit expliziter Unterprogrammvereinbarung gezeigt. Man kann immer eine explizite Vereinbarung schreiben, manchmal aber muß man es.

Im Beispiel sichtbarkeit_von_unterprogrammen ist die lokale Prozedur oben im Rumpf der lokalen Prozedur unten sichtbar, unten ist aber im Rumpf von oben nicht sichtbar; folglich kann die Prozedur unten die Prozedur oben aufrufen, aber nicht umgekehrt. Die beiden Unterprogramme können sich also nicht gegenseitig aufrufen. Will man also durch

6.5 Explizite Unterprogrammvereinbarungen

```
----------------------------------------------------------------|
PROCEDURE sichtbarkeit_von_unterprogrammen IS

   PROCEDURE oben IS
   BEGIN
      NULL;
   END oben;

   PROCEDURE unten IS
   BEGIN
      oben;
   END unten;
BEGIN
   oben;
   unten;
END sichtbarkeit_von_unterprogrammen;
----------------------------------------------------------------|


----------------------------------------------------------------|
PROCEDURE vereinbarung_und_rumpf_trennen IS

   PROCEDURE oben;     -- Vereinbarung von oben

   PROCEDURE unten;    -- Vereinbarung von unten

   PROCEDURE oben IS -- Rumpf von oben
   BEGIN
      unten;
   END oben;

   PROCEDURE unten IS SEPARATE; -- Rumpf von unten
BEGIN
   oben;
   unten;
END vereinbarung_und_rumpf_trennen;
----------------------------------------------------------------|
```

gegenseitiges Aufrufen rekursiv programmieren, dann muß man für die nötige Sichtbarkeit sorgen.

Im Beispiel `vereinbarung_und_rumpf_trennen` dagegen haben beide lokalen Unterprogramme eine explizite Vereinbarung, wobei beide Vereinbarungen vor beiden Rümpfen stehen. Dadurch sind beide Vereinbarungen in beiden Rümpfen sichtbar; die Unterprogramme können sich also gegenseitig aufrufen. Für den Rumpf von **unten** haben wir in diesem Beispiel einen Stummel geschrieben; dadurch ändert sich die Sichtbarkeit überhaupt nicht.

6.6 Verdecken und Überladen

```
---------------------------------------------------------------|
PROCEDURE aussen IS
   objekt_1 : boolean;
   objekt_2 : integer;

   FUNCTION  funktion RETURN integer IS SEPARATE;

   PROCEDURE innen IS
      objekt_1 : boolean;
      objekt_2 : boolean;

      FUNCTION  funktion (x : IN integer) RETURN integer IS
      BEGIN
         RETURN x + 1;
      END funktion;
   BEGIN
      objekt_1 := true;  -- innen.objekt_1
      objekt_2 := 77;    -- innen.objekt_2,
                         -- also inkompatible Typen,
                         -- Compiler lehnt Einheit ab

      aussen.objekt_2 := 77;         -- so geht es
      aussen.objekt_2 := funktion;   -- aussen.funktion
   END innen;
BEGIN
   NULL;
END aussen;
---------------------------------------------------------------|
```

In blockstrukturierten Sprachen ist folgende Sichtbarkeitsregel üblich: Ein Name, der in einem Block vereinbart wird, kann in einem darin enthaltenen Block nochmal verwendet werden; im untergeordneten Block verdeckt dann die lokale Vereinbarung die globale. Diese Regel gilt auch

6.6 Verdecken und Überladen

in Ada für Objektvereinbarungen (also zum Beispiel für Deklarationen von Variablen oder Konstanten).

Das Beispiel in diesem Abschnitt soll nicht als Vorbild transparenten Programmierens gelten, sondern nur die Sichtbarkeitsregeln in Ada verdeutlichen. (Es verwirrt ja den Leser eher, wenn man einen Namen für zwei verschiedene Variablen verwendet; deshalb sollte man es normalerweise nicht tun.) Hier sind im Vereinbarungsteil der Prozedur aussen die Variablen objekt_1 und objekt_2 vereinbart. Ebenfalls in diesem Vereinbarungsteil ist die Prozedur innen vereinbart, in deren Vereinbarungsteil wiederum zwei Variablen mit den Namen objekt_1 und objekt_2 vereinbart sind.

Die *Gültigkeitsbereiche* (*scope*) der ersten beiden Variablenvereinbarungen beginnen mit der jeweiligen Vereinbarung und erstrecken sich bis zum Ende der Prozedur aussen; die der anderen beiden beginnen auch mit der jeweiligen Vereinbarung und erstrecken sich bis zum Ende der Prozedur innen. Im ganzen Anweisungsteil von innen sind also alle vier Vereinbarungen gültig. Bei Objektvereinbarungen gilt stur „Lokales verdeckt Globales"; „objekt_1" bzw. „objekt_2" bedeutet also im ganzen Anweisungsteil von innen das lokale Objekt mit diesem Namen, auch wenn (wie in der zweiten Anweisung) nur das globale Objekt den richtigen Typ hat. Das heißt, hier ist nur das lokal vereinbarte Objekt *direkt sichtbar* (*directly visible*); das in aussen vereinbarte Objekt ist *sichtbar durch Selektion* (*visible by selection*), nämlich durch Voranstellung des Präfix „aussen.".

Bei Unterprogrammen liegt die Sache anders: Es ist durchaus möglich, daß zwei Unterprogramme mit dem gleichen Namen an der gleichen Stelle sichtbar sind, und zwar dann, wenn man (und der Compiler) sie auseinanderhalten kann. Dieses Mehrfachbelegen von Namen heißt *Überladen* (*overloading*). Auseinandergehalten werden überladene Unterprogramme anhand ihres Parameter- und Ergebnistypprofils (oder anhand der Namen der formalen Parameter, falls diese im betreffenden Unterprogrammaufruf in Erscheinung treten). Im Beispiel in diesem Kapitel haben die beiden Funktionen funktion zwar den gleichen Ergebnistyp (integer), aber verschiedene *Parametertypprofile*: Die erste Funktion hat keine Parameter, die zweite hat einen (vom Typ integer). Die letzte Zuweisung im Beispiel enthält den Aufruf einer Funktion namens funktion. Man (und der Compiler) sieht am Kontext, daß die Funktion Ergebnistyp integer haben muß (weil die Variable auf der linken Seite der Zuweisung diesen Typ hat), und daß beim Aufruf keine Parameter angegeben werden. Hier gibt es nur eine Funktion mit einem solchen Profil; also ist hier diese Funktion gemeint.

Der Compiler analysiert jeden Unterprogrammaufruf auf diese Weise, indem er die verfügbaren Informationen aus dem Unterprogrammaufruf und seinem Kontext mit den Profilen aller an dieser Stelle sichtbaren Unterprogramme dieses Namens vergleicht. Wenn genau ein solches Unterprogramm ein passendes Profil hat, wird der Aufruf als Aufruf dieses Unterprogramms interpretiert, anderenfalls wird er als inkorrekt abgelehnt.

Eine häufige Reaktion von Programmierern, die Überladen nicht kennen, ist: „Das ist doch höchst verwirrend und gefährlich". Das stimmt natürlich, wenn Unterprogramme mit ganz verschiedenartiger Funktionalität den gleichen Namen bekommen; das sollte man auch tunlichst vermeiden. Der Sinn des Überladens ist, Aktionen (bzw. Wertberechnungen), hinter denen die gleiche Intention steckt, auch gleich nennen zu können und damit die Lesbarkeit des Programms zu erhöhen; solche überladenen Unterprogramme unterscheiden sich typischerweise durch verschiedene Parametertypen und/oder zusätzliche Parameter. Man findet zahlreiche solche Beispiele in den vordefinierten Ein/Ausgabepaketen [Ada, Kapitel 14], zum Beispiel folgende Prozeduren in PACKAGE text_io:

```
PROCEDURE put (item : IN character);

PROCEDURE put (item : IN string);

PROCEDURE put (file : IN file_type;
               item : IN character);

PROCEDURE put (file : IN file_type;
               item : IN string);
```

Alle diese Prozeduren schreiben Text in eine Datei. Sie unterscheiden sich einerseits durch den Typ des Parameters item — einmal wird genau ein Zeichen (vom Typ character) geschrieben, einmal eine Zeichenkette beliebiger Länge (vom Typ string). Andererseits unterscheiden sie sich dadurch, daß zwei dieser Prozeduren einen zusätzlichen Parameter file haben (damit man auf eine beliebige Datei schreiben kann) und zwei nicht (sie schreiben nur auf die Standard-Ausgabedatei).

Überladene Namen sind ja überhaupt nichts Neues bei Operatoren: In vielen, auch älteren Programmiersprachen kann zum Beispiel „+" mindestens zwei verschiedene Bedeutungen (Gleitpunkt- und ganzzahlige Addition) haben, je nach Kontext. Ungewohnt sind also nur das Überladen von Unterprogrammbezeichnern und die Möglichkeit, selber überladene Unterprogramme zu schreiben.

6.7 Bibliotheksunterprogramme

```
-------------------------------------------------------------|
PROCEDURE verdopple (eingabe : IN integer;
                    ausgabe : OUT integer);

      -- Prozedurvereinbarung als Bibliothekseinheit
-------------------------------------------------------------
PROCEDURE verdopple (eingabe : IN integer;
                    ausgabe : OUT integer) IS
BEGIN
   ausgabe := 2 * eingabe;
END verdopple;                                         -- Rumpf
-------------------------------------------------------------
FUNCTION  zwei_mal (zahl : IN integer) RETURN integer;

      -- Funktionsvereinbarung als Bibliothekseinheit
-------------------------------------------------------------
FUNCTION  zwei_mal (zahl : IN integer) RETURN integer IS
BEGIN
   RETURN 2 * zahl;
END zwei_mal;                                          -- Rumpf
-------------------------------------------------------------
WITH verdopple, zwei_mal;

PROCEDURE bibliotheks_unterprogramme_aufrufen IS
   eine_zahl,
   andere_zahl : integer;
BEGIN
   eine_zahl := 1;
   verdopple (eine_zahl, andere_zahl);
   verdopple (eingabe => eine_zahl, ausgabe => andere_zahl);
   andere_zahl := zwei_mal (eine_zahl);
END bibliotheks_unterprogramme_aufrufen;
-------------------------------------------------------------|
```

Wir haben die Unterprogramme verdopple und zwei_mal einmal als ganz normale lokale Unterprogramme gezeigt und einmal als Stummel und Untereinheit.

In diesem Abschnitt zeigen wir sie als *Bibliothekseinheiten (library unit)*. Eine Bibliothekseinheit ist eine Übersetzungseinheit, die nach ihrer

Übersetzung eigenständig in der Bibliothek steht und in jeder beliebigen Übersetzungseinheit durch eine WITH-Klausel sichtbar gemacht werden kann. Im Gegensatz dazu steht eine Untereinheit nicht eigenständig in der Bibliothek, sondern nur als (notwendige) Ergänzung der Vatereinheit. Und eine Untereinheit enthält nur den eigentlichen Rumpf einer lokalen Größe, (zum Beispiel eines Unterprogramms), die außerhalb der Vatereinheit nicht sichtbar ist und auch nicht sichtbar gemacht werden kann.

Außer den beiden Untereinheiten waren alle bisher gezeigten Übersetzungseinheiten Bibliothekseinheiten. In diesem Beispiel schreiben wir nun für verdopple und zwei_mal explizite Vereinbarungen als Bibliothekseinheiten. Nun gehört zu jeder Unterprogrammvereinbarung ein Rumpf, der in diesem Beispiel auch eine Übersetzungseinheit bildet, die nach der dazugehörigen Unterprogrammvereinbarung übersetzt wird. In §6.3 waren verdopple und zwei_mal lokale Unterprogramme in einer Bibliotheksprozedur; in diesem Abschnitt soll die Bibliotheksprozedur bibliotheks_unterprogramme_aufrufen auf gleiche Weise verdopple und zwei_mal aufrufen, die hier aber nicht lokale, sondern Bibliotheks-Unterprogramme sind. Dazu müssen ihre Unterprogrammvereinbarungen in bibliotheks_unterprogramme_aufrufen sichtbar sein; dies bewirkt die WITH-Klausel. Wegen der WITH-Klausel kann bibliotheks_unterprogramme_aufrufen erst nach den beiden expliziten Unterprogrammvereinbarungen übersetzt werden.

Dieses Beispiel enthält also fünf Übersetzungseinheiten (optisch durch gestrichelte Linien voneinander getrennt), die durchaus alle zu verschiedenen Zeiten übersetzt werden können. Die Regeln über die Abhängigkeiten zwischen diesen Übersetzungen haben wir im letzten Absatz erwähnt; wir stellen sie hier graphisch dar wie in §6.4:

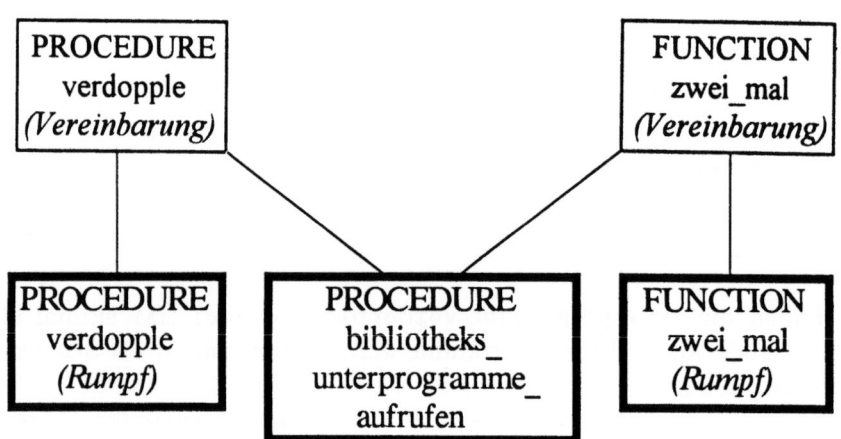

6.7 Bibliotheksunterprogramme

Hier sind die Abhängigkeiten zwischen den Übersetzungseinheiten anders als in §6.4: Wenn nämlich die beiden Unterprogrammvereinbarungen (die im Beispiel in §6.4 nur implizit vereinbart waren) übersetzt worden sind, können hier alle drei Rümpfe unabhängig voneinander entwickelt und übersetzt werden, und das Nachübersetzen eines der Rümpfe berührt keine der anderen vier Übersetzungseinheiten.

Mit dieser Konfiguration kann man also sowohl top-down entwickeln als auch umgekehrt. „Top-down" heißt: Erst die Anwendung(en), dann die Implementierung; hier also: Erst die Einheit, die die Unterprogramme aufruft, dann die Unterprogrammrümpfe. Man kann aber auch, wenn einmal die Schnittstellen (Unterprogrammvereinbarungen) der beiden Unterprogramme verdopple und zwei_mal übersetzt sind, Anwendung(en) und Implementierung gleichzeitig entwickeln und übersetzen.

Ganz wesentlich ist, daß für verdopple und zwei_mal explizite Vereinbarungen geschrieben wurden. Ließe man diese weg, so hätte man nur drei Übersetzungseinheiten, also eine einfachere Übersetzungsstruktur. Aber dann würde die WITH-Klausel bewirken, daß bibliotheks_unterprogramme_aufrufen erst nach den beiden anderen Rümpfen übersetzt werden könnte. Eigentlich reicht es, wenn diese Einheit nach den entsprechenden Unterprogramm<u>vereinbarungen</u> übersetzt wird, aber diese stecken ja (implizit) in den Rümpfen. In diesem Fall könnte man die Übersetzungsabhängigkeiten so darstellen:

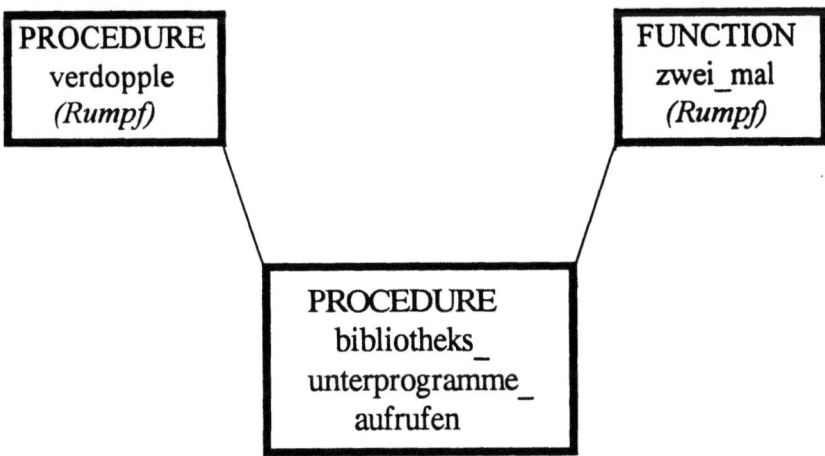

Hier hat der Entwickler weit weniger Freiheit: Er muß „bottom-up" (erst Implementierungen, dann Anwendungen) entwickeln. Das Programm ist auch nicht so wartungsfreundlich: Wenn nach erfolgreicher Übersetzung aller drei Einheiten der Rumpf von verdopple oder von zwei_mal nachübersetzt werden muß, ist `bibliotheks_unterprogramme_aufrufen` danach wieder veraltet.

Vergleicht man diese beiden Bilder und das Bild aus §6.4, so sieht man, daß man durch Benutzung von Bibliothekseinheiten, die durch WITH-Klauseln sichtbar gemacht werden, mehr Möglichkeiten zur Parallelarbeit bei der Entwicklung und auch leichter veränderbare Programme bekommt als durch Benutzung von Stummeln und Untereinheiten — aber nur, wenn man explizite Vereinbarungen für die betreffenden Unterprogramme schreibt.

6.8 Unterprogramme und das Geheimnisprinzip

Es ist also in Ada möglich, bei Unterprogrammen Schnittstelle (= Vereinbarung) und Implementierung (= Rumpf) zu trennen und zu verschiedenen Zeiten zu übersetzen. Wir haben gesehen, daß man dadurch einerseits Möglichkeiten zur Parallelarbeit bei der Programmentwicklung bekommt, und andererseits den Rumpf austauschen kann, ohne die Aufrufe des Unterprogramms verändern oder auch nur neu übersetzen zu müssen.

Diese Vorteile folgen aus der Tatsache, daß außerhalb eines Unterprogramms höchstens die Vereinbarung des Unterprogramms, niemals aber der Rumpf sichtbar ist (Geheimnisprinzip!). Aus dieser Tatsache folgt auch, daß ein Programmierer, der ein solches Unterprogramm aufruft, weder den Text des Rumpfes sehen und sich damit beschäftigen muß, noch sein Programmteil davon abhängig machen kann. Der Programmierer wird also einerseits entlastet und andererseits daran gehindert, unnötige Abhängigkeiten zu schaffen, die später zu schwer durchschaubaren Fehlern führen können.

Außerhalb des Rumpfes ist zum Beispiel nicht zu sehen, welche getrennt übersetzten Programmteile (mittels WITH-Klauseln) im Rumpf verwendet werden; es bleiben also unter Umständen große Teile des Programms vor den Anwendern des Unterprogramms verborgen.

6.9 Spezifikation des Vokabel-Trainers

Ada ist auch und gerade für große Programmsysteme konzipiert; es wäre also Unsinn, beim Erlernen der Sprache nur Miniprogramme zu schreiben.

6.9 Spezifikation des Vokabel-Trainers

Deswegen haben die restlichen Übungen in diesem Buch alle mit der Implementierung eines etwas größeren Programms zu tun. In diesem Abschnitt beschreiben wir die Funktionalität dieses Programms; die nachfolgenden Übungen beziehen sich auf diese Beschreibung.

6.9.1 Funktionaler Überblick

"Vokabeln" ist ein interaktives Programm, das einem Benutzer Hilfe beim Lernen von Vokabeln einer fremden Sprache anbietet. Es hat drei Funktionen, die der Benutzer einzeln aufrufen kann: Es kann

- neue Vokabeln notieren;
- schon notierte Vokabeln auflisten;
- den Benutzer nach schon notierten Vokabeln abfragen.

Dabei sind Vokabeln, die in einer Sitzung notiert wurden, auch in allen späteren Sitzungen verfügbar (Eine Sitzung = ein Ablauf des Programms).

6.9.2 Funktionale Beschreibung

Das Programm führt über alle Sitzungen hinweg ein Heft, in das es alle zu notierenden Vokabeln schreibt und aus dem es alle aufzulistenden bzw. abzufragenden Vokabeln liest. Im Heft wird jede Vokabel einer Lektionsnummer zugeordnet (diese kann eine beliebige positive ganze Zahl sein — damit unterstützt das Programm Benutzer, die die Fremdsprache aus einem Lehrbuch lernen und ihre Vokabeln jeweils unter der Lektion speichern wollen, in der sie eingeführt wurden). Die Funktionen notieren und auflisten bearbeiten jeweils Vokabeln einer Lektion, die Funktion abfragen einen zusammenhängenden Bereich von Lektionen.

Eine Sitzung läuft wie folgt ab: Das Programm fragt zunächst am Terminal, ob die Funktion notieren aufgerufen werden soll. Wenn ja, erfragt es am Terminal die Nummer der Lektion, für die die Funktion gewünscht wird, und ruft die Funktion auf. Anschließend verfährt es genauso mit der Funktion auflisten. Wurde allerdings vor der Funktion auflisten die Funktion notieren aufgerufen, so werden die Vokabeln aus derjenigen Lektion aufgelistet, die für notieren angegeben wurde, und das Nachfragen am Terminal entfällt. Dann wird (in jedem Fall) die Funktion abfragen aufgerufen, wobei der Benutzer vorher gefragt wird, welcher Bereich von Lektionen abgefragt werden soll und in welcher Richtung (von Deutsch in die Fremdsprache oder umgekehrt). Schließlich wird (aber nur, wenn der Benutzer es will) der gleiche Bereich in der entgegengesetzten Richtung abgefragt.

Notieren: Das Programm fordert den Benutzer am Terminal zuerst auf, einen deutschen Ausdruck einzutippen (Länge höchstens 40 Zeichen); anschließend fordert es ihn auf, die fremdsprachige Übersetzung (Länge höchstens 40 Zeichen) einzutippen. Diese zwei Informationen (die zusammen im folgenden als Vokabel bezeichnet werden) schreibt es anschließend ins Heft. Das Auffordern und Schreiben wird sooft wiederholt, bis der Benutzer am Terminal auf ihm vorher mitgeteilte Weise zu erkennen gibt, daß er keine Vokabeln mehr geschrieben haben möchte.

Auflisten: Das Programm schreibt an das Terminal Vokabeln aus dem Heft, die zu einer (vom Benutzer am Terminal festgelegten) Lektion gehören.

Abfragen: Das Programm fragt den Benutzer am Terminal nach den Vokabeln aus dem Heft ab, die einem zusammenhängenden Bereich von Lektion(en) angehören.

Folgende Beschreibung dieser Funktion gilt für die Richtung "Deutsch nach Fremdsprache": Das Programm legt in einen zunächst leeren Kasten Karten hinein (in einer zufälligen Reihenfolge, die bei jedem Aufruf der Funktion anders ist); auf jeder Karte steht ein deutscher Ausdruck und seine Übersetzung, und der Kasten enthält zunächst für jede Vokabel in den ausgewählten Lektionen eine solche Karte. Nun nimmt es die vorderste Karte heraus, schreibt den darauf geschriebenen deutschen Ausdruck an das Terminal und fordert den Benutzer auf, die Übersetzung einzutippen. Wenn die Antwort falsch war (also nicht mit der Übersetzung auf der Karte übereinstimmt), schreibt es die richtige Übersetzung an das Terminal und legt die Karte wieder (an zufällig gewählter Stelle) in den Kasten. Dieses Vorgehen wiederholt es solange, bis der Kasten leer ist. Anschließend schreibt es eine statistische Meldung an das Terminal (Anzahl der Vokabeln, Anzahl der auf Anhieb richtigen Übersetzungen). Zur Erstellung der Statistik werden Karten, die in den Kasten zurückgelegt werden, vorher markiert.

6.10 Übung 2: Entwurf eines Ada-Programms

Zunächst erinnern wir an die allgemeinen Bemerkungen zum Thema Programmentwurf in §3.2: Mit einer guten umganggssprachlichen Formulierung der Aufgabe ist schon die schwierigste Arbeit getan.

Es kann sein, daß man sich nach diesem Arbeitsschritt für die Verwendung eines Entwicklungswerkzeugs entscheidet. Wir gehen hier weder auf

6.10 Übung 2: Entwurf eines Ada-Programms

diese Möglichkeit noch auf die verschiedenen Entwurfsmethodiken ein. Diese Übung soll aufzeigen, wie man aus einer umgangssprachlichen Formulierung der Aufgabe einen Entwurf eines Ada-Programms gewinnen kann. Wir benutzen dabei die in [Booch 86] erläuterte objektorientierte Vorgehensweise. Damit soll aber nicht suggeriert werden, daß man unbedingt eine objektorientierte Methodik braucht, um gute Ada-Programme zu schreiben. Die Sprache ist reichhaltig genug, um Entwürfe zu realisieren, die auf verschiedenen Methodiken beruhen.

Wir skizzieren Schritte, mit denen Sie von einer guten Aufgabenformulierung zu einem guten Ada-Entwurf kommen können, zunächst in Stichworten:

1. Identifizieren Sie in der formulierten Aufgabe die zentralen Objekte, Aktionen und Eigenschaften.
2. Stellen Sie fest, welche Aktionen/Eigenschaften sich auf welche Objekte beziehen.
3. Stellen Sie die Objekte, Aktionen und Eigenschaften durch Ada-Größen dar, schreiben Sie dabei aber keine Rümpfe.
4. Spiegeln Sie direkte Relevanz in der Aufgabe durch Sichtbarkeit im Programm wider.
5. Verfahren Sie bei der Implementierung der Rümpfe genauso (top-down Arbeitsweise).

Sie sollen in dieser Übung die Schritte 1 bis 3 erproben und Schritt 4 erst in den Übungen 6 und 7 im Kapitel 9 durchführen. Die folgenden Unterabschnitte §§6.10.1-3 erläutern die Schritte 1 bis 3.

6.10.1 Objekte, Aktionen und Eigenschaften

Im Schritt 1 soll man die zentralen Objekte, Aktionen und Eigenschaften identifizieren, man soll also zunächst von weniger Wichtigem abstrahieren. Da diese Aufgabe aber insgesamt noch überschaubar ist, sollen Sie einfach alle Objekte, Aktionen und Eigenschaften in der Aufgabenstellung identifizieren.

Sehen Sie sich dazu die umgangssprachliche Beschreibung der Aufgabe (§§6.9.1-2) an und identifizieren Sie im Text Objekte, Aktionen und Eigenschaften wie folgt:

- Objekte treten als Substantive (z.B. „Auto") oder als Umschreibungen für Dinge (z.B. „mein Auto") auf.

- Aktionen treten als Verben (z.B. „laß an", „verkaufe") oder als Umschreibungen für Tätigkeiten (z.B. „fahr zu Schrott") auf.
- Eigenschaften treten als Adjektive (z.B. „sauber") auf oder als Merkmale, die sich auf Objekte beziehen (z.B. „Alter", „Anzahl der gefahrenen Kilometer").

Schreiben Sie zuerst eine Liste der Objekte. Beschränken Sie sich dabei auf Objekte, die im Programm dargestellt werden müssen. Zum Beispiel ist „Sitzung" zwar ein Objekt; da es aber mit einem Ablauf des Programms identisch ist, wird es im Programm nicht dargestellt.

Beschränken Sie sich auf eine Bezeichnung für Objekte oder Klassen von Objekten, die im Text mehrere Namen haben. Auch Objekte, die zwar in der realen Welt verschieden, aber aus Sicht des Programms nicht auseinanderzuhalten sind, sollten in Ihrer Liste nur durch ein Objekt dargestellt werden. Zum Beispiel spricht die Beschreibung manchmal vom „Benutzer" und manchmal vom „Terminal". In der realen Welt sind das zwei ganz verschiedene Dinge, aber das Programm kommuniziert nur über das Terminal mit dem Benutzer, interpretiert alles, was am Terminal eingegeben wird, als Eingabe vom Benutzer und sieht alles, was es auf den Bildschirm schreibt, als Mitteilung an den Benutzer an. Insofern ist im Programm „Benutzer" mit „Terminal" identisch. Ein weiteres Beispiel sind die Begriffe „Lektion" und „Lektionsnummer": Im Programm kommt es nur darauf an, die Lektionen zu identifizieren; mit „Lektion" ist also aus Sicht des Programms „Lektionsnummer" gemeint.

Schreiben Sie zunächst alle Objekte auf. In dieser Entwurfsübung wird zum Beispiel ohne einen entsprechenden Hinweis „Terminal" fast nie als Objekt identifiziert, obwohl es häufig im Text vorkommt und zweifellos ein Substantiv ist. Sicherlich liegt dies daran, daß „Terminal" ein Ein-/Ausgabegerät ist und man weiß, daß vordefinierte Ein-/Ausgabepakete in Ada vorhanden sind.

Dennoch sollten „Terminal" und die damit zusammenhängenden Aktionen in den Entwurf aufgenommen werden, auch wenn alle diese Aktionen leicht mit Hilfe der vordefinierten Ein-/Ausgabepakete realisiert werden können. Die Ein-/Ausgabe am Terminal spielt nämlich in dieser Aufgabe eine große Rolle, und der Auftraggeber, der heute mit einem zeilenorientierten Dialog zufrieden ist, wünscht ihn morgen vielleicht fensterorientiert und übermorgen noch mit akustischer Sprachausgabe. Durch die Verwendung eines Objekts „Terminal" befreit man alle Teile des Programms außerhalb der Implementierung dieses Objekts von der Festlegung auf eine bestimmte Art der Ein-/Ausgabe. Änderungen der oben erwähnten Art sind dann sehr viel einfacher und preiswerter, das Programm ist also besser wartbar.

Wenn Ihre Liste der Objekte in der Aufgabe fertig ist, schreiben Sie nach den gleichen Grundsätzen eine Liste der Aktionen und eine Liste der Eigenschaften.

Überlegen Sie bei den Objekten nun, in welchen Fällen eine Klasse gleichartiger Objekte gemeint ist, von denen viele in der Aufgabe vorkommen können, und in welchen Fällen ein in der Aufgabe einzigartiges Objekt gemeint ist. Zum Beispiel ist mit „Lektion" in dieser Aufgabe eine Klasse gleichartiger Objekte und mit „Terminal" ein einzigartiges Objekt gemeint.

6.10.2 Was bezieht sich auf welches Objekt?

Aus der objektorientierten Perspektive besteht ein Objekt nicht nur aus dem Ding, dessen Namen es trägt, sondern auch aus Aktionen, die sich darauf beziehen, und Eigenschaften, die es besitzen kann.

Um zu wissen, welche Aktionen und Eigenschaften in diesem Sinne welchen Objekten zuzuordnen sind, und auch, um Klarheit über die Spezifikation der Aktionen und Eigenschaften zu schaffen, muß man also als zweiten Schritt für jede Aktion und jede Eigenschaft entscheiden, auf welche Objekte sich die Aktion bzw. die Eigenschaft bezieht.

Wir erläutern diese Entscheidung am Beispiel der Aktion „notieren":

Zunächst muß man die identifizierte Aktion genau spezifizieren. Ist mit „notieren" das Schreiben einer Vokabel in das Heft gemeint? Oder ist eine Aktion auf höherer Ebene gemeint, die in eigener Regie eine nicht vorher festgelegte Anzahl von Vokabeln am Terminal einliest und ins Heft schreibt? In diesem Fall ist die Terminologie in der funktionalen Beschreibung einigermaßen klar definiert: Mit „notieren" ist die Aktion auf höherer Ebene gemeint, die Aktion auf niederer Ebene heißt „schreiben".

Auf welche Objekte bezieht sich „notieren"? Die naheliegenden Kandidaten sind „Heft", „Lektion" und „Vokabel". Mit bezieht sich ist ein Bezug auf ein bestimmtes, spätestens beim Aufruf der Aktion zu identifizierendes Objekt gemeint. Damit bezieht sich „notieren" auf das „Heft" und auf eine „Lektion", aber auf keine „Vokabel", denn die zu verarbeitenden Vokabeln werden erst während des Notierens ermittelt.

Schreiben Sie auf, auf welche Objekte sich die Aktionen und Eigenschaften in Ihrer Liste beziehen.

6.10.3 Formulierung in Ada

Schritte 1 und 2 hatten noch nichts mit Ada zu tun. Im Schritt 3 sollen die schon identifizierten Objekte, Aktionen und Eigenschaften als Ada-Größen formuliert werden:

- Klassen von Objekten werden durch Typen dargestellt (oder durch generische Einheiten, die aber noch nicht behandelt wurden).
- Einzelne Objekte werden durch Pakete oder durch Variablen oder Konstanten dargestellt (oder durch TASKs, die aber noch nicht behandelt wurden).
- Aktionen werden durch Prozeduren oder Funktionen dargestellt, Eigenschaften durch Funktionen. Wurde ein Objekt durch ein Paket dargestellt, so können die Aktionen und Eigenschaften, die sich darauf beziehen, durch Unterprogramme im Paket dargestellt werden. Eventuelle weitere Objekte, auf die sich die Aktion bzw. die Eigenschaft beziehen, werden durch Parameter des Unterprogramms dargestellt.

Pakete werden wir zwar erst im Kapitel 8 eingehend besprechen. Allerdings sind schon einige Beispiele für die Anwendung von Paketen vorgestellt worden, vor allem von PACKAGE reisebus im Kapitel 4. An diesem Beispiel sehen Sie, wie man ein einzelnes Objekt („Reisebus") durch ein Paket darstellen kann, wobei man die Aktionen, die sich auf das Objekt beziehen („reserviere", „storniere Reservierung"), durch Prozeduren oder Funktionen und die Eigenschaften („frei") durch Funktionen im Paket darstellt. Die Implementierung der in einer Schnittstelle wie PACKAGE reisebus beschriebenen Mittel wird zwar erst im Kapitel 8 besprochen, aber Kenntnisse über die Implementierung von Paketen sind in diesem Stadium des Entwurfs nicht nötig.

Typen wurden ebenfalls noch nicht behandelt, aber Ada bietet reichhaltige Möglichkeiten der Vereinbarung eigener Typen. Es geht jetzt nicht darum festzulegen, wie bestimmte Klassen von Objekten durch Typen dargestellt werden sollen; deswegen sind in diesem Stadium des Entwurfs Kenntnisse über die verschiedenen Typen in Ada nicht nötig.

Manchem Leser mag es überflüssig erscheinen, zum Beispiel für die Klasse der Lektionen einen speziellen Typ zu vereinbaren, denn Lektionen sind „nur" ganze Zahlen und können daher durch den vordefinierten Typ integer dargestellt werden. Die Gründe für die Vereinbarung eines Typs auch in solchen Fällen werden erst im nächsten Kapitel eingehend erläutert. Ein Grund ist die Wartbarkeit: Lektionen sind in dieser Fassung der Aufgabe nur ganze Zahlen, aber es gibt auch Bücher, deren Lektionen durch Buchstaben oder durch Zeichenketten (zum Beispiel „A2") gekennzeichnet werden. Eine Festlegung auf den Typ **integer** könnte bei einer späteren Erweiterung des Programms viel Arbeit verursachen, die man sich bei Vereinbarung eines Typs hätte sparen können.

Entscheiden Sie nun, durch welche Art von Ada-Größen die schon identifizierten Objekte jeweils dargestellt werden sollen: durch einen Typ (bei Klassen), ein Paket oder eine Variable oder Konstante. Entscheiden Sie für jede Aktion und jede Eigenschaft, ob sie in einem der Pakete stehen sollen und welche Parameter von welchem Typ und welchem Modus sie haben soll.

6.11 Lösung zur Entwurfsübung

Im §6.11.1 zeigen wir eine Liste der Klassen von Objekten, der einzigartigen Objekte, der Aktionen und der Eigenschaften in der Aufgabe. Dabei schreiben wir zu jeder Aktion und zu jeder Eigenschaft schon, auf welche Objekte sie sich bezieht. Im §6.11.2 ordnen wir die Objekte Ada-Größen zu und formulieren die Aktionen und die Eigenschaft als Ada-Unterprogramme.

6.11.1 Objekte, Aktionen und Eigenschaften

Klassen von Objekten:

„Vokabel"
„Lektion"
„Bereich von Lektionen"
„Abfragerichtung"
„deutscher Ausdruck"
„fremdsprachiger Ausdruck"
„Karte"

Einzigartige Objekte:

„Heft"
„Terminal"
„Kasten"
„Anzahl der Vokabeln"
„Anzahl der auf Anhieb richtigen Übersetzungen"

Aktionen:

„notieren"	aus einer „Lektion" ins „Heft"
„auflisten"	einer „Lektion" aus dem „Heft"
„abfragen"	eines „Bereichs von Lektionen" aus dem „Heft" in einer bestimmten „Abfragerichtung"
„schreiben"	eine „Vokabel" ins „Heft", dabei einer bestimmten „Lektion" zuordnen
„lesen"	eine „Vokabel" einer bestimmten „Lektion" aus dem „Heft"
„lesen"	eine „Vokabel" eines bestimmten „Bereichs von Lektionen" aus dem „Heft"
„fragen, ob"	am „Terminal" durch Ausgabe eines „Fragetextes"
„erfragen"	die Nummer einer „Lektion" am „Terminal" durch Ausgabe eines „Fragetextes"
„auffordern, einzutippen"	einen „deutschen Ausdruck" am „Terminal"
„auffordern, einzutippen"	einen „fremdsprachigen Ausdruck" am „Terminal"
„hineinlegen"	eine „Karte" in den „Kasten"
„herausnehmen"	eine „Karte" aus dem „Kasten"
„schreiben"	einen „Text" auf das „Terminal"
„markieren"	eine „Karte"

Eigenschaften:

„leer"	bezieht sich auf den „Kasten"
„markiert"	bezieht sich auf eine „Karte"

Beim Aufschreiben dieser Listen merkt man, daß manche Vorgänge noch ungenau beschrieben waren. Normalerweise werden also während des Entwurfs und der Implementierung weitere Objekte (wie hier „Fragetext"), Eigenschaften (wie hier „markiert") und Aktionen identifiziert und in den Entwurf integriert.

6.11.2 Ada-Darstellung der Objekte

Pakete:
Terminal
Kasten
Heft

Variablen:
„Anzahl der Vokabeln"
„Anzahl der auf Anhieb richtigen Übersetzungen"

Typen:
vokabel_typ
lektion_typ
deutsch_typ
auslaendisch_typ
karten_typ

Wir haben auf einen Typ „Bereich von Lektionen" verzichtet. Ein zusammenhängender Bereich von Lektionen kann durch zwei Lektionen dargestellt werden, nämlich durch die erste und die letzte Lektion im Bereich. Wir haben auch keinen Typ „Abfragerichtung" aufgeführt, da eine Entscheidung zwischen den beiden möglichen Abfragerichtungen im Grunde eine ja-/nein-Entscheidung ist.

6.11.3 Ada-Darstellung der Aktionen/Eigenschaften

Paket	Aktion/ Eigenschaft	Parameter: Bedeutung	Typ	IN/OUT
terminal	fragen (nach einem Antworttext)	Frage	string	IN
		Antwort	string	OUT
		Antwortlänge	positive	OUT
	fragen (ja/nein)	Frage	string	IN
		Antwort	boolean	OUT
	fragen (nach einer ganzen Zahl)	Frage	string	IN
		Antwort	positive	OUT
	sagen (= schreiben)	Text	string	IN
heft	schreiben	Vokabel	vokabel_typ	IN
		Lektion	lektion_typ	IN
	lesen	Vokabel	vokabel_typ	OUT
		erste Lektion	lektion_typ	IN
		letzte Lektion	lektion_typ	IN

Paket	Aktion/ Eigenschaft	Parameter: Bedeutung	Typ	IN/OUT
?	notieren	Lektion	`lektion_typ`	IN
?	auflisten	Lektion	`lektion_typ`	IN
?	abfragen	erste Lektion	`lektion_typ`	IN
		letzte Lektion	`lektion_typ`	IN
		von Deutsch nach Fremdsprache?	`boolean`	IN
`kasten`	hineinlegen	Karte	`karten_typ`	IN
	herausnehmen	Karte	`karten_typ`	OUT
	leer (Funktion)	Ergebnis	`boolean`	
?	markieren	Karte	`karten_typ`	IN
?	markiert (Funktion)	Karte	`karten_typ`	IN
		Ergebnis	`boolean`	

Bemerkungen:

1. Das Paket `terminal` kann man entweder mit vielen speziellen oder mit wenigen allgemein verwendbaren Unterprogrammen ausstatten.

    Zum Beispiel wird während des Notierens der Benutzer abwechselnd aufgefordert, einen deutschen Ausdruck und die jeweilige fremdsprachige Übersetzung einzutippen. Dies sind verschiedene Aktionen, bei denen Antworten verschiedener Typen eingelesen werden: `deutsch_typ` und `auslaendisch_typ`. Man könnte im PACKAGE terminal diese verschiedenen Aktionen durch verschiedene Unterprogramme darstellen. Dies hätte den Vorteil, daß bei einer späteren Erweiterung des Programms die Verschiedenartigkeit dieser Aktionen mit geringem Aufwand dem Benutzer sichtbar gemacht werden könnte, etwa durch die Verwendung verschiedener Farben am Bildschirm.

    Wir haben uns für ein PACKAGE terminal mit wenigen, allgemein verwendbaren Unterprogrammen mit Parametern vordefinierter Typen entschieden, die insgesamt zur Implementierung der bisher im Zusammenhang mit dem Terminal identifizierten Aktionen ausreichen.

2. Die Aktionen „notieren", „auflisten" und „abfragen" stehen auf einem wesentlich höheren Abstraktionsniveau als die Aktionen „eine Vokabel ins Heft schreiben" und „eine Vokabel aus dem Heft lesen". Da an jeder Stelle des Programms nur die dort relevanten Dinge sichtbar sein sollten (Geheimnisprinzip!), ist es nicht sinnvoll, alle diese Aktionen nebeneinander in einem Paket unterzubringen.

3. Wir haben hier nicht zwischen Prozeduren und Funktionen unterschieden. Generell gilt: Aktionen ohne IN OUT-Parameter und mit genau einem OUT-Parameter (egal ob mit oder ohne IN-Parameter) sollten meist durch Funktionen dargestellt werden, alle anderen durch Prozeduren.
4. Der vordefinierte Typ **boolean** eignet sich für alle Entscheidungen mit zwei möglichen Ausgängen, zum Beispiel für die Wahl einer Abfragerichtung.

Die Aktionen „notieren", „auflisten" und „abfragen" könnten als Ada-Größen so dargestellt werden:

```
PROCEDURE notieren (lektion : IN lektion_typ);

PROCEDURE auflisten (lektion : IN lektion_typ);

PROCEDURE abfragen
   (erste_lektion,
    letzte_lektion            : IN lektion_typ;
    deutsch_nach_fremdsprache : IN boolean);
```

6.12 Übung 3: Aufruf von Unterprogrammen

In dieser Übung sollen Sie eine Prozedur schreiben, die die grobe Ablaufsteuerung des Programms „Vokabeln" übernimmt. Wir haben diejenigen Objekte und Aktionen aus der Musterlösung, die Sie dazu brauchen, als Paket **terminal** und Prozeduren **notieren**, **auflisten** und **abfragen** vereinbart. (Diese drei Prozeduren könnten auch in einem Paket vereinbart sein; wir haben sie aber hier als Bibliotheksprozeduren vereinbart, damit Sie auch den Umgang mit solchen Prozeduren einüben.)

Da das Thema Datentypen noch nicht behandelt wurde, benutzen wir zunächst statt **lektion_typ** den vordefinierten (Unter-)Typ **positive**, dessen Werte positive ganze Zahlen sind. Dadurch verändern sich die Vereinbarungen der Prozeduren **notieren**, **auflisten** und **abfragen**. **PACKAGE terminal** dagegen hat schon seine endgültige Form.

Schreiben Sie das Hauptprogramm des Vokabel-Programms unter Benutzung dieser Bibliothekseinheiten. Dieses Hauptprogramm soll die grobe Ablaufsteuerung realisieren, wie sie in den ersten beiden Abschnitten des §6.9.2 beschrieben ist.

```
-------------------------------------------------------------|
PACKAGE terminal IS

   FUNCTION  bejaht (frage : IN string) RETURN boolean;

   -- schreibt frage ans Terminal. RETURN-Wert ist true,
   -- wenn der Benutzer als Antwort etwas eintippt, was mit
   -- 'j' oder 'J' anfaengt, sonst false.

   PROCEDURE frag (frage          : IN string;
                   antwort        : OUT string;
                   antwort_laenge : OUT positive);

   -- schreibt frage ans Terminal. Liest dann eine Zeile vom
   -- Terminal in antwort ein, speichert die laenge der
   -- Zeile in antwort_laenge und fuellt den Rest von
   -- antwort mit ' ' aus.

   PROCEDURE frag (frage   : IN string;
                   antwort : OUT positive);

   -- schreibt frage ans Terminal. Liest dann eine positive
   -- ganze Zahl vom Terminal in antwort ein.

   PROCEDURE sag (text : IN string);

   -- schreibt text ans Terminal, ohne eine Antwort zu
   -- erwarten.

END terminal;
-------------------------------------------------------------|

PROCEDURE notieren (lektion : IN positive);
-------------------------------------------------------------|

PROCEDURE auflisten (lektion : IN positive);
-------------------------------------------------------------|

PROCEDURE abfragen (erste_lektion,
                    letzte_lektion          : IN positive;
                    deutsch_nach_fremdsprache : IN boolean);
-------------------------------------------------------------|
```

6.12 Übung 3: Aufruf von Unterprogrammen

PACKAGE terminal enthält zwei Prozeduren frag. Sie werden in Ihrer Lösung nur die zweite brauchen, mit der eine positive ganze Zahl eingelesen werden kann. Für Fragen mit ja/nein-Antworten ist die Funktion bejaht vorgesehen.

Aufrufe der Unterprogramme mit einem IN-Parameter vom Typ string gehen (z.B.) so:

```
terminal.sag ("Guten morgen!");
IF terminal.bejaht ("Hast Du gut geschlafen?") THEN
   NULL;
END IF;
```

Auf der Diskette enthalten die Dateien TERMINAL.ADS und TERMINAL.ADB Vereinbarung bzw. Rumpf des PACKAGE terminal. Die Dateien NOTIEREN.ADA, AUFLISTE.ADA und ABFRAGEN.ADA enthalten die Bibliotheksprozeduren notieren, auflisten und abfragen mitsamt den dazugehörigen Rümpfen. Die drei letztgenannten Rümpfe sind Dummy-Rümpfe, die nur eine kurze Meldung ausgeben. Übersetzen Sie zuerst die Inhalte aller eben genannte Dateien, dann Ihr Hauptprogramm; Sie können Ihr Hauptprogramm dann binden und testen.

7 Daten: Typen und Objekte

Unterprogramme in Ada verkörpern Aktionen und Wertberechnungen; Objekte enthalten Werte.

Im Rechner werden zwar alle Werte durch Bitfolgen dargestellt; je mehr aber der Programmierer sich dieser Tatsache bewußt sein muß oder sie ausnutzt, desto weniger transparent und desto fehleranfälliger wird das Programm. Da in Ada Transparenz des Programms und Vermeidung von Fehlern einen sehr hohen Stellenwert haben, ist die Sprache so konzipiert, daß Ada-Programme generell alle Einzelheiten über die interne Darstellung der Werte verbergen — ausgenommen Fälle bei denen sie wirklich relevant sind (siehe Kapitel 15).

In einem Ada-Programm sieht man also generell nicht die interne Darstellung der Werte, sondern die Struktur (der Dinge in der realen Welt), die sie darstellen. Mit „Struktur" sind die Beziehungen zwischen Dingen und die Operationen gemeint, die auf diesen Dingen definiert sind. Beispiele solcher Beziehungen sind „Montag kommt vor Mittwoch" und „7 ist größer als 4" ; und Beispiele solcher Operationen sind „der Tag nach" (wie in „der Tag nach Montag"), „+" (wie in „6 + 99"), „das Alter von" (wie in „das Alter vom Eiffelturm"). Dabei hängt die Zulässigkeit von Beziehungen und/oder Operationen stark von der Art der Dinge ab: „Montag kommt vor dem Eiffelturm" ist unsinnig, und man kann Zahlen miteinander addieren, aber nicht Wochentage.

Diese Struktur wird im Ada-Programm durch *Typen*, das heißt durch Werte und die darauf zulässigen Operationen dargestellt (die oben erwähnten Beziehungen zählen zu den Operationen). Damit die reale Welt mit ihren Strukturen möglichst naturgetreu abgebildet werden kann, bietet Ada reichhaltige Möglichkeiten, Typen zu vereinbaren:

    Aufzählungstypen (*enumeration type*)
    ARRAY-Typen (*array type*)
    RECORD-Typen (*record type*)
    ACCESS-Typen (*access type*)

unvollständige Typvereinbarungen (*incomplete type declaration*)
verschiedene numerische Typen (*numeric type*)
abgeleitete Typen (*derived type*)

Diese Typarten, ihre vordefinierten Operationen und der Umgang mit ihnen werden in den folgenden Abschnitten besprochen.

Mit *Objekten* (*object*) sind in [Ada] Variablen, Konstanten und Parameter gemeint, aber auch Komponenten (§§7.4 - 7.5) und Ausschnitte (§7.4) anderer Objekte, Zielobjekte von ACCESS-Werten (§7.6) und sogar TASKs (Kapitel 14). Alle Objekt im Sinne von [Ada] stellen Objekte im Sinne des objektorientierten Entwurfs dar, aber Pakete, die dies durchaus auch können, sind keine Objekt im Sinne von [Ada]. In diesem Buch wird fast immer aus dem Kontext ersichtlich sein, in welchem Sinne das Wort „Objekt" gemeint ist. Wo Verwechslungsgefahr besteht, werden wir den Sinn explizit klarstellen.

Ada unterstützt den Programmierer durch die *strenge Typisierung* (*strong typing*):

- Jedes Objekt im Ada-Programm muß explizit vereinbart und dabei einem Typ zugeordnet werden (Transparenz!).
- Der Typ eines Objekts kann sich zur Laufzeit nicht verändern.
- Auf jedes Objekt dürfen nur die Operationen angewandt werden, die zu diesem Typ gehören.

Gerade der letzte Punkt bewirkt, daß die Ada-Typen die Strukturen in der realen Welt naturgetreu abbilden: Durch die strenge Typisierung werden Verbindungen, die dort keinen Sinn ergeben (wie „Montag kommt vor dem Eiffelturm") auch im Programm ausgeschlossen. Dies geschieht schon zur Übersetzungszeit, da wegen der ersten beiden Punkte der Typ jedes Objekts dann schon ein- für allemal feststeht. Ein praxisnäheres Beispiel ist ein Vergleich zweier Längen, die in verschiedenen Maßen ausgedrückt sind (zum Beispiel einmal in Zentimetern und einmal in Metern). In Sprachen ohne strenge Typisierung oder mit einer weniger strengen Typisierung macht sich ein solcher Fehler erst durch Folgefehler zur Laufzeit bemerkbar und ist entsprechend schwer zu lokalisieren; in Ada wird er schon zur Übersetzungszeit aufgedeckt (vorausgesetzt, der Programmierer hat naturgetreu programmiert und die Verschiedenartigkeit der beiden Maße durch verschiedene Typen zum Ausdruck gebracht).

Noch ein Wort an Leser, die dieses Buch mehr oder weniger sequentiell lesen: Dieses Kapitel ist sehr lang, weil es über Typen in Ada viel zu sagen gibt. Wir haben es deshalb so untergliedert, daß man die Abschnitte dritter Stufe (zum Beispiel §7.4.1) beim ersten Lesen überspringen kann.

Die Anweisungsteile in den Programmbeispielen in diesem Kapitel ergeben meist keinen zusammenhängenden Sinn, sondern führen nur Konstrukte vor.

7.1 Aufzählungstypen

Aufzählungstypen sind die einfachsten Typen in Ada. Mit einem Aufzählungstyp stellt man eine überschaubare Menge gleichartiger Werte dar, die eine sehr schwache Struktur besitzen, die allenfalls aus einer vorgegebenen Reihenfolge der Werte besteht.

Meist sind die Werte Namen für gleichartige Dinge in der realen Welt, und zwar Namen, die — zumindest aus der Sicht des Programms — unzerlegbar sind. Beim Skat ist zum Beispiel zwar „Kreuz Bube" der Name einer Karte, aber die Information, die in diesem Namen steckt, kann in zwei Komponenten zerlegt werden, die durchaus für das Spiel relevant sind: „Kreuz" (eine Kartenfarbe) und „Bube" (ein Kartenwert). Die Namen der Kartenfarben und Kartenwerte sind aus der Sicht des Spiels unzerlegbar. Also wird man in einem Skatprogramm die Kartennamen nicht durch einen Aufzählungstyp darstellen, wohl aber einmal die Kartenfarben und zum anderen die Kartenwerte (jeweils mit der üblichen Reihenfolge als vorgegebene Reihenfolge).

Im Beispiel in diesem Abschnitt stellen wir die Wochentage durch einen Aufzählungstyp wochentag dar.

```
TYPE wochentag IS
   (montag   , dienstag , mittwoch  , donnerstag,
    freitag  , samstag  , sonntag   );
```

vereinbart einen Typ wochentag mit sieben Werten: montag, dienstag, mittwoch, donnerstag, freitag, samstag und sonntag. Durch die Aufzählung wird auch eine Reihenfolge der Werte festgelegt, die die Wirkung verschiedener vordefinierter Operationen bestimmt.

Die Typvereinbarung sagt überhaupt nichts über die interne Darstellung der Werte aus; die Werte werden mit ihren Namen (montag, dienstag und so weiter) angesprochen. Dem Programmierer bleibt also die interne Darstellung verborgen (Geheimnisprinzip!). Außerdem verhindert die strenge Typisierung, daß zum Beispiel numerische Werte mit Werten des Typs wochentag verglichen oder ihnen zugeordnet werden.

Die Vereinbarung von Variablen eines benutzerdefinierten Typs (wie hier wochentag) unterscheidet sich syntaktisch überhaupt nicht von der eines vordefinierten Typs.

Die Vereinbarung

```
SUBTYPE werktag IS wochentag RANGE montag .. samstag;
```

definiert einen Untertyp werktag des Typs wochentag (hier wirkt sich die Reihenfolge der Werte in der Typvereinbarung aus). Ein *Untertyp* (*subtype*) ist ein Name für einen Teil des Wertebereichs des *Grundtyps*

```
PROCEDURE aufzaehlungstypen IS

   TYPE wochentag IS                       -- ein Aufzaehlungtyp
      (montag    , dienstag  , mittwoch  , donnerstag,
       freitag   , samstag   , sonntag   );

   heute,
   morgen,
   gestern : wochentag; -- Variablen des Typs wochentag

   SUBTYPE werktag IS wochentag RANGE montag .. samstag;
   SUBTYPE wochentags_nummer IS integer RANGE 1 .. 7;

   heute_ist_samstag        : boolean := false;
   es_ist_mitte_der_woche   : boolean;
   mein_anfangsbuchstabe    : character := 'D';
   wievielter_tag_der_woche : wochentags_nummer;
BEGIN
      -- Beispiele fuer Operatoren und Zugehoerigkeitstests:
   heute := montag;
   heute_ist_samstag := (heute = samstag);
   es_ist_mitte_der_woche :=
      (heute >= dienstag AND heute <= donnerstag);
   es_ist_mitte_der_woche :=
      (heute IN werktag AND heute /= montag AND
      freitag > heute);
   heute_ist_samstag :=
      heute NOT IN montag .. freitag AND heute < sonntag;

                                  -- Beispiele fuer Attribute:
   IF heute > wochentag'first THEN
      gestern := wochentag'pred (heute);
   ELSE
      gestern := wochentag'last;
   END IF;
   morgen := wochentag'succ (heute);
   wievielter_tag_der_woche := wochentag'pos (heute) +
                               wochentags_nummer'first;
   heute := wochentag'val (wievielter_tag_der_woche -
            wochentags_nummer'first);
END aufzaehlungstypen;
```

(*base type*). Hier ist also wochentag der Grundtyp. Meist ist die Vereinbarung des Untertyps mit einer *Einschränkung* (*constraint*) des Grundtyps versehen, wie hier die Einschränkung RANGE montag .. samstag. Eine Untertypvereinbarung ohne Einschränkung deklariert ein Synonym, also einen zusätzlichen Namen für den Typ.

Ein Untertyp ist kein neuer Typ; die strenge Typisierung unterscheidet also nicht zwischen wochentag und werktag. Der Sinn eines Untertyps ist:

- Er benennt einen Bereich, der in der realen Welt eine bestimmte Bedeutung hat (Lesbarkeit!).
- Wenn die Untertypvereinbarung mit einer Einschränkung versehen ist, dokumentiert diese eine Absicht, nämlich die, daß Objekte des Untertyps nur Werte aus dem eingeschränkten Bereich annehmen sollen.
- Die Einhaltung dieser Absicht wird zur Laufzeit vom Ada-System überwacht. Soll zum Beispiel einem Objekt des Untertyps werktag der Wert sonntag zugewiesen werden, löst das Ada-System die Ausnahme constraint_error aus; der Fehler wird also sofort gemeldet. Dies ist eine große Hilfe für den Programmierer; in Sprachen, die einen solchen Mechanismus nicht haben, machen sich solche Fehler häufig erst durch Folgefehler bemerkbar und sind schwer (und teuer) zu lokalisieren.

Im Vereinbarungsteil des Beispiels in diesem Abschnitt sind auch Variablen der vordefinierten Typen boolean, character und integer vereinbart. Hinter dem Begriff der *vordefinierten Typen* (*predefined type*) verbirgt sich ein Paket, PACKAGE standard, dessen Ada-Vereinbarung in [Ada, Appendix C] abgedruckt ist. PACKAGE standard muß Vereinbarungen bestimmter Größen enthalten, die in jedem Ada-Programm überall gültig sind.

Gleich am Anfang der Vereinbarung von PACKAGE standard sieht man die Vereinbarung des Typs boolean:

TYPE boolean IS (false, true);

boolean ist also einfach ein Aufzählungstyp, und true und false sind nicht reservierte Worte, sondern einfach die Werte des Typs. Mehr zum Typ boolean folgt im §7.3.

Der Typ character ist auch in PACKAGE standard vereinbart:

```
TYPE character IS
    (   nul,    soh,    stx,    etx,    eot,    enq,    ack,    bel,
        bs,     ht,     lf,     vt,     ff,     cr,     so,     si,
        dle,    dc1,    dc2,    dc3,    dc4,    nak,    syn,    etb,
        can,    em,     sub,    esc,    fs,     gs,     rs,     us,
        ' ',    '!',    '"',    '#',    '$',    '%',    '&',    ''',
        '(',    ')',    '*',    '+',    ',',    '-',    '.',    '/',
        '0',    '1',    '2',    '3',    '4',    '5',    '6',    '7',
        '8',    '9',    ':',    ';',    '<',    '=',    '>',    '?',
        '@',    'A',    'B',    'C',    'D',    'E',    'F',    'G',
        'H',    'I',    'J',    'K',    'L',    'M',    'N',    'O',
        'P',    'Q',    'R',    'S',    'T',    'U',    'V',    'W',
        'X',    'Y',    'Z',    '[',    '\',    ']',    '^',    '_',
        '`',    'a',    'b',    'c',    'd',    'e',    'f',    'g',
        'h',    'i',    'j',    'k',    'l',    'm',    'n',    'o',
        'p',    'q',    'r',    's',    't',    'u',    'v',    'w',
        'x',    'y',    'z',    '{',    '|',    '}',    '~',    del);
```

Auch hier sagt die Typvereinbarung nichts über die interne Darstellung der Werte aus. In diesem Fall ist diese aber wichtig, weil **character** den Standard-ASCII-Zeichensatz beinhalten soll. Deshalb steht nach der Typvereinbarung eine *Darstellungsklausel (representation clause)* (beginnend mit **FOR character USE**), die die Zuordnung von Binärwerten an die Aufzählungswerte definiert. Darstellungsklauseln werden erst im Kapitel 15 besprochen.

Der Typ **character** hat zwei Eigenarten: Die meisten seiner Werte sind keine Bezeichner, sondern Zeichenliterale, und die restlichen Werte sind namenlos. Es ist generell zulässig, Zeichenliterale als Namen für Aufzählungswerte zu verwenden, aber namenlose Aufzählungswerte kann man in einem benutzerdefinierten Typ nicht vereinbaren. In [Ada] gilt aber durchweg die Konvention, daß jeder kursiv geschriebene Text, der in [Ada] steht, keine formale Bedeutung hat, sondern nur als eine Art Kommentar dient. Die Namen der Kontrollzeichen im Typ **character** sind kursiv geschrieben, also sind diese Werte namenlos. (Eine solche Typvereinbarung kann man als Ada-Programmierer nicht schreiben, denn diese Regel gilt nur für die Definition von Ada, nicht für Texte, die in Ada verfaßt sind.) Damit man sie trotzdem ansprechen kann, ist gleich anschließend ein (lokales) Paket **PACKAGE ascii** vereinbart, das (unter anderem) entsprechende Konstanten enthält; man kann also zum Beispiel das Kontrollzeichen **NUL** mit **ascii.nul** ansprechen.

Jeder Typ hat verschiedene Arten vordefinierter *Operationen (operation)*, die implizit direkt nach der Typvereinbarung deklariert sind. Dazu gehören:

- Operatoren (*operator*),
- Zugehörigkeitstests (*membership test*) und
- Attribute (*attribute*).

Zu fast jedem Typ gehören vordefinierte *Operatoren*. Die vordefinierten Operatoren eines Aufzählungstyps sind =, /=, <, <=, > und >=, wobei /= „ungleich" bedeutet, <= „kleiner/gleich" und >= „größer/gleich" und die Vergleiche sich immer auf die Reihenfolge der Werte in der Aufzählung beziehen. Mit Hilfe dieser Operatoren kann man aus Ausdrücken des Aufzählungstyps Ausdrücke des Typs boolean bauen; diese kann man überall dort einsetzen, wo Ausdrücke des Typs boolean richtig am Platz sind, zum Beispiel als rechte Seite einer Zuweisung an eine Variable des Typs boolean oder zwischen dem IF und dem nachfolgenden THEN einer IF-Anweisung. AND und OR sind Operatoren des Typs boolean; man benutzt sie also, um aus Ausdrücken des Typs boolean komplexere Ausdrücke des Typs boolean zu bauen.

Die *Zugehörigkeitstests* IN und NOT IN sind für alle Typen vordefiniert. Mit ihnen baut man ebenfalls Ausdrücke des Typs boolean, mit dem Unterschied, daß rechts ein Bereich (wie bei heute NOT IN montag .. freitag) oder der Name eines (Unter-)Typs (wie bei heute IN werktag) angegeben werden muß.

Zu jedem Typ gibt es vordefinierte *Attribute*. Attribute sind mit einer speziellen Syntax versehen, die immer einen Apostroph enthält (ausgesprochen „tick" oder „prime"), gefolgt vom Namen des Attributs. Der Grund dafür ist, daß Attribute nicht verdeckt werden sollen; man kann Attribute also nicht selber vereinbaren, im Gegensatz zu Operatoren (siehe §7.2).

Die Attribute in diesem Beispiel sind für jeden diskreten (also Aufzählungs- oder ganzzahligen) Typ vordefiniert.

'first und 'last ergeben einen Wert des jeweiligen Typs: wochentag'first und wochentag'last sind Ausdrücke des Typs wochentag mit den Werten montag bzw. sonntag. Man sollte immer diese Attribute verwenden, statt den ersten bzw. letzten Wert in der Aufzählung mit seinem Namen anzusprechen; dadurch ist das Programm leichter zu verändern.

'succ und 'pred sind Funktionen, die einen Parameter des jeweiligen Aufzählungstyps haben und den Nachfolger bzw. Vorgänger des Werts des aktuellen Parameters als Ergebnis liefern. Da sonntag der letzte Wert in der Aufzählung ist, wird constraint_error ausgelöst, wenn wochentag'succ (sonntag) ausgewertet werden soll. Analoges gilt für wochentag'pred (montag).

'pos und 'val sind ebenfalls Funktionen; sie stellen eine Verbindung zwischen den Aufzählungswerten und natürlichen Zahlen her. wochentag'pos ordnet jedem Wert des Typs wochentag seine Position innerhalb der Aufzählung zu, beginnend mit 0 — zum Beispiel hat wochentag'pos (dienstag) den Wert 1. 'val ist die Umkehrung von 'pos, zum Beispiel hat wochentag'val (2) den Wert mittwoch. Diese beiden Attribute haben nichts mit der internen Darstellung der Werte zu tun. Es ist zum Beispiel durchaus möglich, daß montag intern nicht mit 0 dargestellt wird, aber wochentag'pos (montag) hat immer Wert 0.

Die Attribute 'pos und 'val ermöglichen es, Aufzählungstypen auch zur Darstellung von Dingen einzusetzen, die zwar keine Zahlen sind, manchmal aber als Zahlen benutzt werden. Ein typisches Beispiel sind die Monate, die die Namen „Januar", „Februar", ... haben, manchmal aber (wie in „1.12.1991") durch Zahlen dargestellt werden, mit denen man auch ab und zu mal rechnen muß. Die Darstellung durch einen Aufzählungstyp ist transparenter (denn Monate sind keine Zahlen) und bietet trotzdem die Möglichkeit, bei Bedarf die Zahlendarstellung zu benutzen.

Wir werden nicht bei jeder Typart alle dazugehörigen Attribute auflisten und erläutern; [Ada, Kapitel 3] enthält diese Informationen (im Abschnitt „Operations of ..." der Beschreibung der jeweiligen Typart). Außerdem enthält [Ada, Appendix A] eine Liste aller Attribute mit Erläuterungen.

Bei so vielen Möglichkeiten, Ausdrücke zu bauen, erhebt sich die Frage nach *Klammerung*. Die Regeln sind:

1. Klammern um den Ausdruck auf der rechten Seite einer Zuweisung sind auch dann nicht nötig, wenn der Ausdruck aus mehreren Ausdrücken zusammengesetzt ist.
2. Unter den Operatoren und Zugehörigkeitstests ist (in [Ada, §4.5]) eine Rangfolge definiert. Zum Beispiel binden <= und >= stärker als AND, so daß im Ausdruck

    heute >= dienstag AND heute <= donnerstag

    keine Klammern nötig sind.
3. Zusätzliche Klammern sind immer erlaubt (Lesbarkeit!). Man sollte im Zweifelsfall lieber mehr Klammern setzen, auch wenn man selber bei minimaler Klammerung den Ausdruck richtig liest, denn spätere Leser des Programms haben die Rangfolge der Operatoren vielleicht nicht so genau im Kopf.

7.2 Operatoren

```
---------------------------------------------------------------|
PROCEDURE operatoren IS

   TYPE wochentag IS
      (montag    , dienstag  , mittwoch  , donnerstag,
       freitag   , samstag   , sonntag   );

   heute                    : wochentag := montag;
   heute_ist_samstag,
   es_ist_mitte_der_woche   : boolean;
BEGIN
   heute_ist_samstag := (heute = samstag);    -- "=" infix
   heute_ist_samstag := "=" (heute, samstag); -- "=" praefix

                            -- alle Operatoren infix:
   es_ist_mitte_der_woche :=
      (heute >= dienstag AND heute <= donnerstag);

                -- "<=" und ">=" infix, "AND" praefix:
   es_ist_mitte_der_woche :=
      "AND" (heute >= dienstag, heute <= donnerstag);

                            -- alle Operatoren praefix:
   es_ist_mitte_der_woche :=
      "AND" (">=" (heute, dienstag),
             "<=" (heute, donnerstag));
END operatoren;
---------------------------------------------------------------|
```

Im letzten Abschnitt stellten wir die Operatoren als syntaktischen Mörtel vor, mit dem man aus einfachen Ausdrücken komplexere Ausdrücke bauen kann. In Wirklichkeit aber sind Operatoren nichts weiter als Funktionen, deren Namen Zeichenkettenliterale sind. Zum Beispiel ist "=" der Name des Operators =. Die (implizite) Vereinbarung dieses vordefinierten Operators für den Typ **wochentag** ist

```
FUNCTION "=" (left, right : wochentag) RETURN boolean;
```

Ein Aufruf dieses Operators ist also ein Funktionsaufruf und sieht demnach so aus:

```
"=" (heute, samstag)
```

Diese *Präfix*schreibweise ist allerdings schlecht lesbar und (den meisten Leuten) sehr ungewohnt; deswegen gibt es eine Alternativschreibweise, die schon vorgestellte *Infix*schreibweise

```
heute = samstag
```

Beide Ausdrücke haben die gleiche Semantik. Bei der Präfixschreibweise steht der Operator (vor den Operanden) in Anführungszeichen, bei der Infixschreibweise (zwischen den Operanden) ohne Anführungszeichen.

Bei fast allen Ausdrücken, die Operatoren enthalten, ist Überladen im Spiel. Normalerweise sind viele Operatoren "=" sichtbar, zum Beispiel für jeden nicht verdeckten vordefinierten Typ. Bei dem Ausdruck

```
heute = samstag
```

der ja äquivalent ist mit

```
"=" (heute, samstag)
```

erkennt der Compiler aus dem Kontext, daß ein Operator "=" mit formalen Parametern des Typs wochentag und Ergebnistyp boolean gemeint sein muß. Wenn von den vielen sichtbaren Operatoren "=" genau einer dieses Parameter- und Ergebnistypprofil hat, dann setzt der Compiler diesen ein; sonst meldet er einen Fehler. In diesem Fall hat nur die vordefinierte Gleichheit für den Typ wochentag dieses Profil.

Operatoren kann man auch selber vereinbaren (siehe §7.5.2); damit kann man auch vordefinierte Operatoren verdecken. Als Namen für Operatoren darf man aber nur die Literale verwenden, die als Operatornamen vorgesehen sind: "AND", "OR", "XOR", "=", "/=", "<", "<=", ">", ">=", "+", "-", "&", "*", "/", "MOD", "REM", "**", "ABS", "NOT". Die Infixschreibweise kann man auch für benutzerdefinierte Operatoren verwenden, aber nicht für benutzerdefinierte Funktionen, deren Namen Bezeichner sind.

7.3 Der Typ boolean

Zum vordefinierten Typ boolean gehören natürlich alle vordefinierten Operationen, die zu jedem Aufzählungstyp gehören (siehe §7.1). Außer der Tatsache, daß er vordefiniert ist, unterscheidet sich boolean von anderen Aufzählungstypen in zweierlei Hinsicht:

7.3 Der Typ boolean

```
PROCEDURE kurzauswertungsoperationen IS
   x,
   y          : integer := 7;
   behauptung : boolean;
BEGIN
   behauptung := x /= 0 AND y/x > 9;
   behauptung := x = 0 OR y/x > 9;

   -- werten y/x immer aus

   behauptung := x /= 0 AND THEN y/x > 9;
   behauptung := x = 0 OR ELSE y/x > 9;

   -- werten y/x nur dann aus, wenn x /= 0

END kurzauswertungsoperationen;
```

Erstens hat **boolean** zusätzliche vordefinierte Operatoren, die *logischen Operatoren (logical operator)* AND, OR, XOR und NOT (logisches „und", „oder", exklusives „oder" und Negation).

Diese Operatoren sind, wie alle Operatoren, Funktionen; deshalb haben Ausdrücke, die einen der Operatoren AND und OR enthalten, die Semantik eines Funktionsaufrufes: Auf jeden Fall werden beide aktuellen Parameter ausgewertet, die Reihenfolge der Auswertung legt [Ada] nicht fest. Es gibt aber Situationen, in denen diese Semantik ungünstig ist.

Das Beispiel in diesem Abschnitt zeigt eine solche Situation: Hier ist es wichtig, daß zuerst der erste Operand ausgewertet wird, und daß im Falle x = 0 der zweite Operand nicht mehr ausgewertet wird, weil diese Auswertung eine Division durch 0 mit sich brächte. In diesem Falle ist die Auswertung des zweiten Operanden auch nicht nötig, denn der Wert des Gesamtausdrucks steht schon nach der Auswertung des ersten Operanden fest. Die Semantik von AND und OR ist auch ungünstig, wenn man weiß, daß häufig ein bestimmter Operand den Wert des Gesamtausdrucks bestimmt und in diesem Fall aus Effizienzgründen die Auswertung des anderen Operanden unterdrücken möchte.

Das heißt: Wenn man möchte, daß ein bestimmter Parameter zuerst und der andere Parameter nur dann ausgewertet werden soll, wenn der Wert des Gesamtausdrucks nicht schon feststeht, darf man nicht AND oder OR verwenden.

Deshalb gehört zum Typ **boolean** noch etwas, das ihn von allen anderen Typen unterscheidet: Zwei Operationen, die dem logischen „und" bzw.

„oder" entsprechen, aber die eben skizzierte Semantik statt der zuvor beschriebenen Operatorensemantik haben. Diese Operationen können demnach keine Operatoren sein; es sind die *Kurzauswertungsoperationen* (*short circuit control form*) AND THEN und OR ELSE.

7.4 ARRAY-Typen

ARRAY-Typen sind *zusammengesetzte* Typen (*composite type*) mit gleichartigen Komponenten. Sie können ein- oder mehrdimensional sein. Der Typ der Indizes eines ARRAY-Typs muß *diskret* sein, das heißt, er muß Aufzählungs- oder ganzzahliger Typ sein; der Komponententyp kann jeder beliebige Typ sein; die Komponenten können also beliebig komplex sein.

Im Beispiel dieses Abschnitts werden ARRAY-Typen benutzt, um die Struktur eines Kalenderblatts darzustellen, das so aussieht:

	Montag	*Dienstag*	*Mittwoch*	*Donnerstag*	*Freitag*	*Samstag*	*Sonntag*
8.00	────	────	────	────	────	────	────
9.00	────	────	────	────	────	────	────
10.00	────	────	────	────	────	────	────
11.00	────	────	────	────	────	────	────
12.00	────	────	────	────	────	────	────
13.00	────	────	────	────	────	────	────
14.00	────	────	────	────	────	────	────
15.00	────	────	────	────	────	────	────
16.00	────	────	────	────	────	────	────
17.00	────	────	────	────	────	────	────
18.00	────	────	────	────	────	────	────
19.00	────	────	────	────	────	────	────
20.00	────	────	────	────	────	────	────

Diese zweidimensionale Struktur kann man mit einem zweidimensionalen ARRAY darstellen, oder aber mit einem eindimensionalen ARRAY, dessen Komponenten selber (eindimensionale) ARRAYs sind. Wir wählen zunächst den zweiten Weg, im §7.4.3 zeigen wir zum Vergleich eine Lösung mit einem zweidimensionalen ARRAY.

Im Beispiel **array_typen** sieht man zwei Vereinbarungen von ARRAY-Typen. Die erste Vereinbarung hätte man auch so schreiben können:

7.4 ARRAY-Typen

```
----------------------------------------------------------------|
PROCEDURE array_typen IS

   TYPE wochentag IS
      (montag     , dienstag  , mittwoch  , donnerstag,
       freitag    , samstag   , sonntag   );

   SUBTYPE termin  IS string (1 .. 18);

   SUBTYPE uhrzeit IS integer RANGE 8 .. 20;

   TYPE kalender_spalte IS ARRAY (uhrzeit) OF termin;

   TYPE kalender_blatt IS ARRAY (wochentag)
   OF kalender_spalte;

   leerer_eintrag : CONSTANT termin := (1 .. 18 => ' ');
   freier_tag     : kalender_spalte :=
                        (OTHERS => leerer_eintrag);
   naechste_woche : kalender_blatt;
BEGIN
   naechste_woche (sonntag) := freier_tag;
   naechste_woche (dienstag) (10) (1 .. 4) := "Arzt";

   naechste_woche (dienstag) (10) (1 .. 4) :=
      ('A', 'r', 'z', 't');              -- ARRAY-Aggregate
                          -- (Zuordnung ueber die Position)

   naechste_woche (dienstag) (10) (1 .. 4) :=
      (1 => 'A', 2 => 'r', 3 => 'z', 4 => 't');
                              -- (Zuordnung ueber Namen)

   naechste_woche (dienstag) (10) (5 .. termin'last) :=
      (5 .. termin'last => ' ');
   naechste_woche := (OTHERS => freier_tag);
   IF naechste_woche (freitag) = freier_tag THEN
      naechste_woche (donnerstag .. samstag) :=
         (donnerstag .. samstag => (
            kalender_spalte'range => "Urlaub            "));
   END IF;
END array_typen;
----------------------------------------------------------------|
```

```
TYPE kalender_spalte IS
    ARRAY (integer RANGE 8 .. 20) OF termin;
```
oder, noch einfacher:

```
TYPE kalender_spalte IS ARRAY (8 .. 20) OF termin;
```

Die Vereinbarung des Bereichs uhrzeit als Untertyp gibt aber dem Kind 8 .. 20 einen Namen und macht die ARRAY-Typvereinbarung dadurch transparenter.

Zur Vereinbarung des Untertyps termin sagen wir hier nur, daß alle Objekte dieses Untertyps zum vordefinierten ARRAY-Typ string gehören, den Indexbereich 1 .. 18 und den Komponententyp character haben. Der Untertyp termin wird also aus dem Typ string durch eine Einschränkung des Indexbereichs auf den Bereich 1 .. 18 gewonnen. Das heißt, daß nur Zeichenketten mit genau diesem Indexbereich (also auch mit genau 18 Komponenten) zum Untertyp termin gehören. Mehr darüber etwas später in diesem Abschnitt. Der Typ string wird im §7.4.1 besprochen.

Wie Komponenten von ARRAY-Objekten angesprochen werden, sieht man im Anweisungsteil des Beispiels array_typen: Die Komponente von naechste_woche, die dem Index sonntag entspricht, spricht man mit dem Ausdruck naechste_woche (sonntag) an. Dieses Objekt ist wiederum ein ARRAY, dessen Komponenten man mit der gleichen Syntax ansprechen kann, zum Beispiel naechste_woche (sonntag) (10). Man kann es nicht mit naechste_woche (sonntag, 10) ansprechen. Im Gegensatz zu manchen anderen Sprachen identifiziert Ada nämlich nicht etwa ein zweidimensionales ARRAY mit einem eindimensionalen ARRAY, dessen Komponenten eindimensionale ARRAYs sind.

Bei eindimensionalen ARRAY-Objekten kann man nicht nur einzelne Komponenten ansprechen, sondern auch *Ausschnitte* (*slice*), zusammenhängende Teile des ARRAYs. Zum Beispiel ist

```
naechste_woche (dienstag) (10) (1 .. 4)
```

der Ausschnitt der Zeichenkette naechste_woche (dienstag) (10), der den Indizes 1 .. 4 entspricht, und naechste_woche (donnerstag .. samstag) ist der Ausschnitt des ARRAYs naechste_woche, der den Indizes donnerstag .. samstag entspricht.

Der Möglichkeit, Komponenten und Ausschnitte eines ARRAY-Objekts durch Ausdrücke wie die oben genannten anzusprechen, liegen *Operationen* des ARRAY-Typs zugrunde. Diese Operationen machen die Komponenten von ARRAY-Werten in der Sprache zugänglich. Genauso wichtig sind aber Operationen, die die Sicht dieser Werte als zusammenhängende Dinge unterstützen. Dazu gehört eine Operation, die durch eine einzige

Zuweisung den Wert eines ganzen ARRAYs verändern kann. Eine weitere Operation dieser Art ermöglicht die direkte Angabe von ganzen ARRAY-Werten durch *Aggregate* (*aggregate*).

In einem Aggregat werden die Komponenten des ARRAY-Wertes einzeln angegeben. Zum Beispiel ist ('A', 'r', 'z', 't') ein Aggregat des Typs string mit Komponenten 'A', 'r', 'z' und 't'; es stellt den gleichen Wert des Typs string dar wie das Zeichenkettenliteral "Arzt".

Bei der Zuordnung der Komponenten zu den Indizes in einem Aggregat hat man die gleiche syntaktische Wahl wie bei der Zuordnung der aktuellen zu den formalen Parametern im Unterprogrammaufruf: Man kann *über die Position zuordnen* (*positional association*), wie im Aggregat ('A', 'r', 'z', 't'), oder *über Namen zuordnen* (*named association*), wie im Aggregat (1 => 'A', 2 => 'r', 3 => 'z', 4 => 't'), das die gleiche Semantik hat.

Bei der Zuordnung über Namen hat man auch noch die Möglichkeit, ähnlich wie bei der CASE-Anweisung, mehrere Indizes, denen der gleiche Wert zugeordnet wird, zusammenzufassen. Beispiele aus PROCEDURE array_typen sind:

(1 .. 18 => ' ')
    ein Aggregat des Typs termin, in dem jedem Index die Komponente
    ' ' zugeordnet wird;
(OTHERS => leerer_eintrag)
    ein Aggregat des Typs kalender_spalte, in dem jedem Index der
    Wert leerer_eintrag zugeordnet wird;
(OTHERS => freier_tag)
    ein Aggregat des Typs kalender_blatt, in dem jedem Index der
    Wert freier_tag zugeordnet wird;
(kalender_spalte'range => "Urlaub   ")
    ein Aggregat des Typs kalender_spalte, in dem jedem Index der Wert "Urlaub   " zugeordnet wird (kalender_spalte'range ist der Indexbereich von kalender_spalte);
(donnerstag .. samstag => (
  kalender_spalte'range => "Urlaub   "))
    ein Aggregat desjenigen Untertyps vom Typ kalender_blatt, der durch den Bereich donnerstag .. samstag des Indextyps festgelegt wird. Dieses Aggregat hat also nicht sieben, sondern nur drei Indizes; jedem wird als Komponentenwert das zuletzt besprochene Aggregat zugeordnet. So kann man auch geschachtelte und mehrdimensionale ARRAYs durch eine einzige Zuweisung mit einem komponentenweise angegebenen Wert belegen.

Das reservierte Wort OTHERS in diesem Zusammenhang mag irritieren, weil in allen Beispielen oben, in denen OTHERS vorkommt, gar keine explizit genannten Indizes (wie die Indizes 1, 2, 3 und 4 im Aggregat (1

=> 'A', 2 => 'r', 3 => 'z', 4 => 't')) vorhanden sind. Natürlich kann man auch dann OTHERS verwenden, wenn man schon einige Indizes explizit mit Komponentenwerten versorgt hat und die restlichen, noch nicht genannten Indizes alle mit dem gleichen Wert versehen möchte. In den Beispielen hier werden keine Indizes explizit versorgt, OTHERS ist also gleichbedeutend mit „alle Indizes".

Wenn man allerdings versucht, in einem ARRAY-Aggregat OTHERS zusammen mit Zuordnungen an explizit angegebene Indizes zu verwenden, stolpert man leicht über Regeln, die dieses in vielen Fällen verbieten ([Ada, §4.3.2]). Mehr zu diesem Thema steht in §7.4.2.

An der Vereinbarung des Untertyps termin sieht man, daß man einen Untertyp eines ARRAY-Typs durch Einschränkung des Indexbereichs definieren kann. In Ada können verschieden lange ARRAYs durchaus zum gleichen Grundtyp gehören, aber nicht zum gleichen Untertyp. Die Zuverlässigkeit der Programme hat hier einen höheren Stellenwert als leichte Schreibbarkeit. Deshalb geht das Ada-System grundsätzlich davon aus, daß die Zuweisung zu langer bzw. zu kurzer ARRAY-Werte ein Fehler ist; es verhindert also nicht nur die Zuweisung eines langen Wertes an ein kürzeres Objekt, sondern auch die Zuweisung eines kurzen Wertes an ein längeres Objekt. „Verhindert" heißt aber nicht, daß solche Zuweisungen zur Übersetzungszeit abgelehnt werden; das darf der Compiler nicht, sofern die Grundtypen übereinstimmen. Der Fehler, den das Ada-System hier melden muß, ist die Verletzung einer Einschränkung zur Laufzeit; es löst also zur Laufzeit die Ausnahme constraint_error aus. Dies geschieht zum Beispiel bei den Anweisungen

```
leerer_eintrag : CONSTANT termin := (1 .. 18 => ' ');

naechste_woche (dienstag) (10) (1 .. 4) := "Arzt";
```
wenn man sich verzählt hat und statt der Zahl 18 oder der Zahl 4 eine größere oder kleinere Zahl hinschreibt.

In diesen Beispielen ist es allerdings schon zur Übersetzungszeit ersichtlich, daß zur Laufzeit constraint_error ausgelöst werden muß; ein freundlicher Compiler wird also eine entsprechende Warnung ausgeben, er darf die Zuweisung aber nicht ablehnen.

Es ist natürlich mühsam, Buchstaben zu zählen; das kann man aber auch mit Hilfe von Attributen und Konstantenvereinbarungen vermeiden (siehe §7.4.2).

7.4.1 Uneingeschränkte ARRAY-Typen

Der Typ string ist ein vordefinierter Typ, also steht seine Vereinbarung im PACKAGE standard:

7.4 ARRAY-Typen

```
TYPE string IS ARRAY(positive RANGE <>) OF character;
```

positive ist ein vordefinierter Untertyp des vordefinierten Typs integer:

```
SUBTYPE positive IS integer RANGE 1 .. integer'last;
```

Die Vereinbarung des Typs string unterscheidet sich syntaktisch von den ARRAY-Typvereinbarungen im Beispiel array_vereinbarungen durch den Zusatz RANGE <> in der Klammer, die den Namen des Index-(Unter-)Typs enthält.

Die beiden ARRAY-Typen im Beispiel array_vereinbarungen sind *eingeschränkte* ARRAY-Typen (*constrained array type*); das heißt, daß der Indexbereich aller ARRAYs dieser Typen von vornherein festgelegt ist, so daß sie alle die gleiche Anzahl von Komponenten haben. Der Zusatz RANGE <> kennzeichnet *uneingeschränkte* ARRAY-Typen (*unconstrained array type*). Die Zeichenfolge „<>" spricht man „Box".

Bei einem uneingeschränkten ARRAY-Typ legt der Index-(Unter-)Typ nur den maximalen Indexbereich fest. Jede Variable des ARRAY-Typs hat ihre eigene *Indexeinschränkung* (*index constraint*), die einen (zusammenhängenden) Bereich aus dem Index-(Unter-)Typ als Indexbereich dieser Variablen festlegt. Bei einem uneingeschränkten ARRAY-Typ können also verschiedene Objekte verschiedene Indexbereiche und verschieden viele Komponenten haben. Für jede Variable eines solchen Typs muß aber der Indexbereich bei der Vereinbarung ein- für allemal festgelegt werden; das Wort „uneingeschränkt" bezieht sich also auf den Typ, aber nicht auf seine Variablen.

Der vordefinierte Typ string ist also ein uneingeschränkter ARRAY-Typ mit Indextyp integer und Komponententyp character. Bei der Vereinbarung einer Variablen dieses Typs muß ja der Indexbereich des Objekts festgelegt werden; die Vereinbarung

```
variable : string;
```

ist also nicht zulässig, wohl aber die Vereinbarungen

```
SUBTYPE termin  IS string (1 .. 18);
variable : termin;
```

die einen Untertyp termin mit Indexbereich 1 .. 18 und variable als Objekt dieses Untertyps vereinbaren. Zulässig ist auch eine einzelne Vereinbarung

```
variable : string (1 .. 18);
```

in der der Indexbereich erst in der Objektvereinbarung angegeben wird. In beiden Fällen wird zur Laufzeit die Ausnahme constraint_error ausgelöst, wenn die Einschränkung nicht *kompatibel* mit dem Typ string ist, wenn also nicht beide Schranken zum Index(unter)typ `positive` gehören. Dies ist bei der Einschränkung (1 .. 18) nicht zu befürchten; eine Einschränkung (0 .. 17) dagegen würde zum Auslösen der Ausnahme führen, weil der Wert 0 nicht im Untertyp `positive` liegt.

Der Indexbereich einer Konstanten eines uneingeschränkten `ARRAY`-Typs ergibt sich aus dem des (explizit angegebenen) Ausdrucks, mit dessen Wert die Konstante initialisiert wird; deswegen muß man ihn nicht noch einmal explizit angeben. Folgende Vereinbarung ist also zulässig:

```
arzt : CONSTANT string := "Arzt";
```

In Ada 9X ist auch die Vereinbarung

```
arzt : string := "Arzt"; -- nur in Ada 9X
```

zulässig, in [Ada] dagegen nicht.

Im Gegensatz zu Variablen können formale Parameter uneingeschränkt — also ohne Festlegung des Indexbereichs — vereinbart werden, so daß sie für aktuelle Parameter mit verschiedenen Indexbereichen stehen können. §7.5.2 enthält ein Beispiel eines benutzerdefinierten uneingeschränkten `ARRAY`-Typs und eines Unterprogramms, dessen formale Parameter uneingeschränkte `ARRAY`s sind.

7.4.2 Aggregate und Ausschnitte

Wie schon im Beispiel `array_typen` gezeigt, kann man durchaus einen Ausschnitt eines `ARRAY`s durch eine `ARRAY`-Zuweisung überschreiben. In den bisherigen Beispielen wurden aber die Indizes des Ausschnitts durch Zahlen angegeben, man mußte also zählen und rechnen, um den Ausschnitt zu identifizieren. Dies beeinträchtigt aber sowohl die Lesbarkeit als auch die Wartbarkeit des Programms. Besser ist es deshalb, in solchen Situationen mit Attributen zu arbeiten, wie hier mit den Attributen `'first` (erster Indexwert) und `'length` (Anzahl der Indizes):

```
name (name'first .. name'first + vorname'length - 1) :=
   vorname;
```

Dies identifiziert den richtigen Ausschnitt zum Beispiel auch dann, wenn `name` nicht mit Index 1 beginnt.

Eigentlich müßte die Zuweisung eines `ARRAY`-Wertes mit Indexbereich 1 .. 3 an ein `ARRAY`-Objekt mit Indexbereich 2 .. 4 zur Laufzeit `constraint_error` auslösen, weil die verschiedenen Indexbereiche verschiedene Untertypen begründen. Dies würde aber die Arbeit mit `ARRAY`s (und speziell mit Zeichenketten) unnötig erschweren. Deshalb ist die Semantik

7.4 ARRAY-Typen

```
----------------------------------------------------------------|
PROCEDURE aggregate_und_ausschnitte IS

   SUBTYPE namen_typ IS string (1 .. 17);

   vorname,
   nachname : string (1 .. 8);
   name     : namen_typ;
   otto     : CONSTANT string := "Otto";
BEGIN

   -- Zeichenketten in vorname und nachname einlesen

   name (name'first .. name'first + vorname'length - 1) :=
      vorname;
   name (name'first + vorname'length) := ' ';
   name (name'first + vorname'length + 1 .. name'last) :=
      nachname;

   name := vorname & " " & nachname;

   name := (2 .. 4 => 'X', OTHERS => ' ');         -- verboten

   name := (' ', 'X', 'X', 'X', OTHERS => ' ');    -- erlaubt

   name := namen_typ'(2 .. 4 => 'X', OTHERS => ' ');
                                                   -- erlaubt

   name := otto & (OTHERS => ' ');                 -- verboten

   name := otto & (otto'length + 1 .. name'length => ' ');
                                                   -- erlaubt

END aggregate_und_ausschnitte;
----------------------------------------------------------------|
```

einer ARRAY-Zuweisung so definiert, daß dabei eine implizite Untertypkonvertierung stattfindet (der Indexbereich des Wertes auf der rechten Seite wird so verschoben, daß er identisch mit dem Indexbereich der Variablen auf der linken Seite ist). Dies ist natürlich nur möglich, wenn die Ausdrücke auf beiden Seiten der Zuweisung (den gleichen Grundtyp und) die gleiche Anzahl von Indizes haben (bei mehrdimensionalen

ARRAYs müssen in jeder Indexposition die Anzahl der Indizes in beiden Ausdrücken übereinstimmen. Mathematiker würden also sagen, daß die Ausdrücke isomorph zueinander sein müssen, normale Menschen, daß sie strukturgleich sein, zueinander passen müssen). Deswegen ist die Zuweisung

```
name (name'first + vorname'length + 1 .. name'last) :=
   nachname;
```

erlaubt, obwohl nachname Indizes 1 .. 8 hat und der Ausdruck auf der linken Seite Indizes 10 .. 17.

Die Zuweisung

```
name := vorname & " " & nachname;
```

hat die gleiche Wirkung wie die drei vorhergehenden Zuweisungen; "&" ist der *Verkettungs*operator (*catenation*), der für alle eindimensionalen ARRAY-Typen (also auch für den Typ string) vordefiniert ist.

Dieses Verschieben von Indizes bei ARRAY-Zuweisungen hat aber zur Folge, daß eine Zuweisung wie

```
name := (2 .. 4 => 'X', OTHERS => ' ');
```

keine eindeutige Semantik hat und deshalb nicht erlaubt ist. Der Indexbereich des Aggregats auf der rechten Seite kann nämlich zwar 1 .. 17 sein, er kann aber genauso gut 2 .. 18 sein. Ob die drei 'X' also an den Anfang der Variablen name oder in einen anderen Ausschnitt der Variablen geschrieben werden sollen, geht aus dieser Zuweisung nicht hervor. Deshalb sind solche ARRAY-Aggregate grundsätzlich auf der rechten Seite von Zuweisungen nicht erlaubt, auch wenn im Einzelfall die Semantik doch eindeutig aus dem Kontext zu erkennen ist. (In Ada 9X fällt diese Einschränkung weg: Bei solchen Aggregaten findet kein Verschieben des Indexbereichs statt, die Zuweisung hat deshalb eine eindeutige Semantik und ist erlaubt.)

In solchen Fällen kann man sich aber helfen, auch ohne auf OTHERS zu verzichten. Eine Abhilfe ist die Zuordnung über die Position zu benutzen, damit die Semantik des Aggregats eindeutig ist:

```
name := (' ', 'X', 'X', 'X', OTHERS => ' ');
```

Man kann aber stattdessen das Aggregat in einen *qualifizierten Ausdruck* (*qualified expression*) einbetten, der den Untertyp (und damit den Indexbereich) des Aggregats festlegt:

```
namen_typ'(2 .. 4 => 'X', OTHERS => ' ')
```

Eine Zuweisung mit diesem Wert auf der rechten Seite ist erlaubt.

OTHERS in einem ARRAY-Aggregat ist aber auch dann manchmal nicht erlaubt, wenn das Aggregat keine weiteren Zuordnungen enthält. Die Idee hinter dieser Restriktion ist, daß der Indexbereich des Aggregats aus dem unmittelbaren Kontext, in dem er steht, hervorgehen soll. Dies ist im Ausdruck

```
otto & (OTHERS => ' ')
```

nicht der Fall, denn die aktuellen Parameter des Operators "&" können Zeichenketten beliebiger Länge sein. Auch hier kann man sich helfen, indem man den Indexbereich des Aggregats explizit festlegt, zum Beispiel so:

```
otto & (otto'length + 1 .. name'length => ' ')
```

7.4.3 Mehrdimensionale ARRAYs

In diesem Beispiel vereinbaren wir kalender_blatt als zweidimensionalen ARRAY-Typ statt als einen eindimensionalen, dessen Komponenten vom Typ kalender_spalte selber eindimensionale ARRAYs sind. Dies führt allerdings zwangsläufig dazu, daß die Struktur der Spalten des Kalenderblatts nicht mehr durch einen Typ dargestellt wird.

In diesem Abschnitt sieht man die Syntax einer mehrdimensionalen ARRAY-Typvereinbarung

```
TYPE kalender_blatt IS ARRAY (wochentag, uhrzeit)
   OF termin;
```

und die Syntax, mit der man Komponenten von Objekten und Werten solcher Typen anspricht

```
naechste_woche (sonntag, stunde)
naechste_woche (dienstag, 10)
```

Aggregate mehrdimensionaler ARRAY-Typen schreibt man als eindimensionale Aggregate, die als Indexbereich den ersten Indexbereich des ARRAY-Typs haben und als Komponenten Aggregate. Ist der ARRAY-Typ mehr als zweidimensional, so werden die Komponenten dieser Aggregate wieder Aggregate sein, und so weiter. Man schreibt die Aggregate von mehrdimensionalen ARRAY-Typen also so, als wären es eindimensionale ARRAY-Typen mit ARRAY-Komponenten. Auch hier ist also

```
PROCEDURE mehrdimensionale_arrays IS

  TYPE wochentag IS
    (montag    , dienstag  , mittwoch  , donnerstag,
     freitag   , samstag   , sonntag   );

  SUBTYPE termin  IS string (1 .. 18);
  SUBTYPE uhrzeit IS integer RANGE 8 .. 20;

  TYPE kalender_blatt IS ARRAY (wochentag, uhrzeit)
    OF termin;

  leerer_eintrag : CONSTANT termin := (1 .. 18 => ' ');
  naechste_woche : kalender_blatt;
BEGIN
  FOR stunde IN naechste_woche'range (2) LOOP
    naechste_woche (sonntag, stunde) := leerer_eintrag;
  END LOOP;
  naechste_woche (dienstag, 10) (1 .. 4) := "Arzt";
  naechste_woche (dienstag, 10) (5 .. termin'last) :=
    (5 .. termin'last => ' ');
  naechste_woche := (OTHERS => (OTHERS => leerer_eintrag));
END mehrdimensionale_arrays;
```

(OTHERS => (OTHERS => leerer_eintrag))

ein Aggregat des Typs kalender_blatt.

Mehrdimensionale ARRAY-Typen haben aber weniger Operationen als eindimensionale: Die Bildung von Ausschnitten ist nicht erlaubt. Bei einem mehrdimensionalen ARRAY-Typ hat der Programmierer also weniger Ausdrucksmittel, als wenn er die gleiche Struktur durch einen eindimensionalen Typ mit ARRAY-Komponenten darstellt. Bei dieser Ausführung des Typs kalender_blatt ist es zum Beispiel nicht möglich, eine Kalenderspalte durch ein Objekt darzustellen; deshalb kann man nicht mehr den Inhalt einer Kalenderspalte durch einen einzigen Vergleich abfragen oder durch eine einzige Zuweisung verändern. Man braucht eine LOOP-Anweisung, um alle Einträge eines Tages mit der gleichen Zeichenkette zu überschreiben oder um festzustellen, ob alle Einträge eines Tages einen bestimmten Inhalt haben.

§7.5.2 enthält ein weiteres Beispiel eines mehrdimensionalen ARRAYs.

7.4.4 Attribute und Operatoren

Attribut	Bedeutung
'first	kleinster Wert im Indexbereich
'last	größter Wert im Indexbereich
'range	ganzer Indexbereich
'length	Anzahl der Indizes

Operator	Bedeutung	Einschränkung (nur definiert bei:)
AND	komponentenweise Konjunktion	boolean-Komponenten
OR	komponentenweise Disjunktion	boolean-Komponenten
XOR	komponentenweise exklusive Disjunktion	boolean-Komponenten
NOT	komponentenweise Negation	boolean-Komponenten
=	komponentenweise Gleichheit	
/=	Negation von =	
< <= > >=	lexikographische Vergleichsoperatoren	diskreten Komponenten
&	Verkettung	eindimensionalen ARRAY-Typen

In diesem Abschnitt geben wir einen Überblick über die vordefinierten Operatoren und Attribute der ARRAY-Typen; genaue Informationen findet man in [Ada, §3.6.2] (Attribute) und [Ada, §4.5] (Operatoren).

Bei mehrdimensionalen ARRAYs gibt es jedes Attribut in mehrfacher Ausfertigung; zum Beispiel liefert 'first (2) den kleinsten Wert im zweiten Indexbereich.

§7.5.2 enthält ein Beispiel, in dem ARRAY-Attribute unumgänglich sind.

7.5 RECORD-Typen

RECORD-Typen sind *zusammengesetzte* Typen, deren Komponenten nicht unbedingt gleichartig sein müssen.

Ein Beispiel einer RECORD-Typvereinbarung ist

```
TYPE datum IS
   RECORD
      tag   : integer RANGE 1 .. 31;
      monat : name_eines_monats;
      jahr  : integer RANGE 0 .. 3000;
   END RECORD;
```

wobei `datum` der Name des RECORD-Typs ist. Zwischen RECORD und END RECORD sind die Komponenten des RECORD-Typs vereinbart; dieser Typ (also auch jedes Objekt und jeder Wert dieses Typs) hat drei Komponenten mit Namen `tag`, `monat` und `jahr`.

Die Komponenten eines RECORD-Typs können beliebig komplex sein, insbesondere können ihre Typen selber zusammengesetzte Typen sein, wie im Typ `persoenliche_daten`, der eine Komponente `name` eines ARRAY_Typs (`string`) und eine Komponente `geburtsdatum` des eben vereinbarten RECORD-Typs hat.

Die Komponenten eines RECORD-Objekts oder -Wertes spricht man mit einer anderen Syntax an als die Komponenten eines ARRAY-Objekts oder -Wertes: Mit `meine_daten.geburtsdatum` spricht man die Komponente `geburtsdatum` des Objekts `meine_daten` an. Diese ist wiederum ein RECORD-Objekt, dessen Komponenten man genauso ansprechen kann, zum Beispiel die Komponente `monat` mit `meine_daten.geburtsdatum.monat`. (Abkürzen kann man hier nicht: Der Compiler wird den Ausdruck `meine_daten.monat` ablehnen; die Schichten einer solchen geschachtelten Struktur werden also sauber auseinandergehalten.)

Auch bei RECORD-Typen gibt es Aggregate, und auch bei RECORD-Typen kann man die Komponentenwerte entweder über die Position der Komponenten zuordnen oder über ihre Namen. Im Aggregat

```
("Otto      ", (1, januar, 0))
```

sind alle Komponentenwerte über ihre Position zugeordnet. Der Typ der Komponenten `geburtsdatum` ist ja selber ein RECORD-Typ; hier haben wir als Komponentenwert ein Aggregat angegeben, in dem ebenfalls die Komponentenwerte über ihre Position zugeordnet sind. Im Aggregat

7.5 RECORD-Typen

```
---------------------------------------------------------------|
PROCEDURE record_typen IS

   TYPE name_eines_monats IS
      (januar, februar, maerz, april, mai, juni, juli,
       august, september, oktober, november , dezember);

   TYPE datum IS
      RECORD
         tag    : integer RANGE 1 .. 31;
         monat  : name_eines_monats;
         jahr   : integer RANGE 0 .. 3000;
      END RECORD;

   TYPE persoenliche_daten IS
      RECORD
         name           : string (1 .. 10);
         geburtsdatum   : datum;
      END RECORD;

   meine_daten,
   deine_daten : persoenliche_daten;
BEGIN
                                       -- RECORD-Aggregate:
   meine_daten := ("Otto      ", (1, januar, 0));
                                 -- mit positionaler Zuordnung

   deine_daten := (name => "Emma      ",
      geburtsdatum => (tag => 3, monat => mai, jahr => 1900
         ));
                                 -- mit namentlicher Zuordnung

   IF meine_daten.geburtsdatum = deine_daten.geburtsdatum
   THEN
      NULL; -- dann sind wir am gleichen Tag geboren
   END IF;
   IF meine_daten.geburtsdatum.monat =
      deine_daten.geburtsdatum.monat
   THEN
      NULL; -- dann haben wir im gleichen Monat Geburtstag
   END IF;
END record_typen;
---------------------------------------------------------------|
```

```
(name     => "Emma      ",
 geburtsdatum => (tag => 3, monat => mai, jahr => 1900))
```

sind alle Werte, auch die im geschachtelten Aggregat, über die Komponentennamen zugeordnet. Auch hier sind Zuordnungen über Namen in der Regel besser lesbar und weniger fehleranfällig als solche über die Position.

7.5.1 RECORDs mit Variantenteil

Oft gibt es in der realen Welt zusammengesetzte Dinge, die von der Bedeutung her gleichartig sind, aber nicht die gleiche Gestalt haben. Ein Beispiel Personaldaten, die Informationen über den Ehegatten enthalten; diese Informationen sind nur bei verheirateten Personen vorhanden, bei Unverheirateten nicht.

Solche Strukturen stellt man in Ada durch einen RECORD-Typ mit *Diskriminanten (discriminant)* dar.

Eine Diskriminante ist eine spezielle Komponente eines RECORD-Typs, deren Typ diskret (also ein Aufzählungs- oder ganzzahliger Typ) sein muß und deren Wert die Gestalt des restlichen RECORD-Wertes beeinflußt. In diesem Abschnitt zeigen wir einen RECORD-Typ persoenliche_daten mit einer Diskriminanten verheiratet, deren Wert entscheidet, ob bestimmte Komponenten (nämlich die, die die Ehegatten-Informationen enthalten) vorhanden sind oder fehlen. Diese Komponenten sind im *Variantenteil (variant part)* des RECORDs, der nur Komponenten enthält, deren Anwesenheit vom Diskriminantenwert abhängt.

Die spezielle Rolle von Diskriminanten spiegelt sich in einer speziellen Syntax wider: Diese Komponenten werden nicht zwischen RECORD und END RECORD vereinbart, sondern in Klammern nach dem Typnamen:

```
TYPE persoenliche_daten (verheiratet : boolean) IS
    RECORD
```

Die Komponenten, die in jedem Fall vorhanden sind, folgen in gewohnter Weise. Zwischen der letzten „normalen" Komponente und dem abschließenden END RECORD steht der Variantenteil, der außen wie eine CASE-Anweisung aussieht, anstelle von Anweisungen aber Komponentenvereinbarungen enthält:

7.5 RECORD-Typen

```
---------------------------------------------------------------|
PROCEDURE record_typen_mit_variantenteil IS

   TYPE persoenliche_daten (verheiratet : boolean) IS
      RECORD
         name            : string (1 .. 30);
         vorname         : string (1 .. 30);
         geburtsdatum : string (1 .. 6);
         CASE verheiratet IS
            WHEN true =>
               vorname_des_ehegatten  : string (1 .. 30);
               nachname_des_ehegatten : string (1 .. 30);
            WHEN false =>
               NULL;
         END CASE;
      END RECORD;

   meine_daten : persoenliche_daten (verheiratet => false);
   deine_daten : persoenliche_daten (verheiratet => true);
   seine_daten : persoenliche_daten; -- verboten;
BEGIN
   meine_daten :=
      (verheiratet => false,
       name => "Dimpfelmoser                  ",
       vorname => "Xaver                         ",
       geburtsdatum => "010187");
   IF meine_daten.verheiratet THEN
      meine_daten.geburtsdatum := "060849";
   END IF;
   deine_daten := meine_daten; -- constraint_error
END record_typen_mit_variantenteil;
---------------------------------------------------------------|


            CASE verheiratet IS
               WHEN true =>
                  vorname_des_ehegatten  : string (1 .. 30);
                  nachname_des_ehegatten : string (1 .. 30);
               WHEN false =>
                  NULL;
            END CASE;
```

Es ist nur ein Variantenteil erlaubt. Dies ist aber keine tatsächliche Einschränkung, denn die Typen der Komponenten eines RECORDs können selber RECORD-Typen mit Diskriminanten und Variantenteil sein; die Diskriminanten dieser Typen können dann auch (zusätzliche) Diskriminanten des übergeordneten Typs sein.

Die Semantik dieses Variantenteils liegt auf der Hand: Werte des Typs persoenliche_daten mit Diskriminantenwert true haben zwei zusätzliche Komponenten, Werte mit Diskriminantenwert false dagegen keine (NULL).

Das Konstrukt „RECORD mit Variantenteil" ist, anders als in manchen Sprachen, nicht dazu gedacht, die strenge Typisierung zu umgehen, indem eine Komponente eines Typs durch Änderung der Diskriminanten plötzlich als Komponente eines anderen Typs angesehen wird. Es geht hier wirklich ausschließlich um die Transparenz des Programms: Gleichartige Dinge, die verschieden aussehen, sollen naturgetreu (also ohne künstliche Angleichung, zum Beispiel durch Hinzunahme von Komponenten, die in der realen Welt nicht vorhanden sind) dargestellt werden, ihre Gleichartigkeit soll aber trotzdem durch Zugehörigkeit zum gleichen Typ zum Ausdruck kommen.

(Ganz selten kommt man nicht umhin, einen Wert eines Typs als Wert eines anderen Typs betrachten zu lassen. Das Mittel dafür in Ada ist nicht die Verwendung eines RECORD-Typs mit Variantenteil, sondern eine ungeprüfte Typkonvertierung. Dies gehört zum Themenkreis maschinennahes Programmieren und wird im Kapitel 15 behandelt.)

Deshalb ist hier die strenge Typisierung in Ada strenger als etwa in Pascal. Ada behandelt die RECORD-Vereinbarung in diesem Beispiel ähnlich wie eine uneingeschränkte ARRAY-Vereinbarung: Bei der Vereinbarung einer Variablen des Typs muß ein für allemal der Wert seiner Diskriminante(n) festgelegt werden. Eine Vereinbarung wie

```
seine_daten : persoenliche_daten;
```

wird also zur Übersetzungszeit abgelehnt, Vereinbarungen wie

```
meine_daten : persoenliche_daten (verheiratet => false);
deine_daten : persoenliche_daten (verheiratet => true);
```

sind dagegen zulässig. Diese Einschränkung ist gleichbedeutend mit der Zugehörigkeit zu einem Untertyp des RECORD-Typs (nämlich dem Untertyp aller Werte des Typs mit genau diesem Diskriminantenwert). Folglich löst jeder Versuch, dem RECORD-Objekt einen Wert mit einer anderen

7.5 RECORD-Typen

Diskriminanten zuzuweisen, (zur Laufzeit) `constraint_error` aus, wie die Zuweisung

```
deine_daten := meine_daten;
```

Ein absolutes Verbot, die Diskriminante eines Objekts zur Laufzeit zu ändern, wäre allerdings für manche Anwendungen zu restriktiv. Eine flexiblere Möglichkeit wird in §7.5.3 besprochen.

Diskriminanten sind, sofern man sie nur lesen will, ganz normale RECORD-Komponenten, die mit der üblichen Syntax angesprochen werden können, wie in der Zuweisung

```
meine_daten.geburtsdatum := "060849";
```

Auch bei RECORD-Typen mit Diskriminanten kann man Aggregate schreiben. Bei einem Aggregat muß grundsätzlich jeder Komponenten, also auch der/den Diskriminanten, explizit ein Wert zugeordnet werden. Das gilt auch dann, wenn, wie in diesem Beispiel, der Wert der Diskriminanten bereits durch den Kontext (hier die Zuweisung an ein Objekt mit Einschränkung `verheiratet => false`) festgelegt ist.

7.5.2 Mehr RECORD-Typen mit Diskriminanten

Bei einem RECORD-Typ mit Variantenteil bestimmt der Wert einer Diskriminanten, welche Komponenten vorhanden sind. Es gibt aber auch die Möglichkeit, durch Diskriminanten statt der Auswahl der Komponenten ihre Gestalt festlegen zu lassen; ein solches Beispiel zeigen wir in diesem Abschnitt.

In der Prozedur `record_typen_mit_diskriminanten` wird ein zweidimensionaler uneingeschränkter ARRAY-Typ `matrix` vereinbart, der ganzzahlige Matrizen beliebiger Zeilen- und Spaltenzahl darstellt. Zu diesem Typ können zum Beispiel 3x3-Matrizen ebenso wie 7x99-Matrizen gehören. Addition und Subtraktion zweier Matrizen sind aber nur definiert, wenn beide Matrizen die gleiche Anzahl Zeilen und beide die gleiche Anzahl Spalten haben. Deshalb wird ein Typ `zwei_kompatible_matrizen` vereinbart, dessen Werte jeweils zwei in diesem Sinne kompatible Matrizen darstellen. Zu diesem Typ sollen zum Beispiel ein Paar 3x3-Matrizen ebenso wie ein Paar 7x99-Matrizen gehören. Dies kann man so realisieren, daß die Anzahl der Zeilen (der beiden Matrizen) und die Anzahl der Spalten als Diskriminanten des Typs vereinbart werden. Die beiden Matrizen sind dann gleiche Komponenten des Typs `matrix`, deren Indexschranken von den Diskriminanten abhängen:

```
----------------------------------------------------------------|
PROCEDURE record_typen_mit_diskriminanten IS

   SUBTYPE index IS integer RANGE 0 .. 100;

   TYPE matrix IS ARRAY (index RANGE <>, index RANGE <>)
      OF integer;

   TYPE zwei_kompatible_matrizen (zeilen,
                                  spalten : integer) IS
      RECORD
         erste,
         zweite : matrix (1 .. zeilen, 1 .. spalten);
      END RECORD;

   matrizen : zwei_kompatible_matrizen (zeilen  => 2 ,
                                        spalten => 3);

   FUNCTION "+" (links,
                 rechts : IN matrix) RETURN matrix IS
      summe : matrix (links'range (1), links'range (2));
      rechts_normiert : CONSTANT matrix
                                (links'range (1),
                                 links'range (2)) := rechts;
   BEGIN
   zeilen_schleife :
      FOR zeile IN links'range (1) LOOP
      spalten_schleife :
         FOR spalte IN links'range (2) LOOP
            summe (zeile, spalte) :=
               links (zeile, spalte) +
               rechts_normiert (zeile, spalte);
         END LOOP spalten_schleife;
      END LOOP zeilen_schleife;
      RETURN summe;
   END "+";
BEGIN
   matrizen.erste := ((1, 2, 3), (4, 5, 6));
   matrizen.zweite := (OTHERS => (OTHERS => 5));
   matrizen.erste := matrizen.erste + matrizen.zweite;
END record_typen_mit_diskriminanten;
----------------------------------------------------------------|
```

7.5 RECORD-Typen

```
TYPE zwei_kompatible_matrizen (zeilen,
                               spalten : integer) IS
   RECORD
      erste,
      zweite : matrix (1 .. zeilen, 1 .. spalten);
   END RECORD;
```

Auch hier müssen bei der Vereinbarung einer Variablen dieses Typs gleich die Diskriminanten des Objekts festgelegt werden, wie bei dem Objekt matrizen.

In diesem Beispiel zeigen wir auch eine benutzerdefinierte Addition für den Typ matrix. Wir haben diese Addition "+" genannt; dies ist schon wegen der Transparenz sinnvoll. Dieser Name hat, weil er ein Operatorname ist, auch den Vorteil, daß bei Aufrufen der Funktion die Infixschreibweise, die vertraut und gut lesbar ist, verwendet werden kann:

```
matrizen.erste := matrizen.erste + matrizen.zweite;
```

Hier wird also mit Überladung gearbeitet: Der Compiler (und der Leser) kann aus dem Kontext erkennen, daß der hier aufgerufene Operator "+" Parameter- und Ergebnistyp matrix haben muß, daß also nur der eben vereinbarte Operator "+" gemeint sein kann.

Nun zum Unterprogramm selbst. Es wird hier zwar nur mit 2x3-Matrizen aufgerufen, ist aber ganz allgemein für zwei Variablen des uneingeschränkten ARRAY-Typs matrix vereinbart. Daraus ergeben sich verschiedene Probleme bei der Implementierung:

1. Die Indexschranken der aktuellen Parameter sind von Aufruf zu Aufruf verschieden, das Unterprogramm muß also mit allen möglichen Schranken zurechtkommen.

2. Bei einem Aufruf können zwei inkompatible Matrizen als aktuelle Parameter übergeben werden; das Unterprogramm muß dies erkennen und auf eine sinnvolle Weise reagieren.

3. Auch wenn die Matrizen beide die gleiche Anzahl Zeilen und die gleiche Anzahl Spalten haben, kann es sein, daß ihre Indexbereiche nicht übereinstimmen. Das Unterprogramm soll die Addition auch in diesem Fall durchführen.

Zu Problem 1: Die Indexschranken der aktuellen Parameter sind im Unterprogrammrumpf über die Attribute 'first, 'last und 'range zugänglich. In diesem Beispiel benutzen wir die Attribute 'range (1) (Indexbereich des ersten Index) und 'range (2) (Indexbereich des zweiten Index) in den LOOP-Anweisungen, um dieses Problem zu lösen.

Zu Problem 2: Die Frage, wie das Unterprogramm bei inkompatiblen aktuellen Parametern reagieren soll, gehört zur Spezifikation und muß beim Festlegen der Schnittstelle beantwortet werden, denn Anwender des Unterprogramms müssen sich auf diese Reaktion einstellen. Wir haben das Auslösen von `constraint_error` als Reaktion gewählt. Man könnte durch explizite Vergleiche der Attribute `'length (1)` bzw. `'length (2)` der beiden aktuellen Parameter feststellen, ob die Matrizen kompatibel sind oder nicht. Hier fällt diese Prüfung und das eventuelle Auslösen von `constraint_error` als Abfallprodukt der Lösung von Problem 3 ab.

Zu Problem 3: Dieses Problem könnte man durch Korrekturen der Indizes lösen, die bei der Addition der einzelnen Komponenten benutzt werden. Man kann dieses Problem aber auch durch eine Zuweisung an eine lokale Größe mit passenden Indizes lösen:

```
rechts_normiert : CONSTANT matrix
                  (links'range (1),
                   links'range (2)) := rechts;
```

Durch die Zuweisung in dieser Vereinbarung werden ja automatisch die Indizes angepaßt; wenn dies nicht möglich ist — wenn also links und rechts nicht kompatibel sind — wird `constraint_error` ausgelöst.

Die lokale Größe `rechts_normiert` ist als *Konstante (constant)* vereinbart. Dies heißt nicht, daß ihr Wert zur Übersetzungszeit schon feststeht — er hängt ja von den aktuellen Parametern ab —, sondern, daß er nicht verändert wird. Solche Größen sollte man als Konstanten vereinbaren, weil

- man damit diese Tatsache dokumentiert und so die Transparenz des Programms erhöht;
- der Compiler dann sicherstellt, daß der Wert tatsächlich nicht verändert wird; und
- der Compiler dann in manchen Fällen besser optimieren, also effizienteren Code erzeugen kann.

Wir haben die hier angegebene Lösung der Probleme 2 und 3 wegen ihrer Kürze gewählt; sie ist wahrscheinlich nicht die Effizienteste, weil sie eine unnötige Zuweisung an ein Matrix-Objekt (die Zuweisung an die lokale Konstante `rechts_normiert`) enthält. Auf die Konstante `rechts_normiert` kann natürlich verzichtet werden; dann muß innerhalb der LOOP-Anweisung die Zuweisung

```
summe (zeile, spalte) :=
   links (zeile, spalte) +
   rechts (zeile + rechts'first (1) - links'first (1),
           spalte + rechts'first (2) - links'first (2));
```

erfolgen. Außerdem muß dann die Kompatibilität der Matrizen explizit geprüft und `constraint_error` ausgelöst werden, falls

```
        rechts'length (1) /= links'length (1) OR
        rechts'length (2) /= links'length (2)
```

weil bei der Ausführung der LOOP-Anweisung die Ausnahme nur dann ausgelöst wird, wenn

```
        rechts'length (1) < links'length (1) OR
        rechts'length (2) < links'length (2)
```

7.5.3 Diskriminanten mit Vorbesetzung

```
---------------------------------------------------------------|
PROCEDURE diskriminanten_mit_default IS

   SUBTYPE index IS integer RANGE 1 .. 100;

   TYPE matrix IS ARRAY (index RANGE <>, index RANGE <>)
     OF integer;

   TYPE zwei_kompatible_matrizen
     (zeilen,
      spalten : integer := 3) IS
     RECORD
        erste,
        zweite : matrix (1 .. zeilen, 1 .. spalten);
     END RECORD;

   deine_matrizen : zwei_kompatible_matrizen (zeilen |
        spalten => 2);
   seine_matrizen : zwei_kompatible_matrizen;
                                -- OK, zeilen = spalten = 3
BEGIN
   deine_matrizen.erste := (OTHERS => (OTHERS => 7));
   deine_matrizen.zweite := deine_matrizen.erste;
   seine_matrizen := deine_matrizen; -- zeilen = spalten = 2
   seine_matrizen :=
      (zeilen | spalten => 1, erste | zweite => (1 =>
         (1 => 1)));
   seine_matrizen.erste := (1 => (2 => 2));
   seine_matrizen.zeilen := 7; -- verboten;
END diskriminanten_mit_default;
---------------------------------------------------------------|
```

In den bisherigen Beispielen von RECORD-Typen mit Diskriminanten mußten die Diskriminanten eines Objekts bei der Vereinbarung festgelegt werden und konnten zur Laufzeit nicht mehr verändert werden. Dies ist in vielen Anwendungen kein großes Problem; in manchen Situationen aber ist es sehr ungünstig, zum Beispiel beim Einlesen solcher Werte aus einer Datei. Wenn man vor dem Einlesen die Diskriminante nicht kennt, riskiert man, daß die bereitgestellte Variable die falsche Diskriminante hat; dann würde das Einlesen in diese Variable constraint_error auslösen.

Dieses Beispiel zeigt, wie man ein Objekt mit veränderbarer Diskriminante vereinbart: Man stattet die Diskriminante mit einer *Vorbesetzung* (*default expression for discriminant*) aus: „:= 3" in

```
TYPE zwei_kompatible_matrizen
   (zeilen,
    spalten : integer := 3) IS
RECORD
      erste,
      zweite : matrix (1 .. zeilen, 1 .. spalten);
END RECORD;
```

Die Vorbesetzung bewirkt, daß bei einem Objekt dieses Typs, das ohne Diskriminanteneinschränkung vereinbart wird, die Diskriminanten zunächst die in den Vorbesetzungsausdrücken angegebenen Werte bekommen. Sie bewirkt auch, daß die Diskriminanten verändert werden können.

Auch bei solchen Typen sorgt das Ada-System aber dafür, daß die strenge Typisierung nicht umgangen wird: Der Compiler erlaubt keine Zuweisungen an die Diskriminanten; man kann diese nur durch eine Zuweisung an das ganze RECORD-Objekt verändern. Deswegen gibt der Compiler bei der Zuweisung

```
seine_matrizen.zeilen := 7;
```

eine Fehlermeldung aus.

7.6 ACCESS-Typen

ACCESS-Typen in Ada entsprechen etwa dem, was in den meisten Sprachen „Pointer" heißt: Werte eines ACCESS-Typs ermöglichen den *Zugriff* (*access*) auf Objekte, wobei die Implementierung eines ACCESS-Wertes sicher immer eine Information über die Adresse des Objekts enthält, auf den der Wert den Zugriff ermöglicht.

7.6 ACCESS-Typen

```
---------------------------------------------------------------|
PROCEDURE access_typen IS

   SUBTYPE puffer IS string (1 .. 50);

   TYPE zeiger_auf_einen_puffer IS ACCESS puffer;

   TYPE einige_zeiger IS ARRAY (1 .. 50)
      OF zeiger_auf_einen_puffer;
BEGIN

   DECLARE
      zeiger : einige_zeiger;
   BEGIN
      FOR n IN 1 .. 50 LOOP
         zeiger (n) := NEW puffer;
         zeiger (n).ALL := (OTHERS => ' ');

      -- zeiger(n).ALL ist der puffer, auf
      -- den zeiger(n) zeigt

         zeiger (n).ALL (3) := 'X';
      END LOOP;
      zeiger (1) := NULL;

      -- jetzt ist der Puffer, auf den zeiger(1) zeigt,
      -- nicht mehr zugaenglich

   END;

      -- jetzt sind alle 50 Pufferobjekte nicht mehr
      -- zugaenglich, da die Variable "zeiger"
      -- nicht mehr sichtbar ist

END access_typen;
---------------------------------------------------------------|
```

ACCESS-Werte sind aber keine nackten Adressen: Jeder Wert eines ACCESS-Typs zeigt nur auf Objekte eines ganz bestimmten Typs (*Zieltyp* des ACCESS-Typs); das heißt, daß in Ada die strenge Typisierung vor den ACCESS-Typen nicht halt macht — auch in dieser Hinsicht ist sie strenger als in den meisten anderen Sprachen. Man kann mit ACCESS-

Werten auch nicht rechnen; darin unterscheiden sie sich also stark von Adressen. Gerade C-Programmierer werden vielleicht die Hände über dem Kopf zusammenschlagen angesichts dieser Einschränkung. Aber bei vielen Aufgaben, die in C mit Zeigern und Adressrechnen gelöst werden, ist dies in Ada weder nötig noch sinnvoll: Beim Arbeiten mit ARRAYs zum Beispiel kann man ja mit den Werten des Indextyps rechnen (oder, falls es ein Aufzählungstyp ist, mit den Positionen dieser Werte innerhalb der Aufzählung).

ACCESS-Typen benutzt man in Ada in erster Linie

- wenn Objekte eines Typs dynamisch kreiert werden sollen, und
- wenn verkettete Strukturen dargestellt und dynamisch verändert werden sollen.

Wenn erst zur Laufzeit bekannt ist, wieviele Objekte eines bestimmten Typs es geben soll, und diese dann alle auf einen Schlag kreiert werden können, braucht man nicht unbedingt einen ACCESS-Typ; in solchen Fällen ist eine ARRAY-Vereinbarung mit dynamischen Schranken (siehe §5.4) einfacher und transparenter. Einen ACCESS-Typ braucht man typischerweise in Programmen, in denen von Fall zu Fall entschieden wird, ob (neue) Objekte eines Typs gebraucht werden.

In anderen Programmiersprachen verwendet man Pointer-Typen oft, um Programme zu beschleunigen: Statt große Objekte kopieren zu lassen, läßt man Zeiger auf diese Objekte kopieren. Aber auch dies ist in Ada weitaus seltener nötig als in anderen Sprachen; denn die Sprachdefinition sieht ohnehin vor, daß bei der Übergabe von Unterprogrammparametern nicht der Programmierer die Art der Übergabe wählt, sondern der Implementierer des Ada-Systems (und damit der Compiler, siehe §6.3).

Das Beispiel in diesem Abschnitt zeigt nur die Mechanismen für das Arbeiten mit ACCESS-Typen, ohne etwas Sinnvolles zu tun; erst der nächste Abschnitt enthält ein praxisrelevantes Beispiel. Mit

```
TYPE zeiger_auf_einen_puffer IS ACCESS puffer;
```

wird ein Typ zeiger_auf_einen_puffer vereinbart, dessen Werte die einzige Aufgabe haben, den Zugriff auf Objekte des Typs puffer zu ermöglichen; puffer ist also der *Zieltyp* (*designated type*) dieses ACCESS-Typs. Jeder Wert des Typs zeiger_auf_einen_puffer ermöglicht den Zugriff auf (höchstens) ein Objekt des Zieltyps, das *Zielobjekt* (*designated object*) des ACCESS-Wertes. Der Vereinbarungsteil von PROCEDURE access_typen enthält aber keine Objekte des ACCESS-Typs, sondern nur einen ARRAY-Typ einige_zeiger, dessen Komponenten Typ zeiger_auf_einen_puffer haben.

7.6 ACCESS-Typen

In der Blockanweisung im Anweisungsteil wird nun ein Objekt **zeiger** dieses **ARRAY**-Typs vereinbart; damit gibt es fünfzig Objekte des **ACCESS**-Typs (mit Namen **zeiger (1), zeiger (2), ..., zeiger (50)**). Entgegen der Regel, daß es in Ada keine automatische Initialisierung von Variablen gibt, schreibt [Ada] vor, daß **ACCESS**-Objekte ohne explizite Initialisierung mit dem Wert **NULL** initialisiert werden. Dies ist ein Literal des **ACCESS**-Typs mit der Semantik „kein Zielobjekt". In diesem Beispiel gibt es also fünfzig **ACCESS**-Objekte, die alle zunächst kein Zielobjekt haben.

Das reservierte Wort **NULL** wird also sowohl in der **NULL**-Anweisung und in **RECORD**-Vereinbarungen als auch als **ACCESS**-Literal verwendet. Diese Mehrfachverwendung ist durchaus sinnvoll, denn **NULL** bedeutet in allen Fällen „nichts", und die genaue Bedeutung geht immer aus dem Kontext hervor.

Der Ausdruck **NEW puffer** ist ein *Allokator* (*allocator*), dessen Auswertung ein neues Objekt des Zieltyps **puffer** kreiert und den **ACCESS**-Wert liefert, der den Zugriff auf dieses Zielobjekt ermöglicht. Die Zuweisung

```
zeiger (n) := NEW puffer;
```

kreiert also ein Zielobjekt und sorgt dafür, daß es das Zielobjekt der Variablen **zeiger (n)** ist. Das Zielobjekt selbst spricht man mit dem Ausdruck **zeiger (n).ALL** an; es ist ein Objekt des Typs **string**, das man lesen und/oder verändern kann. In diesem Beispiel werden zunächst Leerzeichen in alle seine Komponenten geschrieben, dann 'X' in die dritte Komponente.

Mit der Zuweisung

```
zeiger (1) := NULL;
```

schreibt man den Wert **NULL** in **zeiger (1)**, so daß dieses **ACCESS**-Objekt kein Zielobjekt mehr hat. In diesem Beispiel war das ehemalige Zielobjekt von **zeiger (1)** Zielobjekt keines anderen (**ACCESS**)-Objekts; deswegen ist es jetzt nicht mehr zugänglich. Wenn man allerdings den **ACCESS**-Wert vorher in eine andere Variable kopiert hätte (Zuweisungen und Vergleiche sind bei **ACCESS**-Typen erlaubt), wäre das Zielobjekt jetzt immer noch über die andere Variable zugänglich.

Nach dem Verlassen der Blockanweisung sind die fünfzig **ACCESS**-Objekte nicht mehr sichtbar, also gibt es keine Möglichkeit mehr, auf die fünfzig Zielobjekte zuzugreifen.

Daß es keine Zugriffsmöglichkeit mehr auf ein Zielobjekt gibt, heißt aber noch nicht, daß der dafür reservierte Platz durch das Ada-System wiederverwendet wird. Man kann dies als Programmierer anordnen; diese Möglichkeit gehört aber zum Themenkreis „maschinennahes Programmieren" — siehe Kapitel 15.

7.7 Verkettete Strukturen

Eine typische Anwendung von ACCESS-Typen ist die Arbeit mit verketteten Strukturen. Im Beispiel in diesem Abschnitt zeigen wir die Typvereinbarungen, die man zur Darstellung einer einfach verketteten Liste braucht. Wir zeigen auch ansatzweise Unterprogramme, die typische Arbeiten an einer solchen Struktur durchführen.

Um eine verkettete Struktur darzustellen, muß man die Darstellung jedes Knotens mit Verkettungsinformation(en) ausstatten. Man wählt also einen RECORD-Typ, der (mindestens) eine Komponente enthält, die eine solche Verkettungsinformation darstellt. Diese Information besteht aus einem ACCESS-Wert, dessen Zielobjekt ebenfalls ein Knoten ist. Das heißt, daß der Typ dieser Verkettungsinformation ein ACCESS-Typ ist, dessen Zieltyp eine Komponente hat, deren Typ eben dieser ACCESS-Typ ist. Hier beißt sich die Katze in den Schwanz, denn jeder ACCESS-Typ kann erst nach seinem Zieltyp vereinbart werden, aber in diesem Fall kann der Zieltyp erst nach dem ACCESS-Typ vereinbart werden.

Dieses Zirkularitätsproblem löst man in Ada mit einer *unvollständigen Typvereinbarung* (*incomplete type declaration*):

```
TYPE verketteter_eintrag;
```

Der Typ, der in einer solchen Vereinbarung angekündigt (aber noch nicht vollständig vereinbart) wird, darf als Zieltyp einer ACCESS-Typvereinbarung eingesetzt werden:

```
TYPE zeiger IS ACCESS verketteter_eintrag;
```

und der eben vereinbarte ACCESS-Typ darf nun in der vollständigen Vereinbarung des Zieltyps vorkommen:

```
TYPE verketteter_eintrag IS
   RECORD
      information    : eintrag;
      eintrag_danach : zeiger;
   END RECORD;
```

Der Vereinbarungsteil von PROCEDURE verkettete_liste enthält außer den Typvereinbarungen eine Variable erster_eintrag, die den Zugriff auf den ersten Eintrag ermöglicht; und außerdem einige Unterprogramme, die Operationen auf der Liste durchführen.

In PROCEDURE initialisiere sieht man den Ausdruck erster_eintrag.information, wobei erster_eintrag vom Typ zeiger ist. Die

7.7 Verkettete Strukturen

```
--------------------------------------------------------------|
PROCEDURE verkettete_liste IS

   SUBTYPE eintrag IS string (1 .. 30);

   TYPE verketteter_eintrag;
                    -- eine unvollstaendige Typvereinbarung

   TYPE zeiger IS ACCESS verketteter_eintrag;

   TYPE verketteter_eintrag IS
      RECORD
         information    : eintrag;
         eintrag_danach : zeiger;
      END RECORD;

   erster_eintrag : zeiger;     -- := NULL

   PROCEDURE initialisiere (eingabe : IN eintrag) IS
   BEGIN
      erster_eintrag := NEW verketteter_eintrag;
      erster_eintrag.information := eingabe;
   END initialisiere;

   FUNCTION  naechster_eintrag (wonach : IN zeiger)
      RETURN zeiger IS
   BEGIN
      RETURN wonach.eintrag_danach; -- constraint_error,
   END naechster_eintrag;           -- wenn wonach = NULL

   PROCEDURE fuege_eintrag_ein (inhalt : IN eintrag;
                                wonach : IN zeiger) IS
      neuer_eintrag : zeiger :=
         NEW verketteter_eintrag'(information => inhalt,
                    eintrag_danach => wonach.eintrag_danach);
   BEGIN
      wonach.eintrag_danach := neuer_eintrag;
   END fuege_eintrag_ein;
BEGIN
   NULL; -- Hier die vereinbarten Unterprogramme aufrufen !
END verkettete_liste;
--------------------------------------------------------------|
```

Variable `erster_eintrag` hat also gar keine Komponenten, aber ihr Zielobjekt `erster_eintrag.ALL` hat eine Komponente `information`. Wenn das Zielobjekt eines ACCESS-Wertes ein zusammengesetztes Objekt ist, darf man beim Ansprechen einer Komponenten des zusammengesetzten Objekts „.ALL" weglassen. Hier ist `erster_eintrag.information` also eine Abkürzung für `erster_eintrag.ALL.information`.

In FUNCTION `naechster_eintrag` ist der Ausdruck `wonach.eintrag_danach` ebenfalls eine Abkürzung für `wonach.ALL.eintrag_danach`. Wenn diese Funktion mit einem aktuellen Parameter mit Wert NULL aufgerufen wird, beinhaltet die Auswertung von `wonach.ALL` einen Zugriff auf ein Zielobjekt, das gar nicht existiert. [Ada] legt fest, daß ein solcher Zugriff `constraint_error` auslöst.

In PROCEDURE `fuege_eintrag_ein` wird die lokale Variable `neuer_eintrag` mit dem Wert des Ausdrucks

```
NEW verketteter_eintrag'(information => inhalt,
        eintrag_danach => wonach.eintrag_danach)
```

initialisiert; dies ist ein Allokator mit expliziter Initialisierung. Das dadurch kreierte Zielobjekt wird also gleich mit dem Anfangswert belegt, den das Aggregat angibt. Damit hat diese Vereinbarung die gleiche Wirkung wie die Vereinbarung

```
neuer_eintrag : zeiger;
```

und die Anweisungen

```
neuer_eintrag := NEW verketteter_eintrag;
neuer_eintrag.ALL := (information => inhalt,
        eintrag_danach => wonach.eintrag_danach);
```

In diesem Beispiel sind die Typen, das Objekt und (einige) Unterprogramme, die man zur Verwaltung einer verketteten Liste braucht, im Vereinbarungsteil einer Prozedur vereinbart. Sie können also nur in dieser Prozedur benutzt werden. Bei einer so häufig verwendeten Datenstruktur ist es natürlich Unsinn, sich diese Arbeit zu machen und das Ergebnis der Arbeit so wenig zugänglich zu machen (Wiederverwendbarkeit!). Viel sinnvoller wäre es, diese Vereinbarungen in einem (Bibliotheks-)Paket unterzubringen, das dann von verschiedenen Programmen und Programmteilen benutzt werden könnte. Eine solche Konstellation zeigen wir im nächsten Kapitel.

7.8 Numerische Typen

Ada kennt dreierlei numerische Typen:

- *ganzzahlige Typen* (*integer type*) zur Darstellung ganzzahliger Werte;
- *Gleitpunkttypen* (*floating point type*) zur Darstellung reeller numerischer Werte mit einer relativen Genauigkeit; und
- *Festpunkttypen* (*fixed point type*) zur Darstellung reeller numerischer Werte mit einer absoluten Genauigkeit.

Jede Ada-Implementierung hat mindestens einen vordefinierten ganzzahligen Typ (**integer**), einen vordefinierten Gleitpunkttyp (**float**) und einen vordefinierten Festpunkttyp (**duration**). Eine Ada-Implementierung kann noch mehr vordefinierte numerische Typen haben, zum Beispiel short_integer, short_short_integer, long_integer, long_long_integer, short_float und so weiter. In den bisherigen Beispielen haben wir öfter den vordefinierten Typ **integer** benutzt, den es in allen Ada-Implementierungen gibt.

Wenn man allerdings in **PACKAGE standard** die Vereinbarungen der vordefinierten numerischen Typen ansieht, sieht man, daß [Ada] überhaupt nichts über den Wertebereich dieser Typen aussagt:

```
TYPE integer IS implementation_defined;
TYPE float IS implementation_defined;
TYPE duration IS implementation_defined;
```

Das heißt, daß die vordefinierten numerischen Typen Hardware-Typen auf dem Rechner reflektieren, und diese sind ja von Rechner zu Rechner verschieden. Für den Ada-Programmierer heißt das auch: Wer sicher und portabel programmieren will, darf sich nicht auf die vordefinierten numerischen Typen verlassen.

Wenn man zum Beispiel in einem Programm den Typ **integer** benutzt, kann dieser Typ in einer Implementierung ein 4-Byte-Typ sein und in einer anderen ein 2-Byte-Typ. Wenn das Programm also in der ersten Implementierung erfolgreich im Einsatz ist und auf die zweite Implementierung portiert wird, muß es dort noch lange nicht laufen. Dies wird aber nicht bei der Übersetzung auffallen, sondern erst zur Laufzeit, wenn eine Ausnahme ausgelöst wird, weil einer Variablen des Typs **integer** eine zu große Zahl zugewiesen werden soll. Im ungünstigsten Fall (wenn solche Zahlen nur sporadisch auftreten) fällt es nicht gleich beim ersten Test auf, sondern erst mitten im Einsatz. Das gleiche kann bei einem neu geschriebenen Programm passieren, wenn sich der Programmierer nicht vergewissert hat, daß der Wertebereich des Typs **integer** in dieser Implementierung für die Anwendung wirklich ausreicht.

```
PROCEDURE benutzerdefinierte_numerische_typen IS

   TYPE wassertiefe_in_metern IS RANGE 0 .. 12000;

   TYPE bevoelkerung_eines_landes IS RANGE 0 .. 10 ** 9;

   -- ganzzahlige Typen

   TYPE gewicht_in_kilo IS DIGITS 8;

   -- ein Gleitpunkttyp mit einer Genauigkeit, die einer
   -- 8-stelligen dezimalen Mantisse entspricht

   TYPE koerpergewicht_in_kilo IS DIGITS 6
      RANGE 0.0 .. 500.0;

   -- Gleitpunkttyp mit Bereichseinschraenkung

   TYPE koerpergroesse_in_metern IS DELTA 0.005
      RANGE 0.0 .. 2.5;

   -- Fixpunkttyp mit einer absoluten Genauigkeit von 0.005.

   tiefe            : wassertiefe_in_metern;
   bevoelkerung     : bevoelkerung_eines_landes;
   brueckengewicht  : gewicht_in_kilo;
   mein_gewicht     : koerpergewicht_in_kilo;
   meine_groesse    : koerpergroesse_in_metern;
BEGIN
                                    -- ganzzahlige Literale:
   tiefe := 3;
   bevoelkerung := 50_000_000;
   tiefe := 2#111#;                 -- = 7

                                    -- reelle Literale:
   mein_gewicht := 59.5;
   meine_groesse := 1.61;
   brueckengewicht := 8#1234.567#;
   mein_gewicht := 3#20000.0#E-1;   -- = 54.0
   brueckengewicht := 1.23E6;
END benutzerdefinierte_numerische_typen;
```

7.8 Numerische Typen

Deshalb bietet Ada die Möglichkeit, selber numerische Typen zu vereinbaren, wobei die Typvereinbarung auf maschinen*un*abhängige Weise die gewünschten Eigenschaften des Typs ausdrückt. Eine solche Vereinbarung ist portabel: Der Compiler ermittelt einen vordefinierten numerischen Typ, der diese Eigenschaften abdeckt, und bildet den zu vereinbarenden Typ so ab wie diesen vordefinierten Typ (aber als neuen Typ im Sinne der strengen Typisierung). Dabei kann die Implementierung außer den explizit in PACKAGE standard vereinbarten vordefinierten Typen noch *anonyme* vordefinierte numerische Typen haben. Diese können in Programmen nicht direkt angesprochen werden, werden aber für die Vereinbarung benutzerdefinierter numerischer Typen verwendet. Wenn es keinen vordefinierten Typ mit den gewünschten Eigenschaften gibt, lehnt der Compiler die Typvereinbarung ab.

In unserem Beispiel sind

```
TYPE wassertiefe_in_metern IS RANGE 0 .. 12000;
TYPE bevoelkerung_eines_landes IS RANGE 0 .. 10 ** 9;
```

Vereinbarungen von ganzzahligen Typen, in denen (nach IS RANGE) der Wertebereich maschinenunabhängig angegeben wird.

Die Operatoren und Attribute der ganzzahligen Typen sind:

Operator	Bedeutung
=	Gleichheit
/=	Negation von =
< <= > >=	Vergleichsoperatoren
+	Addition (mit zwei Operanden, wie üblich)
+	Identität (mit einem Operanden)
-	Subtraktion (mit zwei Operanden, wie üblich)
-	Negation (mit einem Operanden)
*	Multiplikation
/	Division (Ergebnis ganzzahlig, abgerundet)
MOD	Modulus
REM	Rest
ABS	Absoluter Wert
**	Exponentiation

Attribut	Bedeutung
'first	kleinster (meist negativer) Wert
'last	größter Wert
'pos	Funktion: Position eines Wertes innerhalb des Wertebereichs
'val	Funktion: Wert, der an einer bestimmten Position liegt
'succ	Funktion: nächster Wert
'pred	Funktion: vorhergehender Wert
'image	Funktion: Darstellung des Wertes in Text-Form
'value	Funktion: Umkehrung von 'image
'width	maximale Länge der Textdarstellung eines Wertes

Diese Zusammenstellung soll nur einen Überblick bieten; die Attribute sind in [Ada, §3.5.5] und die Operatoren in [Ada, §4.5] genau beschrieben.

Gleitpunkttypen sind in unserem Beispiel durch

```
TYPE gewicht_in_kilo IS DIGITS 8;
TYPE koerpergewicht_in_kilo IS DIGITS 6
    RANGE 0.0 .. 500.0;
```

vereinbart. In diesen Vereinbarungen gibt man die Anzahl der Dezimalstellen an; IS DIGITS 8 fordert also mindestens 8 Dezimalstellen, IS DIGITS 6 mindestens 6 (die zweite Vereinbarung enthält zusätzlich eine Bereichseinschränkung). In §7.8.1 sagen wir mehr über Gleitpunkttypen.

Gleitpunkttypen haben nur eine relative Genauigkeit; Festpunkttypen dagegen haben eine absolute Genauigkeit, die man in der Typvereinbarung nach dem reservierten Wort DELTA angibt:

```
TYPE koerpergroesse_in_metern IS DELTA 0.005
    RANGE 0.0 .. 2.5;
```

Die Vereinbarung eines Festpunkttyps muß (anders als bei den Gleitpunkttypen) immer eine Bereichseinschränkung enthalten. In §7.8.2 sagen wir mehr über Festpunkttypen.

Im Beispiel in diesem Abschnitt zeigen wir einige *numerische Literale* (*numeric literal*). Ada unterscheidet zwischen *ganzzahligen Literalen* (*integer literal*) und *reellen Literalen* (*real literal*): reelle Literale (zum Beispiel „59.5") müssen einen Dezimalpunkt enthalten (und mindestens je eine Ziffer davor und danach), ganzzahlige Literale (zum Beispiel „3") enthalten keinen Dezimalpunkt. Ganzzahlige und reelle Literale werden im Sinne der strengen Typisierung auseinandergehalten: Der Compiler erlaubt zum Beispiel keine Zuweisung eines ganzzahligen Literals an ein Objekt eines reellen (also Gleit- oder Festpunkt-) Typs oder umgekehrt.

Ansonsten ist die Syntax ganzzahliger und reeller Literale identisch und unterstüzt das Schreiben lesbarer Programme:

- Die übliche Notation mit Exponenten ist erlaubt, zum Beispiel „1.23E6" für „1230000.0";
- einzelne Tiefstriche dürfen beliebig zwischen Ziffern eingestreut werden, wie in „50_000_000"; und
- die Zahlen dürfen zu einer beliebigen Basis zwischen 2 und 16 inklusive angegeben werden. Zum Beispiel stellt „2#111#" 111 zur Basis 2 (also 7) dar, „3#20000.0#E-1" stellt „20000 zur Basis 3 mit Exponenten -1" dar, also „2000 zur Basis 3".

Bisher haben wir uns über die Typen der numerischen Literale (fast) ausgeschwiegen. Einerseits hat Ada ja strenge Typisierung, also müssen auch diese Ausdrücke zu einem Typ gehören; andererseits wäre es umständlich, wenn sie zu einem der bisher besprochenen vordefinierten Typen gehörten, weil sie dann (wegen der strengen Typisierung) zu keinem anderen numerischen Typ gehören könnten. Dies widerspräche auch dem allgemeinen Sprachgebrauch, der zum Beispiel die Ziffer „3" zur Angabe einer Anzahl von Dingen benutzt, egal ob es sich um Äpfel, Birnen oder Bits handelt. Deshalb gibt es in Ada *universelle Typen* (*universal type*) universal_integer und universal_real, zu denen die jeweiligen Literale gehören. Dies sind keine „richtigen" Typen, haben deswegen auch kursive Namen (siehe die Bemerkungen zum Typ character im §7.1). Man kann zum Beispiel keine Objekte dieser Typen vereinbaren. Ihre wesentliche Eigenschaft ist aber, daß (im Gegensatz zu richtigen Typen) Werte der universellen Typen je nach Kontext implizit in Werte anderer numerischer Typen konvertiert werden; nur deswegen sind die Zuweisungen in diesem Beispiel korrekt.

Die universellen Typen stellen also abstrakte Zahlen dar; sie werden zum Beispiel auch für die Werte mancher Attribute benutzt.

7.8.1 Gleitpunkttypen

Bei der Vereinbarung eines benutzerdefinierten Gleitpunkttyps wird die Genauigkeit des Typs in Dezimalstellen ausgedrückt. Der Sinn dieser Art von Typvereinbarung ist, daß sie sich nicht auf die maschineninterne Darstellung von Gleitpunkttypen auf irgendeinem Rechner beziehen (dann wäre sie nicht portabel), sondern die Genauigkeit auf maschinen-*un*abhängige Art zum Ausdruck bringen soll.

„Genauigkeit in Dezimalstellen" ist allerdings eine ziemlich vage Beschreibung. Zu den Zielsetzungen von Ada gehört aber auch eine möglichst weitgehende Standardisierung der Sprache. Deshalb ist es wichtig, die Semantik der Gleitpunktzahlen genau (aber maschinenunabhängig) auszudrücken. Dazu benutzt man den Begriff der *Modellzahlen* (*model number*) eines reellen Typs. Damit sind die reellen Werte gemeint, die in jeder Implementierung in diesem Typ genau dargestellt werden können.

Zunächst zur Definition der Modellzahlen: Als Anschauungsmaterial verfolgen wir diese Definition am Beispiel der einfachen Typvereinbarung

TYPE einstellig IS DIGITS 1;

Aus der Anzahl der Dezimalstellen (hier 1) wird die kleinste Anzahl B von Binärstellen errechnet, mit der man bei binärer Darstellung mindestens die gleiche Genauigkeit erreicht. Mit einer Dezimalstelle kann man zehn verschiedene Werte darstellen; hier ist also B = 4, denn man kann erst mit 4 Binärstellen zehn verschiedene Werte darstellen. Nun sind die Modellzahlen des Typs diejenigen Zahlen, deren absoluten Werte man in der Form

$$Mantisse * 2^{Exponent}$$

darstellen kann, wobei *Mantisse* B-stellig binär normiert dargestellt wird (also in diesem Fall mit 0 vor dem Binärpunkt und B=4 Binärziffern danach) und $-4B \leq Exponent \leq 4B$.

Es gibt 31 Modellzahlen dieses Typs mit Exponenten 0, nämlich alle Zahlen $n/16$ mit $-15 \leq n \leq 15$. Die Abstände zwischen zwei benachbarten Zahlen sind hier alle gleich. Die Modellzahlen mit Exponenten 1 bekommt man durch Verdoppeln dieser Zahlen und Abstände, diejenigen mit Exponenten 2 durch nochmaliges Verdoppeln, und so weiter. Umgekehrt erhält man die Modellzahlen mit negativen Exponenten durch (wiederholtes) Halbieren der Zahlen und Abstände.

Da auch dieser einfache Typ für ein überschaubares Bild zu komplex ist, zeigen wir hier ein Bild der Modellzahlen bei B=1 (dies ist allerdings ein Wert, den B bei keinem Typ annimmt):

Exponent	Werte
4	-8, +8
3	-4, +4
2	-2, +2
1	-1, +1
0	-1/2, +1/2
-1	-1/4, +1/4
-2	-1/8, +1/8
-3	-1/16, +1/16
-4	-1/32, +1/32

Hier nehmen, wie bei jedem Gleitpunkttyp, die Abstände zwischen benachbarten Modellzahlen (und damit die absolute Genauigkeit) mit dem absoluten Wert der Modellzahlen zu. Zur Null hin drängen sich die Modellzahlen also immer enger, mit wachsender Entfernung von Null werden sie immer rarer.

Hat man die Modellzahlen eines Typs definiert, kann man die Fehlerschranken von verschiedenen vordefinierten Operationen definieren:

- Ein genauer Wert, der Modellzahl des Typs ist, muß bei der Konvertierung in den Typ durch diese Modellzahl dargestellt werden;
- ein genauer Wert, der im Intervall zwischen zwei Modellzahlen liegt, muß bei der Konvertierung in den Typ durch einen Wert dargestellt werden, der ebenfalls zwischen diesen Modellzahlen liegt oder gleich einer von ihnen ist.

So assoziiert man mit jedem genauen Wert ein Intervall, in dem die interne Darstellung dieses Wertes liegen darf. Für die vordefinierten Operationen des Typs gilt nun:

- Das Intervall, das dem Ergebnis eines vordefinierten arithmetischen Operators entspricht, ermittelt man so: Man ermittelt das Maximum und das Minimum aller Ergebnisse, die durch Anwendung des Operators auf Operanden in den jeweiligen Intervallen entstehen können; notfalls erhöht man das Maximum und senkt das Minimum, um jeweils auf eine Modellzahl zu kommen. Dem Ergebnis entspricht das Intervall zwischen dem Maximum und dem Minimum. Nehmen wir als einfaches Beispiel die Addition, die ja in beiden Operanden monoton steigend ist. Gehen wir von zwei genauen Werten A und B aus, dargestellt durch Intervalle $[a_1, a_2]$ bzw. $[b_1, b_2]$. Das Maximum aller Ergebnisse, die durch Anwendung des Operators auf Operanden in den jeweiligen Intervallen entstehen können, ist $a_2 + b_2$, das Minimum aller solchen Ergebnisse ist $a_1 + b_1$. Wenn diese Zahlen nicht schon Modellzahlen sind, rundet man das Maximum zur nächsten Modellzahl auf bzw. das Minimum zur nächsten Modellzahl ab; die so gewonnenen Modellzahlen sind die Schranken des Ergebnisintervalls.

- Die Vergleichsoperatoren liefern ein boolesches Ergebnis. Hier darf das Ergebnis jeden Wert annehmen, der durch Wählen beliebiger Werte aus den jeweiligen Intervallen entstehen könnte. Nehmen wir als Beispiel den Operator =: Wenn die Intervalle der beiden Operanden sich nicht überschneiden, ist das Ergebnis eindeutig. Wenn sie sich aber überschneiden, kann das Ergebnis **true** oder **false** werden.

Die Attribute der Gleitpunkttypen sind:

Attribut	Bedeutung
`'digits`	Anzahl der Dezimalstellen
`'mantissa`	Anzahl der Binärstellen ($= B$)
`'epsilon`	Unterschied zwischen 1.0 und der nächstgrößeren Modellzahl
`'emax`	größter Exponent ($= 4B$)
`'small`	kleinste positive Modellzahl
`'large`	größte positive Modellzahl
`'first`	kleinster (meist negativer) Wert
`'last`	größter Wert

Diese Zusammenstellung soll nur einen Überblick bieten; eine genaue Beschreibung der Attribute steht in [Ada, §3.5.5]. Wir haben die Definition der Genauigkeit etwas verkürzt; sie erstreckt sich noch auf die *sicheren Zahlen* (*safe number*) (eine implementierungsabhängige Obermenge der Menge der Modellzahlen), auf die sich noch weitere Attribute beziehen.

Die Operatoren der Gleitpunkttypen sind:

Operator	Bedeutung
=	Gleichheit
/=	Negation von =
< <= > >=	Vergleichsoperatoren
+	Addition (mit zwei Operanden, wie üblich)
+	Identität (mit einem Operanden)
-	Subtraktion (mit zwei Operanden, wie üblich)
-	Negation (mit einem Operanden)
*	Multiplikation
/	Division
ABS	Absoluter Wert
**	Exponentiation (nur mit Exponenten vom Typ **integer**)

Auch diese Aufstellung soll nur als Übersicht dienen; die Operatoren sind in [Ada, §4.5] genau beschrieben.

7.8.2 Festpunkttypen

Bei Gleitpunkttypen sind die Modellzahlen nicht gleichmäßig verteilt, die Genauigkeit ist also nur relativ. Für Festpunkttypen gilt die gleiche Definition der Genauigkeit, aber hier sind die Modellzahlen gleichmäßig verteilt, die Genauigkeit ist also absolut, das heißt, überall (innerhalb des Bereichs, der bei der Typvereinbarung angegeben wird) gleich. Die Genauigkeit, also der maximale Abstand zwischen zwei benachbarten Modellzahlen, wird als reeller Wert nach dem reservierten Wort DELTA angegeben.

Hier darf man allerdings keine übereilten Schlüsse ziehen: Der Wert nach dem reservierten Wort DELTA ist nicht als Abstand zwischen zwei benachbarten Modellzahlen zu verstehen, sondern nur als maximaler Abstand. Zum Beispiel: Bei einer Vereinbarung

```
TYPE deutsch_mark IS DELTA 0.01 RANGE 0.00 .. 1_000.00;
```

kann man <u>nicht</u> davon ausgehen, daß die Modellzahlen die Vielfachen von 0.01 sind, daß also die Pfennige genau dargestellt werden.

[Ada, §3.5.9] schreibt nämlich vor, daß aus dem DELTA-Wert ein Wert *small* ermittelt wird, dessen Vielfache die Modellzahlen sind, und daß normalerweise *small* die größte Zweierpotenz ist, die nicht größer als der

DELTA-Wert ist. In diesem Beispiel also ist *small* 1/128; folglich wird ein Pfennig nicht durch 1/100 deutsch_mark dargestellt, sondern durch 1/128 deutsch_mark, hundert Pfennige ergeben also noch lange keine Mark.

Will man kommerziell rechnen, muß man dafür sorgen, daß für *small* 1/100 eingesetzt wird. Hier geht es um die interne Darstellung; deshalb wird dieses Thema sowohl in [Ada] als auch in diesem Buch im Kapitel über systemnahes Programmieren behandelt (Kapitel 13 in [Ada], Kapitel 15 in diesem Buch).

Die beiden folgenden Tabellen bieten einen Überblick über die Attribute und Operatoren für Festpunkttypen. Eine genaue Beschreibung der Attribute steht in [Ada, §3.5.10] und eine genaue Beschreibung der Operatoren in [Ada, §4.5]. Wir haben die Definition der Genauigkeit oben etwas verkürzt; sie erstreckt sich noch auf die *sicheren Zahlen* (*safe number*) (eine implementierungsabhängige Obermenge der Menge der Modellzahlen), auf die sich noch weitere Attribute beziehen.

Attribut	Bedeutung
'delta	DELTA-Wert
'mantissa	Anzahl der Binärstellen in der Mantisse
'small	kleinste positive Modellzahl
'large	größte positive Modellzahl
'first	kleinster (meist negativer) Wert
'last	größter Wert
'fore	maximale Anzahl der Dezimalstellen vor dem Dezimalpunkt (inklusive führendes Minus- bzw. Leerzeichen)
'aft	maximale Anzahl der Dezimalstellen nach dem Dezimalpunkt

Operator	Bedeutung
=	Gleichheit
/=	Negation von =
< <= > >=	Vergleichsoperatoren
+	Addition (mit zwei Operanden, wie üblich)
+	Identität (mit einem Operanden)
-	Subtraktion (mit zwei Operanden, wie üblich)
-	Negation (mit einem Operanden)
*	Multiplikation
/	Division
ABS	Absoluter Wert

7.9 Abgeleitete Typen, Typkonvertierung

Selbst in streng typisierten Sprachen gibt es meist keine Möglichkeit, strukturgleiche Typen auseinanderzuhalten. In Ada dagegen gilt ohnehin der Grundsatz, daß jede Typvereinbarung einen neuen Typ begründet. Schreibt man also zweimal die gleiche Typvereinbarung hin (zum Beispiel in zwei verschiedenen Paketen), erzeugt man damit zwei gleich aussehende Typen, die im Sinne der strengen Typisierung verschieden sind. (Wenn man also gleichartige Dinge in verschiedenen Übersetzungseinheiten vereinbart, dann vereinbart man dazu nicht verschiedene Typen, sondern man sorgt dafür, daß der gewünschte Typ in allen diesen Übersetzungseinheiten sichtbar ist.)

Außerdem bietet Ada aber einen Mechanismus, um aus einem schon vereinbarten Typ einen neuen, strukturgleichen Typ abzuleiten. Damit kann man transparent zum Ausdruck bringen, daß die Werte der beiden Typen völlig gleich aussehen (aber verschiedenartig sind). Dieses Konstrukt heißt *abgeleiteter Typ* (*derived type*). Wir führen ihn an einem sehr einfachen Beispiel vor:

Der Typ aepfel ist ein benutzerdefinierter ganzzahliger Typ mit einem Untertyp wenige_aepfel; der Typ birnen ist vom Typ aepfel abgeleitet. Ein abgeleiteter Typ erbt alle Operationen seines Vatertyps; hier also erbt der Typ birnen alle Operationen des Typs aepfel, ist also strukturgleich mit aepfel, aber verschieden von aepfel. Im Gegensatz

```
------------------------------------------------------------|
PROCEDURE untertypen_und_verschiedene_typen IS

   TYPE aepfel IS RANGE 0 .. 1000;

   SUBTYPE wenige_aepfel IS aepfel RANGE aepfel'first .. 10;

   TYPE birnen IS NEW aepfel;

   meine_aepfel : aepfel := 100;
   deine_aepfel : wenige_aepfel := 9;
   meine_birnen : birnen := 77;

   FUNCTION  "<" (x : IN aepfel;
                  y : IN birnen) RETURN boolean IS
   BEGIN
      RETURN x < aepfel (y);
   END "<";
BEGIN
   IF meine_aepfel < deine_aepfel THEN    -- dieser Vergleich
      NULL;                               -- ist erlaubt
   END IF;

   IF meine_birnen < meine_aepfel THEN    -- aber dieser nicht
      NULL;                               -- (verschiedene
   END IF;                                --  Grundtypen)

   -- Man muss eine explizite Typkonvertierung machen:

   IF meine_birnen < birnen (meine_aepfel) THEN
      NULL;
   END IF;

   -- oder man kann die Typkonvertierung
   -- in einem Unterprogramm durchfuehren
   -- (Overloading des Operators "<" - s. Vereinbarungsteil)

   IF meine_aepfel < meine_birnen THEN
      NULL;
   END IF;

END untertypen_und_verschiedene_typen;
------------------------------------------------------------|
```

dazu ist der Untertyp **wenige_aepfel** kein neuer Typ. Den Unterschied zwischen einem Untertyp und einem abgeleiteten Typ sieht man in den Anweisungen in diesem Beispiel.

So ist zum Beispiel der Ausdruck **meine_aepfel < deine_aepfel** erlaubt, weil hier zwei Werte des gleichen Grundtyps (**aepfel**) verglichen werden. Der Ausdruck **meine_birnen < meine_aepfel** dagegen ist verboten, weil **meine_birnen** Grundtyp **birnen** und **meine_aepfel** Grundtyp **aepfel** hat.

Was hier genau passiert, ist Überladen: In dieser Prozedur sind viele Operatoren "**<**" sichtbar, zum Beispiel einer für jeden vordefinierten Aufzählungs- oder numerischen Typ. Außerdem ist ein Operator "**<**" für den Typ **aepfel** hier sichtbar, dessen Vereinbarung man sich direkt nach der Vereinbarung des Typs **aepfel** vorstellen muß; und ein Operator "**<**" für den Typ **birnen**, weil **birnen** abgeleiteter Typ von **aepfel** ist. Es ist also genau ein Operator "**<**" sichtbar, dessen Parameter beide vom Typ **aepfel** sind, und genau einer, dessen Parameter beide vom Typ **birnen** sind, aber keiner mit linkem Parameter vom Typ **birnen** und rechtem Parameter vom Typ **aepfel**. Deshalb wird der Ausdruck **meine_aepfel < deine_aepfel** akzeptiert, **meine_birnen < meine_aepfel** dagegen abgelehnt.

Nun kann es aber triftige Gründe geben, eine Anzahl von Äpfeln mit einer Anzahl von Birnen zu vergleichen; dann braucht man eine *explizite Typkonvertierung* (*explicit type conversion*):

birnen (meine_aepfel)

ist ein Ausdruck vom Typ **birnen**, dessen Wert durch Typkonvertierung aus dem Wert des Ausdrucks **meine_aepfel** entsteht. Deshalb akzeptiert der Compiler den Ausdruck

meine_birnen < birnen (meine_aepfel)

weil hier beide Parameter des Operators "**<**" vom Typ **birnen** sind.

Man kann also durchaus im Bedarfsfall einen Wert eines Typs in einen anderen Typ konvertieren, aber nur explizit; die Konvertierung ist damit immer im Programm dokumentiert (Transparenz!). Explizite Typkonvertierungen sind aber nur zwischen verwandten Typen erlaubt: Von jedem numerischen Typ in jeden anderen, zwischen Typen, die durch Ableitung(en) aus dem gleichen Typ entstanden sind und zwischen **ARRAY**-Typen mit gleichem Komponententyp, deren Indextypen ineinander konvertierbar sind.

Man sollte stets verschiedenartige Dinge verschiedenen Typen zuordnen, schon der Transparenz wegen. Bei Strukturgleichheit sollte man dies durch Vereinbarung eines abgeleiteten Typs bewerkstelligen. Die

Benutzung verschiedener Typen für strukturgleiche, aber verschiedenartige Dinge muß man manchmal mit dem Hinschreiben expliziter Typkonvertierungen (also durch mehr Schreibarbeit) bezahlen. Diese Mehrarbeit macht sich aber mehr als bezahlt durch die Sicherheit, die man dadurch gewinnt: Mögliche Fehler durch Verwechslungen verschiedenartiger Dinge, die sonst erst zur Laufzeit durch Folgefehler bemerkt würden und entsprechend schwer und teuer zu lokalisieren wären, werden schon zur Übersetzungszeit aufgedeckt.

Wenn man häufig in einem bestimmten Kontext explizite Typkonvertierungen braucht, kann es sinnvoll sein, entsprechende Unterprogramme zu vereinbaren. In diesem Beispiel haben wir durch die Vereinbarung

```
FUNCTION "<" (x : IN aepfel;
              y : IN birnen) RETURN boolean IS
BEGIN
   RETURN x < aepfel (y);
END "<";
```

einen Operator "<" vereinbart (Überladung!), der Äpfel (links) mit Birnen (rechts) vergleicht (der Operator "<" in der RETURN-Anweisung ist der vordefinierte Operator für den Typ aepfel). Deswegen ist der Ausdruck

```
meine_aepfel < meine_birnen
```

in der letzten Anweisung korrekt, weil (nur) dieser explizit vereinbarte Operator an dieser Stelle sichtbar ist und das passende Parameter- und Ergebnistypprofil hat. Die Vereinbarung dieses Operators birgt allerdings Gefahren: Der Compiler kann nicht mehr verhindern, daß versehentlich Äpfel (links) mit Birnen (rechts) verglichen werden. Ohne Einschränkung sinnvoll ist ein solcher Operator zum Beispiel bei verschiedenen Längenmaßen, etwa bei Metern und Zentimetern (natürlich muß im Rumpf des Operators dafür gesorgt werden, daß vor dem Vergleich die Anzahl der Meter mit 100 multipliziert wird).

Sie werden vielleicht schon gemerkt haben, daß Ausdrücke der Gestalt bezeichner_1 (bezeichner_2) in Ada drei verschiedene Bedeutungen haben können:

- Funktionsaufruf: bezeichner_1 ist die Funktion, bezeichner_2 der aktuelle Parameter;
- ARRAY-Komponente: bezeichner_1 ist das ARRAY, bezeichner_2 der Index der angesprochenen Komponenten;
- Explizite Typkonvertierung: bezeichner_1 ist der Zieltyp (also der Typ, in den konvertiert werden soll), bezeichner_2 der zu konvertierende Ausdruck.

Diese Mehrdeutigkeit der Syntax mag auf den ersten Blick verwirrend erscheinen. Sie ist der Lesbarkeit aber eher förderlich als hinderlich, weil in allen drei Situationen **bezeichner_1** im mathematischen Sinne als Funktion fungiert und **bezeichner_2** als Argument der Funktion: In allen drei Situationen ordnet **bezeichner_1** jedem möglichen Wert von **bezeichner_2** einen Wert eines ganz bestimmten Typs zu.

```
----------------------------------------------------------------|
PACKAGE obst IS

   TYPE aepfel IS RANGE 1 .. 1000;

   PROCEDURE pfluecke (wieviele : IN aepfel);

END obst;
----------------------------------------------------------------|
WITH obst;

PROCEDURE pfluecke_birnen IS

   TYPE birnen IS NEW obst.aepfel;

   meine_birnen : birnen := 88;
BEGIN
   pfluecke (meine_birnen);
END pfluecke_birnen;
----------------------------------------------------------------|
```

Ein abgeleiteter Typ erbt Operationen seines Vatertyps. Ist der Vatertyp in einem Paket vereinbart (genau: im sichtbaren Teil eines Pakets — siehe Kapitel 8), dann gehören zu diesen Operationen auch diejenigen dort vereinbarten Unterprogramme, die Parameter und/oder Ergebnis vom Vatertyp haben. Durch die Vereinbarung eines abgeleiteten Typs sind also automatisch gleichnamige Unterprogramme für den abgeleiteten Typ vereinbart, wie die Prozedur **pfluecke** im Beispiel **pfluecke_birnen**.

7.10 Übung 4: Typen und Unterprogramme

Schreiben Sie eine Prozedur **vokabeln**, in deren Vereinbarungsteil folgende Dinge stehen (s. §6.11):

- ein Typ (oder Untertyp) deutsch_typ, der die deutschen Ausdrücke im Vokabelprogramm darstellt
- ein Typ (oder Untertyp) auslaendisch_typ, der die fremdsprachigen Ausdrücke darstellt
- ein Typ vokabel_typ, der die Vokabeln darstellt
- eine Funktion deutsch_von, die aus einem Wert vom Typ vokabel_typ den deutschen Ausdruck (vom Typ deutsch_typ) als Ergebnis liefert. Diese Funktion hat also einen Parameter vom Typ vokabel_typ.
- eine Funktion uebersetzung_von analog zur Funktion deutsch_von, die aber den fremdsprachigen Ausdruck aus der Vokabel liefert
- eine Funktion eintrag, die aus einem deutschen Ausdruck und der fremdsprachigen Übersetzung einen Eintrag für das Vokabelheft baut. eintrag soll also zwei Parameter mit den Typen deutsch_typ und auslaendisch_typ und Ergebnistyp vokabel_typ haben.

Schreiben Sie für alle Funktionen sowohl Vereinbarung als auch Rumpf. Übersetzen Sie die Prozedur.

Wenn Sie noch Zeit haben, schreiben Sie die Prozedur so um, daß die am Terminal eingegebenen Ausdrücke in ihrer tatsächlichen Länge gespeichert werden können.

8 Pakete

In diesem Kapitel wird zum ersten Mal ein zentrales Konstrukt eingeführt, das es in Standard-Pascal nicht gibt: Das Paket (*package*).

Die Anwendungsmöglichkeiten dieses Konstrukts sind vielfältig: Pakete können die verschiedensten Abstraktionen von Daten darstellen, sie können aber auch zur Programmstrukturierung verwendet werden. Zum Beispiel werden Pakete in ihrer einfachsten Form oft dazu verwendet, Datenobjekte und/oder Typen zusammenzufassen, um sie verschiedenen Teilen eines Programms zugänglich zu machen. Zur Strukturierung verwendet man Pakete allgemein, um verwandte Ressourcen (zum Beispiel Datenobjekte, Typen, Unterprogramme) zusammenzufassen, wobei die Implementierung dieser Ressourcen dem Paketanwender verborgen bleibt (Geheimnisprinzip!).

Letztere Eigenschaft von Paketen benutzt man oft, um ganze Datenstrukturen, TASKs oder andere Ada-Größen kontrolliert zur Verfügung zu stellen: Man macht sie dem Anwender über Unterprogramme im Paket zugänglich, der unmittelbare Zugriff darauf bleibt ihm aber verwehrt, weil sie zur Paketimplementierung gehören. Einen ähnlichen Effekt kann man für Typen erzielen: Ein Typ, der in einem Paket als *privater* Typ vereinbart ist, kann nur mit Hilfe der im Paket angebotenen Mittel benutzt werden; so kann man mit einem Paket einen *abstrakten Datentyp* realisieren.

Weil die Implementierung des Pakets dem Paketanwender verborgen ist, können Teile eines Programms, die das Paket anwenden, keinerlei Abhängigkeiten zur Paketimplementierung enthalten; sie beziehen sich immer nur auf die Paketschnittstelle. Dadurch können, genau wie bei Unterprogrammen, Paketanwendungen und Paketimplementierung unabhängig voneinander entwickelt und verändert werden, sobald die Paketschnittstelle feststeht.

8.1 Ein einfaches Paket

```
-------------------------------------------------------------|
PACKAGE liste IS
                        -- enthaelt Typen und Objekte
                        -- fuer die Implementierung einer
                        -- doppelt verkettete Liste
                        -- mit Eintraegen vom Typ eintrag

   SUBTYPE eintrag IS string (1 .. 30);

   TYPE listen_eintrag;

   TYPE zeiger_auf_eintrag IS ACCESS listen_eintrag;

   TYPE listen_eintrag IS
      RECORD
         eintrag_davor   : zeiger_auf_eintrag;
         inhalt          : eintrag;
         eintrag_danach  : zeiger_auf_eintrag;
      END RECORD;

   erster_eintrag,
   letzter_eintrag : zeiger_auf_eintrag;

END liste;
-------------------------------------------------------------|
```

Die Schnittstellen mancher Pakete sind so einfach, daß es keine Implementierungsdetails zu verbergen gibt. PACKAGE liste in diesem Abschnitt ist ein solches Paket. Wir zeigen zunächst die Schnittstelle (*Paketvereinbarung*, *package declaration*) dieses Pakets. Sie beginnt mit PACKAGE liste IS und enthält nur Typen und Objekte.

Eine Übersetzungseinheit, die ein Bibliothekspaket anwendet, muß dieses durch eine WITH-Klausel sichtbar machen. Die WITH-Klausel macht das Paket zwar von außen sichtbar, bewirkt aber nicht, daß die Vereinbarungen im Paket direkt sichtbar sind; diese müssen durch *Selektion* (*selection*) sichtbar gemacht werden, das heißt, durch Voranstellen des Paketnamens und eines Punkts:

FUNCTION erster_eintrag_in_der_liste ist ein Beispiel einer solchen Übersetzungseinheit. Innerhalb dieser Function ist wegen der WITH-Klausel

```
WITH liste;
```

das Paket liste direkt sichtbar, die Größen zeiger_auf_eintrag und erster_eintrag dagegen werden mit liste.zeiger_auf_eintrag bzw. liste.erster_eintrag angesprochen.

```
WITH liste;

FUNCTION  erster_eintrag_in_der_liste
   RETURN liste.zeiger_auf_eintrag IS
BEGIN
   RETURN liste.erster_eintrag;
END erster_eintrag_in_der_liste;
```

Bei einem Paket ohne Implementierungsdetails ist die Implementierung (*Paketrumpf, package body*) einfach:

```
PACKAGE BODY liste IS
END liste;
```

Ein solcher Paketrumpf darf auch fehlen, so daß das Paket nur aus der Vereinbarung besteht. In Ada 9X allerdings ist auch bei solchen Paketen der Paketrumpf zwingend vorgeschrieben (siehe §8.3).

8.2 Die USE-Klausel

```
WITH liste;
USE   liste;

FUNCTION  erster_eintrag_in_der_liste
   RETURN zeiger_auf_eintrag IS
BEGIN
   RETURN erster_eintrag;
END erster_eintrag_in_der_liste;
```

Es ist manchmal nicht nur für den Programmierer lästig, vor Größen aus einem Paket immer den Paketnamen schreiben zu müssen. Dieser stets voranzustellende Paketname kann auch die Lesbarkeit des Programms beeinträchtigen. Durch eine USE-Klausel, die die Vereinbarungen innerhalb eines sichtbaren Pakets direkt sichtbar macht, kann man diese Probleme lösen, wie im hier veränderten Beispiel erster_eintrag_in_der_liste.

Die USE-Klausel ist sehr bequem und wird deshalb vielfach ohne Nachdenken an jede WITH-Klausel angehängt. Wenn man sie benutzt, sollte man sich aber bewußt sein, daß sie auch Nachteile und sogar Gefahren mit sich bringt:

- Wenn man durch mehrere USE-Klauseln die Vereinbarungen innerhalb mehrerer Pakete sichtbar macht, handelt man sich einen großen Bereich von direkt sichtbaren Namen ein. Einem Leser des Programms ist es dann oft gar nicht klar, welcher Bezeichner aus welchem Paket stammt; es geht also ein Stück Transparenz verloren. Man sollte also dafür sorgen, daß der Leser jedem Bezeichner seine Herkunft ansehen kann. Dies macht man am besten in erster Linie durch eine sinnvolle Auswahl aussagekräftiger Bezeichner, und in den verbleibenden Problemfällen durch Voranstellen des Paketnamens, was auch im Zusammenhang mit einer USE-Klausel erlaubt ist.

- Wird ein Objekt lokal im Vereinbarungsteil vereinbart und ein gleichnamiges Objekt in einem Paket, für das eine USE-Klausel angegeben wurde, so gilt: Lokales verdeckt Globales. So kann es passieren, daß man als Programmierer glaubt, ein Objekt im Paket anzusprechen, man in Wirklichkeit aber ein gleichnamiges lokales Objekt anspricht. Dieser Gefahr entgeht man von vornherein, wenn man sich angewöhnt, Vereinbarungsteile stets überschaubar zu halten, sie also nie so mit Bezeichnern vollzustopfen, daß einzelne Bezeichner vergessen werden können. Von gleichnamigen Variablen in verschiedenen Paketen geht keine Gefahr aus: Auch wenn für beide Pakete eine USE-Klausel angegeben wurde, ist keine der beiden Variablen direkt sichtbar, und der Compiler muß es ablehnen, wenn der Bezeichner der Variablen ohne vorangestellten Paketnamen angesprochen wird. Hätte man also im obigen Beispiel zwei Pakete liste_1 und liste_2, die beide eine Variable erster_eintrag enthalten, so würde durch

    ```
    WITH liste_1, liste_2;
    USE liste_1, liste_2;
    ```

    keine der beiden Variablen direkt sichtbar.

Im Interesse der Lesbarkeit sollte man eigentlich schon beim Schreiben eines Pakets wissen, ob das Paket mit oder ohne USE-Klausel verwendet werden soll. Die Bezeichner in einem Paket, das mit USE-Klausel verwendet werden soll, sollten ja erkennen lassen, aus welchem Paket sie stammen und auch ohne den Paketnamen verständlich sein. Bei einem ohne

```
--------------------------------------------------------------|
WITH liste;

FUNCTION  ist_letzter_eintrag (welcher : IN liste.
                                        zeiger_auf_eintrag)
   RETURN boolean IS
BEGIN
   RETURN welcher = liste.letzter_eintrag;   -- verboten, "="
                                             -- nicht direkt sichtbar

   RETURN liste."=" (welcher, liste.letzter_eintrag);

                              -- erlaubt aber schlecht lesbar

END ist_letzter_eintrag;
--------------------------------------------------------------|
```

USE-Klausel zu verwendenden Paket dagegen ist dies nicht nur überflüssig, sondern auch schlecht für die Lesbarkeit.

Beispielsweise sind die Bezeichner im Paket `liste` oben so gewählt, daß man das Paket besser ohne USE-Klausel benutzt. Für eine Verwendung mit USE-Klausel würde das Paket sich besser eignen, wenn zum Beispiel das Objekt `erster_eintrag` stattdessen `erster_listen_eintrag` hieße. Dies würde allerdings bei einer Verwendung ohne USE-Klausel die Lesbarkeit beeinträchtigen, denn dann müßte man `liste.erster_listen_eintrag` schreiben.

Einen gravierenden Nachteil, den der Verzicht auf die USE-Klausel mit sich bringt, haben wir allerdings bisher verschwiegen. Dieser tritt dann zutage, wenn in der Anwendung eines Pakets Operatoren verwendet werden, die (explizit oder implizit) im Paket vereinbart sind.

Im Beispiel `ist_letzter_eintrag` soll der Gleichheitsoperator "=" für den Typ `zeiger_auf_eintrag` aus dem Paket `liste` verwendet werden. Da die Vereinbarung des Typs `zeiger_auf_eintrag` im Paket `liste` steht, steht die (implizite) Vereinbarung des dazugehörigen vordefinierten Gleichheitsoperators auch in diesem Paket (direkt hinter der Typvereinbarung). Auch hier schlägt die Sichtbarkeitsregel zu: Was in einem Paket vereinbart ist, ist ohne USE-Klausel außerhalb des Pakets nicht direkt sichtbar, sondern nur durch Selektion, also mit dem Namen `liste."="`. Ein solcher Name aber darf nicht infix verwendet werden; den erwünschten Aufruf des Gleichheitsoperators müßte man also höchst unlesbar so schreiben:

```
liste."=" (welcher, liste.letzter_eintrag)
```

Es gibt allerdings eine Möglichkeit, solche Operatoren auch ohne USE-Klausel direkt sichtbar zu machen: Mit einer **RENAMES**-Vereinbarung kann man in Ada für bestimmte Größen, darunter auch Unterprogramme, ein Synonym vereinbaren. Mit

```
FUNCTION "=" (links,
              rechts : liste.zeiger_auf_eintrag)
   RETURN boolean RENAMES liste."=";
```

wird also ein Synonym "=" vereinbart für das Unterprogramm `liste."="`, das anhand des angegebenen Parameter- und Ergebnistypprofils (im Text vor dem Wort **RENAMES**) identifiziert wird. In der **RENAMES**-Vereinbarung kann man auch neue Namen für die formalen Parameter angeben, wie in diesem Beispiel — die Namen in der ursprünglichen (impliziten) Vereinbarung sind `left` bzw. `right`. Das Synonym in der **RENAMES**-Vereinbarung ist ein zusätzlicher Name, man kann also nach wie vor den Namen `liste."="` verwenden.

```
------------------------------------------------------------|
WITH liste;

FUNCTION ist_letzter_eintrag (welcher : IN liste.
                                        zeiger_auf_eintrag)
   RETURN boolean IS

   FUNCTION "=" (links,
                 rechts : liste.zeiger_auf_eintrag)
      RETURN boolean RENAMES liste."=";
BEGIN
   RETURN welcher = liste.letzter_eintrag;       -- OK wegen
                                                 -- RENAMES-Klausel

END ist_letzter_eintrag;
------------------------------------------------------------|
```

Man kann solche **RENAMES**-Vereinbarungen auch im Interesse der Lesbarkeit in ein Paket auslagern und durch Nennen dieses Pakets in einer USE-Klausel dafür sorgen, daß nur die gewünschten Operatoren direkt sichtbar sind:

8.2 Die USE-Klausel

```
----------------------------------------------------------------|
WITH liste;

PACKAGE direkt_sichtbare_gleichheit IS

   FUNCTION   "="  (links,
                    rechts : liste.zeiger_auf_eintrag)
      RETURN boolean RENAMES liste."=";

END direkt_sichtbare_gleichheit;
----------------------------------------------------------------
WITH liste, direkt_sichtbare_gleichheit;
USE  direkt_sichtbare_gleichheit;

FUNCTION   ist_letzter_eintrag (welcher : IN liste.
                                          zeiger_auf_eintrag)
   RETURN boolean IS
BEGIN
   RETURN welcher = liste.letzter_eintrag;             -- OK
END ist_letzter_eintrag;
----------------------------------------------------------------|
```

Hier ist der Operator "=" des Typs `liste.zeiger_auf_eintrag` in der Funktion `ist_letzter_eintrag` direkt sichtbar, aber die Bezeichner, die in PACKAGE `liste` vereinbart sind, sind nicht direkt sichtbar.

Bei der USE-Klausel scheiden sich die Geister; sie wird aber von ihren Anhängern vor allem wegen der eben skizzierten Operator-Problematik benutzt. Unumstritten ist aber, daß ungehemmte und sorglose Anwendung der USE-Klausel leicht zu intransparenten Programmen führt; man sollte also den Nutzen jeder USE-Klausel gegen die Nachteile abwägen.

Ada 9X bietet hier eine wesentliche Verbesserung: Die dort erlaubte USE-Klausel

```
USE TYPE liste.zeiger_auf_eintrag;  -- nur in Ada 9X
```

macht die im PACKAGE `liste` vereinbarten Operatoren des Typs `liste.zeiger_auf_eintrag` (zum Beispiel der — implizit vereinbarte — vordefinierte Operator "=" dieses Typs) direkt sichtbar.

8.3 Der Aufbau eines Pakets

Das Bild „Aufbau eines Pakets" zeigt den weitestmöglichen Ausbau eines Pakets. Wie schon das Beispiel in §8.1 zeigt, sind nicht in jedem Paket alle Teile vorhanden, die hier gezeigt werden. Zum Beispiel kann der mit PRIVATE beginnende *private Teil* ganz fehlen.

Die *Paketvereinbarung (package declaration)* spielt die gleiche Rolle wie bei Unterprogrammen die Unterprogrammvereinbarung: Sie ist die Schnittstelle zwischen Anwendungen und Implementierung. Bei einem Paket ist aber nicht immer die ganze Vereinbarung für Paketanwender sichtbar: Ein Paket kann einen privaten Teil enthalten, der Informationen umfaßt, die zur Übersetzung der Schnittstelle gebraucht werden, aber für Anwender nicht sichtbar sind. Dieses Thema wird in §§8.6-8.8 besprochen. Teile des Pakets, die nicht im sichtbaren Teil der Paketvereinbarung stehen, bleiben dem Paketanwender verborgen; er hat keine Möglichkeit, sich darauf zu beziehen oder darauf zuzugreifen.

In einer Paketvereinbarung können die verschiedensten Vereinbarungen stehen, zum Beispiel von Typen, Variablen, Konstanten, Unterprogrammen, (untergeordneten) Paketen, TASKs. Da eine Paketvereinbarung aber nur eine Schnittstelle verkörpern soll, gehören die Rümpfe der Unterprogramme, Pakete und TASKs (siehe Kapitel 14) in den *Paketrumpf (package body)*.

Der Paketrumpf, der mit PACKAGE BODY beginnt, kann außerdem Vereinbarungen aller möglichen zusätzlichen Größen enthalten, zum Beispiel Typen, Objekte, weitere Unterprogramme, Pakete oder TASKs, die zur Implementierung des Pakets gebraucht werden, aber nicht zu seiner Schnittstelle gehören, also nicht nach außen sichtbar sind.

Lokale Variablen eines Unterprogramms werden ja bei jedem Unterprogrammaufruf auf dem Keller (stack) neu angelegt; sie überleben also nicht vom einem Aufruf zum nächsten. Wenn man zur Implementierung eines Unterprogramms Variablen braucht, die dem Unterprogrammanwender nicht zugänglich sind und trotzdem von einem Unterprogrammaufruf zum nächsten ihren Wert beibehalten, sollte man das Unterprogramm in einem Paket vereinbaren, dessen Rumpf diese Variablen enthält.

Der bisher besprochene Inhalt eines Paketrumpfes besteht aus Vereinbarungen; auch die Unterprogrammrümpfe sind im Paketrumpf nur vereinbart und werden nur dann ausgeführt, wenn sie (zum Beispiel von Paketanwendern) aufgerufen werden, also (einmal, mehrmals oder) eventuell gar nicht. Ein Paketrumpf kann aber auch Anweisungen enthalten, angeführt vom reservierten Wort BEGIN. Solche Anweisungen werden genau einmal ausgeführt, bevor die in der Paketvereinbarung deklarierten Unterprogramme von außerhalb des Pakets aufgerufen werden können.

8.3 Der Aufbau eines Pakets

Aufbau eines Pakets

Paketvereinbarung (package declaration)

```
PACKAGE paket_name IS

Vereinbarungen
(Typen, Objekte,
Unterprogramm-
Vereinbarungen
...)


PRIVATE

privater Teil
(Vereinbarungen)

END paket_name;
```

sichtbarer Teil ↕

Vereinbarungen ↕

Paketrumpf (package body)

```
PACKAGE BODY paket_name IS

Weitere
Vereinbarungen

Unterprogramm-
Rümpfe

BEGIN

Anweisungen
(werden bei der
Abarbeitung des
Paketrumpfes
ausgeführt)

END paket_name;
```

nach außen nicht sichtbar ↕

Anweisungen ↕

Kapitel 10 bespricht den Zeitpunkt dieser Ausführung. Anweisungen in einem Paketrumpf führen typischerweise Initialisierungsaufgaben aus, die für das richtige Funktionieren des Pakets nötig sind; §8.9 enthält ein Beispiel.

Ein Paketrumpf

```
PACKAGE BODY paket_name IS
END paket_name;
```

darf laut [Ada] ganz fehlen. Diese scheinbare Erleichterung für den Programmierer birgt allerdings Gefahren: Das Fehlen eines Paketrumpfes, der ja wichtige Initialisierungsanweisungen enthalten kann, wird vom Ada-System (beim Binden) nur dann als Fehler gemeldet, wenn die Paketvereinbarung Größen (wie zum Beispiel Unterprogramme) enthält, die einen Rumpf brauchen. Deswegen schreibt Ada 9X einen Paketrumpf bei <u>allen</u> Paketen vor.

8.4 Ein Paket mit Implementierungsdetails

Das Paket `liste` aus §8.1 bietet zwar eine Schnittstelle an, die dazu verwendet werden kann, eine Liste von Einträgen zu führen, es nimmt aber den Benutzern der Schnittstelle keine Arbeit ab: Jeder Benutzer muß seine Manipulationen der Liste in allen Einzelheiten selber programmieren, jeder Benutzer kann dabei Fehler machen, und oft werden die gleichen Fehler immer wieder gemacht. Will man das Paket `liste` so gestalten, daß der Benutzer nicht die ganze Arbeit selber machen muß, so muß man auch Unterprogramme in der Paketschnittstelle anbieten.

Anders ausgedrückt: Zu jeder Datenstruktur gehören bestimmte Operationen; deshalb sind Pakete, die nur Typen und Objekte enthalten, in Ada-Programmen seltener anzutreffen als solche, in denen auch Unterprogramme explizit vereinbart sind. Die bisherige Fassung des Pakets `liste` aus §8.1 enthält zwar einige Komponenten einer Datenstruktur „Liste"; die Operationen, die zur Datenstruktur „Liste" gehören, fehlen aber dort.

Die Vereinbarung des `PACKAGE liste` in diesem Abschnitt enthält genügend Operationen für den Umgang mit einer (doppelt verketteten) Liste. Man kann sich zwar durchaus weitere sinnvolle Operationen vorstellen, aber ein Programmierer, der nichts über `ACCESS`-Typen weiß, könnte allein mit diesen Operationen eine Liste verwalten.

Die Schnittstelle eines Programmoduls ist nur ein Teil seiner Spezifikation, also seiner funktionalen Beschreibung. Ada ist zwar zum Teil

8.4 Ein Paket mit Implementierungsdetails

```
----------------------------------------------------------------|
PACKAGE liste IS

-- implementiert eine doppelt verkettete Liste mit
-- Eintraegen vom Typ eintrag

   SUBTYPE eintrag IS string (1 .. 30);

   TYPE listen_eintrag;

   TYPE zeiger_auf_eintrag IS ACCESS listen_eintrag;

   TYPE listen_eintrag IS
      RECORD
         eintrag_davor   : zeiger_auf_eintrag;
         inhalt          : eintrag;
         eintrag_danach  : zeiger_auf_eintrag;
      END RECORD;

   FUNCTION  erster_eintrag RETURN zeiger_auf_eintrag;

   PROCEDURE initialisiere;

   FUNCTION  ist_leer RETURN boolean;

   FUNCTION  ist_letzter_eintrag (welcher : IN
                                            zeiger_auf_eintrag)
      RETURN boolean;

   FUNCTION  naechster_eintrag (wonach : IN
                                            zeiger_auf_eintrag)
      RETURN zeiger_auf_eintrag;

   PROCEDURE fuege_eintrag_ein (inhalt   : IN eintrag;
                                position : IN positive);

   PROCEDURE entferne_eintrag (welchen : IN
                                            zeiger_auf_eintrag);

   FUNCTION  inhalt (wovon : IN zeiger_auf_eintrag)
      RETURN eintrag;
END liste;
----------------------------------------------------------------|
```

selbsterklärend, aber manche Informationen über die Funktionalität von Unterprogrammen — zum Beispiel, welche Ausnahmen sie in welchen Fällen auslösen, welche Bedingungen vor dem Aufruf erfüllt sein müssen — kann man nicht in Ada formulieren. Solche Informationen sollte man deshalb als Kommentar zur Unterprogrammvereinbarung dazuschreiben. Dies hatten wir aus Platzgründen unterlassen und holen es deshalb in einer Tabelle nach:

Unterprogramm	Funktionalität
erster_eintrag	liefert als RETURN-Wert einen Zeiger auf den ersten Eintrag in der Liste; vorher muß initialisiere aufgerufen worden sein, und die Liste darf nicht leer sein.
initialisiere	legt eine (zunächst leere) Liste an; eventuell schon angelegte Listen sind dann nicht mehr zugänglich.
ist_leer	liefert true genau dann, wenn die Liste keinen Eintrag enthält, d.h. wenn seit dem letzten Aufruf von initialisiere entferne_eintrag genauso oft aufgerufen wurde wie fuege_eintrag_ein.
ist_letzter_eintrag	liefert true genau dann, wenn welcher auf den letzten Eintrag in der Liste zeigt.
naechster_eintrag	liefert einen Zeiger auf den Eintrag nach wonach, wobei wonach auf einen Eintrag zeigen muß, der nicht der letzte Eintrag ist.
fuege_eintrag_ein	fügt einen neuen Eintrag mit Inhalt inhalt an position-ter Stelle in die Liste ein (die Liste fängt mit dem ersten Eintrag an). Wenn die Liste vorher weniger als (position - 1) Einträge enthält, wird der neue Eintrag an das Ende der Liste angefügt.
entferne_eintrag	entfernt aus der Liste den Eintrag, auf den welchen zeigt. welchen muß auf einen Eintrag zeigen.
inhalt	liefert den Inhalt des Eintrags, auf den wovon zeigt. wovon muß auf einen Eintrag zeigen.

8.4.1 Anwendung des Pakets

```
------------------------------------------------------------|
WITH liste;

PROCEDURE anwendung IS
   eintrag_1,
   eintrag_2,
   eintrag_3 : liste.eintrag := (OTHERS => ' ');
BEGIN
   eintrag_1 (1) := '1';
   eintrag_2 (1) := '2';
   eintrag_3 (1) := '3';
   liste.initialisiere;
   liste.fuege_eintrag_ein (position => 1,
                            inhalt => eintrag_1);
   liste.fuege_eintrag_ein (position => 2,
                            inhalt => eintrag_2);
   liste.fuege_eintrag_ein (position => 1,
                            inhalt => eintrag_3);
   IF liste.inhalt
        (liste.naechster_eintrag (liste.erster_eintrag))
      = eintrag_1
   THEN
      liste.entferne_eintrag (liste.erster_eintrag);
   END IF;

-- bis hierher wurde nur mit Mitteln des Pakets gearbeitet

   IF liste.erster_eintrag.eintrag_danach.inhalt = eintrag_1
   THEN                             -- gleiche Wirkung wie oben
      liste.entferne_eintrag (liste.erster_eintrag);
   END IF;
END anwendung;
------------------------------------------------------------|
```

Die neue Fassung des PACKAGE liste stellt die Datenstruktur „Liste" vollständig dar: Man kann mit diesem Paket eine Listenstruktur verwalten, ohne Kenntnisse der Implementierung zu besitzen. PROCEDURE anwendung tut genau das: Nur mit den im Paket angebotenen Mitteln legt sie eine (zunächst leere) Liste an, schreibt einen ersten Eintrag in die Liste und einen zweiten direkt dahinter, dann einen dritten vor die beiden ersten; anschließend stellt sie fest, ob der zweite Eintrag in der Liste einen bestimmten Inhalt hat; in diesem Fall entfernt sie den ersten Eintrag aus der Liste.

Manche dieser Dinge kann ein Benutzer aber auch „zu Fuß" machen, manche nur mit den angebotenen Mitteln. Der Benutzer kommt zum Beispiel nicht umhin, die Funktion erster_eintrag aufzurufen, um Zugang zum ersten Eintrag zu bekommen, weil (im Gegensatz zur ersten Fassung des Pakets) die Paketvereinbarung jetzt keine entsprechende Variable enthält. Ein Benutzer, der schon Zugang zum ersten Eintrag hat und den zweiten Eintrag braucht, kann aber die Funktion naechster_eintrag links liegen lassen und stattdessen direkt auf die RECORD-Komponente eintrag_danach zugreifen. Die Funktion inhalt kann er ebenfalls verschmähen und dafür die RECORD-Komponente inhalt ansprechen. Dies liegt daran, daß die Datentypen im sichtbaren Teil des Pakets vereinbart sind, so daß ihre Struktur für Benutzer offengelegt ist. Das Paket enthält also zwar alle notwendigen Mittel zur Bearbeitung einer Liste. Es steht dem Benutzer aber frei, manche dieser Mittel zu umgehen, die darin investierte Arbeit selber noch einmal aufzuwenden und damit möglicherweise unnötig Fehler einzuschleppen. Dies kann man verhindern, indem man die Beschaffenheit der Typen vor dem Benutzer verbirgt — siehe §§8.6-8.8.

8.4.2 Der Paketrumpf

Die Vereinbarung von PACKAGE liste enthält acht Unterprogrammvereinbarungen. Der Rumpf (PACKAGE BODY liste) muß also zumindest acht dazu passende Unterprogrammrümpfe enthalten. In dieser Implementierung enthält er außerdem zwei Variablen, erster und letzter, die zur Implementierung der Unterprogramme gebraucht werden. Diese Variablen sind den Paketanwendern verborgen: Auch wenn der Programmierer einer solchen Anwendung das Listing des Paketrumpfes gelesen hat und weiß, daß er diese Variablen enthält, wird ihm der Compiler den Zugriff darauf verwehren.

Sichtbar sind die Variablen dagegen im ganzen Paketrumpf und folglich in den darin enthaltenen Unterprogrammrümpfen; das erste Unterprogramm greift schreibend darauf zu und die nächsten beiden lesend. Da diese Variablen aber nach außen nicht sichtbar sind, sollen und können sie nicht beim Aufruf der Unterprogramme als aktuelle Parameter übergeben werden. Sie werden in den Unterprogrammen direkt angesprochen, obwohl sie außerhalb der Unterprogramme vereinbart sind; hier wird also bewußt mit Seiteneffekten gearbeitet. Dies ist ja sonst zu Recht verpönt, weil es in der Regel zu intransparenten Programmen führt. In Ada ist

8.4 Ein Paket mit Implementierungsdetails

```
---------------------------------------------------------------|
PACKAGE BODY liste IS
   erster,
   letzter : zeiger_auf_eintrag;           -- nicht sichtbar
                                           -- in Anwendungen
   PROCEDURE initialisiere IS
   BEGIN
      erster := NULL;
      letzter := NULL;
   END initialisiere;

   FUNCTION  ist_leer RETURN boolean IS
   BEGIN
      RETURN erster = NULL;
   END ist_leer;

   FUNCTION  erster_eintrag RETURN zeiger_auf_eintrag IS
   BEGIN
      RETURN erster;
   END erster_eintrag;

   FUNCTION  ist_letzter_eintrag (welcher : IN
                                     zeiger_auf_eintrag)
      RETURN boolean IS SEPARATE;

   FUNCTION  naechster_eintrag (wonach : IN
                                     zeiger_auf_eintrag)
      RETURN zeiger_auf_eintrag IS SEPARATE;

   PROCEDURE fuege_eintrag_ein (inhalt   : IN eintrag;
                                position : IN positive) IS
      SEPARATE;

   PROCEDURE entferne_eintrag (welchen : IN
                                     zeiger_auf_eintrag) IS
      SEPARATE;

   FUNCTION  inhalt (wovon : IN zeiger_auf_eintrag)
      RETURN eintrag IS SEPARATE;
END liste;
---------------------------------------------------------------|
```

es aber in dieser Situation — bei Variablen in Paketrümpfen — sinnvoll und notwendig. Nur so ist es möglich, daß im Paketrumpf der Zugriff auf solche Variablen genau kontrolliert wird. Hier zum Beispiel ist ein Lesen der Variablen **erster** in Paketanwendungen möglich über die Funktion **erster_eintrag**, ein Verändern aber nur im Rahmen einer Veränderung der Liste. Intransparenz vermeidet man, wenn man genau dokumentiert, welche der Unterprogramme im Programmrumpf auf die jeweilige Variable zugreifen und wie.

Der ganze Inhalt der Paketvereinbarung ist automatisch im Paketrumpf sichtbar, wie in diesem Beispiel der Typ **zeiger_auf_eintrag**, der in der Paketvereinbarung vereinbart ist und im Paketrumpf häufig benutzt wird. Es ist also im Rumpf nicht notwendig, die Vereinbarung mit einer WITH-Klausel sichtbar zu machen.

Um das Beispiel kurz zu halten, haben wir für die letzten fünf Unterprogrammrümpfe in **PACKAGE BODY liste** einfach Stummel geschrieben; dies kann man auch bei Paketrümpfen machen. Die eigentlichen Rümpfe dieser Unterprogramme müssen durch **SEPARATE (liste)** als solche gekennzeichnet und in Untereinheiten nachgeliefert werden.

8.5 Ein weiteres Paketbeispiel

Das Paket **bruch_arithmetik** in diesem Abschnitt ist [Ada] entnommen. Ada bietet zwar einige vordefinierte numerische Typen, aber keinen Typ, mit dem beliebige Brüche exakt dargestellt werden können. Die Datenstruktur „rationale Zahlen" kann man aber durch ein Paket darstellen.

Eine rationale Zahl besteht aus zwei ganzen Zahlen, dem Zähler und dem Nenner, wobei der Nenner nicht den Wert Null haben darf; es genügt, sich auf positive Nenner zu beschränken. Den Datentyp **rationale_zahl** kann man also als RECORD-Typ mit Komponenten **zaehler** vom Typ **integer** und **nenner** vom Untertyp **positive** vereinbaren (der Portabilität zuliebe sollte man allerdings statt **integer** und **positive** lieber einen benutzerdefinierten ganzzahligen Typ und den entsprechenden Untertyp davon verwenden).

Zur Struktur „Rationale Zahlen" gehören auch die arithmetischen Operationen, die hier durch die letzten vier Operatoren dargestellt sind (Überladung!), sowie die Möglichkeit, aus zwei ganzen Zahlen eine rationale Zahl zu bauen, die durch den ersten der beiden Operatoren "/" gegeben ist (noch mehr Überladung!).

Zu jedem RECORD-Typ gibt es einen vordefinierten Gleichheitsoperator; dieser ist aber komponentenweise definiert und deshalb hier nicht zu gebrauchen, weil ja zum Beispiel $1/2 = 2/4$. Zur Struktur „rationale Zahlen"

8.5 Ein weiteres Paketbeispiel

```
PACKAGE bruch_arithmetik IS

   TYPE rationale_zahl IS
      RECORD
         zaehler : integer;
         nenner  : positive;
      END RECORD;

   FUNCTION  sind_gleich (x,
                          y : rationale_zahl)
      RETURN boolean;

   FUNCTION  "/" (x,
                  y : integer) RETURN rationale_zahl;

   FUNCTION  "+" (x,
                  y : rationale_zahl)
      RETURN rationale_zahl;

   FUNCTION  "-" (x,
                  y : rationale_zahl)
      RETURN rationale_zahl;

   FUNCTION  "*" (x,
                  y : rationale_zahl)
      RETURN rationale_zahl;

   FUNCTION  "/" (x,
                  y : rationale_zahl)
      RETURN rationale_zahl;

END bruch_arithmetik;
```

gehört aber auch die Möglichkeit, zwei rationale Zahlen auf Gleichheit zu prüfen; deshalb soll das Paket ein entsprechendes Unterprogramm enthalten. Naheliegend wäre es, durch noch mehr Überladen den vordefinierten Gleichheitsoperator mit einem eigenen zu verdecken. Dies ist bei fast jedem Operator erlaubt, beim Gleichheitsoperator aber nicht (mit einer Ausnahme — siehe §8.7). Deswegen hier die weniger elegante Lösung, für diesen Zweck eine Funktion sind_gleich zu vereinbaren. Ada 9X

```
---------------------------------------------------------------|
WITH bruch_arithmetik;

PROCEDURE irgendein_programm IS
   p,
   q,
   r,
   s : bruch_arithmetik.rationale_zahl;

   FUNCTION  minus (u,
                    v : bruch_arithmetik.rationale_zahl)
      RETURN bruch_arithmetik.rationale_zahl
      RENAMES bruch_arithmetik."-";

   FUNCTION  "*" (u,
                  v : bruch_arithmetik.rationale_zahl)
      RETURN bruch_arithmetik.rationale_zahl
      RENAMES bruch_arithmetik."*";
BEGIN
   p := bruch_arithmetik."/" (x => 3, y => 4);
   q := bruch_arithmetik."+" (p, p);
   r := minus (p, q);
   s := q * r;            -- infix-schreibweise fuer "*"
   s := "*" (q, r);       -- praefix_schreibweise fuer "*"
END irgendein_programm;
---------------------------------------------------------------|
```

erlaubt die Überladung des vordefinierten Gleichheitsoperators ohne Einschränkung.

In einer Anwendung (wie hier irgendein_programm) muß das Bibliothekspaket bruch_arithmetik mit einer WITH-Klausel sichtbar gemacht werden. Benutzt man auch eine USE-Klausel, sind alle Größen in der Paketvereinbarung direkt sichtbar, auch die dort vereinbarten Operatoren. In diesem Beispiel haben wir keine USE-Klausel verwendet, so daß die Operatoren zunächst nur durch Selektion sichtbar sind und auch nicht infix geschrieben werden können, sondern so, wie in den ersten zwei Anweisungen.

Der Vereinbarungsteil enthält zwei RENAMES-Vereinbarungen. Die erste macht den Operator "-" aus dem Paket unter dem Namen minus sichtbar. Dadurch spart man zwar die umständliche Selektion, kann aber die Funktion trotzdem nicht infix schreiben, weil dies nur für Operatoren erlaubt ist; man muß also

8.5 Ein weiteres Paketbeispiel

```
PACKAGE BODY bruch_arithmetik IS

   zero : CONSTANT rationale_zahl :=
           (zaehler => 0, nenner => 1);

   PROCEDURE nenner_angleichen (x,
                                y : IN OUT rationale_zahl)
      IS SEPARATE;

   -- nur im Paket-Rumpf sichtbar

   FUNCTION  sind_gleich (x, y : rationale_zahl)
      RETURN boolean IS
      u,
      v : rationale_zahl;
   BEGIN
      u := x;        -- noetig, weil x und y
      v := y;        -- IN Parameter sind
      nenner_angleichen (u, v);
      RETURN (u.zaehler = v.zaehler);
   END sind_gleich;

   FUNCTION  "/" (x, y : integer)
      RETURN rationale_zahl IS ...

   FUNCTION  "+" (x, y : rationale_zahl)
      RETURN rationale_zahl IS ...

   FUNCTION  "-" (x, y : rationale_zahl)
      RETURN rationale_zahl IS ...

   FUNCTION  "*" (x, y : rationale_zahl)
      RETURN rationale_zahl IS ...

   FUNCTION  "/" (x, y : rationale_zahl)
      RETURN rationale_zahl IS ...

END bruch_arithmetik;
```

```
minus (p, q)
```
schreiben. Die zweite **RENAMES**-Anweisung dagegen macht den Operator "*" unter dem Namen "*" direkt sichtbar. Aufrufe dieser Funktion können also sowohl infix als auch präfix geschrieben werden:

```
s := q * r;
s := "*" (q, r);
```

PACKAGE BODY bruch_arithmetik muß sechs Funktionsrümpfe enthalten, die den sechs Funktionsvereinbarungen in der Paketvereinbarung entsprechen. Diese Implementierung enthält außerdem eine Konstante zero, die die rationale Zahl 0 darstellt (diese Konstante kann nicht null heißen, weil **NULL** ein reserviertes Wort ist); und außerdem eine Prozedur nenner_angleichen (die wir aus Platzgründen nur als Stummel vereinbart haben), die zwei Brüche durch geeignete Erweiterungen auf einen gemeinsamen Nenner bringt. Die Konstante und die Prozedur dienen nur zur Implementierung der sechs Funktionen; sie sind für Anwender des Pakets nicht sichtbar.

In der Implementierung der Funktion sind_gleich fällt auf, daß zwei lokale Variablen u und v vereinbart werden. Man kann sich die Implementierung einfacher so vorstellen, daß nenner_angleichen auf x und y angewendet wird und dann x.zaehler mit y.zaehler verglichen wird. Dies allerdings verhindert der Compiler zu recht, denn x und y haben als Funktionsparameter den Modus **IN**, dürfen also nur gelesen werden; die Parameter von nenner_angleichen sind aber **IN OUT**-Parameter und werden damit eventuell verändert. Deshalb muß man mit lokalen Kopien von x und y arbeiten.

Die letzten fünf Rümpfe im Paketrumpf sind nur angedeutet; „..." ist also kein Ada. Bisher haben wir immer für uninteressante Rümpfe Stummel geschrieben. [Ada,§10.1] schreibt aber vor, daß der Name eines Unterprogramms, das getrennt übersetzt wird, ein Bezeichner sein muß (also kein Operator sein darf). Da aber zu jedem Stummel eine getrennt übersetzte Untereinheit mit einem gleichnamigen eigentlichen Rumpf gehört, dürfen für Operatoren keine Stummel geschrieben werden.

8.6 Private Typen

```
-----------------------------------------------------------|
PACKAGE streichhoelzer IS

   TYPE schachtel IS PRIVATE;

   volle_schachtel : CONSTANT schachtel;
   leere_schachtel : CONSTANT schachtel;

   PROCEDURE nimm_ein_streichholz_aus
      (woraus : IN OUT schachtel);

PRIVATE

   TYPE schachtel IS RANGE 0 .. 40;

   volle_schachtel : CONSTANT schachtel := schachtel'last;
   leere_schachtel : CONSTANT schachtel := schachtel'first;

END streichhoelzer;
-----------------------------------------------------------|
```

In allen bisherigen Beispielen waren die Typen im sichtbaren Teil der Paketvereinbarung vereinbart, alle Informationen über ihre Beschaffenheit standen also den Paketanwendern zur Verfügung. Dies hat den Nachteil, daß der Paketanwender vordefinierte Operationen des Typs anwenden kann, statt die Operationen zu benutzen, die explizit im Paket zur Verfügung stehen; dabei werden oft unnötig Fehler eingeschleppt.

Durch die Vereinbarung eines Typs als *privat* (*private type*) kann man dies verhindern: Private Typen benutzt man, um abstrakte Datentypen zu realisieren, also Typen, deren Beschaffenheit vor dem Anwender verborgen ist, so daß sie aus Sicht des Anwenders nur die Struktur (= Operationen) besitzen, die ihnen explizit zugeordnet wird. Mit anderen Worten: Bei Benutzung eines privaten Typs hat der Anwender gar keine andere Wahl, als die explizit im Paket zur Verfügung gestellten Operationen zu benutzen. (Bei Typen, die nur PRIVATE und nicht auch noch LIMITED sind, wie im Beispiel in diesem Abschnitt, stehen dem Anwender auch Zuweisungen und die vordefinierte Gleichheit zur Verfügung.)

Dieser Abschnitt enthält ein sehr einfaches Beispiel, das nur zeigen soll, welche Mittel dem Anwender eines privaten Typs zur Verfügung stehen

```
----------------------------------------------------------------|
WITH streichhoelzer;

PROCEDURE spiel_mit_dem_feuer IS

   PACKAGE str RENAMES streichhoelzer;      -- eine Abkuerzung

   meine_schachtel : str.schachtel;
   deine_schachtel : str.schachtel := str.leere_schachtel;
   sind_gleich     : boolean;

   FUNCTION   "=" (erster,
                   zweiter : str.schachtel) RETURN boolean
      RENAMES str."=";
BEGIN

   -- erlaubt:

   meine_schachtel := str.volle_schachtel;
   str.nimm_ein_streichholz_aus (meine_schachtel);
   sind_gleich := (meine_schachtel = str.leere_schachtel);
   sind_gleich := (meine_schachtel = deine_schachtel);

   -- verboten:

   meine_schachtel := str.schachtel'last;
   meine_schachtel := str."-" (meine_schachtel, 1);
   sind_gleich := (meine_schachtel = str.schachtel'first);
END spiel_mit_dem_feuer;
----------------------------------------------------------------|
```

und welche ihm verwehrt sind. Das Paket **streichhoelzer** stellt einen Typ **schachtel** zur Verfügung, dessen Objekte der Anwender als Streichholzschachteln mit mehr oder weniger Inhalt betrachten soll. Der Anwender soll mit Objekten des Typs einige Dinge tun können, die man mit Streichholzschachteln tut: Ein Streichholz herausnehmen (dann ist eins weniger in der Schachtel); die Schachtel ganz füllen oder ganz entleeren; feststellen, ob die Schachtel ganz voll oder ganz leer ist. Mehr soll er mit Schachtel-Objekten aber nicht tun können.

Deshalb ist der Typ **schachtel** als **PRIVATE** vereinbart:

   TYPE schachtel IS PRIVATE;

und der sichtbare Teil der Paketvereinbarung enthält gerade so viel, daß der Anwender mit Hilfe von Zuweisungen und der vordefinierten Gleichheit die Dinge tun kann, die er können soll. Dazu reichen die Prozedur nimm_ein_streichholz_aus und die beiden Konstanten volle_schachtel und leere_schachtel. Die Konstantenvereinbarungen können allerdings an dieser Stelle noch nicht vollständig (mit Wertzuweisung) erscheinen, weil ja hier auch die Beschaffenheit des Typs nicht sichtbar ist.

Wenn in einem Paket ein Typ als PRIVATE vereinbart wird, muß die Paketvereinbarung einen *privaten Teil* (*private part*) enthalten, in dem die noch fehlenden Informationen für den Compiler nachgeliefert werden. In diesem Fall sind dies die vollständigen Vereinbarungen des Typs und der beiden Konstanten. Der private Teil ist für Paketanwender nicht sichtbar; sie können also in ihren Programmteilen keine Operationen anwenden, die erst im privaten Teil vereinbart sind, sondern nur solche aus dem sichtbaren Teil, der vor dem reservierten Wort PRIVATE liegt.

In der Anwendung spiel_mit_dem_feuer sieht man, wie sich das auswirkt. Diese Prozedur hat eine WITH-Klausel, die das Paket streichhoelzer sichtbar macht. Die erste Vereinbarung ist eine RENAMES-Vereinbarung, die eine lokale Abkürzung für den langen Namen streichhoelzer einführt; in dieser Prozedur ist also str synonym mit streichhoelzer.

In der Anwendungsprozedur können Objekte des privaten Typs vereinbart und (weil Zuweisungen möglich sind) mit einem Anfangswert belegt werden:

```
meine_schachtel : str.schachtel;
deine_schachtel : str.schachtel := str.leere_schachtel;
```

Der Wert einer der beiden Konstanten (die ja im sichtbaren Teil des Pakets vereinbart sind) kann an solche Objekte zugewiesen werden:

```
meine_schachtel := str.volle_schachtel;
```

Durch einen Aufruf der Prozedur nimm_ein_streichholz_aus, die im sichtbaren Teil des Pakets vereinbart ist, kann der Wert des Objekts um eins vermindert werden:

```
str.nimm_ein_streichholz_aus (meine_schachtel);
```

Und die vordefinierte Gleichheit (die durch eine RENAMES-Vereinbarung direkt sichtbar gemacht wurde) kann zum Vergleich der Inhalte verschiedener Schachtel-Objekte eingesetzt werden:

```
sind_gleich := (meine_schachtel = str.leere_schachtel);
sind_gleich := (meine_schachtel = deine_schachtel);
```

Verboten dagegen sind Dinge, die sonst erlaubt wären: Die Anweisungen

```
meine_schachtel := str.schachtel'last;
sind_gleich := (meine_schachtel = str.schachtel'first);
```

werden abgelehnt, weil die Attribute schachtel'first und schachtel'last erst im privaten Teil des Pakets (implizit) vereinbart werden, für den Anwender also nicht sichtbar sind. Wenn diese Werte dem Anwender zur Verfügung stehen sollen, müssen sie explizit im sichtbaren Teil des Pakets vereinbart werden. In diesem Beispiel erfüllen die Konstanten leere_schachtel und volle_schachtel diesen Zweck.

```
meine_schachtel := str."-" (meine_schachtel, 1);
```

wird abgelehnt, weil auch der Operator "-" für den Typ schachtel für den Anwender nicht sichtbar ist. Er ist ja auch (implizit) nach der vollständigen Vereinbarung des Typs schachtel vereinbart, also im privaten Teil des Pakets. Wenn dem Anwender die Subtraktion zur Verfügung stehen soll, muß sie explizit im sichtbaren Teil des Pakets vereinbart werden. In diesem Beispiel steht dem Anwender nur eine Art eingeschränkte Subtraktion zur Verfügung, nämlich die Prozedur nimm_ein_streichholz_aus.

8.7 LIMITED PRIVATE Typen

Man kann einen privaten Typ außerdem als LIMITED vereinbaren; seine Beschaffenheit bleibt dem Anwender dann genauso verborgen wie bei jedem privaten Typ, und darüber hinaus sind für den Anwender auch Zuweisungen und Vergleiche (Prüfung auf Gleichheit) nicht mehr möglich. Im Beispiel in diesem Abschnitt ist schachtel ein LIMITED PRIVATE Typ; deswegen ist hier erst recht alles verboten, was schon im letzten Beispiel verboten war. Außerdem wird noch die Zuweisung

```
meine_schachtel := str.volle_schachtel;
```

vom Compiler abgelehnt, weil dem Paketanwender für einen LIMITED Typ keine Zuweisungsoperation zur Verfügung steht. Wenn der Anwender dennoch die Möglichkeit haben soll, Werte von Variablen des Typs schachtel zu verändern, müssen entsprechende Unterprogramme explizit im sichtbaren Teil des Pakets vereinbart sein, wie hier die Prozeduren fuelle und nimm_ein_streichholz_aus, die ja beide eine solche Möglichkeit bieten.

8.7 LIMITED PRIVATE Typen

```
-----------------------------------------------------------------|
PACKAGE streichhoelzer IS

   TYPE schachtel IS LIMITED PRIVATE;

   volle_schachtel : CONSTANT schachtel;

   FUNCTION  ist_voll (was : IN schachtel) RETURN boolean;

   PROCEDURE fuelle (was : IN OUT schachtel);

   PROCEDURE nimm_ein_streichholz_aus
      (woraus : IN OUT schachtel);

PRIVATE

   TYPE schachtel IS RANGE 0 .. 40;

   volle_schachtel : CONSTANT schachtel := schachtel'last;

END streichhoelzer;
-----------------------------------------------------------------|
```

Der Ausdruck `meine_schachtel = deine_schachtel` wird ebenfalls vom Compiler abgelehnt (auch dann, wenn durch eine USE-Klausel alle Vereinbarungen im sichtbaren Teil des Pakets direkt sichtbar gemacht werden), weil dem Anwender eines LIMITED Typs die vordefinierte Gleichheit nicht zur Verfügung steht. Wenn der Anwender dennoch Vergleichsmöglichkeiten haben soll, müssen diese explizit im sichtbaren Teil der Paketvereinbarung vereinbart werden, wie hier die Funktion ist_voll.

Dem Anwender eines LIMITED Typs stehen also normalerweise weder die Zuweisungsoperation noch die Operatoren "=" und "/=" zur Verfügung. Allerdings ist (nur) bei LIMITED Typen das Überladen des Gleichheitsoperators erlaubt; wenn also eine Funktion

```
   FUNCTION  "=" (left, right : IN schachtel)
      RETURN boolean;
```

im sichtbaren Teil des Pakets vereinbart ist, steht diese Funktion (und damit auch die Funktion "/=", die immer implizit als Komplement des Gleichheitsoperators vereinbart ist) dem Paketanwender zur Verfügung. Dahinter kann sich die vordefinierte Gleichheit für den Typ **schachtel**

```
----------------------------------------------------------------|
WITH streichhoelzer;

PROCEDURE spiel_mit_dem_feuer IS

   PACKAGE str RENAMES streichhoelzer;      -- eine Abkuerzung

   meine_schachtel : str.schachtel;
   deine_schachtel : str.schachtel;
BEGIN

   -- erlaubt:

   str.fuelle (meine_schachtel);
   str.nimm_ein_streichholz_aus (meine_schachtel);
   IF str.ist_voll (meine_schachtel) AND
      str.ist_voll (deine_schachtel)
   THEN
      NULL;
   END IF;

   -- verboten ist alles, was schon bei PRIVATE verboten ist
   -- und ausserdem:

   meine_schachtel := str.volle_schachtel;
   IF meine_schachtel = deine_schachtel THEN
      NULL;
   END IF;
END spiel_mit_dem_feuer;
----------------------------------------------------------------|
```

verbergen, zum Beispiel dann, wenn der Rumpf der Funktion so vereinbart ist:

```
    FUNCTION  "=" (left, right : IN schachtel)
        RETURN boolean IS
    BEGIN
        RETURN integer (left) = integer (right);
    END "=";
```

Hier wird im Rumpf der Funktion "=" der vordefinierte Gleichheitsoperator des Typs **integer** aufgerufen, um die durch Typkonvertierung gewonnenen entsprechenden Werte des Typs **integer** zu vergleichen. Die (implizite) Vereinbarung des vordefinierten Gleichheitsoperators "="

des Typs schachtel im privaten Teil des Pakets wäre normalerweise im Paketrumpf sichtbar; hier ist sie aber durch die explizite Vereinbarung von "=" verdeckt ([Ada,§8.3(17)]) und kann deshalb nicht verwendet werden.

Es ist also möglich, Paketanwendern den Gleichheitsoperator zur Verfügung zu stellen und ihnen gleichzeitig die Zuweisungsoperation vorzuenthalten. Es ist dagegen nicht möglich, bei einem LIMITED PRIVATE Typ die Zuweisungsoperation mit der üblichen Syntax Paketanwendern zur Verfügung zu stellen. Man kann aber die gleiche Funktionalität bieten, zum Beispiel durch eine Vereinbarung

```
PROCEDURE weise_zu (wert : IN schachtel;
                    an   : OUT schachtel);
```

im sichtbaren Teil des Pakets.

Zusammengesetzte Typen, die eine oder mehrere Komponenten eines LIMITED Typs enthalten, sind ebenfalls LIMITED, besitzen also weder die Zuweisungsoperation noch den implizit vereinbarte Gleichheits- bzw. Ungleichheitsoperator — auch dann nicht, wenn der Komponententyp mit einem explizit vereinbarten Gleichheitsoperator ausgestattet ist.

8.8 PACKAGE liste mit privatem Typ

In dieser Fassung des PACKAGE liste ist der zentrale Datentyp zeiger_auf_eintrag als privater Typ vereinbart, damit seine Beschaffenheit Anwendern des Pakets verborgen bleibt. So können Paketanwendungen nicht dadurch unnötig Fehler einschleppen, daß sie schon vorhandene Operationen noch einmal implementieren. Der Ausdruck

```
liste.erster_eintrag.eintrag_danach.inhalt
```

in einer Anwendung des Pakets würde also bei dieser Fassung des PACKAGE liste vom Compiler abgelehnt. Die Information, daß zeiger_auf_eintrag ein ACCESS-Typ und sein Zieltyp ein RECORD-Typ mit Komponenten eintrag_danach und inhalt ist, kann man ja aus dem sichtbaren Teil des Pakets nicht gewinnen. Der Ausdruck

```
liste.inhalt (
    liste.naechster_eintrag (liste.erster_eintrag))
```

dagegen ist nach wie vor zulässig, weil er nur Operationen aus dem sichtbaren Teil des Pakets enthält.

```
PACKAGE liste IS -- mit Typ zeiger_auf_eintrag PRIVATE

   SUBTYPE eintrag IS string (1 .. 30);

   TYPE      zeiger_auf_eintrag IS PRIVATE;
   FUNCTION  erster_eintrag RETURN zeiger_auf_eintrag;
   PROCEDURE initialisiere;
   FUNCTION  ist_leer RETURN boolean;
   FUNCTION  ist_letzter_eintrag (welcher : IN
                                            zeiger_auf_eintrag)
      RETURN boolean;
   FUNCTION  naechster_eintrag (wonach : IN
                                          zeiger_auf_eintrag)
      RETURN zeiger_auf_eintrag;
   PROCEDURE fuege_eintrag_ein (inhalt   : IN eintrag;
                                position : IN positive);
   PROCEDURE entferne_eintrag (welchen : IN
                                         zeiger_auf_eintrag);
   FUNCTION  inhalt (wovon : IN zeiger_auf_eintrag)
      RETURN eintrag;

PRIVATE

   TYPE listen_eintrag;        -- vollstaendige Vereinbarung im
                               -- PACKAGE BODY

   TYPE zeiger_auf_eintrag IS ACCESS listen_eintrag;

END liste;
```

Das Verbergen der Struktur des Typs zeiger_auf_eintrag bringt einen weiteren Vorteil mit sich: die Sicherheit, daß der Text einer Paketanwendung nicht von dieser Struktur abhängt. Wenn die Struktur (offenbart im privaten Teil) mal geändert wird, müssen die Paketanwendungen zwar neu übersetzt, aber nicht geändert werden (Wartbarkeit!).

Hier gehen wir sogar noch ein Stück weiter: Der private Teil des Pakets enthält nur die Information, daß zeiger_auf_eintrag ein ACCESS-Typ ist, und die unvollständige Vereinbarung des Zieltyps. [Ada, §3.8.1(3)] läßt dies zu; die vollständige Vereinbarung des Zieltyps muß im Paketrumpf nachgeholt werden. Dadurch erreicht man eine noch bessere Wartbarkeit: Die Struktur des Zieltyps kann verändert werden, ohne daß

8.8 PACKAGE liste mit privatem Typ

```
---------------------------------------------------------------|
PACKAGE BODY liste IS

   TYPE listen_eintrag IS
      RECORD
         eintrag_davor   : zeiger_auf_eintrag;
         inhalt          : eintrag;
         eintrag_danach  : zeiger_auf_eintrag;
      END RECORD;

   erster,
   letzter : zeiger_auf_eintrag;

   PROCEDURE initialisiere IS SEPARATE;
   FUNCTION  ist_leer RETURN boolean IS SEPARATE;
   FUNCTION  ist_letzter_eintrag (welcher : IN
                                         zeiger_auf_eintrag)
      RETURN boolean IS SEPARATE;
   FUNCTION  erster_eintrag RETURN zeiger_auf_eintrag IS
      SEPARATE;
   FUNCTION  naechster_eintrag (wonach : IN
                                         zeiger_auf_eintrag)
      RETURN zeiger_auf_eintrag IS SEPARATE;
   PROCEDURE fuege_eintrag_ein (inhalt   : IN eintrag;
                                position : IN positive) IS
      SEPARATE;
   PROCEDURE entferne_eintrag (welchen : IN
                                         zeiger_auf_eintrag) IS
      SEPARATE;
   FUNCTION  inhalt (wovon : IN zeiger_auf_eintrag)
      RETURN eintrag IS SEPARATE;
END liste;
---------------------------------------------------------------|
```

die Paketanwendungen nachübersetzt werden müssen. Man kann zum Beispiel zunächst eine einfache Implementierung mit einfacher Verkettung schreiben; wenn später eine aufwendigere Implementierung mit doppelter Verkettung geschrieben wird, muß nur der Paketrumpf ausgetauscht und das Programm neu gebunden werden.

Der Paketrumpf in dieser Fassung des Pakets kann genauso aussehen wie die erste Version, außer, daß er jetzt zusätzlich die vollständige Vereinbarung des Zieltyps enthält.

8.9 Paket mit Anweisungen

```
-------------------------------------------------------------|
PACKAGE datei IS

   PROCEDURE schreib (eingabe : IN string);

   PROCEDURE schliess;

END datei;
-------------------------------------------------------------
WITH datei;

PROCEDURE hauptprogramm IS
BEGIN
   datei.schreib ("A");
   datei.schreib ("B");
   datei.schreib ("C");
   datei.schliess;
END hauptprogramm;
-------------------------------------------------------------
PACKAGE BODY datei IS

   PROCEDURE schreib (eingabe : IN string) IS SEPARATE;

   PROCEDURE schliess IS SEPARATE;

   PROCEDURE oeffne_die_datei IS SEPARATE;
BEGIN
   oeffne_die_datei;
END datei;
-------------------------------------------------------------|
```

Ein Paket macht verschiedene Ressourcen verfügbar. Wenn bestimmte Vorarbeiten ein- für allemal geleistet werden müssen, damit diese Ressourcen richtig funktionieren, dann hat man in Ada die Möglichkeit, diese Vorarbeiten im Anweisungsteil des Paketrumpfes zu implementieren. Diese Anweisungen werden genau einmal ausgeführt, und zwar bei der Abarbeitung des Paketrumpfes (s. §10.2); diese geschieht in jedem Fall vor dem ersten Aufruf (von außerhalb des Pakets) eines im Paket vereinbarten Unterprogramms.

In diesem Beispiel schreibt PROCEDURE schreib eine Zeichenkette in eine bestimmte Datei; damit die Prozedur richtig funktioniert, muß vorher (einmal) die Datei geöffnet werden. Die entsprechenden Anweisung steht im Paketrumpf. Der Paketanwender muß sich also um diesen Initialisierungsvorgang nicht kümmern. (Damit die Datei geschlossen werden kann, wenn sie gar nicht mehr gebraucht wird, enthält das Paket eine Prozedur schliess, die aber nicht automatisch, sondern vom Paketanwender aufgerufen wird.)

8.10 Übung 5: Anwendung eines Pakets

Schreiben Sie eine „Zufalls"zahlenfunktion, die durch Benutzung der Uhr bei jedem Aufruf eine andere Zahl liefert. Die Vereinbarung der Funktion steht in der Datei U5.ADA auf der Diskette:

```
FUNCTION zufallszahl
   (zwischen: IN natural;
    und     : IN natural) RETURN natural;
```

Diese Funktion soll eine natürliche Zahl zwischen „zwischen" und „und" liefern, und zwar so, daß verschiedene Aufrufe der Funktion auch bei gleichen Parametern in der Regel verschiedene Werte ergeben. Bei genügend vielen Aufrufen soll die Funktion (je nach den Umständen) alle in Frage kommenden Werte liefern können.

Übersetzen Sie die Funktionsvereinbarung. Schreiben Sie dann einen passenden Rumpf und übersetzen diesen.

- Das vordefinierte Paket calendar, beschrieben in [Ada, §9.6] und unten in diesem Abschnitt, enthält Funktionen, mit denen man in Ada-Programmen die Uhr lesen kann. Der zentrale Typ time in diesem Paket ist ein privater Typ; man muß also die im Paket explizit vereinbarten Mittel anwenden, um aus einer Uhrzeit des Typs time einen (numerischen) Wert zu erzeugen, den man weiterverarbeiten kann.

- Um aus der Uhrzeit eine Zahl zu gewinnen, die zwischen den Parametern zwischen und und der Funktion zufallszahl liegt, könnte man folgenden Algorithmus verwenden:

```
zufallszahl (zwischen, und) := min + rest
```

wobei min := Minimum von **zwischen** und **und**
rest := Rest nach Teilung der Zeit in Sekunden durch
(**unterschied** + 1)
unterschied := Unterschied zwischen **zwischen** und **und**.

- Dazu kann man den vordefinierten Operator REM gebrauchen; er ist in [Ada, §4.5] und unten in diesem Abschnitt beschrieben.

Die Quelle einer einfachen Testprozedur für die Funktion **zufallszahl** steht in der Datei T5.ADA. Übersetzen Sie diese, binden sie die Prozedur (Ada-Name: **test_zufallszahl**) und lassen Sie sie laufen, um die Funktion **zufallszahl** zu testen.

Die Ada-Vereinbarung des PACKAGE calendar ist:

--|
```
PACKAGE calendar IS

  TYPE time IS PRIVATE;

  SUBTYPE year_number  IS integer RANGE 1901 .. 2099;
  SUBTYPE month_number IS integer RANGE 1 .. 12;
  SUBTYPE day_number   IS integer RANGE 1 .. 31;
  SUBTYPE day_duration IS duration RANGE 0.0 .. 86_400.0;

  FUNCTION  clock RETURN time;

  FUNCTION  year (date : time) RETURN year_number;
  FUNCTION  month (date : time) RETURN month_number;
  FUNCTION  day (date : time) RETURN day_number;
  FUNCTION  seconds (date : time) RETURN day_duration;

  PROCEDURE split (date    : IN time;
                   year    : OUT year_number;
                   month   : OUT month_number;
                   day     : OUT day_number;
                   seconds : OUT day_duration);

  FUNCTION time_of (year    : year_number;
                    month   : month_number;
                    day     : day_number;
                    seconds : day_duration := 0.0)
       RETURN time;
```

8.10 Übung 5: Anwendung eines Pakets

```
    FUNCTION "+" (left  : time;
                  right : duration) RETURN time;
    FUNCTION "+" (left  : duration;
                  right : time) RETURN time;
    FUNCTION "-" (left  : time;
                  right : duration) RETURN time;
    FUNCTION "-" (left  : time;
                  right : time) RETURN duration;

    FUNCTION "<" (left,
                  right : time) RETURN boolean;
    FUNCTION "<=" (left,
                   right : time) RETURN boolean;
    FUNCTION ">" (left,
                  right : time) RETURN boolean;
    FUNCTION ">=" (left,
                   right : time) RETURN boolean;

    time_error : EXCEPTION; -- can be raised by time_of,
                            -- "+", and "-"

PRIVATE
  -- implementation-dependent
END calendar;
----------------------------------------------------------------|
```

duration ist ein vordefinierter Festpunkttyp, der für die Darstellung von Zeitspannen in Sekunden vorgesehen ist.

REM ist ein Operator, der für jeden ganzzahligen Typ vordefiniert ist, so daß a REM b = Rest von a nach Teilung durch b.

9 Getrennte Übersetzung

In den vorangegangenen Kapiteln ist schon einiges zum Thema „getrennte Übersetzung" gesagt worden; nun wird es Zeit, das schon Gesagte zusammenzufassen und zu ergänzen.

9.1 Die Bibliothek

Es versteht sich von selbst, daß eine Sprache, die gerade für große Programmsysteme konzipiert ist, das Übersetzen verschiedener Teile eines Programms zu verschiedenen Zeiten unterstützen muß. Andererseits ist es auch klar, daß in einer Sprache, die für zuverlässige Programme konzipiert ist, möglichst viele Fehler zur Übersetzungszeit aufgedeckt werden müssen, und daß dies viele Verträglichkeitsprüfungen bei der Übersetzung mit sich bringt, zum Beispiel zwischen Vereinbarung und Anwendungen von Objekten oder zwischen Vereinbarung und Aufrufen von Unterprogrammen.

Wenn die Zuverlässigkeit eines Programms nicht darunter leiden soll, daß verschiedene Teile zu verschiedenen Zeiten übersetzt wurden, müssen alle Verträglichkeitsprüfungen genauso über die Grenzen einzelner Übersetzungen hinweg durchgeführt werden, wie wenn alle Teile am Stück übersetzt werden. Dies ist nur möglich, wenn es eine Datenbasis gibt, in die bei jeder Übersetzung diejenige Information abgelegt wird, die eventuell bei späteren Übersetzungen für solche Konsistenzprüfungen gebraucht wird. Diese Datenbasis ist in [Ada] fest in der Sprache verankert und heißt *Programmbibliothek* (*program library*). Diese Terminologie weicht von der älterer Programmiersprachen ab; dort ist eine „Bibliothek" eine Ansammlung bewährter Programmodule, die nicht zu Konsistenzprüfungen dient, sondern als Lieferant vorgefertigter Programmteile. Diesem Begriff entspricht in Ada eher das Paketkonzept.

In [Ada] ist immer nur von der Programmbibliothek die Rede. Es ist erlaubt und meist sinnvoll, daß verschiedene Bibliotheken existieren, so daß jeder Programmierer eine eigene Bibliothek hat. Es ist außerdem zulässig und üblich, daß Verbindungen zwischen Bibliotheken bestehen, so daß in einer Bibliothek auch Übersetzungseinheiten aus anderen Bibliotheken sichtbar sind. In diesem Fall muß man die in [Ada] beschriebene Bibliothek als logische Bibliothek betrachten, die in der Praxis durchaus aus Teilen verschiedener Bibliotheken bestehen kann, sich aber trotzdem an die in [Ada] festgelegten Regeln für die logische Bibliothek hält. Die meisten Ada-Implementierungen unterstützen die Arbeit mit verschiedenen Bibliotheken; dies ist aber nicht Sache der Sprachdefinition und ist deshalb in verschiedenen Ada-Implementierungen verschieden geregelt. Wir werden daher in diesem Buch auch immer von der Programmbibliothek sprechen, obwohl man in der Praxis durchaus mit mehreren Bibliotheken arbeiten kann.

9.2 Übersetzungseinheiten

Jede Ada-Übersetzung erfolgt im Kontext einer Programmbibliothek, die bei erfolgreicher Übersetzung (und nur dann) verändert wird. Eine Übersetzung in Ada kann aus beliebig vielen Übersetzungseinheiten bestehen, die hintereinander in einer Textdatei stehen. Dabei ist eine Übersetzungseinheit ein Programmtext, der schon allein die Eingabe für eine Übersetzung bilden und nicht mehr in mehrere Übersetzungen aufgeteilt werden kann.

Am Anfang jeder Übersetzungseinheit steht eine (manchmal leere) *Kontextklausel* (*context clause*), bestehend aus WITH- und eventuell auch USE-Klauseln, die sich nur auf diese und nicht auf nachfolgende Übersetzungseinheiten in der gleichen Übersetzung beziehen. Eine Übersetzungseinheit kann eine Bibliothekseinheit sein, die — abgesehen von der Kontextklausel — aus

- einer Unterprogrammvereinbarung,
- einem Unterprogrammrumpf,
- einer Paketvereinbarung,
- einer generischen Vereinbarung (siehe Kapitel 12), oder
- einer generischen Ausprägung (siehe Kapitel 12)

besteht. Der Text

```
PROCEDURE p;
```
ist also schon eine Übersetzungseinheit. Es mutet zunächst vielleicht unsinnig an, den Compiler wegen eines so kurzen und scheinbar inhaltsarmen Textes zu bemühen. Es kann aber sehr sinnvoll sein, denn dadurch wird in der Bibliothek die Information abgelegt, daß eine parameterlose Prozedur p übersetzt wurde. Danach können, zeitlich unabhängig voneinander, der Rumpf von p und Anwendungen von p (das sind Übersetzungseinheiten, in denen p aufgerufen wird) übersetzt werden, wobei der Compiler die Konsistenz mit der schon übersetzten Prozedurvereinbarung prüfen wird.

Zu manchen Bibliothekseinheiten — zum Beispiel zur Prozedur p oben — gehört ein Rumpf. Auch dieser ist eine Übersetzungseinheit.

Das Thema *Untereinheit* wurde schon im Kapitel 6 eingeführt. Auch Untereinheiten sind Übersetzungseinheiten. Eine Untereinheit enthält den eigentlichen Rumpf, der zu einem Stummel in der Vatereinheit gehört; dieser eigentliche Rumpf kann

- ein Unterprogrammrumpf,
- ein Paketrumpf, oder
- der Rumpf einer TASK (siehe Kapitel 14)

sein.

9.3 Abhängigkeiten zwischen Einheiten

In der Programmbibliothek werden bei jeder erfolgreichen Ada-Übersetzung Informationen abgelegt, die bei manchen späteren Übersetzungen gelesen werden müssen. Dadurch entstehen *Abhängigkeiten* zwischen Übersetzungseinheiten. Die Regeln über solche Abhängigkeiten sind einfach:

1. Eine Einheit, die eine WITH-Klausel enthält, hängt von der Vereinbarung der Einheit ab, die in der WITH-Klausel genannt wird.
2. Ein Rumpf, der zu einer Bibliothekseinheit (einer Unterprogramm-, Paket- oder generischen Vereinbarung — siehe Kapitel 12) gehört, hängt von dieser Bibliothekseinheit ab.
3. Eine Untereinheit hängt von ihrer Vatereinheit ab.

(Es kann auch bestimmte (implementierungsabhängige) zusätzliche Abhängigkeitsregeln geben — siehe [Ada, §10.3] und §16.1 ; auf diese gehen wir hier nicht ein.)

„B hängt von A ab" bedeutet zweierlei:
Erstens: B kann erst nach A übersetzt werden. Zum Beispiel wird wegen Regel 1 eine Übersetzungseinheit, deren Kontextklausel WITH p enthält, abgelehnt, wenn keine Bibliothekseinheit p in der Bibliothek vorhanden ist. Eine Verletzung der Regeln über die Reihenfolge von Übersetzungen hat also das Scheitern der Übersetzung zur Folge.
Zweitens: Wenn A und B schon übersetzt worden sind, und A (erfolgreich) wiederübersetzt wird, dann ist B *veraltet* (*obsolete*); das heißt, die Übersetzung von B kann nicht mehr benutzt werden. Dieses Streichen einer abhängigen Einheit aus dem Katalog der benutzbaren Einheiten in der Bibliothek wird automatisch vom Ada-System gemacht, der Programmierer muß sich nicht darum kümmern.
Dies ist eine ganz wesentliche Eigenschaft der getrennten Übersetzung in Ada, die in großen Anwendungen viel zur Zuverlässigkeit des Programms beiträgt. In den vielen Programmiersprachen, die Übersetzung verschiedener Teile eines Programms zu verschiedenen Zeiten erlauben, aber keine solche Kontrolle kennen, sind Fehler folgender Bauart das tägliche Brot der leidgeplagten Programmierer: Otto ist beauftragt, ein Unterprogramm mit drei Parametern zu implementieren, das Hugo in seinem Teil des Programms aufrufen soll. Nach erfolgreicher Übersetzung des Unterprogramms wie des Unterprogrammaufrufs fällt dem Projektleiter ein, daß es gut wäre, das Unterprogramm mit einem vierten Parameter auszustatten. Otto verändert sein Unterprogramm entsprechend und übersetzt es wieder. Wegen einer dringenden Besprechung vergißt der Projektleiter aber, auch Hugo von dieser Änderung zu informieren. Das Programm mit den zwei inkompatiblen Programmteilen wird anstandslos gebunden und zeigt ein wunderliches Verhalten zur Laufzeit, das Projektleiter wie Programmierer tage-, wenn nicht wochenlang beschäftigt.
Bei Benutzung von Ada in diesem Projekt würde bei der Nachübersetzung von Ottos Unterprogramm Hugos Programmteil automatisch als veraltet gekennzeichnet, so daß das Programm nicht mehr gebunden werden könnte.
Der Programmierer muß allerdings selber dafür sorgen, daß veraltete Einheiten, die wieder gebraucht werden, neu übersetzt werden. Viele Ada-Implementierungen bieten Make-Werkzeuge, die bei Bedarf dieses erneute Übersetzen automatisch veranlassen; dieses Thema ist aber nicht Sache der Sprachdefinition und wird deshalb verschieden gehandhabt.
Am Schluß dieses Abschnitts eine genaue Erklärung des oben verwendeten Begriffs „Wiederübersetzung": Mit einer *Wiederübersetzung* (*recompilation*) einer Einheit A ist die spätere Übersetzung einer beliebigen Einheit mit dem gleichen *vollständigen erweiterten Namen* (*full expanded name*) gemeint, egal, ob die neue Einheit verschieden von der alten ist oder nicht. (Der vollständige erweiterte Name einer Bibliothekseinheit

xy ist xy; hat diese Einheit eine Untereinheit z, so ist der vollständige erweiterte Name von z xy.z.) Steht also eine Bibliotheksprozedur p in der Bibliothek, und wird ein Bibliothekspaket p erfolgreich übersetzt, so verschwindet dadurch die Bibliotheksprozedur p aus der Bibliothek und alle von ihr abhängigen Einheiten sind veraltet.

9.4 Ein Beispiel

```
------------------------------------------------------------|
PROCEDURE hauptprogramm IS          -- Bibliothekseinheit

   PACKAGE paket IS                 -- lokales Paket
      PROCEDURE paket_prozedur;
   END paket;
   PACKAGE BODY paket IS
      PROCEDURE paket_prozedur IS          -- Unterprogramm-
      BEGIN                                -- Rumpf
         NULL;                             -- im
      END paket_prozedur;                  -- Paketrumpf
   END paket;

   PROCEDURE hauptprogramm_prozedur IS -- lokales
   BEGIN                               -- Unterprogramm
      NULL;                            --
   END hauptprogramm_prozedur;         --

BEGIN
   hauptprogramm_prozedur;
   paket.paket_prozedur;
END hauptprogramm;
------------------------------------------------------------|
```

Um die Folgen der Regeln über Abhängigkeiten zwischen Übersetzungseinheiten und die Vor- und Nachteile verschiedener Programmstrukturen im Hinblick auf die getrennte Übersetzung zu illustrieren, betrachten wir jetzt ein einfaches Beispiel. Dieses Programm tut zwar nichts, dafür kann man aber daran die verschiedenen Möglichkeiten der Aufteilung in Übersetzungseinheiten zeigen. Stellen wir uns vor, daß die beiden lokalen Unterprogramme in Wirklichkeit etwas Sinnvolles tun und umfangreich sind, und daß das Paket mehr enthält als nur ein Unterprogramm. Dann ist es sinnvoll, das Programm in kleinere Übersetzungseinheiten aufzuteilen. Betrachten wir zuerst folgende Aufteilung:

```
----------------------------------------------------------------|
PACKAGE paket IS
   PROCEDURE paket_prozedur;
END paket;
----------------------------------------------------------------
PACKAGE BODY paket IS
   PROCEDURE paket_prozedur IS SEPARATE;
END paket;
----------------------------------------------------------------
SEPARATE (paket)

PROCEDURE paket_prozedur IS
BEGIN
   NULL;
END paket_prozedur;
----------------------------------------------------------------
WITH paket;

PROCEDURE hauptprogramm IS
   PROCEDURE hauptprogramm_prozedur IS SEPARATE;
BEGIN
   hauptprogramm_prozedur;
   paket.paket_prozedur;
END hauptprogramm;
----------------------------------------------------------------
SEPARATE (hauptprogramm)

PROCEDURE hauptprogramm_prozedur IS
BEGIN
   NULL;
END hauptprogramm_prozedur;
----------------------------------------------------------------|
```

Das Paket ist dadurch, daß es nicht mehr in eine andere Übersetzungseinheit eingebettet ist, zum Bibliothekspaket erhoben worden. Dadurch entstehen zwei zusätzliche Übersetzungseinheiten: PACKAGE paket und PACKAGE BODY paket. Wegen Abhängigkeitsregel 2 hängt PACKAGE BODY paket von PACKAGE paket ab.

9.4 Ein Beispiel

In PACKAGE BODY paket wurde der Rumpf von PROCEDURE paket_prozedur als Stummel vereinbart. Dadurch wird eine weitere zusätzliche Übersetzungseinheit nötig, nämlich die Untereinheit, die den eigentlichen Rumpf dieser Prozedur enthält. Wegen Abhängigkeitsregel 3 hängt diese Untereinheit von PACKAGE BODY paket ab.

PROCEDURE hauptprogramm ruft PROCEDURE paket_prozedur aus PACKAGE paket auf; da paket aber jetzt nicht mehr lokal in PROCEDURE hauptprogramm vereinbart ist, sondern Bibliothekspaket ist, muß paket jetzt durch eine WITH-Klausel in PROCEDURE hauptprogramm sichtbar gemacht werden. Wegen Abhängigkeitsregel 1 hängt also PROCEDURE hauptprogramm von PACKAGE paket ab.

In hauptprogramm wurde der Rumpf von PROCEDURE hauptprogramm_prozedur als Stummel vereinbart. Dadurch wird eine weitere zusätzliche Übersetzungseinheit nötig, nämlich die Untereinheit, die den eigentlichen Rumpf dieser Prozedur enthält. Wegen Abhängigkeitsregel 3 hängt diese Untereinheit von PROCEDURE hauptprogramm ab.

Damit ergibt sich nun folgende Abhängigkeitsstruktur für das Programm:

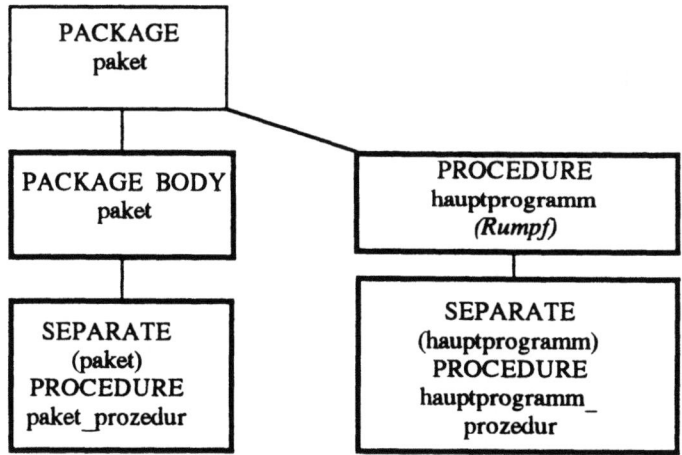

Bei dieser Struktur muß PACKAGE paket zuerst übersetzt werden. Wenn dies geschehen ist, können zwei Teile des Programms zeitlich unabhängig voneinander entwickelt, übersetzt, verändert und wiederübersetzt werden: das Hauptprogramm mit seiner Untereinheit einerseits, und der Rumpf des Pakets mit seiner Untereinheit andererseits. Innerhalb jeder dieser zwei Teile muß allerdings eine feste Übersetzungsreihenfolge eingehalten werden (Vatereinheit vor Untereinheit).

Die Abhängigkeitsverhältnisse wirken sich auch bei Wiederübersetzungen aus (siehe §9.3): Wird nach erfolgreicher Übersetzung einiger dieser Einheiten die Paketvereinbarung wiederübersetzt, dann sind alle schon übersetzten Einheiten veraltet; sie müssen neu übersetzt werden, wenn man sie noch braucht. Genauso hat eine Wiederübersetzung einer der beiden Vatereinheiten zur Folge, daß die dazugehörige Untereinheit veraltet ist.

9.4.1 Eine Alternativstruktur

```
-------------------------------------------------------------|
PROCEDURE hauptprogramm_prozedur;
-------------------------------------------------------------
PROCEDURE hauptprogramm_prozedur IS
BEGIN
   NULL;
END hauptprogramm_prozedur;
-------------------------------------------------------------
WITH paket, hauptprogramm_prozedur;

PROCEDURE hauptprogramm IS
BEGIN
   hauptprogramm_prozedur;
   paket.paket_prozedur;
END hauptprogramm;
-------------------------------------------------------------|
```

In diesem Unterabschnitt besprechen wir eine andere mögliche Aufteilung des Programms hauptprogramm in verschiedene Übersetzungseinheiten. Die ersten drei Übersetzungseinheiten im ersten Entwurf bleiben unverändert, das lokale Unterprogramm hauptprogramm_prozedur wird ebenfalls Bibliothekseinheit. Dafür schreiben wir wegen der schon besprochenen Vorteile (siehe §6.7) eine explizite Unterprogrammvereinbarung. Bei diesem Entwurf ergibt sich die auf der nächsten Seite dargestellte Abhängigkeitsstruktur für das Programm.

Diese Struktur bietet mehr Möglichkeiten zur Arbeitsteilung als die erste. Wenn Vereinbarungen der beiden Einheiten hauptprogramm_prozedur und paket festgelegt und übersetzt sind, können drei Teile des Programms völlig unabhängig voneinander entwickelt und übersetzt werden: Der Rumpf von PROCEDURE hauptprogramm, das Hauptprogramm selbst, und der Paketrumpf mitsamt seiner Untereinheit.

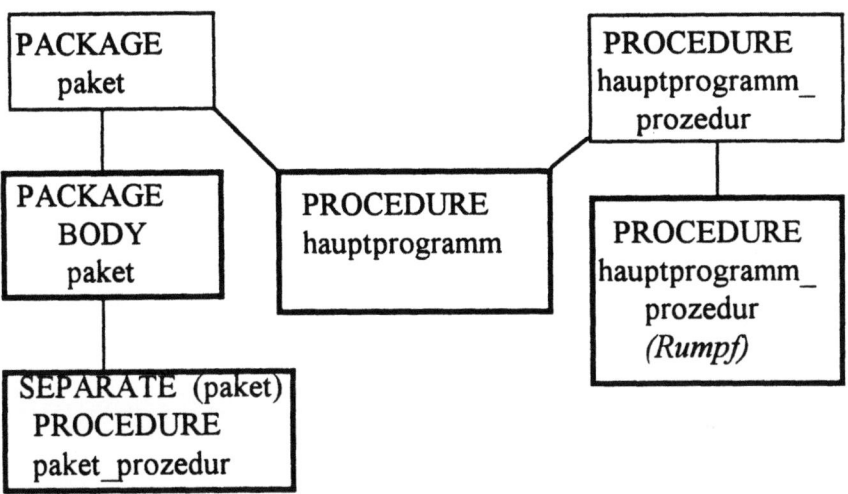

Durch diese Struktur wird das Programm auch wartungsfreundlicher: Eine Änderung im Hauptprogramm hat nicht mehr die Veraltung der PROCEDURE hauptprogramm_prozedur zur Folge, man spart also Übersetzungskosten.

9.5 Modulare Struktur eines Ada-Programms

Am Beispiel im letzten Abschnitt sieht man, daß, selbst wenn beim Entwurf eines Ada-Programms feststeht, welche Pakete und Unterprogramme es enthalten soll, Entscheidungen über den Status dieser Programmeinheiten (Bibliothekseinheit, lokal vereinbarte Einheit oder Stummel und Untereinheit) große Auswirkungen auf die Möglichkeiten zur Arbeitsteilung beim Codieren des Programms und auf die Wartbarkeit des Programms haben können.

Dies war allerdings ein besonders einfaches Beispiel: Es enthielt keine Objekte oder Typen, die an bestimmten Stellen sichtbar sein mußten. In einem typischen Ada-Programm haben zum Beispiel viele Unterprogramme Parameter, deren Typen wiederum nicht vordefiniert, sondern im Programm vereinbart sind. Der Standort für solche Unterprogramme muß also so gewählt werden, daß dort diese Typen sichtbar sind. Andererseits sollte jede Ada-Größe im Programm möglichst nur dort sichtbar sein, wo es nötig ist — also dort, wo sie relevant ist (Geheimnisprinzip!).

Bei der Strukturierung eines Ada-Programms in Übersetzungseinheiten muß man sich also zunächst klar werden, wo die verschiedenen Ada-Größen sichtbar sein müssen; dann kann man für jede Größe einen Standort wählen, aus dem sich diese Sichtbarkeit (und möglichst nicht mehr) ergibt. Bei der Wahl zwischen verschiedenen gangbaren Alternativen kann man darauf achten, daß möglichst viele verschiedene Programmteile unabhängig voneinander übersetzt und wiederübersetzt werden können.

9.6 Übung 6: Sichtbarkeit im Ada-Programm

In §6.10 wurde die Funktionalität des Vokabel-Trainers beschrieben; in §6.11 wurden zentrale Ada-Größen festgelegt, die der Vokabel-Trainer enthalten soll. Wir fassen hier die Bedeutung der wichtigsten Größen zusammen:

Größe	Bedeutung
PROCEDURE vokabeln_hauptprogramm	Hauptprogramm, steuert den groben Ablauf, d.h. Aufruf der Aktionen notieren, auflisten und abfragen, und führt die dazu notwendige Kommunikation mit dem Benutzer am Terminal durch
PROCEDURE notieren	notiert im Heft so viele Vokabeln, wie am Terminal eingegeben werden, und ordnet sie im Heft derjenigen Lektion zu, die als IN-Parameter (vom Typ lektion_typ) übergeben wurde
PROCEDURE auflisten	listet am Terminal alle Vokabeln aus dem Heft auf, die aus derjenigen Lektion stammen, die als IN-Parameter (vom Typ lektion_typ) übergeben wurde
PROCEDURE abfragen	fragt den Benutzer am Terminal alle Vokabeln ab, die aus einem bestimmten Bereich von Lektionen stammen. Dieser Bereich wird durch zwei IN-Parameter des Typs lektion_typ bestimmt; ein weiterer (boolescher) Parameter bestimmt die Richtung des Abfragens
PACKAGE kasten	stellt den Kasten dar, der in der Aktion abfragen verwendet wird, mitsamt den Aktionen, die sich auf den Kasten beziehen

Größe	Bedeutung
`PACKAGE heft`	stellt das Heft dar mitsamt den Aktionen, die sich auf niedriger Abstraktionsbene darauf beziehen (eine Vokabel lesen/schreiben), aber ohne Aktionen auf oberster Abstraktionsebene (`notieren, auflisten, abfragen`)
`vokabel_typ`	stellt eine Vokabel (bestehend aus deutschem und ausländischem Ausdruck) dar
`lektion_typ`	identifiziert eine Lektion
`deutsch_typ`	stellt einen deutschen Ausdruck dar
`auslaendisch_typ`	stellt einen ausländischen Ausdruck dar
`karten_typ`	stellt eine Karte dar mitsamt seinem möglichen Inhalt (Vokabel, Markierung)

Stellen Sie fest, in welchen Teilen des Programms die oben beschriebenen Größen relevant sind, also sichtbar sein müssen (Geheimnisprinzip!). Überlegen Sie also für jede Größe, bei welchen anderen Größen im Programm sie sichtbar sein muß: zum Beispiel, ob `vokabel_typ` bei der Vereinbarung von `lektion_typ` oder bei `PROCEDURE abfragen` sichtbar sein muß oder nicht. Bei der Frage der Sichtbarkeit in einer Programmeinheit sollten Sie entscheiden, ob diese nur im Rumpf der Programmeinheit nötig ist oder auch schon in der Vereinbarung. `vokabel_typ` muß zum Beispiel im Rumpf der Prozedur `notieren` sichtbar sein, weil dieser einzelne Vokabeln verarbeitet. In der Vereinbarung dieser Prozedur aber muß `vokabel_typ` nicht sichtbar sein, weil der Aufruf des Unterprogramms auf einer höheren Abstraktionsebene steht, auf dem nur die Gesamtheit der Vokabeln in einer Lektion, nicht aber einzelne Vokabeln im Blickfeld stehen.

Die Lösung zu dieser Aufgabe steht schon in diesem Kapitel (in §9.8), weil die folgende Aufgabe von dieser Lösung abhängt.

9.7 Übung 7: Struktur des Vokabel-Trainers

Entwerfen Sie nun eine weitergehende modulare Struktur des Programms als bisher, durch Entscheidungen über die Standorte dieser Pakete, Unterprogramme und Typen. Halten Sie sich dabei an das Geheimnisprinzip:

Jedes Paket, jedes Unterprogramm und jeder Typ soll möglichst nur dort sichtbar sein, wo es/er inhaltlich relevant ist. Sie müssen also entscheiden,

- ob die Pakete und Unterprogramme Bibliothekseinheiten sein sollen; und wenn nicht, in welcher Übersetzungseinheit sie vereinbart werden sollen;
- in welcher Übersetzungseinheit jeder Typ stehen soll (es kann sinnvoll sein, weitere Pakete als Standorte für Ada-Größen zu schaffen).

In §6.12 wurde zwar die modulare Struktur der obersten Abstraktionsebene des Programms vorläufig festgelegt; dies war aber nur ein erster Lösungsansatz — zum Beispiel wurde dort (wegen des noch geringen Kenntnisstandes) für lektion_typ ein vordefinierter Typ eingesetzt. Sie sollen jetzt eine weitergehende modulare Struktur entwerfen, die nicht unbedingt mit der bisherigen übereinstimmen muß.

Die Lösung zu dieser Aufgabe steht schon in diesem Kapitel (in §9.9), weil die nachfolgenden Aufgaben von dieser Lösung abhängen.

9.8 Lösung zu Übung 6

Was?	muß wo sichtbar sein?
vokabeln_hauptprogramm	
PROCEDURE notieren	vokabeln_hauptprogramm
PROCEDURE auflisten	vokabeln_hauptprogramm
PROCEDURE abfragen	vokabeln_hauptprogramm
PACKAGE kasten	abfragen (Rumpf)
PACKAGE heft	notieren, auflisten, abfragen (Rümpfe)
vokabel_typ	notieren, auflisten, abfragen (Rümpfe), PACKAGE heft, PACKAGE kasten, karten_typ
lektion_typ	notieren, auflisten, abfragen (Vereinbarungen), vokabeln_hauptprogramm, PACKAGE heft, PACKAGE kasten
deutsch_typ	notieren, auflisten, abfragen (Rümpfe) vokabel_typ
auslaendisch_typ	wie deutsch_typ
karten_typ	abfragen (Rumpf), PACKAGE kasten

9.9 Lösung zu Übung 7

Folgende Standortentscheidungen drängen sich auf:

Größe	Standort
`PROCEDURE vokabeln_hauptprogramm`	Bibliotheksprozedur
`vokabel_typ`	`PACKAGE heft`
`deutsch_typ`	`PACKAGE heft`
`auslaendisch_typ`	`PACKAGE heft`

Die Prozeduren **notieren**, **auflisten** und **abfragen** müssen alle, wie der Typ `lektion_typ`, im Rumpf des Hauptprogramms sichtbar sein. Grundsätzlich sind für diese drei Prozeduren folgende Standorte denkbar:

1. Jede Prozedur ist Bibliotheksprozedur;
2. alle drei Prozeduren sind in einem neuen Paket vereinbart; oder
3. alle drei Prozeduren sind lokale Unterprogramme des Hauptprogramms, am besten als Stummel vereinbart, so daß die eigentlichen Rümpfe später — und unabhängig voneinander — übersetzt werden.

In jedem dieser Fälle muß man auch die Standortfrage für `lektion_typ` klären.

Im Fall 1 muß für `lektions_typ` ein eigenes Bibliothekspaket geschaffen werden, das mit WITH-Klauseln sowohl im Hauptprogramm als auch in den drei Prozeduren sichtbar gemacht wird. Es kommt öfter vor in Ada-Programmen, daß zentrale Typen, die an mehreren Stellen im Programm sichtbar sein müssen, in einem eigens dafür geschaffenen Bibliothekspaket untergebracht werden.

Im Fall 2 bietet es sich an, `lektion_typ` im gleichen Paket mit den drei Prozeduren zu vereinbaren.

Im Fall 3 kommt es auf den Standort von `PACKAGE heft` an, denn `lektion_typ` muß auch dort sichtbar sein. `PACKAGE heft` könnte lokal im Hauptprogramm vereinbart sein. Dann wäre es in den Rümpfen der drei Prozeduren **notieren**, **auflisten** und **abfragen** sichtbar, und es sollte auch `lektion_typ` dort stehen. Bei dieser Lösung allerdings ist dieses Paket im Rumpf des Hauptprogramms sichtbar, obwohl es dort nicht relevant ist; das Geheimnisprinzip wird also verletzt. Ist `PACKAGE heft` aber Bibliothekspaket, dann muß `lektion_typ` sowohl dort als auch im Hauptprogramm sichtbar sein können; dann sollte, ähnlich wie im Fall 1, `lektion_typ` in einem eigenen Bibliothekspaket stehen.

Da die drei Prozeduren in einem inhaltlichen Zusammenhang miteinander stehen, haben wir uns für die zweite Lösung entschlossen; die dritte haben wir wegen den schon erwähnten Nachteilen intensiver Verwendung von Untereinheiten (siehe §6.4) verworfen.

Das Paket mit den drei Prozeduren haben wir **funktionen** genannt. Folgende Standorte stehen also nun fest:

Größe	**Standort**
PROCEDURE notieren	PACKAGE funktionen
PROCEDURE auflisten	PACKAGE funktionen
PROCEDURE abfragen	PACKAGE funktionen
lektion_typ	PACKAGE funktionen

Damit sieht **PACKAGE funktionen** so aus:

```
PACKAGE funktionen IS

   TYPE lektion_typ IS RANGE 1 .. 1000;

   PROCEDURE notieren (lektion : IN lektion_typ);

   PROCEDURE auflisten (lektion : IN lektion_typ);

   PROCEDURE abfragen
      (erste_lektion,
       letzte_lektion            : IN lektion_typ;
       deutsch_nach_fremdsprache : IN boolean);

END funktionen;
```

Folglich muß **PACKAGE kasten** im Rumpf von **abfragen** und **PACKAGE heft** im Rumpf von **funktionen** sichtbar sein. Wenn man diese beide Pakete als lokale Pakete dort vereinbart, wo sie sichtbar sein müssen, dann sind sie auch nur dort sichtbar; außerdem ist dann, wie gefordert, **lektion_typ** in **PACKAGE heft** sichtbar; und **vokabel_typ** ist in **PACKAGE kasten** sichtbar, wenn man für eine passende Anordnung der Vereinbarungen im **PACKAGE BODY funktionen** sorgt.

karten_typ gehört offensichtlich in **PACKAGE kasten**. Damit sind also die letzten Standorte festgelegt:

9.9 Lösung zu Übung 7

Größe	Standort
PACKAGE kasten	PACKAGE BODY abfragen
PACKAGE heft	PACKAGE BODY funktionen
karten_typ	PACKAGE kasten

In der untenstehenden Tabelle fassen wir noch einmal die Entscheidungen über die Standorte der hier besprochenen Ada-Größen zusammen; das Bild auf der nächsten Seite veranschaulicht die Übersetzungsstruktur des Entwurfs.

Größe	Standort
PROCEDURE vokabeln_hauptprogramm	Bibliotheksprozedur
vokabel_typ	PACKAGE heft
deutsch_typ	PACKAGE heft
auslaendisch_typ	PACKAGE heft
PROCEDURE notieren	PACKAGE funktionen
PROCEDURE auflisten	PACKAGE funktionen
PROCEDURE abfragen	PACKAGE funktionen
lektion_typ	PACKAGE funktionen
PACKAGE kasten	PACKAGE BODY abfragen
PACKAGE heft	PACKAGE BODY funktionen
karten_typ	PACKAGE kasten

Da PACKAGE heft nicht ganz kurz ist, wird PACKAGE BODY funktionen durch die lokale Vereinbarung von PACKAGE heft leicht unübersichtlich. In vermindertem Maße gilt dies auch für PACKAGE kasten und den Rumpf von PROCEDURE abfragen. Es wäre auch möglich, PACKAGE heft und PACKAGE kasten als Bibliothekspakete zu vereinbaren und durch jeweils eine WITH-Klausel für ihre Sichtbarkeit an den richtigen Stellen zu sorgen. Allerdings müßte dann lektion_typ in PACKAGE heft und vokabel_typ in PACKAGE kasten mit WITH-Klauseln sichtbar gemacht werden.

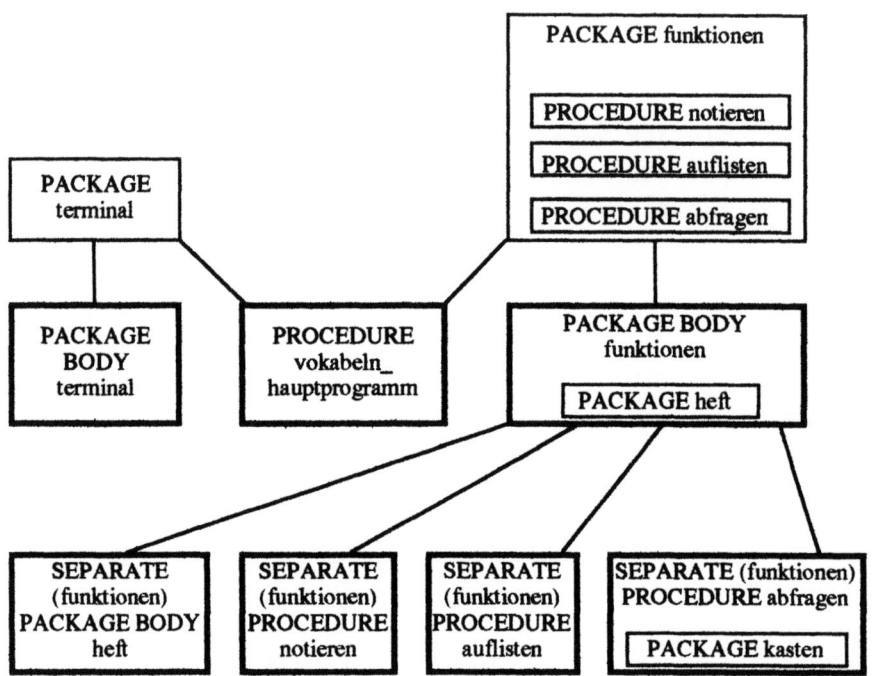

Dies wäre bei den jetzt beschlossenen Standorten dieser Typen ungünstig, weil dann in beiden Paketen Größen sichtbar wären, die dort nicht relevant sind. Dieses Problem könnte man durch Schaffung eigener Bibliothekspakete für die beiden Typen lösen.

Man sieht, daß die angegebene Lösung nicht die einzig mögliche ist. Wir werden im §12.8 noch eine Möglichkeit aufzeigen, PACKAGE heft und PACKAGE kasten lokal zu vereinbaren, ohne die einschließende Übersetzungseinheit unübersichtlich zu machen.

10 Abarbeitung

In den meisten Sprachen werden Vereinbarungen als Beschreibung von Dingen betrachtet, die zur Laufzeit existieren. Die Vereinbarungen werden also im Gegensatz zu den Anweisungen nicht zu einem bestimmten Zeitpunkt ausgeführt, sondern beschreiben nur etwas Vorhandenes.

```
---------------------------------------------------------------|
WITH f;
            -- hier fehlt etwas : siehe §10.3
PACKAGE p IS

   ...

   x : integer := f (17);

   ...

END p;
---------------------------------------------------------------|
```

In Ada bieten Vereinbarungen viel weitergehendere Möglichkeiten als in den meisten Sprachen. Zum Beispiel wird in der Objektvereinbarung im PACKAGE p die (benutzerdefinierte) Funktion f aufgerufen. Eine Vereinbarung ist in Ada also keine triviale Angelegenheit, denn die zusätzlichen Möglichkeiten bringen auch zusätzliche Gefahren mit sich: Das Programm kann durchaus bei einer Vereinbarung abstürzen.

Deshalb ist in Ada die Sicht der Vereinbarungen anders: Sie werden zur Laufzeit *abgearbeitet* (*elaborate*) (Anweisungen dagegen werden *ausgeführt* (*execute*)). Zum Beispiel werden bei der Ausführung eines Unterprogramms zuerst die Vereinbarungen im Vereinbarungsteil nacheinander abgearbeitet, dann die Folge von Anweisungen nach dem BEGIN ausgeführt, wobei die Abarbeitungs- bzw. Ausführungsreihenfolge mit der textuellen Reihenfolge identisch ist.

Was bei der Ausführung einer Anweisung passiert, ist schon beschrieben worden: Die Aktion, die durch die Anweisung definiert ist, wird ausgeführt. Bei der Abarbeitung einer Vereinbarung werden bestimmte Vorkehrungen für die ordnungsgemäße Verwendbarkeit der vereinbarten Größe getroffen. Die wichtigsten Beispiele sind:

- bei der Abarbeitung einer Objektvereinbarung die darin angegebene Initialisierung (sofern vorhanden),
- bei der Abarbeitung eines Pakets die Ausführung der Anweisungen im Rumpf (sofern vorhanden).

Generell kann die Abarbeitung eines Rumpfes Initialisierungsvorgänge einschließen, die für das ordnungsgemäße Funktionieren der Einheit notwendig sind. Deshalb gibt es Regeln, die die Benutzung eines Rumpfes verbieten, wenn er noch nicht abgearbeitet wurde:

- vor Aufruf eines Unterprogramms muß der Unterprogrammrumpf abgearbeitet worden sein;
- vor Aktivierung einer TASK (siehe Kapitel 14) muß ihr Rumpf (TASK BODY) abgearbeitet worden sein;
- vor Abarbeitung einer Ausprägung (siehe Kapitel 12) muß der Rumpf der generischen Einheit abgearbeitet worden sein.

Die Einhaltung dieser Regeln überwacht das Ada-System zur Laufzeit: Bei Verletzung wird **program_error** ausgelöst. Eine Verletzung dieser Regeln zeigt ja die Benutzung eines Rumpfes zu einem Zeitpunkt an, zu dem die Voraussetzungen für sein richtiges Funktionieren (zum Beispiel notwendige Initialisierungen) möglicherweise noch nicht erfüllt sind. Diese Überwachung hilft dem Programmierer also, solche logischen Fehler zu vermeiden.

Nehmen wir als Beispiel die Abarbeitungsregel für Unterprogramme unter die Lupe. Um die Einhaltung dieser Regel zu überwachen, muß das Ada-System zur Laufzeit Buch darüber führen, welche Unterprogramme schon abgearbeitet wurden. Allerdings bewirkt die Abarbeitung eines Unterprogrammrumpfes nur, daß er als abgearbeitet gilt. Wozu aber dann dieser Aufwand zur Laufzeit?

Die Antwort liegt im textuellen Kontext des Unterprogrammrumpfes. Wenn zum Beispiel das Unterprogramm in einem Paket vereinbart ist, dann steht der Text des Unterprogrammrumpfes im Paketrumpf. Der Unterprogrammrumpf wird also während der Abarbeitung des Paketrumpfes abgearbeitet. Damit bewirkt die Abarbeitungsregel und der damit verbundene Aufwand zur Laufzeit, daß die Unterprogramme des Pakets erst dann von außerhalb des Pakets aufgerufen werden können, wenn der Paketrumpf abgearbeitet und folglich die Anweisungen darin (sofern vorhanden) ausgeführt wurden.

10.1 Lokale Abarbeitungsfehler

```
------------------------------------------------------------|
PROCEDURE abarbeitungsfehler IS

   FUNCTION  anzahl_autos RETURN natural;

   TYPE auto IS (ford, opel, mercedes, bmw, vw, porsche);

   TYPE fuhrpark_typ IS ARRAY (1 .. anzahl_autos) OF auto;

                        -- | hier PROGRAM_ERROR

   fuhrpark : fuhrpark_typ;

   FUNCTION  anzahl_autos RETURN natural IS SEPARATE;
BEGIN
   NULL;
END abarbeitungsfehler;
------------------------------------------------------------|
```

Die Abarbeitungsregeln schließen bestimmte logische Fehler aus, aber nicht jedes Auslösen von `program_error` wegen einer Verletzung der Abarbeitungsregeln deckt tatsächlich einen logischen Fehler auf.

Im Beispiel `abarbeitungsfehler` wird beim Aufruf `anzahl_autos` während der Abarbeitung der Vereinbarung des ARRAY-Typs `program_error` ausgelöst, weil zwar die Funktionsvereinbarung schon abgearbeitet ist, der Rumpf der Funktion aber noch nicht. (Beachten Sie, daß hier keine Verletzung der Sichtbarkeitsregeln vorliegt, denn die Vereinbarung von `anzahl_autos` ist an der Aufrufstelle sichtbar. Der Compiler wird also keinen Fehler melden, sondern allenfalls warnen, daß zur Laufzeit `program_error` ausgelöst werden muß.) Wenn der eigentliche Rumpf der Funktion so aussieht wie Version 1 unten, dann verbirgt sich hinter diesem Abarbeitungsfehler kein logischer Fehler. Wenn er aber so aussieht wie Version 2 unten, dann steckt sehr wohl ein logischer Fehler darin: Die Funktion bezieht sich auf den Typ `fuhrpark`, der zu seiner Vereinbarung die Funktion erst aufrufen muß; eine Zirkularität also. Der Sinn der Abarbeitungssregeln ist, daß sie Situationen verhindern, in denen Fehler dieser Art auftreten können.

Wenn kein logischer Fehler einem solchen Abarbeitungsfehler zugrundeliegt, dann kann man den Abarbeitungsfehler durch einfaches Umordnen vermeiden. Ganz so einfach geht es in diesem Beispiel allerdings nicht,

```
-- Version 1 des eigentlichen Rumpfes:
----------------------------------------------------------------|
SEPARATE (abarbeitungsfehler)

FUNCTION  anzahl_autos RETURN natural IS
BEGIN
   RETURN 3;
END anzahl_autos;
----------------------------------------------------------------|


-- Version 2 des eigentlichen Rumpfes:
----------------------------------------------------------------|
SEPARATE (abarbeitungsfehler)

FUNCTION  anzahl_autos RETURN natural IS
BEGIN
   RETURN fuhrpark_typ'length;
END anzahl_autos;
----------------------------------------------------------------|


----------------------------------------------------------------|
PROCEDURE kein_abarbeitungsfehler IS

   FUNCTION  anzahl_autos RETURN natural;

   TYPE auto IS (ford, opel, mercedes, bmw, vw, porsche);

   FUNCTION  anzahl_autos RETURN natural IS SEPARATE;
BEGIN

   DECLARE

      TYPE fuhrpark_typ IS ARRAY (1 .. anzahl_autos)
         OF auto;

      fuhrpark : fuhrpark_typ;
   BEGIN
      NULL;
   END;
END kein_abarbeitungsfehler;
----------------------------------------------------------------|
```

denn in einem Vereinbarungsteil dürfen ja (siehe den letzten Absatz von §6.3) nach einem Rumpf keine Typ- oder Objektvereinbarungen stehen; es ist also nicht zulässig, einfach den Funktionsrumpf vor die Typvereinbarung zu legen. Man kann aber die gleiche Anordnung mit Hilfe einer Blockanweisung erreichen, wie im Beispiel kein_abarbeitungsfehler.

In kein_abarbeitungsfehler würde Version 2 des eigentlichen Rumpfes von FUNCTION anzahl_autos vom Compiler abgelehnt, weil im Rumpf der Funktion der ARRAY-Typ gar nicht sichtbar ist.

10.2 Abarbeitung von Bibliothekseinheiten

Solange man es nur mit lokalen Unterprogrammen und Paketen zu tun hat, ergibt sich die Reihenfolge ihrer Abarbeitung einfach und eindeutig aus ihrer Anordnung im Programmtext. Wenn aber mehrere Bibliothekseinheiten zu einem Programm gehören, werden alle diese Bibliothekseinheiten und ihre Rümpfe abgearbeitet, bevor die Ausführung des Hauptprogramms beginnt. Die Reihenfolge, in der diese Bibliothekseinheiten und ihre Rümpfe abgearbeitet werden, legt [Ada] nur teilweise fest.

Die Regeln über diese Reihenfolge sind, bis auf eine Ausnahme, analog zu den Regeln über die Übersetzungsreihenfolge:

1. Eine Einheit, die eine WITH-Klausel enthält, darf erst nach der Vereinbarung der Einheit abgearbeitet werden, die in der WITH-Klausel genannt wird;
2. ein Rumpf, der zu einer Bibliothekseinheit gehört (die dann eine Unterprogramm-, Paket- oder generische Vereinbarung ist), darf erst nach dieser Bibliothekseinheit abgearbeitet werden; <u>aber</u>
3. eine Untereinheit wird während der Abarbeitung ihrer Vatereinheit abgearbeitet (und zwar dann, wenn der Stummel abgearbeitet wird).

Während allerdings die Regeln über die Reihenfolge von <u>Übersetzungen</u> vom Programmierer eingehalten werden müssen und ihre Verletzung das Ablehnen einer Übersetzungseinheit durch den Compiler zur Folge hat, müssen die Regeln über die Reihenfolge von <u>Abarbeitungen</u> durch das Ada-System eingehalten werden. Wenn man ein Ada-Programm bindet, nennt man nur das Hauptprogramm. Das Ada-System muß, ausgehend vom Hauptprogramm, über WITH-Klauseln und eigentliche Rümpfe schon als nötig erkannter Einheiten aus der Bibliothek alle Übersetzungseinheiten zusammensuchen, die zum Ablauf des Programms nötig sind. Zur Laufzeit werden dann vor Beginn der Ausführung des Hauptprogramms

```
--------------------------------------------------------------|
PACKAGE datei_1 IS
   PROCEDURE schreib (eingabe : IN string);
END datei_1;
---------------------------------------------------------------
PACKAGE BODY datei_1 IS

   PROCEDURE schreib (eingabe : IN string) IS
   BEGIN
      NULL;
   END schreib;
BEGIN
   NULL; -- datei_1 oeffnen
END datei_1;
---------------------------------------------------------------
PACKAGE datei_2 IS
   PROCEDURE schreib (eingabe : IN string);
END datei_2;
---------------------------------------------------------------
PACKAGE BODY datei_2 IS

   PROCEDURE schreib (eingabe : IN string) IS SEPARATE;
BEGIN
   NULL; -- datei_2 oeffnen
END datei_2;
---------------------------------------------------------------
WITH datei_1, datei_2;

PROCEDURE hauptprogramm IS
BEGIN
   datei_1.schreib ("A");
   datei_2.schreib ("B");
END hauptprogramm;
---------------------------------------------------------------
SEPARATE (datei_2)

PROCEDURE schreib (eingabe : IN string) IS
BEGIN
   NULL;
END schreib;
--------------------------------------------------------------|
```

10.2 Abarbeitung von Bibliothekseinheiten

alle diese Einheiten abgearbeitet, wobei das Ada-System (meist zur Bindezeit) die Reihenfolge der Abarbeitung unter Einhaltung der oben angegebenen Regeln festlegt.

Regeln über die Reihenfolge der Abarbeitung von Übersetzungseinheiten sind also Regeln für das Ada-System, nicht für den Programmierer. Wenn man sich aber diese Regeln für eine bestimmte Anwendung vorstellen will, dann braucht man nur das Bild der Übersetzungsabhängigkeiten so zu ändern, daß jede Untereinheit in die dazugehörige Vatereinheit „hineingeschoben" wird. Bei dem hier gezeigten Programmbeispiel sehen die Übersetzungsabhängigkeiten wie in der nachfolgenden schematischen Darstellung aus:

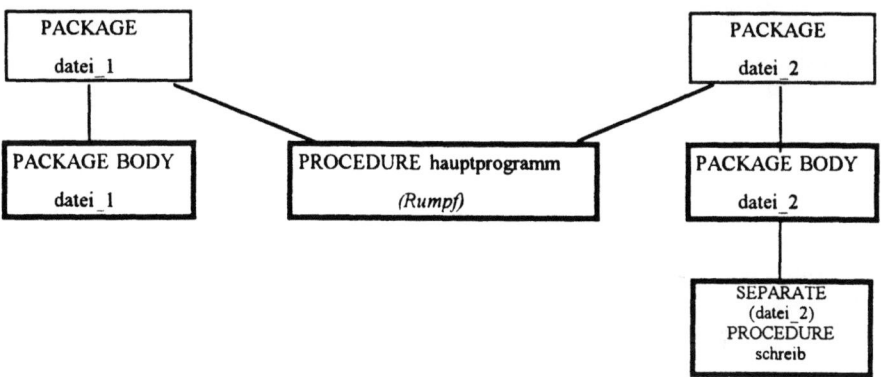

(wobei ja ein Strich zwischen zwei Einheiten bedeutet, daß der Programmierer dafür sorgen muß, daß die Einheit am oberen Ende vor der am unteren Ende übersetzt wird); und die Regeln über die Abarbeitungsreihenfolge können so dargestellt werden:

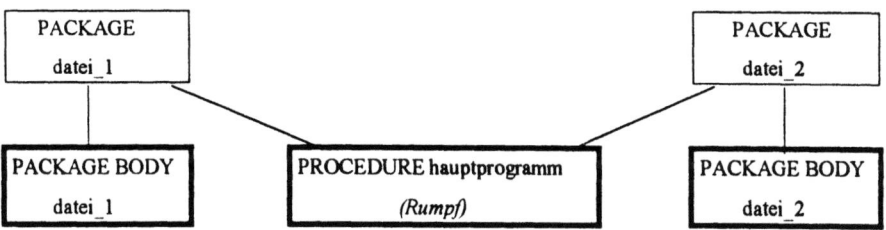

(wobei hier ein Strich zwischen zwei Einheiten bedeutet, daß das Ada-System dafür sorgen muß, daß die am oberen Ende stehende Einheit zur Laufzeit vor der am unteren Ende stehenden abgearbeitet wird).

10.3 PRAGMA elaborate

[Ada] enthält ja bestimmte Regeln über die Reihenfolge, in der die Übersetzungseinheiten eines Ada-Programms abgearbeitet werden. Manchmal besteht auch für den Programmierer die Notwendigkeit sicherzustellen, daß diese Reihenfolge zusätzliche Bedingungen erfüllt. Die Zeile PRAGMA elaborate (bibliotheks_einheit); bewirkt, daß der Rumpf von bibliotheks_einheit vor der aktuellen Einheit abgearbeitet wird. Mit PRAGMA elaborate kann man also die Menge der erlaubten Abarbeitungsreihenfolgen weiter einschränken, wenn die Logik des Programms es verlangt.

Zum Beispiel kann die Vereinbarung des PACKAGE p am Anfang dieses Kapitels nur dann ordnungsgemäß abgearbeitet werden, wenn schon vorher der Rumpf der FUNCTION f abgearbeitet wurde; anderenfalls wird die Initialisierung der Variablen x darin program_error auslösen. Die WITH-Klausel bewirkt nur, daß PACKAGE p erst nach der Vereinbarung von FUNCTION f abgearbeitet wird. Durch Einfügen von PRAGMA elaborate (f); nach der WITH-Klausel kann man sicherstellen, daß PACKAGE p erst nach dem Rumpf von FUNCTION f abgearbeitet wird.

Im ersten (etwas verworrenen) Beispiel in diesem Abschnitt kann man die Übersetzungsabhängigkeiten so darstellen:

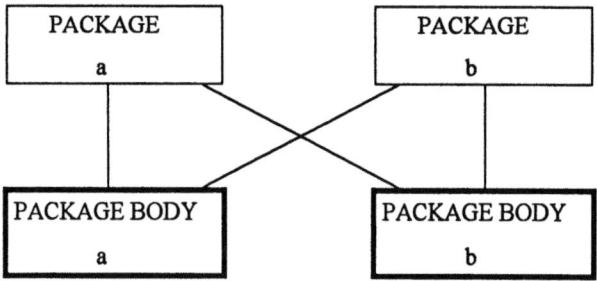

Da dieses Beispiel keine Untereinheiten enthält, stimmen die Regeln über die Reihenfolge der Abarbeitung der Übersetzungseinheiten zur Laufzeit mit den Regeln über die Übersetzungsreihenfolge überein. Das Bild oben stellt also auch die Regeln über die Abarbeitungsreihenfolge der Übersetzungseinheiten dar.

Man muß sich vielleicht zunächst klar machen, daß es in diesem Beispiel keine Sichtbarkeitsprobleme gibt: WITH a macht die Vereinbarung von a im Rumpf von b sichtbar, WITH b die Vereinbarung von b im Rumpf von a. Alle diese Einheiten können also übersetzt werden.

10.3 PRAGMA elaborate

```
-----------------------------------------------------------|
PACKAGE a IS
   FUNCTION  f RETURN integer;
END a;
-----------------------------------------------------------
PACKAGE b IS
   konstante : CONSTANT integer := 6;
   variable  : integer;
END b;
-----------------------------------------------------------
WITH b;
PACKAGE BODY a IS
   FUNCTION  f RETURN integer IS
   BEGIN
      RETURN b.konstante;
   END f;
END a;
-----------------------------------------------------------
WITH a;
PACKAGE BODY b IS
BEGIN
   variable := a.f;   -- hier eventuell PROGRAM_ERROR
END b;
-----------------------------------------------------------|
```

Probleme gibt es frühestens zur Laufzeit. Bei der Abarbeitung des Rumpfes von b wird Funktion f aus a aufgerufen. Wenn also zu diesem Zeitpunkt der Rumpf von a (und damit auch der Rumpf von f) noch nicht abgearbeitet ist, dann wird dieser Aufruf program_error auslösen. Wie das Bild oben zeigt, lassen die Sprachregeln durchaus Abarbeitungsreihenfolgen zu, in denen der Rumpf von b vor dem Rumpf von a abgearbeitet wird. Wenn der Programmierer mit Hilfe eines **PRAGMA elaborate** solche Reihenfolgen ausschließt, ist diese Gefahr gebannt.

```
-----------------------------------------------------------|
WITH a;
PRAGMA elaborate (a);
PACKAGE BODY b IS
BEGIN
   variable := a.f;   -- hier bestimmt kein PROGRAM_ERROR
END b;
-----------------------------------------------------------|
```

Ohne dieses **PRAGMA elaborate** wird das Programm nicht zwangsläufig mit **program_error** abstürzen: Das Ada-System kann ja — ob zufällig oder nicht — eine günstige Reihenfolge gewählt haben. In jedem Fall aber enthält das Programm ohne das **PRAGMA elaborate** eine sogenannte „incorrect order dependence". Dies ist ein Fehler, den das Ada-System nicht aufdecken muß (siehe §12.7.2); die Wirkung eines Programms mit einem solchen Fehler kann von einer Implementierung zur anderen und sogar von einem Programmlauf zum anderen verschieden sein.

```
----------------------------------------------------------------|
PACKAGE bildschirm IS

    ...

    zeilenlaenge : integer;

    ...

END bildschirm;
----------------------------------------------------------------|
WITH bildschirm;
PRAGMA elaborate (bildschirm);

PACKAGE datei IS

    ...

    zeilenlaenge : integer := bildschirm.zeilenlaenge;

    ...

END datei;
----------------------------------------------------------------|
```

Die Laufzeitprüfungen, die bei Benutzung eines Rumpfes vor seiner Abarbeitung **program_error** auslösen, lösen ja nur dann Alarm aus, wenn ein Rumpf zu früh benutzt wird. Durch den gezielten Einsatz von **PRAGMA elaborate** kann man solche Situationen vermeiden.

Mit Hilfe von **PRAGMA elaborate** kann man auch verhindern, daß eine Vereinbarung zu früh benutzt wird. Wenn zum Beispiel die Variable **zeilenlaenge** im Paket **bildschirm** erst im Anweisungsteil des Paketrumpfes (also bei der Abarbeitung des Paketrumpfes) mit einem Wert belegt wird, dann muß man dafür sorgen, daß diese Variable erst danach gelesen werden kann. (Die WITH-Klausel bewirkt ja nur, daß die Vereinbarung von PACKAGE bildschirm vor der Vereinbarung von PACKAGE datei abgearbeitet wird.) Dies kann man durch Einsetzen von PRAGMA elaborate (bildschirm); am Anfang jeder Übersetzungseinheit erreichen, in der diese Variable gelesen wird, zum Beispiel am Anfang von PACKAGE datei. Wenn man allerdings das PRAGMA elaborate vergißt, und eine ungünstige Abarbeitungsreihenfolge gewählt wird, kann man nicht damit rechnen, durch eine Laufzeitprüfung darauf aufmerksam gemacht zu werden (siehe §13.7.2).

11 Ein-/Ausgabe

In Ada ist die Ein-/Ausgabe in der Sprache verankert, aber nicht durch spezielle Anweisungen, sondern durch vordefinierte Pakete, die in jeder Ada-Implementierung vorhanden sein müssen und in [Ada] beschrieben sind:

`text_io`	für Ein-/Ausgabe in für Menschen lesbarer Form,
`sequential_io`	für rein sequentielle Ein-/Ausgabe im internen Format,
`direct_io`	für sequentielle und direkte Ein-/Ausgabe im internen Format, und
`low_level_io`	für Operationen, die direkt auf physikalische Geräte wirken.

Diese Pakete sind in [Ada, Kapitel 14] beschrieben. Dort wird die Wirkung der Unterprogramme in den vordefinierten Ein-/Ausgabepaketen sehr genau festgelegt in bezug auf diejenigen Aspekte, die nicht von speziellen Eigenschaften der Umgebung abhängen, in der das Programm abläuft. Da diese Beschreibung für alle Ada-Implementierungen verbindlich ist, kann man durch Benutzung der vordefinierten Ein-/Ausgabepakete Programme schreiben, die sich in Hinblick auf diese Aspekte in jeder Ada-Implementierung gleich verhalten, also portabel sind. Man kann natürlich auch eigene Ein-/Ausgabepakete schreiben; sie werden allerdings ganz bestimmt nicht portabel sein — es sei denn, ihre Implementierung stützt sich auf die vordefinierten Ein-/Ausgabepakete.

Ein-/Ausgabe hat aber naturgemäß viele sehr maschinenabhängige Aspekte. Diese Aspekte werden in [Ada, Kapitel 14] ausgeklammert. [Ada, Appendix F] verpflichtet aber jede Ada-Implementierung, in einem Anhang ihrer Dokumentation, genannt „Appendix F", diejenigen Eigenschaften der Ada-Implementierung zu beschreiben, die diese Aspekte betreffen. Um sich also über solche Eigenschaften einer Ada-Implementierung zu informieren, muß man im Appendix F der Dokumentation nachsehen.

In diesem Kapitel zeigen und beschreiben wir nur die Anwendung der gängigsten Unterprogramme aus den vordefinierten Ein-/Ausgabepaketen; der interessierte Leser kann in [Ada] Informationen über weitere Unterprogramme bekommen. Bei den gängigen Unterprogrammen zeigen wir die Grenzen zwischen portablen und implementierungsabhängigen Aspekten auf. (Mit „Implementierung" ist in diesem Kapitel ab jetzt immer die Implementierung der vordefinierten Ein-/Ausgabepakete gemeint, also ein Teil des Ada-Systems.)

11.1 Textausgabe

```
-----------------------------------------------------------|
WITH text_io;

PROCEDURE text_ausgabe IS
BEGIN
   text_io.set_line_length (file => text_io.standard_output,
                            to => 46);
   text_io.put
      ("Es toenen die Lieder, der Fruehling kehrt wieder, ")
      ;
   text_io.put ("es spielet der Hirte auf seiner Schalmei");
   text_io.put ("tra-lalalalalalala-la-lalalalalalala");
   text_io.new_line; -- dabei gegebenenfalls Puffer leeren
   text_io.put_line
      ("Eben habe ich zum ersten Mal new_line gemacht.");

        -- put_line = put + new_line
END text_ausgabe;
-----------------------------------------------------------|
```

In diesem Abschnitt besprechen wir in erster Linie die gängigen Unterprogramme für Textausgabe. Sehen Sie am besten parallel zu diesem Beispiel die Vereinbarung von **PACKAGE** text_io in [Ada, §14.3.10] an.

11.1 Textausgabe

Zu Beginn des **PACKAGE** `text_io` stehen einige Typvereinbarungen, allen voran die Vereinbarung des Typs `file_type`. Dies ist ein **LIMITED PRIVATE** Typ. Man hat also, will man ihn benutzen, als Paketbenutzer gar keine andere Wahl, als dies ausschließlich mit den Mitteln zu tun, die im Paket explizit vereinbart sind. Objekte dieses Typs sollen im Programm Dateien darstellen; den Umgang mit Dateien über solche Objekte besprechen wir im §11.5.

Wenn man das Auge über die Vereinbarungen im **PACKAGE** `text_io` schweifen läßt, stellt man fest, daß ab der **PROCEDURE** `set_line_length` fast jedes Unterprogramm in zwei Ausführungen vorhanden ist (Überladung!): Einmal mit einem Parameter `file` vom Typ `file_type` und einmal ohne einen solchen Parameter. Die Ausführung mit `file`-Parameter führt Ein-/Ausgabe auf eine beliebige Datei aus, die andere Ausführung spricht die aktuelle Eingabedatei bzw. die aktuelle Ausgabedatei an. Die externen Dateien, die sich hinter diesen beiden logischen Dateien verbergen, kann man mit den Funktionen `current_input` bzw. `current_output` direkt ansprechen; mit den Prozeduren `set_input` bzw. `set_output` kann man andere Dateien zu den aktuellen Dateien in diesem Sinne erklären. Durch Zuweisungen kann man dies nicht erreichen, weil ja bei **LIMITED** Typen keine Zuweisungen möglich sind. Am Anfang stecken hinter diesen Dateien die Standard-Eingabedatei bzw. die Standard-Ausgabedatei, die man über die Funktionen `standard_input` bzw. `standard_output` ansprechen kann. Man hat keine Möglichkeit, im Ada-Programm andere Dateien zu den Standard-Dateien in diesem Sinne zu erklären, da keine entsprechenden Prozeduren vorhanden sind.

Bis hierhin haben wir portable Aspekte des **PACKAGE** `text_io` beschrieben, die in [Ada, §14.3] festgelegt sind. Implementierungsabhängige Aspekte sind zum Beispiel die externen Dateien, die hinter den beiden Standard-Dateien stecken. Dies sind meist logische Betriebssystemdateien, die anfangs auf Tastatur und Bildschirm zeigen und mit Betriebssystemkommandos umdirigiert werden können.

Im Anweisungsteil dieses Beispiels zeigen wir zunächst, bevor wir uns auf die am häufigsten benutzten Unterprogramme beschränken, einen Aufruf eines etwas exotischeren Exemplars:

```
text_io.set_line_length (file => text_io.standard_output,
                        to => 46);
```

Mit diesem Aufruf kann man die Zeilenlänge in der Standard-Ausgabedatei auf 46 einstellen. Implementierungsabhängige Aspekte von `text_io` sind dabei,

- welche Zeilenlängen für welche Dateien zulässig sind, und
- wie das Ende einer Zeile in der Datei dargestellt wird.

Portable, also in [Ada] festgelegte, Aspekte sind

- die Voreinstellung der Zeilenlänge (0, das heißt unbeschränkt),
- die Wirkung eines Aufrufs von set_line_length, in dem eine unzulässige Zeilenlänge angegeben wird (eine bestimmte Ausnahme wird ausgelöst) und
- die Auswirkungen der Zeilenlänge auf den Zeilenumbruch.

Und nun zu den Unterprogrammen, die tatsächlich Text ausgeben: Bei näherem Hinsehen findet man in text_io vier verschiedene Prozeduren put:

```
PROCEDURE put (item : IN character);

PROCEDURE put (item : IN string);

PROCEDURE put (file : IN file_type;
               item : IN character);

PROCEDURE put (file : IN file_type;
               item : IN string);
```

Auch hier gibt es jedes Unterprogramm in doppelter Ausfertigung: Mit und ohne file-Parameter. Ansonsten unterscheiden sich die beiden Paare durch den Typ des Parameters item: Ein Prozedurenpaar schreibt einen Wert des Typs character, das andere schreibt einen Wert des Typs string, also eine Zeichenkette beliebiger Länge.

Portable Aspekte dieser Unterprogramme sind alle Fragen des Zeilenumbruchs:

- put für den Typ character schreibt das betreffende Zeichen noch in die nächste Stelle der aktuellen Zeile, wenn die (portabel festgelegte) Zeilenlänge dies noch zuläßt; sonst beginnt es eine neue Zeile und schreibt das Zeichen in die erste Stelle der neuen Zeile;
- put für den Typ string hat die gleiche Wirkung, wie entsprechend viele Aufrufe von put für den Typ character. Wenn also mitten in der Ausgabe die aktuelle Zeile voll wird, wird die Ausgabe eben an dieser Stelle zerschnitten; es werden auch zwischen zwei put-Aufrufen keine Zwischenräume oder Zeilenwechsel erzeugt. Die ersten drei Zeilen der Ausgabe des oben gezeigten Programms werden also in jeder Ada-Implementierung so aussehen:

```
Es toenen die Lieder, der Fruehling kehrt wied
er, es spielet der Hirte auf seiner Schalmeitr
a-lalalalalalala-la-lalalalalalala
```

Ein implementierungsabhängiger Aspekt der Prozeduren put ist die Pufferung: [Ada] erwähnt das Terminal als spezielle Datei überhaupt nicht, weil es fraglich ist, ob es spezielle Eigenschaften gibt, die wirklich für alle Terminals gelten. Folglich wird keine Aussage darüber gemacht, ob bei der Ausführung einer Prozedur put die Ausgabe gleich am Terminal erscheint, oder ob sie erst einmal in einen Puffer geschrieben wird und erst dann tatsächlich ausgegeben wird, wenn der Puffer voll ist oder wenn explizit ein Zeilenwechsel ausgelöst wird. Diese Entscheidung wird dem Ada-System überlassen; es gibt Ada-Implementierungen, die auf das Terminal ungepuffert ausgeben, und es gibt solche, die die Ausgabe puffern.

Wenn man portable Ada-Programme schreiben will, darf man sich also nicht darauf verlassen, daß put eine sofortige Ausgabe am Terminal bewirkt. Zum Beispiel sollte man nach Ausgabe einer Frage, auf die eine Antwort erwartet wird, einen expliziten Zeilenwechsel auslösen, wodurch der Inhalt eines eventuell vorhandenen Puffers ausgegeben wird. Dazu gibt es die Prozedur new_line; die Prozedur put_line ist nichts anderes als put gefolgt von new_line. Der in diesem Beispiel ausgegebene Text

```
Eben habe ich zum ersten Mal new_line gemacht.
```

würde also auch dann allein in einer Zeile erscheinen, wenn danach noch mehr put-Aufrufe stünden.

Aus dem eben Gesagten folgt, daß es in Ada keine portable Möglichkeit gibt, eine Frage so auszugeben, daß die Antwort dazu in der gleichen Zeile erscheint.

11.2 Textausgabe von Zahlen und Aufzählungswerten

Die bisher ausgegebenen Texte waren schon im Programm als Texte dargestellt. text_io enthält aber auch Unterprogramme, die Aufzählungs- oder numerische Werte in Textdarstellung ausgeben. Bei solchen Unterprogrammen allerdings erhebt sich sofort das Problem, daß es unendlich viele mögliche benutzerdefinierte Aufzählungstypen gibt. Dasselbe gilt für die verschiedenen Arten numerischer Typen. Andererseits läßt die strenge Typisierung keine Unterprogrammparameter zu, deren

```
WITH text_io;

PROCEDURE text_ausgabe_von_aufzaehlungswerten_etcetera IS

   TYPE primaerfarben IS (rot, blau, gelb);

   PACKAGE zahlen_io IS NEW text_io.integer_io (integer);

   PACKAGE primaer_io IS NEW
      text_io.enumeration_io (primaerfarben);
BEGIN
   text_io.set_line_length (to => 60);
   FOR eine_farbe IN primaerfarben LOOP
      text_io.put (primaerfarben'image (eine_farbe));
      primaer_io.put (eine_farbe);
   END LOOP;
   primaer_io.put (rot, width => 5);
   primaer_io.put (blau, set => text_io.lower_case);
   text_io.new_line;
   text_io.new_line;

   zahlen_io.put (1);
   zahlen_io.put (10 - 8);
   zahlen_io.put (1 + 2);
   zahlen_io.put (2 ** 2);
   zahlen_io.put (2 * 2 + 1);
   text_io.put(integer'image(2 * (2 + 1)));
   text_io.new_line;
END text_ausgabe_von_aufzaehlungswerten_etcetera;
```

Typen nicht eindeutig feststehen. Mit den bisher vorgestellten Sprachmitteln ist es also nicht möglich, einen endlichen Satz von Unterprogrammen zu vereinbaren, die die Ein-/Ausgabe für alle Aufzählungstypen bzw. alle ganzzahligen, alle Gleitpunkt- oder alle Festpunkttypen anbieten.

In Ada löst man solche Probleme mit *generischen Einheiten* (*generic unit*); das sind Programmeinheiten, die Parameter für bestimmte Größen enthalten — in diesem Fall für einen Typ. Eine generische Einheit kann nicht so benutzt werden, wie eine nichtgenerische Einheit gleicher Art (zum Beispiel kann ein generisches Unterprogramm nicht aufgerufen werden); sie ist nur eine *Schablone* (*template*) für eine nichtgenerische Ein-

11.2 Textausgabe von Zahlen und Aufzählungswerten

heit und dient einzig und allein dazu, *ausgeprägt* (*instantiate*) zu werden: Die generischen Parameter der Einheit werden durch tatsächliche Ada-Größen ersetzt, so daß eine richtige Programmeinheit entsteht. Diese ist ein *ausgeprägtes Exemplar* (*instance*) der generischen Einheit und kann so benutzt werden wie jede andere Programmeinheit dieser Art. Zum Beispiel ist ein ausgeprägtes Exemplar eines generischen Unterprogramms ein ganz normales Unterprogramm, das aufgerufen werden kann.

PACKAGE text_io enthält vier generische Pakete, darunter ein Paket enumeration_io zur Ein-/Ausgabe von Aufzählungswerten; der vollständige Name dieses Pakets ist also text_io.enumeration_io. Da dieses Paket für jeden denkbaren Aufzählungstyp benutzbar sein soll, ist es als generisches Paket mit einem formalen Typ enum vereinbart. Bei einer Ausprägung dieses Pakets kann ein beliebiger Aufzählungstyp für den formalen Typ eingesetzt werden.

Im Beispiel in diesem Abschnitt sollen Werte des Typs primaerfarben als Text ein- und ausgegeben werden; das heißt zum Beispiel, daß der Wert rot durch die Zeichenkette "ROT" dargestellt werden soll. Dazu wird zunächst das generische Paket für den Typ primaerfarben ausgeprägt:

```
PACKAGE primaer_io IS NEW
    text_io.enumeration_io (primaerfarben);
```

Die Syntax IS NEW wurde schon beim Thema abgeleitete Typen vorgestellt; sie wird in Ada auch in Ausprägungen verwendet (diese Doppelbelegung ist sinnvoll, denn abgeleitete Typen und Ausprägungen sind wesensverwandt: Beide sind irgendwie getönte Kopien einer vorhandenen Struktur). text_io.enumeration_io ist der Name des generischen Pakets. Für den einzigen formalen Typ dieses generischen Pakets soll der Typ primaerfarben eingesetzt werden. Durch diese Ausprägung entsteht ein richtiges Paket, dessen Namen der Programmierer frei wählen kann; in diesem Beispiel wurde dafür der Name primaer_io gewählt. Dieses Paket ist ein ausgeprägtes Exemplar des generischen Pakets. Ansonsten aber ist es ein ganz normales Paket, das Mittel zur Text-Ein-/Ausgabe von Werten des Typs primaerfarben enthält und wie jedes andere Paket benutzt werden kann.

Um zu sehen, was dieses Paket enthält, muß man nur die Ada-Vereinbarung des generischen Pakets ansehen und dabei in Gedanken überall für den formalen Typ enum den tatsächlichen Typ primaerfarben einsetzen:

```
PACKAGE primaer_io IS
    default_width   : text_io.field := 0;
    default_setting : text_io.type_set
                    := text_io.upper_case;
```

```
    PROCEDURE get (item : OUT primaerfarben);

    PROCEDURE get (file : IN text_io.file_type;
                   item : OUT primaerfarben);

    PROCEDURE put (item  : IN primaerfarben;
                   width : IN text_io.field
                         := default_width;
                   set   : IN text_io.type_set
                         := default_setting);

    PROCEDURE put (file  : IN text_io.file_type;
                   item  : IN primaerfarben;
                   width : IN text_io.field
                         := default_width;
                   set   : IN text_io.type_set
                         := default_setting);

    PROCEDURE get (from : IN string;
                   item : OUT primaerfarben;
                   last : OUT positive);

    PROCEDURE put (to   : OUT string;
                   item : IN primaerfarben;
                   set  : IN text_io.type_set
                        := default_setting);

END primaer_io;
```
--|

Der Aufruf **primaer_io.put (eine_farbe)** scheint allerdings auf den ersten Blick zu keiner der drei Prozeduren put im Paket **primaer_io** zu passen, da sie alle mehr als einen Parameter haben. Manche dieser IN-Parameter sind aber mit einem *Vorbesetzungsausdruck (default expression)* versehen. Bei einem Aufruf des Unterprogramms dürfen dann die entsprechenden aktuellen Parameter fehlen, und die Werte der dazugehörigen Vorbesetzungsausdrücke werden eingesetzt. Also ist dies ein Aufruf der ersten Prozedur put, bei dem für die beiden Parameter width und set die Werte der Vorbesetzungsausdrücke eingesetzt wurden. Wenn man manche aktuellen Parameter weglassen und andere angeben will, sollte man dies aus Transparenzgründen so anstellen, daß man die optionalen Parameter, die man angibt, über ihre Namen zuordnet:

11.2 Textausgabe von Zahlen und Aufzählungswerten

```
primaer_io.put (rot, width => 5);
primaer_io.put (blau, set => text_io.lower_case);
```

Wenn nur die letzten Parameter weggelassen werden, kann man zwar alle anderen über ihre Position zuordnen:

```
primaer_io.put (rot, 5);
```

Eine solche Zuordnung ist aber intransparent. Wenn man aber zwischendrin Parameter wegläßt, hat man keine andere Wahl, als die späteren Parameter über ihre Namen zuzuordnen, denn

```
primaer_io.put (rot, text_io.lower_case);
primaer_io.put (rot,,text_io.lower_case);
```

sind nicht erlaubt.

Der Parameter width gibt die Mindestbreite an, in der der Wert ausgegeben wird. Wenn diese größer ist als die Länge des Bezeichners, wird rechts mit Leerzeichen aufgefüllt. Der Vorbesetzungswert für width ist default_width, eine Variable mit Anfangswert 0; bei width => 0 wird der Wert ohne Leerzeichen ausgegeben. Der Parameter set gibt an, ob der Wert in Groß- oder Kleinbuchstaben ausgegeben werden soll. Der Vorbesetzungswert für set ist default_setting, eine Variable mit Anfangswert upper_case (also Großbuchstaben). Man kann also diese beiden Vorbesetzungswerte ändern, indem man der entsprechenden Variablen in PACKAGE primaer_io einen anderen Wert zuweist.

Wer nur wenige Aufzählungswerte ausgeben möchte, verzichtet manchmal auf das Ausprägen von text_io.enumeration_io und benutzt stattdessen das Attribut 'image, das für jeden diskreten Typ definiert ist, insbesondere für jeden Aufzählungstyp. 'image ist eine Funktion, die jedem Wert die Darstellung des Bezeichners als string-Wert zuordnet, der mit den entsprechenden Unterprogrammen text_io.put ausgegeben werden kann. 'image bietet allerdings nicht den Komfort der Prozeduren put aus text_io.enumeration_io: Es wandelt immer in eine Zeichenkette mit minimaler Breite und Großbuchstaben um.

Die erste Zeile der Ausgabe der Prozedur in diesem Abschnitt ist damit

```
ROTROTBLAUBLAUGELBGELBROT    blau
```

und zwar in jeder Ada-Implementierung, denn alle hier besprochenen Eigenschaften sind in [Ada] so beschrieben, also portabel.

Analog zum Paket text_io.enumeration_io für diskrete Typen gibt es in PACKAGE text_io generische lokale Pakete (mit generischem formalen Typ num) zur Ein-/Ausgabe numerischer Werte in Textformat: integer_io für alle ganzzahligen Typen, float_io für alle Gleitpunkttypen und fixed_io für alle Festpunkttypen. Wir wenden in diesem Beispiel das

Paket `integer_io` an. Auch in diesen Paketen sind die Prozeduren `put` mit einem Parameter `width` ausgestattet. Im Gegensatz zu `enumeration_io` wird hier, wenn nötig, links und nicht rechts mit Leerzeichen aufgefüllt. Außerdem hat `default_width` den Anfangswert `num'width`. Dies ist die kleinste Breite, die für alle Werte des Typs `num` ausreicht, wobei links immer Platz für ein Leer- oder Minuszeichen sein muß. Da ganzzahlige Typen diskret sind und deshalb auch für sie das Attribut `'image` vereinbart ist, kann man sich auch hier die Ausprägung sparen, wenn man mit dem geringeren Komfort von `'image` zufrieden ist: die Zeichenkette, die `'image` ergibt, hat immer die kleinste Länge, die für die Darstellung der jeweiligen Zahl ausreicht.

Die letzte ausgegebene Zeile der Prozedur in diesem Abschnitt sieht also so aus:

```
       1         2         3         4         5 6
```

allerdings nicht in jeder Ada-Implementierung, denn wir haben ja den vordefinierten Typ `integer` verwendet, dessen Wertebereich implementierungsabhängig ist. Der Wert des Vorbesetzungsausdrucks für die Variable `default_width`, und damit die Anzahl Leerzeichen vor den ersten fünf Zahlen, ist also von Implementierung zu Implementierung verschieden. Man kann dieses Programm aber ohne weiteres portabel machen: Man muß nur statt `integer` einen benutzerdefinierten ganzzahligen Typ verwenden.

Hier sei nur am Rande erwähnt, daß die Prozeduren `put` in `text_io.integer_io` auch einen Parameter `base` haben, mit dem man eine beliebige Zahlenbasis zwischen 2 und 16 angeben kann; die Zahlen werden dann als Zahlenliterale zu dieser Basis (siehe §7.8) ausgegeben.

11.3 Portable benutzerdefinierte Ein-/Ausgabe

In den letzten beiden Abschnitten hat sich gezeigt, daß die Ausgabeprozeduren in PACKAGE `text_io` zwar recht primitiv sind, dafür aber alle Eigenschaften des Zeilenumbruchs in [Ada] sehr genau definiert sind. Wenn man mehr Komfort im Zeilenumbruch möchte, kann man ihn also unter Benutzung von `text_io` portabel programmieren und in Paketen allgemein zugänglich machen.

Das Beispiel in diesem Abschnitt zeigt Schnittstelle und Anwendung einer solchen Lösung. `formatierte_ausgabe` ist ein generisches Paket mit einem generischen (Wert-)Parameter `zeilenlaenge` vom vordefinierten Untertyp `positive`. `formatierte_ausgabe` ist also nur eine Schablone

11.3 Portable benutzerdefinierte Ein-/Ausgabe

```
---------------------------------------------------------------|
GENERIC
   zeilenlaenge : IN positive;

PACKAGE formatierte_ausgabe IS

   PROCEDURE put (item : IN string);

   PROCEDURE new_line;

END formatierte_ausgabe;
---------------------------------------------------------------|


---------------------------------------------------------------|
WITH formatierte_ausgabe;

PROCEDURE formatierte_ausgabe_mit_zeilenlaenge_55 IS

   PACKAGE format IS NEW
       formatierte_ausgabe (zeilenlaenge => 55);
BEGIN
   format.put
      ("Es toenen die Lieder, der Fruehling kehrt wieder,");
   format.put ("es spielet der Hirte auf seiner Schalmei");
   format.put ("Tralalalalalalala-la-lalalalalala");
   format.put ("abc");
   format.put ("de");
   format.put ("fgh");
   format.put ("ijklm");
   format.put ("nop");
   format.put (integer'image (8 + 2 ** 2));
   format.put ("q");
   format.put ("rstuvwxyz");
   format.new_line;
END formatierte_ausgabe_mit_zeilenlaenge_55;
---------------------------------------------------------------|
```

für ein Paket. Um es zu benutzen, muß man es ausprägen und dabei für das formale Objekt **zeilenlaenge** einen Wert einsetzen. Das so entstandene ausgeprägte Exemplar ist ein Paket mit zwei Unterprogrammen, das eine etwas komfortablere Ausgabe mit der bei der Ausprägung festgelegten Zeilenlänge ermöglicht. Die Prozedur **put** sorgt also durch Einschieben von Leerzeichen dafür, daß keine Wörter zerschnitten werden, und daß rechts kein Flatterrand entsteht.

Den Rumpf des generischen Pakets, der ja die Realisierung des eben beschriebenen Komforts enthalten muß, zeigen wir hier nicht; er kann aber portabel unter Benutzung von PACKAGE text_io programmiert werden. PROCEDURE formatierte_ausgabe_mit_zeilenlaenge_55 wendet dieses generische Paket an; dazu muß es eine Ausprägung des Pakets enthalten:

```
PACKAGE format IS NEW
    formatierte_ausgabe (zeilenlaenge => 55);
```

Hier wird für das formale Objekt zeilenlaenge der Wert 55 eingesetzt und für das so entstandene ausgeprägte Exemplar der Name formatierte_ausgabe vereinbart. Dieses ist ein Paket, dessen zwei Unterprogramme, wie bei jedem (nichtgenerischen) Paket, aufgerufen werden können.

11.4 Texteingabe

In diesem Abschnitt besprechen wir die gängigen Unterprogramme zur Texteingabe und zeigen dabei auf, welche ihrer Eigenschaften in [Ada] festgelegt sind und welche von Implementierung zu Implementierung verschieden sein können.

Analog zur Ausgabe gibt es im PACKAGE text_io vier Prozeduren get, zwei mit Parameter file und zwei ohne, davon jeweils eine zur Eingabe eines Zeichens und eine zur Eingabe einer Zeichenkette:

```
PROCEDURE get (item : OUT character);
PROCEDURE get (item : OUT string);
PROCEDURE get (file : IN file_type;
               item : OUT character);
PROCEDURE get (file : IN file_type;
               item : OUT string);
```

Bei der Ausgabe sind Fragen über den Zeilenumbruch genauestens durch die Sprachdefinition geregelt. Analog sind die Auswirkungen des Zeilenumbruchs der Eingabe auch genau beschrieben: Die Prozeduren get für den Typ character erkennen Zeilenwechsel nicht als Zeichen an. Sind in der aktuellen Zeile keine Zeichen mehr, lesen sie notfalls solange Leerzeilen ein, bis ein Zeichen eingegeben wurde. Diese Prozeduren überlesen also eventuelle führende Zeilenwechsel. Die Prozeduren get für den Typ string lesen eine feste Anzahl von Zeichen ein; jedes davon nach dem eben beschriebenen Algorithmus der Prozeduren get für den Typ character.

11.4 Texteingabe

```
WITH text_io;

PROCEDURE text_einlesen IS

   ein_zeichen       : character;
   text              : string (1 .. 90);
   ende_der_eingabe  : integer RANGE 0 .. 90;
BEGIN
   text_io.put_line ("Bitte ein Zeichen eingeben");
   text_io.get (ein_zeichen);
   text_io.put
      ("Bitte 90 Zeichen eingeben (sie koennen auf mehrere"
       & " Zeilen verteilt sein)");
   text_io.new_line;
   text_io.get (text); -- liest 90 Zeichen ein
   text_io.skip_line;
   text_io.put_line
      ("Bitte eine beliebige Zeile (Laenge <= 90) eingeben"
          );
   text_io.get_line (item => text,
                     last => ende_der_eingabe);
END text_einlesen;
```

Die Anweisung

```
text_io.get (text);
```

in dem Beispiel dieses Abschnitts wird also genau neunzig Zeichen einlesen (weil text eine string-Variable der Länge neunzig ist), egal, ob diese neunzig Zeichen in einer Zeile eingegeben werden, oder ob sie über mehrere Zeilen verteilt sind, auch wenn dazwischen Leerzeilen eingegeben werden.

Implementierungsabhängig dagegen ist die Antwort auf die Frage, ob Eingabe von der Tastatur zeichenweise oder gepuffert (zeilenweise) erfolgt.

Die Prozedur skip_line überliest alle Zeichen bis zum nächsten Zeilenende (inklusive). Wenn also noch gar keine Eingabe erfolgt ist, oder wenn die aktuelle Zeile mitsamt des Zeilenendes schon im Programm eingelesen wurde, dann überliest skip_line die ganze nächste Zeile. Bei Eingabe von der Tastatur bedeutet dies, daß skip_line auf Eingabe einer neuen Zeile wartet, nur um den Inhalt der Zeile wegzuwerfen. Ein skip_line zu viel kann also zu unerwarteten Ergebnissen führen.

Bei Ein-/Ausgabe am Terminal bezieht sich `new_line` nur auf die Ausgabe und `skip_line` nur auf die Eingabe. Diese beiden Prozeduren haben also nichts miteinander zu tun, obwohl man sowohl die Ein- als auch die Ausgabe am gleichen Bildschirm sieht.

Manchmal muß man eine ganze — eventuell leere — Zeile (oder den noch nicht gelesenen Rest der aktuellen Zeile) einlesen, ohne vorher ihre Länge zu kennen. Dazu gibt es im **PACKAGE** `text_io` die Prozeduren `get_line`:

```
PROCEDURE get_line (item : OUT string;
                    last : OUT natural);
PROCEDURE get_line (file : IN file_type;
                    item : OUT string;
                    last : OUT natural);
```

Als aktuellen Parameter für `item` gibt man eine Variable an, die in jedem Fall lang genug ist, um die Zeile aufzunehmen; und als aktuellen Parameter für `last` eine Variable, in die `get_line` den Index (in der aufnehmenden `string`-Variable) des letzten übertragenen Zeichens schreibt. `get_line` überschreibt nur (höchstens) soviele Zeichen, wie die Zeile enthält; der Rest der aufnehmenden `string`-Variable bleibt unverändert. Beim Aufruf

```
text_io.get_line (item => text,
                  last => ende_der_eingabe);
```

werden also, wenn eine Zeile mit neun Zeichen eingegeben wird, die ersten neun Zeichen von `text` mit diesen Zeichen überschrieben und der Variablen `ende_der_eingabe` der Wert 9 zugewiesen. 9 ist der Index des letzten überschriebenen Zeichens in `text`; weil der erste Index von `text` 1 ist, ist die Länge der Eingabe gleich diesem Index.

Meistens liest `get_line` eine Zeile ein, die kürzer als die aufnehmende Variable ist. In diesem Fall überliest `get_line` auch das anschließende Zeilenende. Darin unterscheidet sich `get_line` von allen Prozeduren `get` (auch von denen, die im nächsten Abschnitt besprochen werden): Diese lesen genau die Zeichen ein, die sie verarbeiten, und lassen eventuell dahinterstehende Zeichen stehen; dies gilt auch, wenn direkt hinter den gelesenen Zeichen das Zeilenende steht.

Dieser Unterschied kann zu Problemen führen, wenn `get_line` nach einem `get` aufgerufen wird: `get` läßt in jedem Fall das Zeilenende hinter seiner Eingabe stehen; `get_line` liest nun den Rest der Zeile ein. Wenn dieser Rest nur noch aus dem Zeilenende besteht, interpretiert `get_line` diese Eingabe als leere Zeile. Wenn man mit `get_line` nicht den (eventuell leeren) Rest der Zeile lesen will, sondern die nächste Zeile, dann muß man vorher mit `skip_line` dafür sorgen, daß der Zeilenrest inklusive Zeilenende überlesen wird. Also gilt: Wenn man `get_line` nach `get` aufrufen will, muß man vorher `skip_line` aufrufen — es sei denn, man möchte wirklich den noch nicht gelesenen Zeilenrest lesen.

11.5 Texteingabe von Zahlen und Aufzählungswerten

In diesem Beispiel werden Aufzählungs- und ganzzahlige Werte eingelesen, die in Textform eingegeben werden. Neben dem vordefinierten Typ `integer` arbeiten wir mit dem schon bekannten Aufzählungstyp `primaerfarben` und mit einem weiteren Aufzählungstyp `sekundaerfarben`, deren Werte nicht Bezeichner, sondern Zeichenliterale sind.

Im Vereinbarungsteil des Beispiels stehen zwei Ausprägungen von `text_io.enumeration_io`, für jede der beiden Aufzählungstypen eine, und eine Ausprägung von `text_io.integer_io` für den Typ `integer`.

Die Prozeduren `get` in `text_io.integer_io` sind, wie die Prozeduren `put`, mit einem Parameter `width` ausgestattet, der die Anzahl der für diese Eingabe einzulesenden Zeichen angibt. Bei `width = 0` (dem Vorbesetzungswert der Variablen `default_width` im Paket) werden eventuelle führende Leerzeichen und Leerzeilen überlesen, dann solange weitergelesen, wie die Eingabe mit der Syntax von ganzzahligen Literalen übereinstimmt; ein eventuelles Zeilenende, ein Leerzeichen oder ein Zeichen, das die Syntaxregeln verletzt, wird nicht mehr eingelesen. Wenn die so eingelesene Zeichenkette die Syntaxregeln verletzt, wird eine Ausnahme ausgelöst (s. Kapitel 13).

Aus dieser Beschreibung folgt, daß diese Prozeduren `get` alle ganzzahligen Literale lesen können. Jedes Ada-Programm, das mit einer dieser Prozeduren eine ganze Zahl einliest, wird also bei jeder der folgenden Eingaben die gleiche Wirkung haben (zur Syntax siehe §7.8):

10	0010	1_0
1E1	1E+1	10e0
2#1010#	3#101#	4#22#

Die hier besprochenen Eigenschaften von `text_io.integer_io` gelten sinngemäß auch für `text_io.float_io` und `text_io.fixed_io`.

Im vorletzten Abschnitt wurde das Attribut `'image` vorgestellt, das für jeden diskreten Typ vereinbart ist und jedem Wert des Typs eine `string`-Darstellung dieses Wertes zuordnet. Das Attribut `'value` ist ebenfalls für

```
------------------------------------------------------------------|
WITH text_io;

PROCEDURE eingabe_von_zahlen_und_aufzaehlungswerten IS

   TYPE primaerfarben IS (rot, blau, gelb);

   TYPE sekundaerfarben IS ('l', 'g', 'o');

   PACKAGE zahlen_io IS NEW text_io.integer_io (integer);

   PACKAGE primaer_io IS NEW
      text_io.enumeration_io (primaerfarben);

   PACKAGE sekundaer_io IS NEW
      text_io.enumeration_io (sekundaerfarben);

   eine_zahl            : integer RANGE 1 .. 1000;
   eine_primaerfarbe    : primaerfarben;
   eine_sekundaerfarbe  : sekundaerfarben;
   text                 : string (1 .. 90);
   ende_der_eingabe     : integer RANGE 0 .. 90;
BEGIN
   text_io.put_line
      ("Eine ganze Zahl zwischen 1 und 1000  eingeben");
   zahlen_io.get (eine_zahl);

   text_io.put_line ("Bitte noch eine !");
   text_io.skip_line;
   text_io.get_line (item => text,
                     last => ende_der_eingabe);
   eine_zahl :=
      integer'value (text (text'first .. ende_der_eingabe));

   text_io.put_line ("Bitte eine Primaerfarbe eingeben");
   primaer_io.get (eine_primaerfarbe);

   text_io.put_line
      ("'l', 'g' oder 'o' (mit Hochkomma) eingeben");
   sekundaer_io.get (eine_sekundaerfarbe);
END eingabe_von_zahlen_und_aufzaehlungswerten;
------------------------------------------------------------------|
```

jeden diskreten Typ vereinbart und ordnet jeder Zeichenkette, die einen Wert des Typs als Text darstellt, den entsprechenden Wert des diskreten Typs zu. In diesem Beispiel wird mit

```
text_io.get_line (item => text,
                 last => ende_der_eingabe);
```

eine solche Zahl in eine Zeichenkette eingelesen (vorher wird mit einem Aufruf von `text_io.skip_line` der Rest der Zeile, die mit dem vorhergehenden get-Aufruf angelesen wurde, überlesen). Die eingelesene Zeichenkette ist dann in der Variablen

```
text (text'first .. ende_der_eingabe)
```

zugänglich (`text'first` ist der erste Index des ARRAYs `text`, also in diesem Fall 1);

```
integer'value (text (text'first .. ende_der_eingabe))
```

ist also der `integer`-Wert, den diese Zeichenkette darstellt.

Die Prozeduren get in `text_io.enumeration_io` funktionieren analog; sie haben aber keinen Parameter width. In diesem Beispiel kann `primaer_io.get` die Bezeichner `rot`, `blau` und `gelb` groß, klein oder gemischt lesen (`rot`, `ROT` und `rOt` werden also gleich interpretiert); `sekundaer_io` kann nur die Zeichenliterale '1', 'g' und 'o' lesen.

11.6 Übung 8: Text-Ein-/Ausgabe

Schreiben Sie den Rumpf des PACKAGE terminal und übersetzen ihn in Ihre Bibliothek. Gehen Sie dabei davon aus, daß der Benutzer keine Bedienungsfehler macht (die Behandlung von Bedienungsfehlern wird später eingebaut).

In der Datei U8.ADA ist ein Rumpf, in dem nur die beiden Prozeduren frag vervollständigt werden müssen. Sie können diese Datei verwenden, oder Sie können den ganzen Rumpf schreiben.

Ab jetzt bildet die Lösung jeder Übungsaufgabe einen Teil des Vokabel-Trainers, und Sie sollen ihre Lösungen dadurch testen, daß Sie sie in einen ansonsten kompletten Vokabel-Trainer einbauen und diesen testen.

Auf der Diskette befinden sich die Ada-Quellen einer solchen kompletten Lösung; dabei ist jede Übersetzungseinheit in einer Datei enthalten. Damit Sie Ihre Lösungen testen können, sollten Sie zunächst alle Übersetzungseinheiten der vorgegebenen Lösung in ihre Bibliothek übersetzen. Die Datei COMPILE.COM enthält Kommandos zur Übersetzung dieser Übersetzungseinheiten in einer gültigen Übersetzungsreihenfolge, in der Kommandosprache der Alsys-Ada-Umgebungen. Wenn Sie mit einer anderen Ada-Umgebung arbeiten, müssen Sie eventuell diese Datei editieren (zum Beispiel das Alsys-Kommando COMPILE durch das entsprechende Kommando Ihrer Ada-Umgebung ersetzen), bevor Sie diese Datei zur Übersetzung der vorgegebenen Lösung verwenden können.

Nun können Sie Ihren PACKAGE BODY terminal übersetzen. Bei erfolgreicher Übersetzung ersetzt er den schon in der Bibliothek vorhandenen Rumpf. (Da keine andere Übersetzungseinheit davon abhängt, wird durch diese Übersetzung keine Übersetzungseinheit veraltet.) Wenn Sie dann das Hauptprogramm vokabeln_hauptprogramm binden, entsteht ein lauffähiges Programm, das Ihren PACKAGE BODY terminal enthält. Bei den späteren Übungsaufgaben können Sie genauso verfahren.

11.7 Umgang mit Dateien

In diesem Abschnitt geht es um zwei Themen: den Umgang mit Dateien und die Ein-/Ausgabe im Binärformat. Wie wir schon gesehen haben, kann man mit text_io auch beliebige (Text-)Dateien ansprechen. Dazu muß man auch Mechanismen anwenden, die in diesem Beispiel für die Ein-/Ausgabe im Binärformat gezeigt werden.

Für die Ein-/Ausgabe im Binärformat gibt es die Pakete sequential_io und direct_io. Mit dem Paket sequential_io kann man nur sequentiell verarbeiten; direct_io enthält außer den Mitteln, die in sequential_io vorhanden sind, auch Mittel zur nichtsequentiellen Ein-/Ausgabe. In diesem Beispiel zeigen wir eine einfache Anwendung von direct_io.

direct_io und sequential_io sind generische Pakete mit einem generischen formalen Typ, der für den Typ der ein-/auszugebenden Werte steht. Für jeden Typ, für den man eines dieser Pakete benutzen will, muß man also eine Ausprägung des Pakets vereinbaren, wie in diesem Beispiel:

```
PACKAGE eintrag_io IS NEW
    direct_io (element_type => eintrag);
```

mit dem ausgeprägten Exemplar kann man dann mit einem write-Aufruf einen Wert des Typs schreiben und mit einem read-Aufruf einen solchen Wert lesen. In diesem Beispiel kann man also mit einem Aufruf von eintrag_io.write einen Wert des Typs eintrag schreiben. Dabei spielt

11.7 Umgang mit Dateien

```ada
WITH direct_io;

PROCEDURE umgang_mit_dateien IS

   TYPE eintrag IS (eins, zwei, drei);

   PACKAGE eintrag_io IS NEW
      direct_io (element_type => eintrag);

   datei              : eintrag_io.file_type;
   aktueller_eintrag  : eintrag := eins;
BEGIN
   eintrag_io.create (file => datei,
                      mode => eintrag_io.out_file,
                      name => "meine_datei.dat");
   eintrag_io.write (file => datei,
                     item => aktueller_eintrag);
   eintrag_io.close (datei);
   eintrag_io.open (file => datei,
                    mode => eintrag_io.out_file,
                    name => "meine_datei.dat");
   eintrag_io.set_index
      (file => datei,
       to => eintrag_io.count'succ
                                 (eintrag_io.size (datei)));

                                 -- Datei fortschreiben

   eintrag_io.write (file => datei,
                     item => aktueller_eintrag);
   eintrag_io.close (datei);
   eintrag_io.open (file => datei,
                    mode => eintrag_io.in_file,
                    name => "meine_datei.dat");
   WHILE NOT eintrag_io.end_of_file (datei) LOOP
      eintrag_io.read (file => datei,
                       item => aktueller_eintrag);
   END LOOP;
   eintrag_io.close (datei);
END umgang_mit_dateien;
```

es keine Rolle, wie komplex der Typ ist, der bei der Ausprägung für den generischen formalen Typ element_type eingesetzt wurde. Wir haben in diesem Beispiel einen einfachen Typ (eintrag) gewählt. Das Beispiel würde aber genauso mit einem stark geschachtelten ARRAY- oder RECORD-Typ funktionieren.

Der Typ file_type in PACKAGE text_io wurde schon erwähnt. Auch in sequential_io und direct_io gibt es einen Typ mit diesem Namen; in allen drei Paketen hat er die gleiche Aufgabe. Die Bemerkungen hier gelten also genauso für den Typ file_type in text_io oder sequential_io.

Jeder Wert des Typs file_type stellt im Programm eine Datei dar: Er enthält die Informationen, die zum Zugriff auf die Datei notwendig sind. Der Typ file_type ist aber ein LIMITED PRIVATE Typ. Man kann also als Programmierer nicht in Eigenregie auf die Informationen in einem Wert des Typs file_type zugreifen, sondern nur indirekt über die explizit im Paket zur Verfügung gestellten Unterprogramme. Jedes dieser Unterprogramme hat einen Parameter file dieses Typs, der die Datei identifiziert, auf die sich der Unterprogrammaufruf bezieht.

Dem Programmierer bleibt also nichts anderes übrig, als für jede Datei, die er im Programm ansprechen will, ein Objekt dieses Typs in seinem Programm zu vereinbaren und bei jeder Transaktion mit dieser Datei dieses Objekt als file-Parameter des entsprechenden Unterprogrammaufrufs anzugeben. Welche Informationen dieses Objekt enthält und wie diese Informationen organisiert sind, bleibt ihm verborgen (Geheimnisprinzip!).

Die erste Handlung in Bezug auf ein solches Datei-Objekt muß die Verknüpfung des Objekts mit einer tatsächlichen Datei sein. Dazu gibt es die Prozeduren open (für eine schon existierende Datei) und create (für eine Datei, die noch nicht existiert und erstellt werden soll). Diese Prozeduren stellen diese Verknüpfung her und schaffen eventuelle weitere Voraussetzungen zum Lesen und/oder Schreiben der Datei, zum Beispiel (sofern nötig) das Öffnen auf Betriebssystemebene. Sie haben außer dem obligaten file-Parameter drei weitere Parameter: mode für die Information, ob die Datei gelesen oder verändert werden soll oder beides; name für den externen Namen der Datei; und form. Der Parameter form enthält Informationen, die von Implementierung zu Implementierung so verschiedenartig sein können, daß [Ada] zur Syntax und Semantik dieses Parameters gar nichts sagt. (Beispiele solcher Informationen sind: Organisation der Datei (zum Beispiel ISAM); Blocklänge; feste oder variable Satzlänge; Satzlänge oder maximale Satzlänge; initiale Speicherplatzzuweisung.)

Auch hier werden also stark implementierungsabhängige Dinge in [Ada] ausgeklammert; sie müssen im Appendix F jeder Ada-Implementierung beschrieben sein. Aspekte, die von ihrem Wesen her nicht implementierungsabhängig sein müssen, sind dagegen in [Ada, Kapitel 14] genau beschrieben; Ada-Programme, die sich auf diese Aspekte stützen, sind in dieser Hinsicht portabel. Das Beispiel in diesem Abschnitt ist portabel bis auf den externen Namen und die sonstigen Merkmale der erstellten Datei. Das heißt, daß

- in manchen Ada-Implementierungen eventuell "meine_datei.dat" als name-Parameter in create- oder open-Aufrufen nicht zulässig ist und durch einen anderen Namen ersetzt werden muß, damit das Programm fehlerfrei läuft;
- Aussagen über den Aufbau der erzeugten Datei nur für eine Ada-Implementierung gelten.

In diesem Beispiel zeigen wir einige grundlegende Aktionen: Eine Datei erstellen, einen Wert hineinschreiben, die Datei schließen und wieder öffnen, auf das Dateiende positionieren, dahinter noch einen Wert hineinschreiben, die Datei schließen und wieder öffnen, die Datei sequentiell von vorne bis hinten lesen und dann wieder schließen.

direct_io identifiziert jeden Wert in der Datei durch einen Index, der die Position des Wertes innerhalb der Datei ausdrückt, beginnend mit 0. Die Prozedur write ohne Parameter to schreibt sequentiell, beginnend mit dem aktuellen Index, und erhöht den aktuellen Index um 1. Mit der Prozedur write mit Parameter to kann man einen Wert an eine bestimmte Position in die Datei schreiben. Die Funktion size liefert den höchsten Index eines Wertes in der Datei.

Der Wert des Ausdrucks

```
eintrag_io.count'succ (eintrag_io.size (datei))
```

ist um eins größer als der höchste Index eines Wertes in der Datei. Der Typ count, der die oben besprochenen Indizes darstellt, ist ein ganzzahliger Typ, der in (jedem ausgeprägten Exemplar von) direct_io vereinbart ist.

11.8 Übung 9: Ein-/Ausgabe im internen Format

Der Rumpf des PACKAGE funktionen enthält die Vereinbarung des PACKAGE heft und wurde so festgelegt:

```
-------------------------------------------------------------|
PACKAGE BODY funktionen IS

   PACKAGE heft IS

      TYPE deutsch_typ IS NEW string (1 .. 40);

      TYPE auslaendisch_typ IS NEW string (1 .. 40);

      TYPE vokabel_typ IS PRIVATE;

      FUNCTION   deutsch_von (vokabel : IN vokabel_typ)
         RETURN deutsch_typ;

   -- liefert den deutschen Teil von vokabel

      FUNCTION   uebersetzung_von (vokabel : IN vokabel_typ)
         RETURN auslaendisch_typ;

   -- liefert die Uebersetzung von vokabel

      FUNCTION   eintrag
         (deutscher_ausdruck      : IN deutsch_typ;
          auslaendischer_ausdruck : IN auslaendisch_typ)
         RETURN vokabel_typ;

   -- baut ein Objekt vom Typ vokabel_typ aus den Komponen-
   -- ten deutscher_ausdruck und auslaendischer_ausdruck

      PROCEDURE schreib (lektion : IN lektion_typ;
                         eintrag : IN vokabel_typ);

   -- schreibt "eintrag" als Vokabel der Lektion "lektion"
   -- ins Heft. Das Heft muss am Ende geoeffnet sein
   -- (siehe "ans_ende_blaettern" unten).

      PROCEDURE ans_ende_blaettern;

   -- Oeffnet das Heft am Ende zur Vorbereitung auf
   -- den ersten Aufruf von "schreib".

      TYPE eintrags_info_typ (existiert : boolean := true)
         IS
```

11.8 Übung 9: Ein-/Ausgabe im internen Format

```
   RECORD
      CASE existiert IS
         WHEN true =>
            inhalt : vokabel_typ;

         WHEN false =>
            NULL;

      END CASE;
   END RECORD;

   PROCEDURE naechsten_eintrag_lesen
      (zwischen,
       und     : IN  lektion_typ;
       eintrag : OUT eintrags_info_typ);

-- sucht die naechste Vokabel, deren Lektion zwischen
-- "zwischen" (untere Grenze) und "und" (obere Grenze)
-- inklusive liegt. "naechste" heisst "naechste nach
-- dem letzten Aufruf dieser Prozedur", wobei seitdem
-- "schreib" nicht aufgerufen wurde. Siehe auch
-- "an_anfang_blaettern". Nach Aufruf dieser Prozedur
-- gilt "eintrag.existiert", wenn eine solche Vokabel
-- gefunden wurde; dann enthaelt "eintrag.inhalt" diese
-- Vokabel.

   PROCEDURE an_anfang_blaettern;

-- Blaettert an den Heftanfang, damit der naechste Aufruf
-- von "naechsten_eintrag_lesen" den ersten Eintrag im
-- angegebenen Lektionsbereich liefert.

PRIVATE

   TYPE vokabel_typ IS
      RECORD
         deutsch      : deutsch_typ;
         auslaendisch : auslaendisch_typ;
      END RECORD;

END heft;
```

```
   PROCEDURE notieren (lektion : IN lektion_typ) IS SEPARATE


   PROCEDURE auflisten (lektion : IN lektion_typ) IS
     SEPARATE;

   PROCEDURE abfragen
     (erste_lektion,
      letzte_lektion          : IN lektion_typ;
      deutsch_nach_fremdsprache : IN boolean) IS SEPARATE;

   PACKAGE BODY heft IS SEPARATE;
END funktionen;
```
--|

Die Entscheidung, wie das Heft implementiert wird, ist im **PACKAGE BODY heft** verborgen. Damit sind die Rümpfe der Prozeduren **notieren**, **auflisten** und **abfragen** unabhängig von dieser Entscheidung. Im folgenden wird eine einfache Lösung angegeben. Sie kann aber mit geringem Aufwand (Nachübersetzen des Rumpfes des **PACKAGE BODY heft** und erneutes Binden des Hauptprogramms) durch eine andere Lösung ersetzt werden.

PACKAGE BODY heft arbeitet nach folgendem einfachen Prinzip: Das Heft wird durch <u>eine</u> Datei implementiert, die Vokabeln werden, so wie sie anfallen, sequentiell in die Datei geschrieben. Mit jeder Vokabel wird die Nummer der Lektion, aus der sie kam, gespeichert. Vokabeln aus einer Lektion können also in der gesamten Datei verstreut sein.

--|
```
WITH direct_io;

SEPARATE (funktionen)

PACKAGE BODY heft IS

   TYPE eintrag_mit_lektionsname IS
     RECORD
        lektion : lektion_typ;
        inhalt  : vokabel_typ;
     END RECORD;

   PACKAGE io IS NEW
     direct_io (element_type => eintrag_mit_lektionsname);
```

11.8 Übung 9: Ein-/Ausgabe im internen Format

```
datei : io.file_type;

FUNCTION   deutsch_von (vokabel : IN vokabel_typ)
   RETURN deutsch_typ IS
BEGIN
   RETURN vokabel.deutsch;
END deutsch_von;

FUNCTION   uebersetzung_von (vokabel : IN vokabel_typ)
   RETURN auslaendisch_typ IS
BEGIN
   RETURN vokabel.auslaendisch;
END uebersetzung_von;

FUNCTION   eintrag
     (deutscher_ausdruck       : IN deutsch_typ;
      auslaendischer_ausdruck  : IN auslaendisch_typ)
   RETURN vokabel_typ IS
BEGIN
   RETURN (deutsch => deutscher_ausdruck,
           auslaendisch => auslaendischer_ausdruck);
END eintrag;

PROCEDURE schreib (lektion : IN lektion_typ;
                   eintrag : IN vokabel_typ) IS
BEGIN
   io.write (file => datei, item => (lektion, eintrag));
END schreib;

PROCEDURE ans_ende_blaettern IS
   aktueller_eintrag : eintrag_mit_lektionsname;
BEGIN
   WHILE NOT io.end_of_file (datei) LOOP
      io.read (file => datei,
               item => aktueller_eintrag);
   END LOOP;
END ans_ende_blaettern;

PROCEDURE naechsten_eintrag_lesen
     (zwischen,
      und      : IN lektion_typ;
      eintrag  : OUT eintrags_info_typ) IS SEPARATE;
```

```
   PROCEDURE an_anfang_blaettern IS
   BEGIN
      io.reset (datei);
   END an_anfang_blaettern;

   PROCEDURE heft_oeffnen IS SEPARATE;

   -- oeffnet das Heft (inout)
BEGIN
   heft_oeffnen;
END heft;
```
--|

Der eigentliche Rumpf der PROCEDURE naechsten_eintrag_lesen (eine Untereinheit der Übersetzungseinheit PACKAGE BODY heft, die mit vollem Namen funktionen.heft heißt) fehlt noch.

Schreiben Sie den eigentlichen Rumpf der PROCEDURE naechsten_eintrag_lesen. Der Einfachheit halber wiederholen wir hier die Beschreibung ihrer Funktionalität aus PACKAGE heft:
PROCEDURE naechsten_eintrag_lesen sucht die nächste Vokabel im Heft, deren Lektion zwischen „zwischen" (untere Grenze) und „und" (obere Grenze) inklusive liegt. „nächste" heißt „nächste nach dem letzten Aufruf dieser Prozedur", wobei seitdem „schreib" nicht aufgerufen wurde. Aufrufe von PROCEDURE an_anfang_blaettern wirken sich auch auf die Bedeutung von „nächste" aus (siehe Beschreibung in der Paketvereinbarung). Nach Aufruf von PROCEDURE naechsten_eintrag_lesen hat eintrag.existiert Wert true genau dann, wenn eine solche Vokabel gefunden wurde; dann enthält eintrag.inhalt diese Vokabel.

Hinweis: Der volle Name des PACKAGE heft ist funktionen.heft, weil dieses Paket im PACKAGE BODY funktionen vereinbart ist. Die Vatereinheit der PROCEDURE naechsten_eintrag_lesen ist also funktionen.heft.

12 Schablonen

Im letzten Kapitel sah man viele Schablonen als Anwender; dieses Kapitel stellt sie aus der Sicht des Programmierers vor, der sie schreibt.

Generische Einheiten (*generic unit*) sind *Schablonen* (*template*), aus denen man mit geringem Aufwand beliebig viele (meist verschiedene) Programmeinheiten herstellen kann. Bestimmte Einzelheiten sind meistens offengelassen und durch Parameter dargestellt. Bei der Ausprägung werden dann für diese Parameter Ada-Größen eingesetzt. Das Ziel ist, wiederverwendbare Programmeinheiten zu schaffen.

Generische Einheiten sind also Makro-artige parametrisierte Programmeinheiten. Der Begriff „Makro" wird allerdings meist für Sprachkonstrukte verwendet, die eine relativ einfache Semantik haben: Oft wird eine Makrodefinition vom entsprechenden Sprachübersetzer akzeptiert, wenn sie wenige syntaktische Bedingungen erfüllt. Dieses Akzeptieren sagt aber wenig darüber aus, ob auch zulässige Aufrufe dieses Makros korrekt sein werden. In Ada dagegen wird jede Schablone schon bei ihrer Übersetzung daraufhin geprüft, ob auch alle zulässigen Ausprägungen korrekt sind; wenn nicht, wird die Schablone als unkorrekt abgelehnt.

Die Vorteile der Verwendung von Schablonen als wiederverwendbare Programmteile gegenüber anderen denkbaren Möglichkeiten sind:

- die Schablone kann sich in einer Ausprägung bewähren und dann in verändertem Umfeld (in anderen Ausprägungen) benutzt werden;
- nach erfolgreicher Übersetzung der Schablone kann man sich darauf verlassen, daß auch jede zulässige Ausprägung sprachlich korrekt ist;
- die Wiederverwendung ist nicht mit Kopieren verbunden;
- der Anwender einer Schablone muß sich nicht um die Implementierung (Rumpf) der Schablone kümmern; das Geheimnisprinzip wird also nicht verletzt;
- eventuelle spätere Änderungen müssen nur an <u>einer</u> Stelle gemacht werden und gelten für alle Ausprägungen.

Im letzten Kapitel wurden einige Schablonen für Pakete vorgestellt. Schablonen für Unterprogramme, also für Prozeduren und Funktionen, sind auch erlaubt. Im Gegensatz zum nichtgenerischen Fall gehört zu einem generischen Unterprogramm immer eine explizite (generische) Vereinbarung. Eine Schablone für ein Unterprogramm besteht also immer aus zwei Teilen: aus einer generischen Vereinbarung und einem Rumpf (zu einer Schablone für ein Paket gehört auch eine explizite Vereinbarung; wie bei gewöhnlichen Paketen ist aber ein Rumpf nicht immer nötig).

Die generische Vereinbarung einer Schablone dient dazu, die Schnittstelle der Schablone mitsamt ihrer *generischen Parameter* (*generic parameter*) festzulegen. Eine generische Vereinbarung besteht aus einem *generischen formalen Teil* (*generic formal part*), der mit dem reservierten Wort GENERIC beginnt und die generischen Parameter vereinbart. Darauf folgt eine Unterprogramm- bzw. Paketvereinbarung. Der Rumpf einer Schablone ist syntaktisch vom Rumpf einer nichtgenerischen Einheit nicht zu unterscheiden.

Die generischen Parameter einer Schablone können (generische formale) Objekte, Typen oder Unterprogramme sein:

- *Generische formale Objekte* (*generic formal object*) können für Konstanten oder Variablen stehen:

    objekt : IN typ_name;

  im generischen formalen Teil einer Schablone vereinbart eine (generische formale) Konstante; bei der Ausprägung kann für ein solches formales Objekt ein beliebiger Ausdruck des Typs typ_name eingesetzt werden. Das ausgeprägte Exemplar der Schablone arbeitet nur mit einer Kopie des Wertes dieses Ausdrucks.

    objekt : IN OUT typ_name;

  dagegen vereinbart eine (generische formale) Variable; bei der Ausprägung kann dafür also nur eine Variable eingesetzt werden. Im allgemeinen verändert das ausgeprägte Exemplar der Schablone diese Variable und hat damit Seiteneffekte.

- *Generische formale Typen* (*generic formal type*) stehen für Typen. Es gibt verschiedene Formalismen, die bei der Vereinbarung eines generischen formalen Typs zum Ausdruck bringen, welche Eigenschaften die Schablone bei diesem Typ voraussetzt. Zum Beispiel drückt die Vereinbarung

```
TYPE typ_name IS (<>);
```

aus, daß die Schablone vom Typ `typ_name` höchstens solche Eigenschaften voraussetzt, die allen diskreten Typen gemeinsam sind, z.B. Operatoren und Attribute, die für jeden diskreten Typ implizit vereinbart sind. Damit legt man gleichzeitig fest, durch welche Typen der formale Typ bei der Ausprägung ersetzt werden kann: durch Typen mit allen diesen Eigenschaften, also nur durch diskrete Typen.

Wir verweisen den Leser auf [Ada, §12.1.2] für eine vollständige Liste der Formalismen bei der Vereinbarung generischer Typen und eine Erklärung der jeweiligen Semantik.

- *Generische formale Unterprogramme* (*generic formal subprogram*) stehen für Unterprogramme, also für Prozeduren und Funktionen. Die Vereinbarung

    ```
    WITH PROCEDURE prozedur_name;
    ```

    im generischen formalen Teil einer Schablone vereinbart eine generische formale (parameterlose) Prozedur, und die Vereinbarung

    ```
    WITH FUNCTION funktions_name RETURN natural;
    ```

    eine generische formale (parameterlose) Funktion mit Ergebnistyp `natural`.

Die generische Vereinbarung einer parameterlosen generischen Prozedur p mit einer generischen formalen Konstanten **umfang**, einer generischen formalen Variablen **laenge**, einem generischen formalen Typ **t**, einer generischen formalen Prozedur **p1** und einer generischen formalen Funktion **f** könnte zum Beispiel so aussehen:

```
-------------------------------------------------------------|
GENERIC
   umfang : IN natural;
   laenge : IN OUT integer;

   TYPE t IS (<>);

   WITH PROCEDURE p1;

   WITH FUNCTION  f RETURN natural;

PROCEDURE p;
-------------------------------------------------------------|
```

Die Syntax `WITH PROCEDURE` bzw. `WITH FUNCTION` für generische formale Unterprogramme mutet vielleicht etwas umständlich an; das `WITH` ist aber notwendig, um generische formale Unterprogramme (hier **p1** und **f**) syntaktisch von der Unterprogrammvereinbarung (hier **p**) zu unterscheiden. Das **WITH** hat auch eine inhaltliche Berechtigung: Innerhalb der Vereinbarung und des Rumpfes der generischen Einheit können die Namen der generischen formalen Unterprogramme genauso benutzt werden, als ob sie durch **WITH**-Klauseln sichtbar gemacht worden wären. Auch die Namen der anderen generischen Parameter können in Vereinbarung und Rumpf der generischen Einheit erscheinen, ohne dort vereinbart worden zu sein; dies ist der einzige Unterschied zu Vereinbarung und Rumpf einer entsprechenden nichtgenerischen Einheit.

12.1 Eine einfache generische Prozedur

Dieses Beispiel stammt aus [Ada, Kapitel 12]. Es ist so kurz, daß man in der Praxis vielleicht keine generische Prozedur daraus machen würde; gerade diese Kürze aber macht es als erstes Einführungsbeispiel attraktiv. Stellen Sie sich also bitte vor, daß die hier besprochene Prozedur in Wirklichkeit länger und komplexer ist, so daß das Schreiben einer Schablone dafür eine wesentliche Arbeitsersparnis bedeuten kann.

Betrachten wir zunächst eine einfache nichtgenerische Prozedur, die die Werte zweier **integer**-Variablen vertauscht:

```
-------------------------------------------------------------|
PROCEDURE zahlen_vertauschen (erster,
                              zweiter : IN OUT integer) IS
   temporaer : integer;
BEGIN
   temporaer := erster;
   erster := zweiter;
   zweiter := temporaer;
END zahlen_vertauschen;
-------------------------------------------------------------|
```

Wenn man diese Prozedur analysiert, stellt man fest, daß sie kaum vom Typ **integer** abhängt: Sie wäre übersetzbar und würde korrekt funktionieren, wenn man den Typ **integer** durch einen anderen Typ ersetzen würde, zum Beispiel durch einen beliebigen Aufzählungs- oder numerischen Typ, durch einen **ACCESS**_Typ oder durch einen **RECORD**-Typ.

In dieser Prozedur kann man also vom konkreten Typ **integer** abstrahieren, indem man aus der Prozedur eine generische Prozedur macht, in der anstelle von **integer** ein generischer formaler Typ steht. Um

12.1 Eine einfache generische Prozedur

aber zu entscheiden, wie großzügig die Vereinbarung des generischen formalen Typs ausfallen kann (und damit wie groß die Palette von Typen ist, die bei Ausprägungen der Schablone für den generischen formalen Typ eingesetzt werden können), muß man erst einmal genau überlegen, welche Eigenschaften (das heißt in erster Linie, welche Operationen) von **integer** in der nichtgenerischen Prozedur genutzt werden.

Die einzige Operation des Typs **integer**, die in der Prozedur benutzt wird, ist die Zuweisungsoperation. Diese ist für fast jeden Typ vereinbart, sogar für private Typen, sofern sie nicht LIMITED sind. Hier bietet es sich an, den konkreten Typ **integer** durch einen generischen formalen Typ **parameter_typ** mit folgender generischer Vereinbarung zu ersetzen:

TYPE parameter_typ IS PRIVATE;

Dieser Formalismus ist in [Ada, §12.1.2] mit den anderen zulässigen Formalismen zur Vereinbarung generischer Parameter beschrieben. Er bedeutet, daß für den generischen formalen Typ **parameter_typ** alle Operationen vereinbart sind, die für jeden privaten (aber nicht LIMITED) Typ vereinbart sind; dazu gehört auch die Zuweisung. Diese Vereinbarung bietet sehr viel Freiheit bei Ausprägungen, da dann für diesen generischen formalen Typ jeder Typ eingesetzt werden kann, der nicht LIMITED ist. Dafür wirkt sich diese Vereinbarung natürlich in der Schablone selbst sehr restriktiv aus: Dort dürfen nur die Operationen auf diesem Typ verwendet werden, die für jeden nicht-LIMITED privaten Typ vereinbart sind.

Es gibt nur eine generische Typvereinbarung, die bei der Ausprägung mehr Spielraum läßt:

TYPE parameter_typ IS LIMITED PRIVATE;

zeigt an, daß bei Ausprägungen jeder Typ eingesetzt werden darf, für den alle Operationen vereinbart sind, die jeder LIMITED PRIVATE Typ hat. Da LIMITED PRIVATE Typen nicht einmal die Operationen Zuweisung und vordefinierte Gleichheit haben, gibt eine solche Vereinbarung bei Ausprägungen sehr viel Freiheit. Dafür stehen der Implementierung der Schablone kaum Mittel zur Verfügung, zum Beispiel darf sie keine Zuweisungen an Variablen dieses formalen Typs enthalten.

Und nun zur Schablone: Sie besteht aus zwei Teilen, der generischen Vereinbarung und dem Rumpf. Vom Text her ist sie also in diesem Fall umfangreicher als die nichtgenerische Prozedur, zu der ja (bei Unterprogrammen) keine explizite Vereinbarung gehören muß. Die generische Vereinbarung entsteht aus der Unterprogrammvereinbarung (die in diesem Fall nur implizit vorhanden war) durch Voranstellen des generischen formalen Teils und Ersetzen des Bezeichners **integer** durch den Bezeichner **parameter_typ** des generischen formalen Typs; im Rumpf muß nur der Typname ausgewechselt werden.

```
------------------------------------------------------------|
GENERIC

   TYPE parameter_typ IS PRIVATE;

PROCEDURE vertauschen (erster,
                      zweiter : IN OUT parameter_typ);
------------------------------------------------------------
PROCEDURE vertauschen (erster,
                      zweiter : IN OUT parameter_typ) IS
   temporaer : parameter_typ;
BEGIN
   temporaer := erster;
   erster := zweiter;
   zweiter := temporaer;
END vertauschen;
------------------------------------------------------------|
```

Man sieht also, daß es nicht viel manuelle Arbeit macht, aus einer nichtgenerischen Programmeinheit eine Schablone zu machen. Die Arbeit steckt vielmehr in den Überlegungen, die man sich vorher machen muß, welche Eigenschaften des generischen Parameters in der Programmeinheit gebraucht werden.

Wenn man sich nun diese Arbeit gemacht hat und die Schablone übersetzen läßt, muß der Compiler prüfen, ob nur Eigenschaften, die der generische Parameter kraft seiner Vereinbarung hat, in der Schablone benutzt werden. Stünde zum Beispiel im Rumpf der Schablone **vertauschen** ein Aufruf eines Operators "+" für den Typ **parameter_typ**, so müßte der Compiler die Schablone als inkorrekt ablehnen, weil private Typen im allgemeinen keinen Operator "+" haben.

In der Prozedur **auspraegung** wenden wir sowohl die ursprüngliche (nichtgenerische) Prozedur **zahlen_vertauschen** als auch die generische Prozedur **vertauschen** an. Beide sind Bibliothekseinheiten, müssen also mit einer WITH-Klausel sichtbar gemacht werden. Die generische Prozedur kann nur dazu verwendet werden, ausgeprägt zu werden. Unser Beispiel enthält zwei Ausprägungen, je eine für die Typen **integer** und **character**. Die dadurch entstehenden ausgeprägten Exemplare sind ganz gewöhnliche Prozeduren, die innerhalb der Prozedur **auspraegung** sichtbar sind und aufgerufen werden können; dabei hat die Ausprägung für den Typ **integer** genau die gleiche Wirkung wie die Prozedur **zahlen_vertauschen**.

```
----------------------------------------------------------------|
WITH zahlen_vertauschen;
WITH vertauschen;

PROCEDURE auspraegung IS
   x,
   y          : integer := 0;
   zeichen_1,
   zeichen_2 : character := 'a';

   PROCEDURE zahlen_auspraegung_von_vertauschen IS NEW
       vertauschen (parameter_typ => integer);

   PROCEDURE zeichen_auspraegung_von_vertauschen IS NEW
       vertauschen (parameter_typ => character);
BEGIN
   zahlen_vertauschen (x, y);                    -- (gleiche
   zahlen_auspraegung_von_vertauschen (x, y);    -- (Wirkung
   zeichen_auspraegung_von_vertauschen (zeichen_1,
                                        zeichen_2);
END auspraegung;
----------------------------------------------------------------|
```

12.2 Ausprägungen als Bibliothekseinheiten

Im letzten Abschnitt wurden die beiden Ausprägungen der generischen Prozedur lokal im Vereinbarungsteil der Prozedur **auspraegung** vereinbart. Man kann Ausprägungen aber auch als Bibliothekseinheiten schreiben. Dies ist in jedem Fall sinnvoll, wenn die gleiche Ausprägung in verschiedenen Teilen eines Programms gebraucht wird.

In diesem Abschnitt haben wir das Beispiel aus dem letzten Abschnitt so umgeschrieben, daß die Ausprägungen als Bibliothekseinheiten erscheinen. Das Beispiel besteht also nun aus drei Bibliothekseinheiten, wobei die ersten beiden ausgeprägte Exemplare der generischen Einheit **vertauschen** sind.

Beachten Sie die Zeilen

PRAGMA elaborate (vertauschen);

Die Abarbeitungsregeln (s. Kapitel 10) schreiben ja vor, daß vor der Abarbeitung einer Ausprägung der Rumpf der auszuprägenden generi-

```
----------------------------------------------------------------|
WITH vertauschen;
PRAGMA elaborate (vertauschen);

PROCEDURE zahlen_auspraegung_von_vertauschen IS NEW
   vertauschen (parameter_typ => integer);
----------------------------------------------------------------|
WITH vertauschen;
PRAGMA elaborate (vertauschen);

PROCEDURE zeichen_auspraegung_von_vertauschen IS NEW
   vertauschen (parameter_typ => character);
----------------------------------------------------------------|
WITH zahlen_vertauschen, zahlen_auspraegung_von_vertauschen,
     zeichen_auspraegung_von_vertauschen;

PROCEDURE auspraegung IS
   x,
   y          : integer := 0;
   zeichen_1,
   zeichen_2 : character := 'a';
BEGIN
   zahlen_vertauschen (x, y);
   zahlen_auspraegung_von_vertauschen (x, y);
   zeichen_auspraegung_von_vertauschen (zeichen_1,
                                        zeichen_2);
END auspraegung;
----------------------------------------------------------------|
```

schen Einheit abgearbeitet werden muß. In der ersten Fassung der Prozedur war dies (wahrscheinlich) kein Problem, denn dort wird die Ausprägung erst während der Ausführung der Prozedur abgearbeitet. Eine Verletzung der Abarbeitungsregel droht also nur, wenn die Prozedur auspraegung schon vor Aufruf des Hauptprogramms aufgerufen wird. (Möglich ist dies allerdings, wenn z.B. die Prozedur im Anweisungsteil des Rumpfes eines Bibliothekspakets aufgerufen wird.)

In diesem Abschnitt ist aber die Ausprägung eine Bibliothekseinheit. Sie wird abgearbeitet, wenn die Bibliothekseinheit abgearbeitet wird, also vor Aufruf des Hauptprogramms. Hier ist PRAGMA elaborate notwendig, um sicherzustellen, daß der Rumpf der Schablone schon vorher abgearbeitet wird.

Wenn PRAGMA elaborate vergessen wird, wird das Programm nicht unbedingt abstürzen. Viele Ada-Compiler fügen in solchen Fällen implizit ein PRAGMA elaborate hinzu, manche Implementierungen erwischen zufällig eine passende Abarbeitungsreihenfolge. Ohne PRAGMA elaborate enthielte dieses Beispiel aber eine „incorrect order dependence" (s. §13.10.2), wäre also nicht auf jede Ada-Implementierung portierbar.

12.3 Die Übersetzungsreihenfolge bei Schablonen

[Ada] legt dem Programmierer bei Schablonen keine zusätzlichen Einschränkungen der Übersetzungsreihenfolge auf. Die generische Vereinbarung muß also vor dem Rumpf und vor allen Ausprägungen übersetzt werden; die Sprachdefinition schreibt aber nicht etwa vor, daß der Rumpf einer Schablone vor den Ausprägungen übersetzt werden muß. Allerdings erlaubt [Ada, §10.3], daß ein Ada-Compiler bei Schablonen zusätzliche Einschränkungen machen kann.

Eine kleine Komplikation bei privaten generischen formalen Typen, die auch das Beispiel aus §12.1 betrifft, aber dort verschwiegen wurde, besprechen wir in diesem Zusammenhang. Die einzige Operation des Typs integer, die in der nichtgenerischen Prozedur zahlen_vertauschen verwendet wird, ist die Zuweisung. Allerdings wird auch eine Eigenschaft des Typs integer verwendet, die keine Operation ist: die Möglichkeit, uneingeschränkt Objekte des Typs zu vereinbaren. Diese Eigenschaft haben uneingeschränkte ARRAY-Typen wie zum Beispiel der Typ string nicht: Eine Vereinbarung

    x : string;

ist nicht erlaubt. Deswegen wäre das Beispiel aus §12.1 insgesamt inkorrekt, wenn es eine Ausprägung der Schablone für einen uneingeschränkten ARRAY-Typ (zum Beispiel string) enthielte. Es wäre deshalb falsch, weil der Rumpf der Schablone mit der Ausprägung unverträglich wäre. Bei manchen Ada-Implementierungen wird ein solcher Fehler erst zur Bindezeit gemeldet, bei manchen schon zur Übersetzungszeit. Im zweiten Fall wird es also von der Übersetzungsreihenfolge abhängen, ob dieser Fehler bei der Übersetzung des Rumpfs oder der Ausprägung gemeldet wird.

Diese Schwäche von [Ada] ist in Ada 9X nicht mehr vorhanden: Dort darf für einen generischen formalen Typ mit der Vereinbarung

```
TYPE parameter_typ IS PRIVATE;
```
bei der Ausprägung kein uneingeschränkter ARRAY-Typ eingesetzt werden. Dafür gibt es eine zusätzliche Form der generischen Parametervereinbarung:

```
TYPE parameter_typ (<>) IS PRIVATE; -- nur in Ada 9X
```
läßt uneingeschränkte Typen zu und erlaubt deshalb im Rumpf keine Vereinbarungen von Objekten des Typs **parameter_typ**.

12.4 PACKAGE liste als Schablone

Das **PACKAGE liste** (zuletzt in §8.8 besprochen) bietet Ressourcen für den Umgang mit einer Liste von Einträgen eines ganz bestimmten Typs **eintrag**. Schon bei oberflächlichem Nachdenken wird es klar, daß die Implementierung dieses Pakets nicht stark von der Beschaffenheit des Typs **eintrag** abhängen kann; man könnte dieses Paket also auch für andere Eintragstypen verwendbar machen, indem man daraus ein generisches Paket mit generischem formalen Typ **eintrag** macht.

Als erstes muß man sich Gedanken machen, welche Eigenschaften des Typs **eintrag** im (nichtgenerischen) **PACKAGE liste** verwendet werden. Dies ist für den Leser nicht so einfach, weil bisher nicht der vollständige Quelltext des Pakets gezeigt wurde: Einige Unterprogrammrümpfe wurden als Stummel vereinbart, zu dem noch kein eigentlicher Rumpf geliefert wurde. Denkt man aber über die Implementierung der im Paket vereinbarten Unterprogramme nach, so wird man nur das eine entdecken, in dem eine Operation des Typs **eintrag** unbedingt notwendig ist: die **PROCEDURE fuege_eintrag_ein**. Diese Prozedur muß ein neues Objekt des RECORD-Typs **listen_eintrag** einführen und (unter anderem) dafür sorgen, daß die Komponente **inhalt** dieses Objekts mit dem Wert des IN-Parameters **inhalt** vom Typ **eintrag** belegt wird. Diese Prozedur kommt also um eine Zuweisung des Typs **eintrag** nicht herum (auch eine Zuweisung an das gesamte RECORD-Objekt beinhaltet eine Zuweisung des Typs **eintrag**, bietet hier also keinen Ausweg). Deshalb kann der generische formale Typ **eintrag** in einer generischen Fassung des **PACKAGE liste** nicht als LIMITED PRIVATE vereinbart werden, wohl aber als PRIVATE.

Die generische Fassung des Pakets entsteht also aus der nichtgenerischen Fassung durch Streichen der Zeile mit der Vereinbarung des (Unter-)Typs **eintrag** und Voranstellen der Zeilen

12.4 PACKAGE liste als Schablone

```
-----------------------------------------------------------------|
GENERIC                  -- generische Fassung von PACKAGE liste

   TYPE eintrag IS PRIVATE;         -- generischer formaler Typ

PACKAGE liste IS

-- implementiert den Umgang mit einer Liste, deren Eintraege
-- alle vom (generischen) Typ "eintrag" sind.

   TYPE zeiger_auf_eintrag IS PRIVATE;       -- einfach ein
                                             -- privater Typ

   FUNCTION  erster_eintrag RETURN zeiger_auf_eintrag;
   PROCEDURE initialisiere;
   FUNCTION  ist_leer RETURN boolean;
   FUNCTION  ist_letzter_eintrag (welcher : IN
                                            zeiger_auf_eintrag)
      RETURN boolean;
   FUNCTION  naechster_eintrag (wonach : IN
                                            zeiger_auf_eintrag)
      RETURN zeiger_auf_eintrag;
   PROCEDURE fuege_eintrag_ein (inhalt   : IN eintrag;
                                position : IN positive);
   PROCEDURE entferne_eintrag (welchen : IN
                                            zeiger_auf_eintrag);
   FUNCTION  inhalt (wovon : IN zeiger_auf_eintrag)
      RETURN eintrag;

PRIVATE

   TYPE listen_eintrag;

   TYPE zeiger_auf_eintrag IS ACCESS listen_eintrag;

END liste;
-----------------------------------------------------------------|
```

```
    GENERIC
       TYPE eintrag IS PRIVATE;
```

(Der Paketrumpf aus §8.8 kann unverändert für die generische Fassung übernommen werden.) Auch hier besteht die wesentliche Arbeit im Nachdenken darüber, welche Eigenschaften des Typs eintrag im Paket verwendet werden. Diese Arbeit könnte man sich vom Compiler abnehmen lassen: Wenn man eine Probefassung mit dem generischen formalen Teil

```
GENERIC
    TYPE eintrag IS LIMITED PRIVATE;
```

übersetzt, wird der Compiler überall, wo Eigenschaften des formalen Typs eintrag benutzt werden, die nicht jeder LIMITED PRIVATE Typ hat, dies mit einer Fehlermeldung bekanntgeben.

12.5 Ein generisches Mengenpaket

In Pascal kann man mit Hilfe des Konstrukts setof aus jedem diskreten Typ den Typ aller Mengen von Werten des diskreten Typs bilden. Ada kennt kein solches Konstrukt, weil sich die Mengenbildung sehr gut als Paketschablone darstellen läßt.

Wir betrachten zunächst ein nichtgenerisches Paket menge_von, das für einen festen, vorgegebenen Aufzählungstyp grundtyp einen Typ menge enthält, dessen Werte Mengen von Werten des Typs grundtyp darstellen. Der Typ menge ist als privater Typ vereinbart, so daß Anwender des Pakets nicht umhin kommen, die im Paket angebotenen Mittel für den Umgang mit dem Typ einzusetzen. Deswegen muß das Paket alle Mittel, die Paketanwendern zur Verfügung stehen sollen, explizit vereinbaren.

Um das Beispiel kurz zu halten, haben wir einen Minimalsatz von Operationen vereinbart und auf mögliche zusätzliche Operationen wie „ist echte Teilmenge von" verzichtet. Da es (um die Infix-Schreibweise nutzen zu können) sinnvoll ist, für die typischen mengentheoretischen Verknüpfungen Operatorsymbole zu verwenden, benutzen wir statt der bekannten Verknüpfungszeichen folgende Symbole:

Operator	Bedeutung	übliches Symbol
+	Vereinigung	∪
*	Schnitt	∩
-	Komplement	\
<=	ist Teilmenge von	⊆

12.5 Ein generisches Mengenpaket

```
------------------------------------------------------------|
PACKAGE menge_von IS

   TYPE grundtyp IS (a, b, c, d, e, f, g, h, i, j);

   TYPE menge IS PRIVATE;

   leere_menge : CONSTANT menge;      -- enthaelt keinen Wert
   volle_menge : CONSTANT menge;      -- enthaelt alle Werte

   FUNCTION  einermenge (einziges_element : IN grundtyp)
      RETURN menge;
                 -- enthaelt nur einziges_element

   FUNCTION  abschnittsmenge (von, bis : IN grundtyp)
      RETURN menge;
                 -- enthaelt von .. bis

   FUNCTION  "+"                               -- Vereinigung
         (left, right : IN menge) RETURN menge;

   FUNCTION  "*"                               -- Schnittmenge
         (left, right : IN menge) RETURN menge;

   FUNCTION  "-"                               -- Komplement
         (left, right : IN menge) RETURN menge;

   FUNCTION  "<="                              -- Teilmenge
         (left, right : IN menge) RETURN boolean;

PRIVATE

   TYPE menge IS ARRAY (grundtyp) OF boolean;

-- der Wert fuer Index a ist true genau dann,
-- wenn a Element der Menge ist

   leere_menge : CONSTANT menge := (OTHERS => false);
   volle_menge : CONSTANT menge := (OTHERS => true);

END menge_von;
------------------------------------------------------------|
```

Die Bildung besonders einfacher Mengen wird durch die Konstanten leere_menge und volle_menge und die Funktionen einermenge und abschnittsmenge ermöglicht. leere_menge enthält keinen Wert des Typs grundtyp, volle_menge enthält alle Werte; einermenge liefert als Ergebnis die Menge, die nur den Wert einziges_element enthält; und abschnittsmenge liefert die Menge, die alle Werte in von .. bis enthält (also leer ist, wenn von > bis).

Im privaten Teil der Paketvereinbarung steht die vollständige Vereinbarung des Typs menge: Jede Menge wird durch ein ARRAY boolescher Werte dargestellt. Jedem Index wird der Wert true zugeordnet, wenn dieser Index in der Menge liegt, sonst der Wert false. Folglich wird in der Konstanten leere_menge jedem Index der Wert false zugeordnet, in der Konstanten volle_menge jedem Index der Wert true.

Es liegt nahe zu vermuten, daß dieses Paket genauso für viele andere Typen geschrieben werden könnte, daß man also daraus ein generisches Paket machen könnte. Damit der Leser sich darüber ein Urteil bilden kann, zeigen wir den Paketrumpf.

Dieser Rumpf fällt überraschend kurz aus, weil die logischen Operatoren auch für ARRAYs mit booleschen Komponenten vordefiniert sind (und dann komponentenweise definiert sind). Unerwartet lang dagegen fallen die Rümpfe der Funktionen einermenge und abschnittsmenge aus: Aggregate

    (einziges_element => true, OTHERS => false)

und

    (von .. bis => true, OTHERS => false)

sind in Ada nicht erlaubt, weil die Auswahlausdrücke einziges_element und von .. bis nicht *statisch* sind. Der Begriff „statisch" ist in [Ada, §4.9] definiert. Der Wert eines statischen Ausdrucks steht schon zur Übersetzungszeit fest und soll dann auch vom Compiler errechnet werden (es gibt aber auch nichtstatische Ausdrücke, deren Wert schon zur Übersetzungszeit feststeht). ARRAY-Aggregate mit mehr als einem nichtstatischen Auswahlausdruck sind aus Effizienzgründen verboten: Sie würden die Prüfung auf Vollständigkeit des Aggregats in manchen Fällen zur Übersetzungszeit unmöglich machen und damit eine eventuell zeitraubende Prüfung zur Laufzeit erzwingen.

Nun liegen Vereinbarung und Rumpf des nichtgenerischen Pakets menge_von vor. Daraus soll ein generisches Paket mit generischem formalen Typ grundtyp entstehen. Man muß sich also zunächst Gedanken darüber machen, auf welche Eigenschaften des Typs grundtyp sich das Paket stützt. Eine wichtige Eigenschaft findet man im privaten Teil: Hier wird

```
---------------------------------------------------------------|
PACKAGE BODY menge_von IS

   FUNCTION  einermenge (einziges_element : IN grundtyp)
      RETURN menge IS
      ergebnis : menge := (OTHERS => false);
   BEGIN
      ergebnis (einziges_element) := true;
      RETURN ergebnis;
   END einermenge;

   FUNCTION  abschnittsmenge (von, bis : IN grundtyp)
      RETURN menge IS
      ergebnis : menge := (OTHERS => false);
   BEGIN
      ergebnis (von .. bis) := (OTHERS => true);
      RETURN ergebnis;
   END abschnittsmenge;

   FUNCTION  "+" (left, right : IN menge) RETURN menge IS
   BEGIN
      RETURN (left OR right);
   END "+";

   FUNCTION  "*" (left, right : IN menge) RETURN menge IS
   BEGIN
      RETURN (left AND right);
   END "*";

   FUNCTION  "-" (left, right : IN menge) RETURN menge IS
   BEGIN
      RETURN (left AND NOT right);
   END "-";

   FUNCTION  "<=" (left, right : IN menge) RETURN boolean IS
   BEGIN
      RETURN ((left - right) = leere_menge);
   END "<=";

END menge_von;
---------------------------------------------------------------|
```

```
----------------------------------------------------------------|
GENERIC

   TYPE grundtyp IS (<>);      -- hier kann bei Auspraegungen
                    -- jeder diskrete Typ eingesetzt werden
PACKAGE menge_von IS

   TYPE menge IS PRIVATE;

   leere_menge : CONSTANT menge;
   volle_menge : CONSTANT menge;

   FUNCTION  einermenge (einziges_element : IN grundtyp)
      RETURN menge;
                  -- enthaelt nur einziges_element

   FUNCTION  abschnittsmenge (von, zu : IN grundtyp)
      RETURN menge;
                  -- enthaelt von .. bis

   FUNCTION  "+"                                  -- Vereinigung
         (left, right : IN menge) RETURN menge;

   FUNCTION  "*"                                  -- Schnittmenge
            (left, right : IN menge) RETURN menge;

   FUNCTION  "-"                                  -- Komplement
            (left, right : IN menge) RETURN menge;

   FUNCTION  "<="                                 -- Teilmenge
            (left, right : IN menge) RETURN boolean;

PRIVATE

   TYPE menge IS ARRAY (grundtyp) OF boolean;

   leere_menge : CONSTANT menge := (OTHERS => false);
   volle_menge : CONSTANT menge := (OTHERS => true);

END menge_von;
----------------------------------------------------------------|
```

der Typ **menge** als **ARRAY**-Typ mit Indextyp **grundtyp** vereinbart; der Indextyp eines **ARRAY**-Typs muß aber diskret sein. Als generischer formaler Typ kommt also nur ein diskreter Typ in Frage.

Die generische Vereinbarung entsteht aus der nichtgenerischen Fassung durch Streichen der Vereinbarung des Typs **grundtyp** und Voranstellung eines generischen formalen Teils; der Rumpf kann unverändert übernommen werden. Der Compiler bestätigt durch die Annahme beider Übersetzungseinheiten, daß tatsächlich keine weiteren Eigenschaften des generischen formalen Typs **grundtyp** benutzt werden.

12.6 Eine generische formale Prozedur

Als stolzer Autor des generischen **PACKAGE liste** präsentieren Sie dieses Ihrem Auftraggeber, der es hinfort intensiv anwendet. Bei jeder Anwendung wünscht er sich allerdings zusätzliche Unterprogramme: Heute will er in einer Liste von Zahlen die Größte und die Kleinste ermitteln können und morgen die Summe der Zahlen, und übermorgen möchte er eine Liste von Namen der Reihe nach ausdrucken können. Spätestens dann merken Sie, daß diese Unterprogramme alle den gleichen Ablauf haben: Sie durchlaufen die Liste von vorne bis hinten, wobei sie für jeden Eintrag eine bestimmte Aktion ausführen (der Vergleich mit dem bisherigen Maximum/Minimum und gegebenenfalls deren Veränderung; die Addition auf die bisherige Summe; das Ausdrucken).

Diesen immer gleichen Ablauf kann man als generische Prozedur **lauf_durch** formulieren, die Aktion, die ja jedesmal eine andere ist, als generisches formales Unterprogramm **tu_was** der generischen Prozedur. **tu_was** führt eine Aktion für <u>einen</u> Eintrag aus; dieser Eintrag sollte also als Parameter der Prozedur **tu_was** sichtbar sein. Eine sinnvolle Vereinbarung des generischen formalen Unterprogramms ist also

```
WITH PROCEDURE tu_was (am_eintrag : IN zeiger_auf_eintrag);
```

PACKAGE liste ist ja schon generisch; es erscheint zunächst vielleicht naheliegend, die Vereinbarung des generischen formalen Unterprogramms **tu_was** dem generischen formalen Teil des Pakets zuzuschlagen. Dann wäre allerdings jeder Paketanwender gezwungen, für **tu_was** eine Prozedur einzusetzen, um die Prozedur **lauf_durch** auszuprägen, auch wenn er gar keine Ausprägung von **lauf_durch** braucht. Außerdem wäre es nicht möglich, in einer Ausprägung des Pakets mehrere Ausprägungen von **lauf_durch** zu vereinbaren. In einem Zahlenlistenpaket könnte man

```
---------------------------------------------------------------|
GENERIC

   TYPE eintrag IS PRIVATE;

PACKAGE liste IS

   TYPE zeiger_auf_eintrag IS PRIVATE;

   -- Unterprogramme wie bisher, zum Beispiel:

   PROCEDURE initialisiere;

   PROCEDURE fuege_eintrag_ein (inhalt   : IN eintrag;
                                position : IN positive);

   FUNCTION  inhalt (wovon : IN zeiger_auf_eintrag)
      RETURN eintrag;

   GENERIC -- *******************************************
                                                      -- *
      WITH PROCEDURE tu_was (am_eintrag : IN          -- *
                             zeiger_auf_eintrag);    -- *
                                                      -- *
   PROCEDURE lauf_durch; -- *******************************

   -- laeuft durch die Liste
   -- und ruft an jedem Eintrag tu_was auf

PRIVATE

   TYPE listen_eintrag;

   TYPE zeiger_auf_eintrag IS ACCESS listen_eintrag;

END liste;
---------------------------------------------------------------|
```

lauf_durch also nicht sowohl zum Ermitteln des Maximums als auch zum Summieren einsetzen. Hier ist es also sinnvoll, Schablonen zu schachteln und **lauf_durch** als Schablone in der Schablone **liste** zu vereinbaren.

In der Prozedur **anwendung** wird (der Einfachheit halber) eine Liste

12.6 Eine generische formale Prozedur

```
----------------------------------------------------------------|
PACKAGE BODY liste IS

   TYPE listen_eintrag IS
      RECORD
         eintrag_davor  : zeiger_auf_eintrag;
         inhalt         : eintrag;
         eintrag_danach : zeiger_auf_eintrag;
      END RECORD;

   erster  : zeiger_auf_eintrag;
   letzter : zeiger_auf_eintrag;

   PROCEDURE initialisiere IS SEPARATE;

   FUNCTION  ist_leer RETURN boolean IS SEPARATE;

   FUNCTION  erster_eintrag RETURN zeiger_auf_eintrag IS
      SEPARATE;

   PROCEDURE fuege_eintrag_ein (inhalt   : IN eintrag;
                                position : IN positive) IS
      SEPARATE;


   FUNCTION  inhalt (wovon : IN zeiger_auf_eintrag)
      RETURN eintrag IS SEPARATE;


   FUNCTION  ist_letzter_eintrag (welcher : IN
                                      zeiger_auf_eintrag)
      RETURN boolean IS SEPARATE;


   FUNCTION  naechster_eintrag (wonach : IN
                                      zeiger_auf_eintrag)
      RETURN zeiger_auf_eintrag IS SEPARATE;


   PROCEDURE lauf_durch IS SEPARATE;

END liste;
----------------------------------------------------------------|
```

```
----------------------------------------------------------------|
WITH liste, text_io;

PROCEDURE anwendung IS

   PACKAGE character_liste IS NEW
      liste (eintrag => character);

   PROCEDURE drucke_eintrag (welchen : character_liste.
                                     zeiger_auf_eintrag) IS
   BEGIN
      text_io.put (character_liste.inhalt (welchen));
   END drucke_eintrag;

   PROCEDURE drucke_character_liste IS NEW
      character_liste.lauf_durch (tu_was => drucke_eintrag);
BEGIN

   -- Liste aufbauen

   drucke_character_liste;
END anwendung;
----------------------------------------------------------------|
```

von Zeichen verwaltet, **PACKAGE liste** wird also durch Einsetzen des vordefinierten Typs **character** ausgeprägt. Das so entstandene ausgeprägte Exemplar ist ein Paket namens **character_liste**, das (unter anderem) eine generische Prozedur **lauf_durch** enthält; der vollständige Name der generischen Prozedur ist also **character_liste.lauf_durch** (und nicht etwa **liste.lauf_durch**). Diese generische Prozedur kann nun beliebig oft ausgeprägt werden. Wir haben sie einmal ausgeprägt, indem wir für **tu_was** eine Prozedur **drucke_eintrag** eingesetzt haben, die einen Eintrag ausdruckt. Das ausgeprägte Exemplar **drucke_character_liste** läuft also durch die Liste und druckt jeden Eintrag aus.

Nun wenden wir uns dem Rumpf von **lauf_durch** zu. Der Vollständigkeit halber zeigen wir den Rumpf des **PACKAGE liste**, der größtenteils aus Stummeln besteht; der eigentliche Rumpf von **lauf_durch** erscheint also in einer Untereinheit von **liste**.

Im Rumpf von **lauf_durch** steht jeder Aufruf von **tu_was** für einen Aufruf der Prozedur, die bei der Ausprägung für **tu_was** eingesetzt wird; es sieht also nur so aus, als ob hier eine generische Prozedur aufgerufen wird.

```
----------------------------------------------------------------|
SEPARATE (liste)

PROCEDURE lauf_durch IS
   aktuell : zeiger_auf_eintrag := erster_eintrag;
BEGIN
   IF ist_leer THEN
      RETURN;
   END IF;
   LOOP
      tu_was (am_eintrag => aktuell);
      EXIT WHEN ist_letzter_eintrag (aktuell);
      aktuell := naechster_eintrag (aktuell);
   END LOOP;
END lauf_durch;
----------------------------------------------------------------|
```

12.7 Eine generische formale Funktion

Die generische Bibliotheksfunktion plus in diesem Abschnitt formuliert die Matrixaddition für beliebige Matrizen. Dieses Beispiel ist etwas komplexer als die bisherigen, weil es nicht nur ein generisches formales Unterprogramm hat, sondern gleich drei generische formale Typen. Um die Rolle dieser Typen klarzumachen, formulieren wir zunächst eine einfachere Fassung dieser Schablone in Anlehnung an das Beispiel im letzten Abschnitt.

Dort stand das generische formale Unterprogramm tu_was für eine Prozedur, die für <u>einen</u> Eintrag eine Aktion ausführte, und die Schablone konstruierte aus jeder solchen Prozedur eine Prozedur, die für <u>jeden</u> Eintrag in der Liste diese Aktion ausführte. Die Schablone konstruierte also aus jeder Aktion auf ein einfaches Objekt (einen Eintrag in der Liste) eine Aktion auf ein komplexeres Objekt (die ganze Liste). Dabei ging es um ein ganz bestimmtes komplexes Objekt, nämlich um die durch (das ausgeprägte Exemplar des) PACKAGE liste dargestellte Liste. Dies war sinnvoll, weil die Schablone innerhalb des PACKAGE liste vereinbart war.

Oft benutzt man Schablonen, um generell eine Ressource, die auf einfachen Objekten verfügbar ist, auf komplexere Objekte zu übertragen, ohne sich auf ein konkretes Objekt zu beschränken. Eine solche Aufgabe

```
-----------------------------------------------------------|
GENERIC

   TYPE index_typ IS (<>);

   TYPE komponenten_typ IS PRIVATE;

   TYPE matrix_typ IS ARRAY (index_typ RANGE <>, index_typ
     RANGE <>) OF komponenten_typ;

   WITH FUNCTION  "+" (links,
                       rechts : IN komponenten_typ)
      RETURN komponenten_typ IS <>;

FUNCTION  plus (links,
                rechts : IN matrix_typ) RETURN matrix_typ;

-- Diese Funktion ergibt die Summe der Parameter "links" und
-- "rechts", wobei zur Berechnung der Komponenten der Summe
-- die Funktion "+" angewendet wird.
-- Die aktuellen Parameter für "links" und "rechts" muessen
-- nicht die gleichen Indexbereiche haben, aber sie muessen
-- gleich viele Zeilen und gleich viele Spalten haben; sonst
-- wird constraint_error ausgelöst.
-----------------------------------------------------------|
```

ist die Konstruktion einer Funktion zur Addition zweier Matrizen aus einer Funktion zur Addition zweier Matrixelemente. Hier hat man nicht eine bestimmte Matrix im Auge, sondern man will den Algorithmus der Matrizenaddition für beliebige Matrizen formulieren. Dabei stellt man in der Schablone die Funktion zur Addition zweier Matrixelemente durch ein generisches formales Unterprogramm dar.

Das Paket matrix_paket mit der generischen Funktion plus ist eine erste Formulierung der Vereinbarung einer solchen Schablone nach dem Muster des Pakets liste mit der generischen Prozedur lauf_durch. Parameter und Ergebnis der generischen Funktion plus sollen ja Matrizen darstellen. Der Typ der Parameter und des Ergebnisses muß also ein benutzerdefinierter Typ sein, dessen Vereinbarung in der generischen Vereinbarung von plus sichtbar ist. Hier ist dieser Typ im Paket matrix_paket vereinbart. Allerdings kann die Schablone plus nur für die Herstellung von Funktionen mit Parameter- und Ergebnistyp matrix_paket.matrix_typ verwendet werden, ihre Anwendungsmöglichkeiten sind also sehr begrenzt. Sinnvoller wäre eine Schablone, die zur Herstellung von Funktio-

12.7 Eine generische formale Funktion

```
---------------------------------------------------------------|
PACKAGE matrix_paket IS

   TYPE matrix_typ IS ARRAY (integer RANGE <>, integer RANGE
      <>) OF integer;

   GENERIC

      WITH FUNCTION   "+" (links,
                           rechts : IN integer)
         RETURN integer;

   FUNCTION   plus (links,
                    rechts : IN matrix_typ)
      RETURN matrix_typ;

END matrix_paket;
---------------------------------------------------------------|
```

nen mit einem beliebigen Matrix-artigen Typ als Parameter- und Ergebnistyp verwendet werden könnte.

Also muß man sich Gedanken darüber machen, welche Zutaten einen solchen Typ ausmachen. Beispielsweise muß es sich ja um einen zweidimensionalen ARRAY-Typ handeln. Dafür braucht man folgende Vereinbarungen:

1. die Vereinbarung eines (diskreten) Typs, der als Indextyp dient;

2. die Vereinbarung eines beliebigen Typs, der als Typ der ARRAY-Komponenten dient; und

3. die Vereinbarung des Typs, um den es geht, als zweidimensionalen ARRAY-Typ mit dem unter 1. genannten Typ als Indextyp beider Indizes und dem unter 2. genannten Typ als Komponententyp.

Man kann die Schablone von der Einschränkung auf einen ganz bestimmten Typ als Parameter- und Ergebnistyp befreien, wenn man die drei Zutaten, die einen geeigneten Typ ausmachen, als zusätzliche generische Parameter in den generischen formalen Teil aufnimmt und als Parameter- und Ergebnistyp den letzten (in Punkt 3 besprochenen) Typ verwendet:

1. Der Indextyp muß diskret sein. Diese Bedingung formuliert man durch die generische Parametervereinbarung

```
TYPE index_typ IS (<>);
```

2. Der Typ der **ARRAY**-Komponenten unterliegt nur der Einschränkung, daß Zuweisungen für diesen Typ möglich sein müssen; die (generische) Funktion plus muß ja ein Ergebnis liefern, dessen Komponentenwerte sie erst errechnen muß, und dazu sind Zuweisungen dieser Komponentenwerte nötig. Diese Bedingung formuliert man durch die generische Parametervereinbarung

```
TYPE komponenten_typ IS PRIVATE;
```

3. Der Matrix-artige Typ muß ein zweidimensionaler **ARRAY**-Typ sein, dessen Indextypen **index_typ** sind, und dessen Komponententyp **komponenten_typ** ist. Dieser Typ soll uneingeschränkt sein. Diese Bedingungen formuliert man durch die generische Parametervereinbarung

```
TYPE matrix_typ IS ARRAY (index_typ RANGE <>,
                          index_typ RANGE <>)
                    OF komponenten_typ;
```

RANGE <> bringt zum Ausdruck, daß bei Ausprägungen nur uneingeschränkte **ARRAY**-Typen eingesetzt werden dürfen.

Und nun zum generischen formalen Unterprogrammparameter "+": Die Vereinbarung dieses Parameters könnte aus **matrix_paket** übernommen werden, wobei natürlich die beiden Vorkommen von **integer** durch **komponenten_typ** ersetzt werden müßten. Allerdings müßte dann bei jeder Ausprägung für den generischen formalen Parameter "+" ein aktueller Parameter angegeben werden. Da dieser aktuelle Parameter sicherlich meistens ebenfalls "+" heißen wird, ist es sinnvoll, eine entsprechende Vorbesetzung zu vereinbaren. Der Zusatz **IS <>** am Ende der Vereinbarung eines generischen formalen Unterprogramms bedeutet: Wenn bei der Ausprägung (genau) ein Unterprogramm mit passendem Profil sichtbar ist, das den gleichen Namen wie das generische formale Unterprogramm hat (also in diesem Fall "+"), dann darf in der Ausprägung auf eine explizite Zuordnung an das generische formale Unterprogramm verzichtet werden; bei Fehlen einer solchen expliziten Zuordnung wird eben dieses Unterprogramm eingesetzt.

Bei Ausnutzung dieser Möglichkeit einer Vorbesetzungsangabe lautet die Vereinbarung des generischen formalen Unterprogramms also

```
WITH FUNCTION "+" (links,
                   rechts : IN komponenten_typ)
     RETURN komponenten_typ IS <>;
```

Nun kann die generische Vereinbarung so formuliert werden, daß sie für jeden Matrixtyp verwendet werden kann. Sie muß sich jetzt auch auf

```
---------------------------------------------------------------|
FUNCTION   plus (links,
               rechts : IN matrix_typ) RETURN matrix_typ IS
   summe            : matrix_typ
         (links'range (1), links'range (2));
   rechts_normiert : CONSTANT matrix_typ
                             (links'range (1),
                              links'range (2)) := rechts;
BEGIN
zeilen_schleife :
   FOR zeile IN links'range (1) LOOP
   spalten_schleife :
      FOR spalte IN links'range (2) LOOP
         summe (zeile, spalte) :=
            links (zeile, spalte) +
            rechts_normiert (zeile, spalte);
      END LOOP spalten_schleife;

   END LOOP zeilen_schleife;

   RETURN summe;
END plus;
---------------------------------------------------------------|
```

keine Vereinbarung außerhalb ihres eigenen generischen formalen Teils beziehen. Deshalb kann sie ohne weiteres als Bibliothekseinheit vereinbart werden (siehe Anfang dieses Abschnitts).

Wie bei allen bisher besprochenen Schablonen steckt die wesentliche Arbeit in der Formulierung der generischen Vereinbarung. Das Schreiben des Rumpfes ist nicht schwieriger als bei einer nichtgenerischen Programmeinheit. In diesem Fall kann man den Rumpf der Funktion "+" aus §7.5.2 (nach Ersetzen des Namens "+" durch plus und des Typnamens matrix durch matrix_typ) unverändert übernehmen. Beachten Sie die Bemerkungen im §7.5.2 zur Effizienz dieses Rumpfs.

Das Paket ganzzahlige_matrizen am Ende dieses Abschnitts enthält eine Vereinbarung eines Matrixtyps. Die generische Funktion plus kann zur Vereinbarung sowohl der Addition als auch der Subtraktion (für diesen Typ) eingesetzt werden; im Paket werden also zwei Ausprägungen der generischen Funktion plus vereinbart.

Die beiden Ausprägungen werden bei der Abarbeitung der Paketvereinbarung des PACKAGE ganzzahlige_matrizen abgearbeitet, also vor der Ausführung des Hauptprogramms.

```
----------------------------------------------------------------|
WITH plus;
PRAGMA elaborate (plus);

PACKAGE ganzzahlige_matrizen IS

   TYPE ganzzahliger_matrix_typ IS ARRAY (integer RANGE <>,
      integer RANGE <>) OF integer;

   FUNCTION   matrix_addition IS NEW
      plus (index_typ => integer,
            komponenten_typ => integer,
            matrix_typ => ganzzahliger_matrix_typ);

   FUNCTION   matrix_subtraktion IS NEW
      plus (index_typ => integer,
            komponenten_typ => integer,
            matrix_typ => ganzzahliger_matrix_typ,
            "+" => "-");

   FUNCTION   "+" (left,
                   right : ganzzahliger_matrix_typ)
      RETURN ganzzahliger_matrix_typ
      RENAMES matrix_addition;

   FUNCTION   "-" (left,
                   right : ganzzahliger_matrix_typ)
      RETURN ganzzahliger_matrix_typ
      RENAMES matrix_subtraktion;

END ganzzahlige_matrizen;
----------------------------------------------------------------|
```

PRAGMA elaborate (plus);

stellt sicher, daß der Rumpf der generischen Einheit **plus** vor der Paketvereinbarung von **ganzzahlige_matrizen** abgearbeitet wird. Anderenfalls würde nämlich die Abarbeitung der ersten Ausprägung **program_error** auslösen (siehe Kapitel 10). Das Fehlen des **PRAGMA elaborate** führt nicht zwangsläufig zum Programmabsturz, denn das Ada-System kann ja (zufällig oder nicht) eine günstige Abarbeitungsreihenfolge wählen; ohne **PRAGMA elaborate** aber enthält das Programm eine „incorrect order dependence" (siehe §13.7.2). Die Wirkung eines Programms mit einem solchen Fehler kann von einer Implementierung zur anderen und sogar von einem Programmlauf zum anderen verschieden sein.

In der ersten Ausprägung ist dem generischen formalen Unterprogramm "+" kein expliziter generischer aktueller Parameter zugeordnet; also wird der gleichnamige Operator des Typs **integer** eingesetzt. In der zweiten Ausprägung wird dem generischen formalen Unterprogramm "+" der Operator "-" des Typs **integer** explizit zugeordnet.

Bei beiden Ausprägungen gibt es ein formales Problem: Es liegt nahe, die ausgeprägten Exemplaren ebenfalls "+" bzw. "-" zu nennen. Dies scheitert aber zunächst an den Sichtbarkeitsregeln in [Ada]. Innerhalb der Vereinbarung eines Unterprogramms verdeckt nämlich der Name dieses Unterprogramms sämtliche andere Vereinbarungen mit dem gleichen Namen. Eine Vereinbarung

```
FUNCTION "+" IS NEW
    plus (index_typ => integer,
          komponenten_typ => integer,
          matrix_typ => ganzzahliger_matrix_typ);
```

würde also abgelehnt, weil innerhalb dieser Vereinbarung der Operator "+" für den Typ **integer**, der implizit dem generischen formalen Unterprogramm "+" zugeordnet werden soll, nicht sichtbar ist. Deswegen wurden bei den Ausprägungen die Namen **matrix_addition** bzw. **matrix_subtraktion** vergeben; anschließend wurden (zusätzlich) per RENAMES-Vereinbarung die gewünschten Namen vereinbart.

12.8 Übung 10: Schablonen

Da sich die Idee des Kastens gut (und wiederverwendbar) unabhängig vom speziellen Typ **karten_typ** formulieren und implementieren läßt, sollten Sie diese Idee als generisches (Bibliotheks-) Paket verwirklichen; dabei wird im Rumpf von PROCEDURE **abfragen** nur eine Ausprägung dieses Pakets vereinbart und angewendet. Das hat den Vorteil, daß der Rumpf von PROCEDURE **abfragen** überschaubarer wird.

U10.ADA enthält die in diesem Abschnitt gezeigte Paketvereinbarung für ein nichtgenerisches Paket **kasten**.

Machen Sie aus dieser Paketvereinbarung eine generische Paketvereinbarung mit generischem Typparameter **karten_typ**.

Den aktuellen Inhalt des Kastens kann man als Liste von Karten darstellen, das Herausnehmen der vordersten Karte als Entfernen des ersten Eintrags aus der Liste und das Einstecken einer Karte als Einfügen eines

```
----------------------------------------------------------------|
PACKAGE kasten IS

   TYPE karten_typ IS (a, b, c);

   PROCEDURE steck_an_beliebiger_stelle_hinein
     (karte : IN karten_typ);

      -- steckt karte an zufaellig ausgewaehlter Stelle
      -- in den Kasten

   FUNCTION  naechste_karte RETURN karten_typ;

      -- nimmt die vorderste karte aus dem Kasten und
      -- liefert sie als RETURN-Wert; loest PROGRAM_ERROR
      -- aus, wenn der Kasten leer ist

   FUNCTION  anzahl_karten RETURN natural;

      -- ergibt aktuelle Anzahl von Karten im Kasten

END kasten;
----------------------------------------------------------------|
```

Eintrags. Zur Implementierung von PACKAGE BODY kasten kann also das PACKAGE liste verwendet werden, das schon ausgiebig besprochen wurde.

Das Bild auf der nächsten Seite zeigt die beabsichtigten Abhängigkeiten zwischen dem Rumpf der PROCEDURE abfragen und den Übersetzungseinheiten der FUNCTION zufallszahl und des (jetzt generischen) PACKAGE kasten.

Schreiben Sie den PACKAGE BODY kasten auf die oben skizzierte Weise unter Benutzung des (schon in Ihre Bibliothek übersetzten) PACKAGE liste (siehe die nächsten Seiten) und der FUNCTION zufallszahl (siehe §8.10). Übersetzen Sie Paketvereinbarung und -Rumpf. Da der Rumpf der PROCEDURE abfragen von (der Vereinbarung des) PACKAGE kasten abhängt, ist die Übersetzung dieses Rumpfs nun veraltet. Übersetzen Sie diesen Rumpf erneut (die Quelle steht in ABFR.ADB), binden Sie vokabeln_hauptprogramm und testen Ihr PACKAGE kasten damit.

12.8 Übung 10: Schablonen

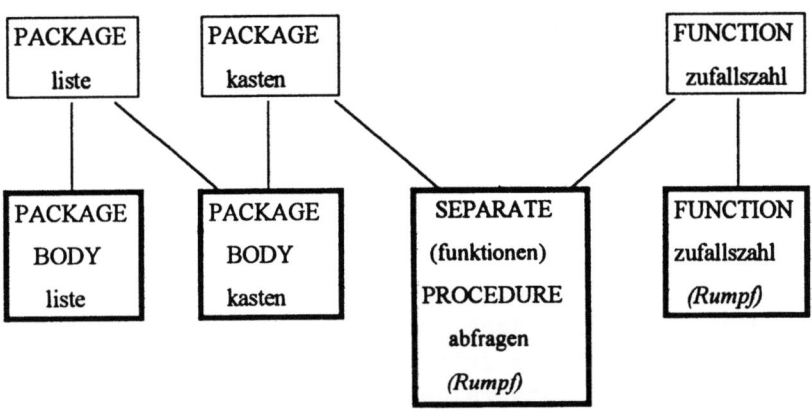

--|

GENERIC

    TYPE eintrag IS PRIVATE;

PACKAGE liste IS

-- implementiert den Umgang mit einer Liste, deren Eintraege
-- alle vom generischen Typ "eintrag" sind. Der (private)
-- Typ zeiger_auf_eintrag enthaelt Werte, die auf je einen
-- Eintrag in der Liste zeigen koennen.

    TYPE zeiger_auf_eintrag IS PRIVATE;

    FUNCTION erster_eintrag RETURN zeiger_auf_eintrag;

-- Liefert als RETURN-Wert einen Zeiger auf den ersten
-- Eintrag in der Liste. Vorher muss "initialisiere"
-- aufgerufen worden sein und die Liste darf nicht leer sein
-- (durch Aufruf von "ist_leer" ausschliessen).

    PROCEDURE initialisiere;

-- Legt eine (zunaechst leere) Liste an. Evtl. schon
-- angelegte Listen sind dann nicht mehr zugaenglich.

    FUNCTION ist_leer RETURN boolean;

-- Liefert TRUE genau dann, wenn die Liste keinen Eintrag
-- enthaelt, d.h. wenn seit dem letzten Aufruf von
-- "initialisiere" entferne_eintrag genauso oft aufgerufen
-- wurde wie fuege_eintrag_ein.

```
   FUNCTION  ist_letzter_eintrag (welcher : IN
                                        zeiger_auf_eintrag)
      RETURN boolean;
```

-- Liefert TRUE genau dann, wenn "welcher" auf den letzten
-- Eintrag in der Liste zeigt. "welcher" muss auf einen
-- Eintrag in der Liste zeigen.

```
   FUNCTION  naechster_eintrag (wonach : IN
                                        zeiger_auf_eintrag)
      RETURN zeiger_auf_eintrag;
```

-- Liefert einen Zeiger auf den Eintrag nach "wonach",
-- wobei "wonach" auf einen Eintrag zeigen muss, der
-- nicht der letzte Eintrag ist.

```
   PROCEDURE fuege_eintrag_ein (inhalt   : IN eintrag;
                                position : IN positive);
```

-- Fuegt einen neuen Eintrag mit Inhalt "inhalt" an
-- "position"-ter Stelle in die Liste ein (die Liste faengt
-- mit dem 1-ten Eintrag an, nicht etwa mit dem 0-ten). Wenn
-- die Liste vorher weniger als (position - 1) Eintraege
-- enthielt, wird der neue Eintrag an das Ende der Liste
-- angefuegt.

```
   PROCEDURE entferne_eintrag (welchen : IN
                                        zeiger_auf_eintrag);
```

-- entfernt aus der Liste den Eintrag, auf den "welchen"
-- zeigt. "welchen" muss auf einen Eintrag zeigen.

```
   FUNCTION  inhalt (wovon : IN zeiger_auf_eintrag)
       RETURN eintrag;
```

-- Liefert den Inhalt des Eintrags, auf den "wovon" zeigt.
-- "wovon" muss auf einen Eintrag zeigen.

```
PRIVATE

   TYPE listen_eintrag;

   TYPE zeiger_auf_eintrag IS ACCESS listen_eintrag;

END liste;
------------------------------------------------------------|
```

13 Fehler

Es gibt sehr viele Fehler, die das Ada-System aufdecken muß:

- Fehler, die der Compiler bei der Übersetzung aufdecken muß (dann muß der Compiler die fehlerhafte Übersetzungseinheit ablehnen), und
- Fehler, die durch die Ausführung des Ada-Programms zur Laufzeit aufgedeckt werden müssen.

In diesem Kapitel werden hauptsächlich letztere besprochen; im §13.10 werden dann noch Fehler besprochen, die das Ada-System nicht aufdecken muß.

13.1 Ausnahmen

Ausnahmen (*exception*) sind Fehler in Ada-Programmen, die zur Laufzeit auftreten können. Jede Ausnahme muß vereinbart werden; es gibt aber fünf vordefinierte Ausnahmen — diese sind also im PACKAGE standard vereinbart — und einige Ausnahmen, die in den vordefinierten Ein-/Ausgabepaketen vereinbart sind.

Jede Ausnahme kann zur Laufzeit ausgelöst werden. Dies kann bei den vordefinierten Ausnahmen implizit geschehen — unter ganz bestimmten Umständen — oder explizit durch eine RAISE-Anweisung; benutzerdefinierte Ausnahmen können nur explizit ausgelöst werden.

Eine ausgelöste Ausnahme kann im Ada-Programm behandelt werden. Sie kann lokal behandelt werden, also am Ende der (innersten) Blockanweisung/ des (innersten) Rumpfes, in der/dem sie ausgelöst wurde. Sie kann aber auch lokal unbehandelt bleiben; dann wird sie dynamisch *weitergereicht* (*propagate*) und kann an dynamisch übergeordneter Stelle behandelt werden. Insbesondere wird eine Ausnahme, die in einem Unterprogramm ausgelöst und dort nicht behandelt wird, an die Aufrufstelle weitergereicht und kann dort behandelt werden. Es ist auch möglich, eine Ausnahme lokal zu behandeln und anschließend weiterzureichen, so daß sie sowohl lokal als auch auf übergeordneter Ebene (eventuell auf mehreren Ebenen) behandelt werden kann.

Zunächst eine Aufzählung der vordefinierten Ausnahmen mit einer kurzen Beschreibung der Umstände, unter denen sie am häufigsten implizit ausgelöst werden (eine vollständige Aufzählung befindet sich in [Ada, §11.1]):

- constraint_error wird bei Verletzungen von im Programm vereinbarten Einschränkungen ausgelöst, zum Beispiel bei Verletzungen von Bereichseinschränkungen auf Objekte. Diese Ausnahme wird ebenfalls bei Zugriffen auf Objekte ausgelöst, die nicht existieren — zum Beispiel bei Zugriffen auf das Zielobjekt eines ACCESS-Werts NULL.

- numeric_error war ursprünglich für Hardware-bedingte Laufzeitfehler bei der Ausführung vordefinierter numerischer Operationen (zum Beispiel Overflow-Situationen) gedacht. Es stellte sich aber heraus, daß diese Situationen nicht immer eindeutig von Situationen zu unterscheiden waren, in denen constraint_error ausgelöst werden muß. Deswegen ist es zulässig, daß ein Ada-System in Situationen, in denen laut [Ada] numeric_error ausgelöst werden muß, stattdessen constraint_error auslöst. Dies muß man beim Behandeln von Ausnahmen berücksichtigen.

- program_error wird bei manchen offensichtlichen Fehlern in der Programmlogik ausgelöst, zum Beispiel wenn das END einer Funktion erreicht wird oder bei Abarbeitungsfehlern (s. Kapitel 10). Diese Ausnahme kann auch bei Fehlern ausgelöst werden, die das Ada-System nicht aufdecken muß (siehe §13.10); darauf kann man sich allerdings nicht verlassen.

- storage_error wird ausgelöst, wenn der zur Verfügung stehende Speicherplatz für die Ausführung des Programms nicht ausreicht. Dies kann geschehen, weil zur Abarbeitung einer Vereinbarung oder zum Aufruf eines Unterprogramms mehr Platz im Keller des Programms gebraucht wird als noch verfügbar ist. Sind im Programm TASKs (siehe Kapitel 14) vereinbart, dann hat jede TASK ihren eigenen Keller. Wenn im Keller einer solchen TASK nicht genügend Platz vorhanden ist, wird storage_error ausgelöst. Schließlich kann auch, wenn mit ACCESS-Typen gearbeitet wird, die Auswertung eines Allokators storage_error auslösen, wenn der Platz für die Zielobjekte des ACCESS-Typs schon erschöpft ist. Die Größe der Keller von TASKs im Ada-Programm und die Größe des Speicherplatzes, der für die Zielobjekte eines ACCESS-Typs reserviert ist, kann man im Ada-Programm bestimmen (siehe §15.2.1). [Ada]

sieht keine Möglichkeit vor, die Größe des Kellers für das Hauptprogramm festzulegen; dies ist gegebenenfalls mit implementierungsspezifischen Mitteln der Entwicklungsumgebung möglich, zum Beispiel über eine Binderoption.
- `tasking_error` wird bei Fehlern in der Kommunikation zwischen TASKs ausgelöst.

Die vordefinierten Ein-/Ausgabepakete enthalten auch einige Ausnahmen: Sie sind im Paket `io_exceptions` vereinbart und in den anderen Ein-/Ausgabepaketen mittels RENAMES-Vereinbarungen direkt sichtbar gemacht. So kann man zum Beispiel die Ausnahme `io_exceptions.data_error` auch mit dem Namen `text_io.data_error` ansprechen. Diese Ausnahmen werden von Unterprogrammen in den Ein-/Ausgabepaketen ausgelöst. Teilweise legt [Ada, §14] fest, unter welchen Umständen welche dieser Ausnahmen ausgelöst wird, teilweise ist dies implementierungsabhängig und muß im Appendix F des Compilerhandbuchs dokumentiert sein.

13.2 Das Auslösen von Ausnahmen

Im Beispiel in diesem Abschnitt ist eine benutzerdefinierte Ausnahme vereinbart:

```
benutzerfehler         : EXCEPTION;
```

In diesem Beispiel können unter bestimmten Umständen die vordefinierte Ausnahme `constraint_error`, die Ausnahme `data_error` aus den vordefinierten Ein/Ausgabepaketen und die Ausnahme `benutzerfehler` ausgelöst werden. Die hier gezeigte Prozedur enthält keine Ausnahmebehandler. Wir gehen davon aus, daß diese Prozedur Hauptprogramm eines Ada-Programms ist; dann wird bei Auslösen einer dieser Ausnahmen die Ausführung des Programms abgebrochen, und das Programm stürzt ab. [Ada] legt nicht fest, was nach dem Absturz passiert, also ob das Ada-System in jedem Fall den Namen der Ausnahme meldet und die Stelle identifiziert, an der sie ausgelöst wurde, oder ob diese Informationen erst in weiteren Schritten, zum Beispiel über Werkzeuge des Ada-Systems, eingeholt werden können.

Wir besprechen erst in den folgenden Abschnitten, was passiert, wenn eine Ausnahme im Programm behandelt wird, oder wenn sie zum Beispiel während der Ausführung eines untergeordneten Unterprogramms ausgelöst wird.

```
---------------------------------------------------------------|
WITH text_io;

PROCEDURE ausnahmen_vereinbaren_und_ausloesen IS

   TYPE farbe IS (rot, blau, gelb, lila, gruen, orange);

   SUBTYPE primaerfarbe IS farbe RANGE rot .. gelb;

   erste_erfragte_farbe   : farbe;
   zweite_erfragte_farbe  : farbe;
   erfragte_primaerfarbe  : primaerfarbe;
   benutzerfehler         : EXCEPTION;

   PACKAGE farben_e_a IS NEW
      text_io.enumeration_io (farbe);
BEGIN
   text_io.put_line ("Bitte zwei Lieblingsfarben eingeben");
   farben_e_a.get (erste_erfragte_farbe);

                                   -- text_io.data_error ?

   farben_e_a.get (zweite_erfragte_farbe);
   IF erste_erfragte_farbe = zweite_erfragte_farbe THEN
      RAISE benutzerfehler;
   END IF;
   text_io.put_line
      ("Bitte zwei Lieblingsprimaerfarben eingeben");
   farben_e_a.get (erfragte_primaerfarbe);

      -- text_io.data_error oder constraint_error ?

   farben_e_a.get (zweite_erfragte_farbe);
   IF zweite_erfragte_farbe NOT IN primaerfarbe THEN
      RAISE constraint_error;
   END IF;
END ausnahmen_vereinbaren_und_ausloesen;
---------------------------------------------------------------|
```

Die Ausnahme **data_error** aus den vordefinierten Ein-/Ausgabepaketen wird ausgelöst, wenn beim Aufruf einer der Prozeduren **get** aus **text_io** die Eingabe nicht das nötige Format hat. Zum Beispiel wird hier bei jedem Aufruf von `farben_e_a.get data_error` ausgelöst, wenn etwas anderes als einer der sechs Bezeichner `rot`, `blau`, `gelb`, `lila`, `gruen`, `orange` eingegeben wird.

Der Aufruf

    `farben_e_a.get (erfragte_primaerfarbe);`

kann außerdem die vordefinierte Ausnahme `constraint_error` auslösen. Wenn zum Beispiel der Wert `orange` eingegeben wird, wird `data_error` nicht ausgelöst, denn diese Eingabe hat ein Format, das für den Typ `farbe` zulässig ist. Allerdings würde die Belegung der Variablen `erfragte_primaerfarbe` mit diesem Wert die Bereichseinschränkung der Variablen verletzen, also wird `constraint_error` (implizit) ausgelöst.

Mit der `RAISE`-Anweisung löst man eine Ausnahme explizit aus:

    `RAISE benutzerfehler;`

löst die lokal vereinbarte Ausnahme `benutzerfehler` aus,

    `RAISE constraint_error;`

die vordefinierte Ausnahme `constraint_error`. Benutzerdefinierte Ausnahmen können ja nur explizit (also durch Ausführung einer `RAISE`-Anweisung) ausgelöst werden. Es ist zwar zulässig, wie in diesem Beispiel auch vordefinierte Ausnahmen explizit auszulösen; sinnvoll ist es allerdings meist nicht. Die vordefinierten Ausnahmen sind ja für ganz bestimmte Fehlersituationen vorgesehen; Programme, die sie in anderen Situationen auslösen, sind also bestenfalls intransparent. Soll aber eine vordefinierte Ausnahme in einer dafür vorgesehenen Situation ausgelöst werden, dann wird dies normalerweise auch ohne `RAISE`-Anweisung möglich sein; in diesem Beispiel hätte die Verwendung einer Variablen mit einer entsprechenden Bereichseinschränkung statt der Variablen `zweite_erfragte_farbe` genügt, um gegebenenfalls die Ausnahme implizit auslösen zu lassen.

13.3 Primitive Ausnahmebehandler

Dieses Beispiel ist (bis auf Kommentare) identisch mit dem Vorhergehenden, außer, daß sie vier *Ausnahmebehandler* (*exception handler*) enthält. Solche Ausnahmebehandler stehen immer in einem *Rahmen* (*frame*); damit ist eine Blockanweisung oder ein Rumpf gemeint. Der Rahmen in diesem Beispiel ist also der Rumpf der Prozedur `primitive_ausnahmebehandlung`. Innerhalb des Rahmens werden die Ausnahmebehandler mit

```
-------------------------------------------------------------------|
WITH text_io;

PROCEDURE primitive_ausnahmebehandlung IS

   TYPE farbe IS (rot, blau, gelb, lila, gruen, orange);

   SUBTYPE primaerfarbe IS farbe RANGE rot .. gelb;

   erste_erfragte_farbe, zweite_erfragte_farbe : farbe;
   erfragte_primaerfarbe : primaerfarbe;
   benutzerfehler        : EXCEPTION;

   PACKAGE farben_e_a IS NEW text_io.enumeration_io (farbe);
BEGIN
   text_io.put_line ("Bitte zwei Lieblingsfarben eingeben");
   farben_e_a.get (erste_erfragte_farbe);
   farben_e_a.get (zweite_erfragte_farbe);
   IF erste_erfragte_farbe = zweite_erfragte_farbe THEN
      RAISE benutzerfehler;
   END IF;
   text_io.put_line
      ("Bitte zwei Lieblingsprimaerfarben eingeben");
   farben_e_a.get (erfragte_primaerfarbe);
   farben_e_a.get (zweite_erfragte_farbe);
   IF zweite_erfragte_farbe NOT IN primaerfarbe THEN
      RAISE constraint_error;
   END IF;
EXCEPTION                                    -- Ausnahmebehandler *
   WHEN text_io.data_error =>                              -- *
      text_io.put_line ("DATA_ERROR");                     -- *
                                                           -- *
   WHEN constraint_error =>                                -- *
      text_io.put_line ("CONSTRAINT_ERROR");               -- *
                                                           -- *
   WHEN benutzerfehler =>                                  -- *
      text_io.put_line ("Benutzerfehler");                 -- *
                                                           -- *
   WHEN OTHERS =>                                          -- *
      text_io.put_line ("Nicht identifizierter Fehler");-- *

END primitive_ausnahmebehandlung;
-------------------------------------------------------------------|
```

dem reservierten Wort EXCEPTION angekündigt. Jeder Ausnahmebehandler hat die gleiche Syntax wie eine Alternative einer CASE-Anweisung.

Wird bei der Ausführung der Anweisungen im Rahmen keine Ausnahme ausgelöst, so treten die Ausnahmebehandler bei dieser Ausführung nicht in Aktion. Wird aber eine Ausnahme ausgelöst, so bricht das Ada-System die Ausführung dieser Anweisungen ab und stellt fest, ob in diesem Rahmen ein entsprechender Ausnahmebehandler vorhanden ist. In diesem Fall werden

- die Anweisungen in diesem Ausnahmebehandler ausgeführt,
- der Normalzustand tritt wieder ein, die Ausnahme gilt also als nicht mehr ausgelöst, und
- die Programmausführung wird beim END am Ende des Rahmens fortgesetzt.

In diesem Beispiel gibt es einen Ausnahmebehandler, der alle nicht namentlich aufgeführten Ausnahmen behandelt (WHEN OTHERS => ...); damit wird jede Ausnahme, die ausgelöst werden kann, in einem der vier Ausnahmebehandler behandelt. Eine Ausführung dieser Prozedur wird also immer „normal" beendet. Wird eine Ausnahme ausgelöst, so wird die Ausführung der Prozedur zwar unterbrochen (einige Anweisungen werden nicht ausgeführt), nach Ausführung der Anweisungen im entsprechenden Ausnahmebehandler gilt die Ausnahme aber als behandelt. Wenn diese Prozedur nicht Hauptprogramm ist, sondern aus einem anderen Teil des Programms aufgerufen wurde, dann wird die Ausführung des Programms anschließend nach der Aufrufstelle ganz normal fortgesetzt.

Nun ist eine Ausnahmebehandlung wie in diesem Beispiel zwar in manchen Fällen ausreichend. Hier wird aber kein Versuch unternommen, die mißlungene Aktion, die die Ausnahme auslöste, noch einmal zu starten; genau das jedoch möchte man in solchen Situationen meistens. Die Semantik der Ausnahmebehandler reicht aber aus, um solche Wiederholungsversuche zu programmieren. Im nächsten Abschnitt erläutern wir diese Semantik mit Hilfe eines weiteren Beispiels, bevor wir im darauffolgenden Abschnitt ein Beispiel mit Wiederholungsversuchen zeigen.

In Ada 9X bietet ein neues vordefiniertes Paket system.exceptions Hilfsmittel zur Ausnahmebehandlung. Zum Beispiel liefert eine dort vereinbarte Funktion exception_information genauere (implementierungsabhängige) Informationen über eine ausgelöste Ausnahme und die Hintergründe ihres Auslösens.

13.4 Ausnahmen behandeln und weiterreichen

Das folgende Beispiel zeigt die Semantik der Ausnahmebehandlung und des Weiterreichens von Ausnahmen. Es enthält zwei Rahmen: Den Rumpf der Prozedur weiterreichen_von_ausnahmen und die darin enthaltene Blockanweisung. Beide Rahmen sind mit Ausnahmebehandlern ausgestattet: In der Blockanweisung werden die Ausnahmen benutzerfehler und constraint_error differenziert behandelt, und alle anderen Ausnahmen bleiben unbehandelt; im Prozedurrumpf dagegen werden zwar alle Ausnahmen behandelt, aber ohne Unterschiede: Es ist nur ein „WHEN OTHERS"-Behandler da.

In den drei markierten Zeilen innerhalb der Blockanweisung können verschiedene Ausnahmen ausgelöst werden. Die Semantik der Ausnahmebehandlung und des Weiterreichens von Ausnahmen kann man an der Ausgabe des Beispiels verfolgen:

Eingabe	Ausnahme	Ausgabe
blau	keine	Die Ausnahme benutzerfehler ...
root	data_error	Irgendein Fehler
lila	constraint_error	CONSTRAINT_ERROR
		Die Ausnahme benutzerfehler ...
rot	benutzerfehler	Benutzerfehler
		Irgendein Fehler

Bei Eingabe blau wird keine Ausnahme ausgelöst. Die ganze Prozedur wird also so ausgeführt, als wenn die Ausnahmebehandler nicht vorhanden wären.

Bei Eingabe root wird text_io.data_error ausgelöst. Da es für diese Ausnahme keinen lokalen Ausnahmebehandler gibt, wird sie weitergereicht. Das heißt in diesem Fall, daß die Ausführung der Blockanweisung beendet wird und die Ausnahme unmittelbar danach wieder ausgelöst wird; folglich wird der Aufruf von text_io.put_line, der hinter dem END der Blockanweisung steht, nicht ausgeführt. An dieser Stelle gibt es einen Ausnahmebehandler für die Ausnahme, nämlich den (einzigen) für die Prozedur. Also wird jetzt die Anweisung dort ausgeführt. Die Ausnahme ist nun behandelt und die Ausführung der Prozedur wird (ohne anschließendes erneutes Auslösen) beendet.

13.4 Ausnahmen behandeln und weiterreichen

```
--------------------------------------------------------------|
WITH text_io;

PROCEDURE weiterreichen_von_ausnahmen IS

   TYPE farbe IS (rot, blau, gelb, lila, gruen, orange);

   SUBTYPE primaerfarbe IS farbe RANGE rot .. gelb;

   erfragte_farbe : primaerfarbe;

   PACKAGE farben_e_a IS NEW text_io.enumeration_io (farbe);
BEGIN
   text_io.put_line
      ("Bitte Primaerfarbe eingeben (aber nicht rot)");

   DECLARE
      benutzerfehler : EXCEPTION;
   BEGIN
      farben_e_a.get (erfragte_farbe);   -- Hier koennten
      IF erfragte_farbe = rot THEN       -- Ausnahmen
         RAISE benutzerfehler;           -- ausgeloest werden
      END IF;
   EXCEPTION
      WHEN benutzerfehler =>
         text_io.put_line ("Benutzerfehler");
         RAISE;
             -- d.h. diese Ausnahme wird anschliessend
             -- im uebergeordneten Rahmen ausgeloest

      WHEN constraint_error =>           -- diese aber nicht
         text_io.put_line ("CONSTRAINT_ERROR");

   END;
   text_io.put_line
      ("Die Ausnahme benutzerfehler ist hier nicht sichtbar"
         );
EXCEPTION
   WHEN OTHERS =>
      text_io.put_line ("Irgendein Fehler");

END weiterreichen_von_ausnahmen;
--------------------------------------------------------------|
```

Bei Eingabe `lila` wird `constraint_error` ausgelöst. Für diese Ausnahme gibt es einen lokalen Ausnahmebehandler, der „CONSTRAINT_ERROR" auf den Bildschirm schreibt. Die Ausführung der Blockanweisung wird dann beendet, ohne daß eine Ausnahme ausgelöst ist. Also wird der nachfolgende Aufruf von `text_io.put_line` ausgeführt und der Ausnahmebehandler der Prozedur ignoriert.

Bei Eingabe `rot` wird `benutzerfehler` ausgelöst. Auch für diese Ausnahme gibt es einen lokalen Ausnahmebehandler, der „Benutzerfehler" auf den Bildschirm schreibt. Anschließend wird aber die Anweisung

```
RAISE;
```

ausgeführt. Eine `RAISE`-Anweisung ohne Angabe einer Ausnahme darf nur in einem Ausnahmebehandler stehen. Sie bewirkt, daß die Ausnahme, deren Auslösung in den Ausnahmebehandler führte, noch einmal ausgelöst wird; so ist es also möglich, eine Ausnahme zu behandeln und anschließend weiterzureichen. In diesem Fall wird nach Beenden der Ausführung der Blockanweisung die Ausnahme `benutzerfehler` noch einmal ausgelöst. Hier ist der Ausnahmebehandler für die Prozedur zuständig; der Aufruf von `text_io.put_line` in diesem Ausnahmebehandler wird also ausgeführt.

Die Vereinbarung der Ausnahme `benutzerfehler` ist außerhalb der Blockanweisung nicht mehr sichtbar; außerhalb der Blockanweisung kann es also keinen Ausnahmebehandler geben, der explizit `benutzerfehler` behandelt. Die einzige Möglichkeit, diese Ausnahme dort zu behandeln, besteht in einem „WHEN OTHERS"-Ausnahmebehandler, wie in diesem Beispiel. Eine solche pauschale Behandlung kann durchaus sinnvoll sein, wenn, wie in diesem Fall, eine differenzierte Behandlung schon durchgeführt wurde. Wenn aber eine differenzierte Behandlung stattfinden soll, muß man als Programmierer für die nötige Sichtbarkeit sorgen; das hieße hier, `benutzerfehler` nicht in der Blockanweisung, sondern zum Beispiel im Vereinbarungsteil der Prozedur zu vereinbaren.

13.5 Wiederholungsversuche

Das Beispiel in diesem Abschnitt zeigt, wie man mit Hilfe der Semantik von Ausnahmen und Ausnahmebehandlern Wiederholungsversuche für fehlgeschlagene Aktionen programmiert.

Hier soll der Benutzer am Terminal solange zu einer Eingabe aufgefordert werden, bis er eine korrekte Eingabe eintippt. Dabei soll bei

```
WITH text_io;

PROCEDURE ausnahmebehandlung IS

   TYPE farbe IS (rot, blau, gelb, lila, gruen, orange);

   SUBTYPE primaerfarbe IS farbe RANGE rot .. gelb;

   erfragte_farbe : primaerfarbe;

   PACKAGE farben_e_a IS NEW
      text_io.enumeration_io (farbe);

   benutzerfehler : EXCEPTION;
BEGIN
   LOOP
      BEGIN
         text_io.put_line
            ("Bitte Primaerfarbe eingeben (aber nicht rot)")
            ;
         farben_e_a.get (erfragte_farbe);
         IF erfragte_farbe = rot THEN
            RAISE benutzerfehler;
         END IF;
         EXIT;
                  -- dieser Block wird solange wiederholt, bis
                  -- dabei keine Ausnahme ausgeloest wird

      EXCEPTION
         WHEN benutzerfehler =>
            text_io.put_line ("Nicht rot, bitte.");

         WHEN constraint_error =>
            text_io.put_line ("Nur Primaerfarben, bitte");

         WHEN OTHERS =>
            text_io.put ("Du hast Dich verschrieben.");
            text_io.skip_line;
      END;
   END LOOP;
END ausnahmebehandlung;
```

falscher Eingabe eine hilfreiche Meldung ausgegeben werden, bevor die Eingabeaufforderung wieder erscheint.

Ein solches Verhalten kann man mit der Anweisungsstruktur

```
LOOP
   BEGIN

      -- Anweisungen, bei denen Ausnahmen
      -- ausgeloest werden koennen

      EXIT;

   EXCEPTION

      -- Ausnahmebehandler fuer diese Ausnahmen

   END;
END LOOP;
```

programmieren: Um die kritischen Anweisungen baut man eine Blockanweisung mit Ausnahmebehandler(n), die wiederum in eine LOOP-Anweisung eingebettet ist. Wenn die kritischen Anweisungen eine Ausnahme auslösen, wird diese lokal behandelt; nach Ausführung der Blockanweisung ist also keine Ausnahme ausgelöst, so daß die Blockanweisung in der LOOP-Anweisung wiederholt wird. Dies geschieht solange, bis einmal die kritischen Anweisungen keine Ausnahme auslösen; dann aber führt die EXIT-Anweisung aus der Schleife heraus.

Der „WHEN OTHERS"-Ausnahmebehandler in diesem Beispiel ruft nach Ausgabe der diagnostischen Meldung text_io.skip_line auf. Die Prozedur get, die die betreffende Ausnahme auslösen kann, liest nämlich in diesem Fall die fehlerhafte Eingabe oft nicht vollständig ein, sondern läßt einen Teil davon stehen. (Dieses Verhalten von get ist in [Ada, §14.3.5(5)] genau beschrieben, man kann sich also in jeder Ada-Umgebung darauf verlassen.) Ohne den Aufruf von text_io.skip_line könnte deshalb eine Endlosschleife entstehen.

13.6 Weiterreichen von Ausnahmen

Im Beispiel im §12.4 wurden Ausnahmen weitergereicht. Der Rahmen, in dem die Ausnahmen ausgelöst wurde, war eine Blockanweisung, nach deren Ausführung die Kontrolle ja immer an die Stelle (im Quelltext) nach der Blockanweisung geht. Weitergereichte Ausnahmen wurden also an den (innersten) Rahmen weitergereicht, der die Blockanweisung statisch einschloß.

Wenn die Ausführung eines Unterprogramms beendet ist, geht die Kontrolle an die Stelle (im Quelltext) nach dem Unterprogrammaufruf. Diese Stelle kann von Aufruf zu Aufruf eine andere sein und ist oft in einer anderen Übersetzungseinheit als der Unterprogrammrumpf. Entsprechend werden weitergereichte Ausnahmen also auch dynamisch an die Stelle nach dem aktuellen Unterprogrammaufruf weitergereicht.

Im Beispiel auf der nächsten Seite werden Fehler, die in einem Unterprogramm aus einem Bibliothekspaket ausgelöst werden, als Ausnahme in den aufrufenden Rahmen weitergereicht und dort behandelt.

Das Paket i_o enthält unter anderem eine Ausnahme fehler_bei_dateneingabe und eine Prozedur get, die ein Zeichen einlesen soll und bei Mißlingen des Lesevorgangs die Ausnahme auslöst. Den Rumpf der Prozedur zeigen wir hier nicht; er wird entweder eine RAISE-Anweisung im Anweisungsteil und keinen entsprechenden Ausnahmebehandler enthalten, oder eine RAISE-Anweisung in einem Ausnahmebehandler.

Die Prozedur ausnahmebehandlung ruft i_o.get auf und enthält eine Blockanweisung mit einem Ausnahmebehandler für die Ausnahme fehler_bei_dateneingabe, um den Eingabeversuch notfalls bis zu zweimal zu wiederholen. Wenn i_o.get aus ausnahmebehandlung aufgerufen wird und die Ausnahme weiterreicht, geht die Kontrolle wieder an ausnahmebehandlung (nach der Aufrufstelle), wo die Ausnahme behandelt wird.

```
----------------------------------------------------------------|
PACKAGE i_o IS
   fehler_bei_dateneingabe : EXCEPTION;

   PROCEDURE get (item : OUT character);

   -- loest fehler_bei_dateneingabe aus,
   -- wenn die Eingabe nicht gelingt

   PROCEDURE put (item : IN string);

END i_o;
-----------------------------------------------------------------
WITH i_o;

PROCEDURE ausnahmebehandlung IS
   eingabe : character;
BEGIN
   FOR versuch IN 1 .. 3 LOOP
      BEGIN
         i_o.get (eingabe);
         i_o.put ("Es hat geklappt");
         EXIT;
      EXCEPTION

   -- hier werden Ausnahmen behandelt, die
   -- im Unterprogramm ausgeloest und dort
   -- entweder nicht behandelt oder weitergegeben wurden

            WHEN i_o.fehler_bei_dateneingabe =>
               IF versuch < 3 THEN
                  i_o.put
                     ("Hoppla, wir fangen wieder von vorne an."
                        );
               ELSE
                  i_o.put ("Ich mag nicht mehr.");
               END IF;

      END;
   END LOOP;
END ausnahmebehandlung;
----------------------------------------------------------------|
```

13.7 Übung 11: Ausnahmebehandlung

Bauen Sie in Ihr PACKAGE BODY terminal (siehe §11.6) Ausnahmebehandlungen ein, um Fehlbedienungen zu behandeln.

13.8 Übung 12: Ausnahmebehandlung

Schreiben Sie einen eigentlichen Rumpf zum Stummel PROCEDURE heft_oeffnen im PACKAGE BODY heft (siehe §11.8).

13.9 Übung 13: Programmerweiterung

Das fertige Programm soll so geändert werden, daß es viele Benutzer kennt und bedient, die jeweils mehrere Fremdsprachen lernen: In einer Sitzung wird nur ein Benutzer bedient und nur eine Fremdsprache behandelt, aber das Programm kann in verschiedenen Sitzungen sowohl die Vokabeln verschiedener Benutzer notieren und abfragen, als auch für einen Benutzer Vokabeln verschiedener Fremdsprachen.

Das Programm führt nun für jeden Benutzer und für jede von ihm bisher eingeübte Fremdsprache ein separates Heft. Am Anfang einer Sitzung erfragt das Programm am Terminal den Namen des Benutzers und die gewünschte Fremdsprache. Anhand der Angaben stellte es fest, ob es für diesen Benutzer und diese Fremdsprache schon ein Heft hat; wenn nicht, kauft es für diesen Zweck ein neues Heft und beschriftet es entsprechend. Sämtliche Vokabeln in der laufenden Sitzung werden aus diesem Heft gelesen bzw. in dieses Heft geschrieben.

Wie könnte man das Programm an die veränderte Anforderung anpassen?

13.10 Fehler, die das Ada-System nicht erkennt

Neben den vielen Fehlern, die das Ada-System (zur Übersetzungs- oder zur Laufzeit) erkennen muß, gibt es einige, die explizit aus der Verantwortung des Ada-Systems herausgenommen werden. Das heißt, daß kein Ada-System verpflichtet ist, diese Fehler zu erkennen oder auf eine bestimmte Art darauf zu reagieren.

[Ada, §1.6] definiert zwei Kategorien solcher Fehler, die wir in den folgenden zwei Unterabschnitten besprechen. Fehler beider Kategorien haben gemeinsam, daß

- das Ada-System darauf mit dem Auslösen von program_error zur Laufzeit reagieren darf;
- laut [Ada] aber die Auswirkung des Fehlers unvorhersagbar ist;
- man sich also auf keine Wirkung verlassen kann.

In der Praxis ist ein Programm, das einen solchen Fehler enthält, höchst unzuverlässig. Es kann bei gleicher Eingabe in verschiedenen Ada-Implementierungen verschiedene Auswirkungen haben, es kann sogar in der gleichen Ada-Implementierung auf dem gleichen Rechner bei gleicher Eingabe verschieden ablaufen. Es ist also wichtig, beim Schreiben von Ada-Programmen diese Fehler zu vermeiden, denn man kann bei der Suche nach solchen Fehlern weder mit Fehlermeldungen des Compilers, noch mit Hilfe durch das Auslösen von Ausnahmen rechnen.

13.10.1 Erroneous execution

Die erste Art von Fehlern, die das Ada-System nicht aufdecken muß, heißt *fehlerhafte Ausführung (erroneous execution)*. Aus Gründen der Konsistenz mit dem nächsten Unterabschnitt (und auch um zu betonen, daß hier nicht irgendwelche Fehler gemeint sind, sondern ganz bestimmte), verwenden wir durchgehend den englischen Ausdruck.

Die weitaus häufigste Art der „erroneous execution" ist das Auswerten eines undefinierten Wertes ([Ada, §§3.2.1(18), 6.4.1(8)]), wie die Auswertung von j (1) in der ersten Anweisung in diesem Beispiel. [Ada] schreibt aus Effizienzgründen keine implizite Initialisierung von Variablen vor. Man kann sich also als Programmierer auf keine solche Initialisierung verlassen. Fehler durch das Auswerten undefinierter Werte können schwer zu lokalisieren sein, weil sie sich nicht immer reproduzieren lassen (der Anfangswert der Variablen kann bei jedem Aufruf verschieden sein). Glücklicherweise ist Abhilfe einfach: Wenn man nicht ganz sicher ist, daß die

13.10 Fehler, die das Ada-System nicht erkennt 285

```
----------------------------------------------------------------|
PROCEDURE erroneous_execution IS

   TYPE array_typ IS ARRAY (1 .. 2) OF integer;

   i,
   j : array_typ;

   PROCEDURE hoechst_intransparente_aktion
      (parameter : IN OUT array_typ) IS
      x : array_typ;
   BEGIN
      i (1) := i (1) + 1;
      parameter (1) := parameter (1) + 1;
   END hoechst_intransparente_aktion;
BEGIN
   i (1) := j (1);  -- erroneous execution
   i := (OTHERS => 3);
   hoechst_intransparente_aktion (parameter => i);
                                                  -- erroneous
                                                  -- execution
END erroneous_execution;
----------------------------------------------------------------|
```

Variable vor ihrer ersten Auswertung mit einem Wert belegt wird, sollte man sie bei der Vereinbarung explizit initialisieren.

Eine weitere Art der „erroneous execution" ([Ada, §6.2(7)]) soll hier besprochen werden, droht aber nur bei äußerst intransparenter Programmierung. [Ada] läßt nämlich dem Ada-Implementierer gewisse Freiheiten bei der Wahl des Übergabemechanismus für aktuelle Parameter eines Unterprogrammaufrufs. Skalare (also numerische und Aufzählungs-) und Zugriffs-Parameter müssen durch Kopieren des Parameters übergeben werden; dies ist auch sinnvoll, denn solche Parameter sind kurz. Andere Parameter dürfen durch Kopieren übergeben werden, oder aber durch einen Verweis. In diesem Fall wird die Adresse des aktuellen Parameters übergeben, und jeder Zugriff auf den formalen Parameter im Unterprogramm wird mit Hilfe der übergebenen Adresse als Zugriff auf den aktuellen Parameter behandelt. Bei kurzen Parametern ist die Übergabe durch Kopieren effizienter, bei langen die Übergabe durch Verweis. Die Freiheit in der Wahl des Übergabemechanismus ist sinnvoll, weil die Grenzen zwischen „kurz" und „lang" in verschiedenen Implementierungen verschieden verlaufen. Diese Freiheit birgt aber ein Risiko: Man kann

Programme so schreiben, daß ihre Wirkung vom gewählten Übergabemechanismus abhängt. Im Beispiel in diesem Abschnitt ist dies der Fall: Während des Aufrufs der Prozedur hoechst_intransparente_aktion wird die Variable i(1) einmal direkt (per Seiteneffekt) angesprochen und einmal als aktueller Parameter. Dies führt dazu, daß die Variable bei Übergabe durch Kopieren nur insgesamt um 1 erhöht wird (weil einmal das Original und einmal die Kopie erhöht wird), bei Übergabe durch Verweis jedoch um 2.

In transparenten Programmen drohen solche Fehler aber kaum. Diese Fehler kommen nämlich nur zustande, wenn ein Unterprogramm Seiteneffekte hat, also einen globalen Wert namentlich verändert, und in einem Aufruf des Unterprogramms derselbe Wert als aktueller Parameter auftritt. Unterprogramme mit Seiteneffekten können in einigen wenigen Situationen — vor allem in Paketrümpfen (siehe §8.4.2) — sinnvoll sein. Da aber Seiteneffekte Intransparenz in das Programm bringen, ist ein Aufruf mit Seiteneffekt, der außerdem dasselbe Objekt mit zwei verschiedenartigen Namen anspricht, wirklich äußerst undurchsichtig.

Wir zählen nun die restlichen Situationen auf, in denen „erroneous execution" droht, mit (ungenauer) Beschreibung und genauer Angabe der entsprechenden Stelle in [Ada]:

- Veränderung einer Diskriminanten eines RECORD-Objekts ohne entsprechende Veränderung des Wertes des gesamten Objekts (ohnehin nur möglich über intransparente Klimmzüge — [Ada, §§5.2(4), 6.2(10)]);
- Auswertung einer offenen Konstanten vor der Abarbeitung ihrer vollständigen Vereinbarung ([Ada, §7.4.3(4)]);
- falsche Benutzung gemeinsam benutzter Variablen durch verschiedene TASKs ([Ada, §9.11(6)]; siehe §14.10 dieses Buchs);
- übereifrige Ausnutzung der Möglichkeit, Laufzeitprüfungen des Ada-Systems auszuschalten ([Ada, §11.7(18)]; siehe Kapitel 16 dieses Buchs);
- Mißbrauch einiger Konstrukte zum maschinennahen Programmieren ([Ada, §§13.5(8), 13.10.1(6), 13.10.2(3)]; siehe Kapitel 15 dieses Buchs).

13.10.2 Incorrect order dependences

Die zweite Art von Fehlern, die das Ada-System nicht aufdecken muß, heißt *inkorrekte Abhängigkeit von der Reihenfolge (incorrect order dependence)*. Da der deutsche Ausdruck noch wesentlich länger als der ohnehin schon unhandliche englische ist, werden wir hier den englischen verwenden.

13.10 Fehler, die das Ada-System nicht erkennt

```
-----------------------------------------------------------------|
FUNCTION  f (x : IN integer) RETURN integer;
-----------------------------------------------------------------
FUNCTION  g (x : IN integer) RETURN integer;
-----------------------------------------------------------------
FUNCTION  h (x : IN integer) RETURN integer;
-----------------------------------------------------------------
FUNCTION  c (x : IN integer) RETURN boolean;
-----------------------------------------------------------------
FUNCTION  d (x : IN integer) RETURN boolean;
-----------------------------------------------------------------
PROCEDURE p1 (x, y : IN integer);
-----------------------------------------------------------------
PROCEDURE p2 (x, y : IN OUT integer);
-----------------------------------------------------------------
WITH c, d, f, g, h, p1, p2;

PROCEDURE incorrect_order_dependences IS
   x, y, z : integer := 77;

   SUBTYPE index_typ IS integer RANGE 1 .. 20;

   TYPE array_typ IS ARRAY (index_typ, index_typ)
      OF integer;

   TYPE array_von_array_typ IS ARRAY (index_typ)
      OF array_typ;

   a : array_von_array_typ :=
            (OTHERS => (OTHERS => (OTHERS => 7)));
   b : array_typ;
BEGIN
   IF z IN f (x) .. g (y) THEN           -- [Ada, $3.5(5)]
      a (f (x)) (g (y), h (z)) := 3;     -- [Ada, $4.1.1(4)]
   END IF;
   IF d(x) AND c (y) THEN                -- [Ada, $4.5(5)]
      b (f (x), f (x)) := g (y);         -- [Ada, $5.2(3)]
   END IF;
   p1 (f (x), g (y));                    -- [Ada, $6.4(6)]
   p2 (x, x);                            -- [Ada, $6.4(6)]
END incorrect_order_dependences;
-----------------------------------------------------------------|
```

Bei der Beschreibung der Semantik mancher Konstrukte in [Ada] erscheint die Floskel „in einer beliebigen, nicht von der Sprache festgelegten Reihenfolge" (Englisch: „in some order that is not defined by the language"). Dabei geht es immer um mehrere Aktionen, die durchgeführt werden, wobei [Ada] (um dem Ada-Implementierer Optimierungen zu ermöglichen) nicht festlegt, in welcher Reihenfolge diese Aktionen ausgeführt werden müssen. (Die Aktionen müssen aber nacheinander ausgeführt werden, nicht parallel zueinander; es geht hier also nicht um TASKing.) Eine „incorrect order dependence" ist eine Anwendung eines solchen Konstrukts, deren Wirkung von der (vom Ada-System) ausgewählten Reihenfolge abhängt.

Eine Art „incorrect order dependence" wurde schon in §10.3 besprochen: Die Reihenfolge der Abarbeitung von Übersetzungseinheiten ist nur teilweise vorgeschrieben; ein Programm, dessen Wirkung von der Reihenfolge abhängt, enthält eine „incorrect order dependence".

Bei fast allen anderen „incorrect order dependences" geht es um die Reihenfolge, in der verschiedene Ausdrücke ausgewertet werden. Im Normalfall wirkt sich diese Reihenfolge gar nicht auf die Wirkung des Programms aus; problematisch sind nur Fälle, in denen die Auswertung der Ausdrücke Ausnahmen auslöst und/oder Seiteneffekte hat.

Betrachten wir als Beispiel den Bereich f (x) .. g (y) in der ersten Anweisung im Beispiel in diesem Abschnitt. Laut [Ada, §3.5(5)] werden bei der Auswertung dieses Bereichs die Ausdrücke f(x) und g(y) „in einer beliebigen, nicht von der Sprache festgelegten Reihenfolge ausgewertet". Folglich enthält das Beispiel an dieser Stelle eine „incorrect order dependence", wenn die Wirkung der Auswertung des Bereichs davon abhängt, ob f(x) vor g(y) ausgewertet wird oder umgekehrt. Wenn die Aufrufe von f und g frei von Seiteneffekten sind und keine Ausnahmen auslösen, spielt es keine Rolle, in welcher Reihenfolge sie aufgerufen werden. Wenn aber einer der folgenden Fälle zutrifft:

- f und g lösen (verschiedene) Ausnahmen aus; oder
- eine der beiden Funktionen löst eine Ausnahme aus und die andere hat einen Seiteneffekt; oder
- beide Funktionen haben Seiteneffekte und verändern die gleiche globale Variable; zum Beispiel weist f der Variablen den Wert 1 zu und g weist ihr den Wert 0 zu;

dann kann die Reihenfolge der Aufrufe durchaus eine Rolle spielen.

Offensichtlich ist ein Programmteil, der eine solche „incorrect order dependence" enthält, äußerst intransparent; auch hier gilt also: Wer transparent programmiert, vermeidet fast alle Arten von „incorrect order dependences" ohnehin.

13.10 Fehler, die das Ada-System nicht erkennt

Das Beispiel in diesem Abschnitt enthält noch einige mögliche „incorrect order dependences" mit Hinweisen auf die relevanten Stellen in [Ada]. Im folgenden zählen wir der Vollständigkeit halber alle Fälle auf, in denen „incorrect order dependences" drohen können, mit (ungenauer) Beschreibung und genauer Angabe der entsprechenden Stelle in [Ada]:
Die Reihenfolge folgender (nacheinander auszuführender) Aktionen ist in [Ada] nicht festgelegt:

- die Auswertung der Vorbesetzungsausdrücke für Unterkomponenten eines Objekts bei der Abarbeitung der Objektvereinbarung ([Ada, §3.2.1(15)]);
- die Auswertung der Ausdrücke, die die Grenzen eines Bereichs angeben ([Ada, §3.5(5)]);
- die Auswertung der Indexbereiche und die Abarbeitung der Angabe des Komponenten-Untertyps bei der Abarbeitung einer Vereinbarung einer uneingeschränkten ARRAY-Vereinbarung ([Ada, §3.6(10)]);
- die Auswertung der diskreten Bereiche bei der Abarbeitung einer Indexeinschränkung eines mehrdimensionalen ARRAY-Typs ([Ada, §3.6.1(11)]);
- die Auswertung der in den Diskriminantenzuordnungen angegebenen Ausdrücke bei der Abarbeitung einer Diskriminanteneinschränkung ([Ada, §3.7.2(13)]);
- die Auswertung des Präfixes und der Ausdrücke bei der Auswertung einer indizierten Komponenten ([Ada, §4.1.1(4)]);
- die Auswertung des Präfixes und des diskreten Bereichs bei der Auswertung eines Ausschnitts ([Ada, §4.1.2(4)]);
- die Auswertung der Ausdrücke in den Komponentenzuordnungen bei der Auswertung eines RECORD-Aggregats ([Ada, §4.3.1(3)]);
- die Auswertung der Auswahlen bei der Auswertung eines ARRAY-Aggregats ([Ada, §4.3.2(10)]);
- die Auswertung der Ausdrücke der Komponentenzuordnungen bei der Auswertung eines ARRAY-Aggregats ([Ada, §4.3.2(10)]);
- die Auswertung der Operanden eines Operators ([Ada, §4.5(5)]);
- die Auswertung des Variablennamens auf der linken Seite und des Ausdrucks auf der rechten Seite bei der Ausführung einer Zuweisung ([Ada, §5.2(3)]);
- die Auswertung der Parameterzuordnungen eines Unterprogrammaufrufes ([Ada, §6.4(6)]);
- das Zurückkopieren der Werte der IN OUT- und OUT-Parameter bei Beenden eines Unterprogrammaufrufes (falls die Parameter durch Kopieren übergeben werden) ([Ada, §6.4(6)]);

- die Auswertung der nach WHEN angegebenen Bedingungen bei der Ausführung einer „selektive wait"-Anweisung (siehe Kapitel 14) ([Ada, §9.7.1(5)]);
- die Auswertung der TASK-Namen bei der Ausführung einer ABORT-Anweisung, mit der mehrere TASKs beendet werden ([Ada, §9.10(4)]);
- die Auswertung der Ausdrücke, mit denen die aktuellen generischen Parameter bei einer generischen Ausprägung angegeben werden, bei der Abarbeitung der Ausprägung ([Ada, §12.3(17)]).

14 Parallele Prozesse

Da die Konstrukte zum Programmieren paralleler Prozesse in Ada den meisten Lesern wesentlich ungewohnter sind als die bisher besprochenen Konstrukte, wollen wir in den Beispielen in diesem Kapitel in besonderem Maße das Zusammenspiel dieser Konstrukte zeigen. Um die Anzahl der Beispiele trotzdem nicht zu groß werden zu lassen, zeigen wir hier ausnahmsweise nicht gleich bei der Einführung jedes Konstrukts entsprechende Beispiele. Stattdessen besprechen wir die wichtigsten Konzepte und Konstrukte in den ersten Abschnitten ohne Beispiele; anschließend zeigen wir im §14.7 thematisch zusammenhängende Beispiele, die insgesamt die meisten Varianten der meisten Konstrukte enthalten. Bei der Besprechung dieser Beispiele gehen wir genauer auf die Semantik der Konstrukte ein als in den Anfangsabschnitten. In den abschließenden Abschnitten besprechen wir einige Themen, die in den Beispielen ausgespart wurden.

14.1 Einleitung

Alle bisher gezeigten Programmbeispiele waren sequentiell. Da Ada aber von Anfang an auch als Programmiersprache für Betriebssysteme und rechnerintegrierte Anwendungen konzipiert wurde, enthält Ada Konstrukte zur Programmierung parallel zueinander ablaufender *Prozesse* (*TASKs*). Diese Konstrukte braucht man als Programmierer immer dann, wenn man Dinge in der realen Welt darstellen will, die (abgesehen von Interaktionen zu bestimmten Anlässen) zeitlich unabhängig voneinander agieren oder sich verändern.

Oft laufen Ada-Programme unter einem Betriebssystem, das einen eigenen Prozeßbegriff kennt. In solchen Fällen kann es sein, daß die (Ada-)Prozesse im Ada-Programm vom Ada-System auf Prozesse des

Betriebssystems abgebildet werden, so daß Ada-Prozesse gleichzeitig Betriebssystemprozesse sind. Dies muß aber durchaus nicht sein; häufig läuft das ganze Ada-Programm mit seinen verschiedenen Ada-Prozessen in einem einzigen Betriebssystemprozeß ab. Um keine Mißverständnisse aufkommen zu lassen, werden wir in diesem Buch Ada-Prozesse immer als *TASK*s bezeichnen.

Jeder Ada-Compiler muß TASKing unterstützen. Ein Compiler, der Code für einen Rechner mit nur einem Prozessor erzeugt, kann natürlich nicht mehrere TASKs wirklich gleichzeitig ausführen lassen. Das Ada-Denkmodell geht von beliebig vielen verfügbaren *logischen Prozessoren* aus, so daß jede TASK auf einem eigenen logischen Prozessor abläuft; jede TASK läuft sequentiell ab, und die Ausführung verschiedener TASKs erfolgt unabhängig voneinander, außer an Synchronisationspunkten (die wir später besprechen).

14.2 Rendezvous

Jede TASK in einem Ada-Programm wird sequentiell ausgeführt und läuft in der Regel unabhängig von den anderen TASKs und vom Hauptprogramm ab. Das Mittel der Wahl zur Synchronisation von TASKs und zur Kommunikation zwischen TASKs ist das *Rendezvous*.

An einem Rendezvous sind stets zwei TASKs beteiligt. Das Rendezvous-Konzept ist asymmetrisch, die beiden beteiligten TASKs spielen also grundsätzlich verschiedene Rollen: Eine führt einen *ENTRY-Aufruf (entry call)* aus und die andere eine *ACCEPT-Anweisung (accept statement)*. Wir werden der Einfachheit halber von der *aufrufenden* und von der *aufgerufenen* TASK sprechen.

Wie bei einer Prozedur gehört zu jeder TASK eine (bei TASKs immer explizite) Vereinbarung und ein Rumpf. Wie bei einer Prozedur ist die TASK-Vereinbarung die Schnittstelle der TASK nach außen. Dazu gehören vor allem die *ENTRY*s der TASK, die es der TASK erst ermöglichen, die Rolle der aufgerufenen TASK in einem Rendezvous zu spielen. Das Hauptprogramm kann zwar die Rolle der aufrufenden TASK in einem Rendezvous spielen, aber nie die Rolle der aufgerufenen TASK, weil es nicht als TASK vereinbart ist und deshalb keine ENTRYs hat. Jedes ENTRY hat einen Namen und kann, ähnlich wie ein Unterprogramm, mit Parametern ausgestattet sein, um beim Rendezvous die Übergabe von Informationen zwischen den beiden TASKs zu ermöglichen.

Der auffallendste Unterschied zwischen den Rollen der beiden TASKs in einem Rendezvous ist, daß die aufrufende TASK die aufgerufene TASK und das darin angesprochene ENTRY nennen muß, während die aufgerufene TASK die aufrufende TASK nicht nennt.

Die beiden TASKs werden bis zum Erreichen der entsprechenden Anweisung unabhängig voneinander ausgeführt. Durch den ENTRY-Aufruf bzw. die ACCEPT-Anweisung werden sie synchronisiert, das heißt: Wer zuerst die entsprechende Anweisung erreicht, muß auf den anderen warten. Die beiden TASKs bleiben für die Dauer des Rendezvous synchronisiert. In manchen Rendezvous werden Parameter übergeben, in manchen führt die aufgerufene TASK Anweisungen während des Rendezvous aus. Erst nach Ende dieser Aktionen können die beiden TASKs — jetzt wieder unabhängig voneinander — weiterlaufen.

Wir zählen nun die Unterschiede zwischen den Rollen der beiden TASKs auf:

- Die aufrufende TASK nennt die aufgerufene TASK und das ENTRY darin, die aufgerufene TASK weiß im allgemeinen gar nicht, wer sie ruft;
- die aufgerufene TASK kann während des Rendezvous Anweisungen ausführen, die aufrufende TASK nicht; und
- die aufrufende TASK kann nur zu Beginn des Rendezvous Informationen an die aufgerufene TASK übergeben und nur am Ende des Rendezvous welche empfangen; die aufgerufene TASK dagegen kann (nur) zu Beginn des Rendezvous Informationen von der aufrufenden TASK empfangen, kann sie während des Rendezvous verarbeiten und kann (nur) am Ende des Rendezvous welche übergeben.

Die Form des Rendezvous, die wir bisher beschrieben haben, ist die einfachste, in der beide TASKs ohne Bedingungen antreten. Es gibt aber diverse Variationsmöglichkeiten, sowohl bei der aufrufenden als auch bei der aufgerufenen TASK; diese besprechen wir in den nächsten beiden Unterabschnitten.

14.2.1 Varianten des ENTRY-Aufrufs

Außer dem bisher vorgestellten (unbedingten) ENTRY-Aufruf gibt es den *bedingten ENTRY-Aufruf* (*conditional entry call*), in dem die aufrufende TASK den ENTRY-Aufruf nur dann ausführt, wenn er sofort angenommen wird; und den *befristeten ENTRY-Aufruf* (*timed entry call*), in dem die aufrufende TASK den ENTRY-Aufruf nur dann ausführt, wenn er innerhalb einer bestimmten Frist angenommen wird.

14.2.2 Varianten der ACCEPT-Anweisung

Die ACCEPT-Anweisung hat mehr Varianten als der ENTRY-Aufruf. In einer ACCEPT-Anweisung wird die aufrufende TASK nicht genannt, wohl aber das ENTRY (in der aufgerufenen TASK), das die aufrufende TASK nennen muß. Die aufgerufene TASK kann durch *selektives Warten* (*selective wait*) auf diese Festlegung auf ein bestimmtes ENTRY verzichten und stattdessen mehrere ENTRYs nennen, auf die (notfalls) alternativ und gleichrangig gewartet werden soll. Die nachfolgenden Konstrukte sind alles Varianten des selektiven Wartens.

Das *selektive Warten mit ELSE-Teil* entspricht dem bedingten ENTRY-Aufruf: Hier wird ein ENTRY-Aufruf angenommen, aber nur, wenn dies sofort möglich ist.

Das *selektive Warten mit DELAY-Alternative* entspricht dem befristeten ENTRY-Aufruf: Hier wird ein ENTRY-Aufruf angenommen, aber nur, wenn dies innerhalb einer angegebenen Frist möglich ist.

Das *selektive Warten mit TERMINATE-Alternative* hat kein Pendant bei der aufrufenden TASK. Es ist nämlich ein Konstrukt, das typischerweise in TASKs nötig ist, die (über ENTRYs) nur Dienstleistungen bieten, die bei Bedarf von anderen TASKs in Anspruch genommen werden. Solche TASKs kennen (im Sinne der Ada-Sichtbarkeit) gar nicht unbedingt die TASKs, von denen aus sie aufgerufen werden; andererseits sollten sie sich beenden, wenn es keine solchen TASKs mehr gibt und geben kann — denn dann besteht keine Notwendigkeit mehr für die Dienstleistungen. Die TERMINATE-Alternative erlaubt solchen TASKs, sich in dieser Situation zu beenden — siehe §14.6.

14.3 Vergabe knapper Ressourcen

In einem Ada-Programm mit mehreren TASKs kommt es oft vor, daß eine Ressource, die nur von einer TASK auf einmal genutzt werden kann, von zwei oder mehr TASKs gleichzeitig beansprucht wird. Die Antwort auf die Frage, welche TASK die Ressource bekommt, kann sich ganz entscheidend auf das Verhalten des Programms auswirken.

[Ada] unterscheidet zwischen

- Ressourcen außerhalb des Ada-Programms, zum Beispiel Prozessoren; und
- Ressourcen innerhalb des Ada-Programms, zum Beispiel eine TASK, die eine ACCEPT-Anweisung für ein ENTRY erreicht hat, für das schon ENTRY-Aufrufe mehrerer TASKs anstehen.

14.3 Vergabe knapper Ressourcen

Wenn die verfügbaren externen Ressourcen irgendeiner Art nicht so zahlreich sind wie die TASKs, die diese Ressourcen beanspruchen, dann muß das Ada-System die vorhandenen Ressourcen auf die TASKs verteilen. Entscheidend für diese Zuteilung ist die *Priorität* (*priority*), die der Programmierer bei der Vereinbarung einer TASK ihr zuordnen kann: Bei jedem Engpaß externer Ressourcen zu jedem Zeitpunkt haben TASKs höherer Priorität vor TASKs niederer Priorität den Vortritt — egal, wie oft sie schon bei früheren Engpässen den Vortritt hatten. Das Prioritätenkonzept bei Ada unterscheidet sich also wesentlich von dem vieler Betriebssysteme, wo die Priorität eines Prozesses den Anteil der Ressourcen bestimmt, die der Prozess über einen gewissen Zeitraum hinweg bekommt. Bei Ada kann es durchaus vorkommen, daß eine TASK höherer Priorität eine Ressource durch ständige Benutzung für TASKs niederer Priorität unzugänglich macht.

Der Programmierer kann jeder TASK bei ihrer Vereinbarung mit PRAGMA priority eine Priorität zuordnen (die Folgen des Verzichts auf eine solche Zuordnung sind von Implementierung zu Implementierung verschieden). Diese Priorität kann zur Laufzeit nicht geändert werden; sie ändert sich allerdings implizit für die Dauer eines Rendezvous mit einer TASK höherer Priorität und nimmt vorübergehend die Priorität der anderen TASK an.

Was ist aber, wenn die TASKs, die eine externe Ressource beanspruchen, gleiche Priorität haben? In solchen Fällen darf das Ada-System frei entscheiden, welche TASK die Ressource bekommt und wie lange sie sie behält. Wenn allerdings später eine TASK höherer Priorität die Ressource beansprucht, dann wird sie nach der oben besprochenen Regel der TASK niederer Priorität weggenommen. Anderenfalls (zum Beispiel wenn alle TASKs im Programm gleiche Priorität haben) darf das Ada-System die Nutzung der Ressource beliebig auf die TASKs gleicher Priorität verteilen. Zwei häufig praktizierte Verfahren sind:

- Das Zeitscheibenverfahren: Die TASKs gleicher Priorität, die die Ressource beanspruchen, bekommen sie nacheinander für einen Zeitraum fester Länge; und

- das Vielfraßverfahren: Eine TASK bekommt die Ressource und behält sie solange, bis sie sie freiwillig abgibt, zum Beispiel durch Ausführung einer DELAY-Anweisung oder eines ENTRY-Aufrufs, der nicht sofort befriedigt werden kann.

Bei manchen Ada-Systemen wird bei der Verteilung externer Ressourcen auf TASKs gleicher Priorität immer ein bestimmtes Verfahren praktiziert, bei manchen kann man (meist über ein implementierungsspezifisches PRAGMA oder eine Compiler- oder Binderoption) zwischen verschiedenen

Verfahren wählen. Da das praktizierte Verfahren sich ganz entscheidend auf das Verhalten des Programms auswirken kann, können sich korrekte Ada-Programme, die verschiedene TASKs gleicher Priorität enthalten, auch bei gleichen externen Ressourcen auf verschiedenen Ada-Systemen (oder bei verschiedenen Verfahren innerhalb eines Ada-Systems) völlig verschieden verhalten.

Durch Knappheit externer Ressourcen ergeben sich oft über die vorgeschriebenen Synchronisationspunkte hinaus zusätzliche Abhängigkeiten zwischen TASKs. Ein einfaches Beispiel ist: TASK B kann ihre erste Anweisung erst ausführen, wenn TASK A ihre DELAY-Anweisung ausführt, weil TASK A höhere Priorität hat und nur ein Prozessor vorhanden ist, so daß A und B nicht gleichzeitig ausgeführt werden können. Prioritäten sind allerdings nur dazu gedacht, knappe externe Ressourcen den dringendsten TASKs zugute kommen zu lassen; man sollte sie nicht als zusätzliches Synchronisationsmittel benutzen. Tut man es, wird das Programm intransparent, weil die so gewonnenen Synchronisationen nicht explizit im Text stehen, sondern erst durch Studium des Zusammenspiels der TASKs erkannt werden können. Außerdem wird das Programm in hohem Maße inportabel: Sobald es in einer Umgebung mit mehr Ressourcen läuft, besteht die Gefahr, daß die vorgesehene Synchronisation über Prioritäten nicht mehr funktioniert.

Und nun zur Verteilung interner Ressourcen:

Wenn bei einem ENTRY mehrere ENTRY-Aufrufe anstehen, wird bei der Ausführung einer ACCEPT-Anweisung für dieses ENTRY nach der Regel „first in, first out" verfahren: Derjenige ENTRY-Aufruf, der am längsten ansteht, wird angenommen.

Wenn beim selektiven Warten ENTRY-Aufrufe für verschiedene ENTRYs zur Auswahl stehen, läßt [Ada] das Ada-System entscheiden, welches ENTRY bedient wird (stehen für dieses ENTRY aber mehrere Aufrufe an, gilt für diese Aufrufe „first in, first out"). Auch hier kann sich das vom Ada-System praktizierte Auswahlverfahren entscheidend auf das Verhalten des Programms auswirken. Prioritäten sind zwar eigentlich für die Vergabe externer Ressourcen gedacht; es ist aber zulässig (und durchaus üblich), daß auch bei der Vergabe dieser Ressource die Prioritäten der aufrufenden TASKs berücksichtigt werden.

14.4 Identische TASKs

Eine einzelne TASK besteht aus einer TASK-Vereinbarung und einem TASK-Rumpf. Nun gibt es aber in Programmen mit parallel ablaufenden Prozessen oft mehrere Prozesse, die völlig gleichartig sind und sich nur durch

14.4 Identische TASKs

die Werte ihrer lokalen Variablen unterscheiden. Um eine transparente und leicht wartbare Darstellung solcher Prozesse zu unterstützen, bietet Ada die Möglichkeit, TASK-*Typen* (*task type*) zu vereinbaren, die aus einer TASK-Typ-Vereinbarung und einem TASK-Rumpf bestehen. Jedes Objekt eines solchen Typs ist eine TASK.

Alle Objekte des gleichen TASK-Typs sind völlig identisch; sie unterscheiden sich höchstens in den Werten ihrer lokalen Variablen — auch das aber nur, wenn sie diese Werte irgendwann von draußen (als Parameter eines Rendezvous) bekommen haben.

Bekannte Gestalten aus der Kinderliteratur, die diese Eigenschaften haben, sind die gefürchteten Seeräuber der „Wilden 13":[*]

„Die völlige Ähnlichkeit der Kerle war wirklich erstaunlich! Jeder hatte den gleichen sonderbaren Hut auf dem Kopf, auf dem ein Totenschädel mit zwei gekreuzten Knochen gemalt war. Alle trugen die gleichen bunten Jacken, dazu Pluderhosen und hohe Stulpenstiefel. In ihren Gürteln steckten Dolche, Messer und Pistolen. Auch ihre Statur und ihre Gesichtszüge waren gleich. Unter ihren großen Hakennasen hingen dicke schwarze Schnurrbärte bis auf die Gürtel herab. Ihre Augen waren klein und standen so eng beieinander, daß man glauben konnte, sie schielten beständig. Die Zähne in ihren Mündern waren groß und gelb wie die von Pferden, und in den Ohren trugen sie schwere Goldringe. Auch ihre Stimmen waren gleich rauh und tief. Mit einem Wort, es war unmöglich, einen vom anderen zu unterscheiden. [...]

Die Sache war nämlich die, daß die Seeräuber sich so vollkommen glichen, daß sie sich sogar gegenseitig nicht auseinanderhalten konnten. Ja, nicht einmal sich selbst vermochte einer vom anderen zu unterscheiden. Deshalb hatten sie auch keine Namen, sondern sie waren einfach alle zusammen die 'Wilde 13'. Da aber ein Hauptmann da sein mußte, der das Kommando führte, gehorchten sie jeweils dem, der den Hut mit dem roten Stern aufhatte. Ob das nun immer derselbe war oder jeden Tag ein anderer, konnte ihnen gleich sein, weil sie sich ja ohnehin in nichts unterschieden."

Ähnlich wie die Piraten der Wilden 13 können TASKs des gleichen Typs sich nicht einmal selber voneinander unterscheiden, es sei denn, sie werden durch von außen empfangene Merkmale (wie der rote Stern) unterschiedlich gemacht (und zwar durch Parameter, die bei einem Rendezvous übergeben und deren Werte in lokalen Variablen der TASKs gespeichert werden). Sie können sogar namenlos sein, wie die Seeräuber in dieser Beschreibung.

---

[*] Mit freundlicher Genehmigung aus M. Ende: Jim Knopf und die Wilde 13. © K. Thienemanns Verlag, Stuttgart - Wien.

Da ein TASK-Typ ein (LIMITED) Typ ist, können auf ihn alle Sprachmittel angewendet werden, die auf andere (LIMITED) Typen angewendet werden können. Zum Beispiel können TASKs als Objekte des Typs durch Objektvereinbarungen entstehen; zusammengesetzte Typen können vereinbart werden, die als Komponenten TASKs des TASK-Typs haben. Es ist sogar möglich, einen ACCESS-Typ zu vereinbaren mit dem TASK-Typ als Zieltyp; dann kann jederzeit durch die Auswertung eines Allokators eine neue TASK des TASK-Typs geschaffen werden.

Die am Anfang dieses Abschnitts erwähnten TASK-Vereinbarungen, die eine, einzigartige TASK definieren, sind in Wirklichkeit nur Abkürzungen für zwei Vereinbarungen: Eine anonyme TASK-Typ-Vereinbarung und eine Vereinbarung eines einzigen Objekts dieses TASK-Typs. So entsteht jede TASK entweder durch die Abarbeitung einer Objektvereinbarung oder durch die Auswertung eines Allokators.

14.5 Aktivierung von TASKs

In Ada gibt es keine spezielle Anweisung zur Aktivierung von TASKs. Analog zum Unterprogrammrumpf enthält ein TASK-Rumpf einen Vereinbarungsteil und eine Folge von Anweisungen; dazwischen steht das reservierte Wort BEGIN. Mit *Aktivierung* (*activation*) ist in Ada die Abarbeitung des Vereinbarungsteils gemeint; eine soeben aktivierte TASK steht also nach ihrem BEGIN und vor ihrer ersten Anweisung und ist damit aktionsbereit.

Den Zeitpunkt der Aktivierung legt [Ada, §9.3] fest: Eine TASK-Vereinbarung oder TASK-Typ-Vereinbarung darf keine Bibliothekseinheit sein, muß also lokal in einem Unterprogramm, einem Paket oder einer TASK vereinbart sein.

- Wenn die TASK durch die Abarbeitung einer Objektvereinbarung entsteht, wird sie nach Abarbeitung des Vereinbarungsteils aktiviert, in der die Objektvereinbarung liegt. Wenn die Objektvereinbarung in einer Paketvereinbarung liegt, wird sie erst nach Abarbeitung des Vereinbarungsteils des Paketrumpfes aktiviert. Wenn auf diesen Vereinbarungsteil Anweisungen folgen, dann erfolgt die Aktivierung vor der Ausführung der ersten Anweisung.

- Wenn die TASK durch die Auswertung eines Allokators entsteht, wird sie während dieser Auswertung aktiviert.

Es folgt, daß zum Beispiel eine TASK, die durch eine Vereinbarung oder Anweisung in einem Unterprogramm entsteht, erst während der Ausführung des Unterprogramms aktiviert wird, also meist <u>nach</u> Beginn der

Ausführung des Hauptprogramms. Eine TASK dagegen, die durch eine Vereinbarung in einem Bibliothekspaket entsteht — egal, ob die Vereinbarung in der Paketvereinbarung oder im Vereinbarungsteil des Paketrumpfes steht — wird vor Ausführung des Hauptprogramms aktiviert, nämlich bei der Abarbeitung des Paketrumpfes.

Man kann also nur durch Plazierung der Vereinbarung/Anweisung, die eine TASK entstehen läßt, den Zeitpunkt der Aktivierung beeinflussen. Wenn man allerdings verhindern möchte, daß eine TASK zu früh wirklich aktiv wird, kann man sie mit einem zusätzlichen ENTRY versehen und dem TASK-Rumpf als erste Anweisung eine ACCEPT-Anweisung für dieses ENTRY hinzufügen; dann können die restlichen Anweisungen im TASK-Rumpf erst ausgeführt werden, wenn vorher (von außerhalb der TASK) als Startsignal ein entsprechender ENTRY-Aufruf ausgeführt wurde.

14.6 Beendigung von TASKs

Eine TASK, die *beendet* (*terminated*) ist, kann die Ausführung des Ada-Programms nicht mehr beeinflussen; sie kann also weder andere TASKs am Arbeiten hindern, noch selber wieder aktiviert werden.

Der normale Weg für eine TASK, diesen Zustand selbständig zu erreichen, führt über den Zustand *fertig ausgeführt* (*completed*), der durch Vollendung der Ausführung der Anweisungsfolge im TASK-Rumpf (also durch „auf das END laufen") erreicht wird. Im Einzelfall kann diese Vollendung auch durch Auslösen einer Ausnahme vorzeitig eintreten. Zwischen „fertig ausgeführt" und „beendet" besteht aber ein wesentlicher Unterschied: Eine TASK, die fertig ausgeführt, aber noch nicht beendet ist, kann zwar nicht mehr agieren, sie kann aber andere TASKs aufhalten. In den folgenden Absätzen erklären wir diese Begriffe.

Jede TASK hängt von mindestens einem *Meister* (*master*) ab; dies ist ein Teil des Programms, der die Erzeugung der TASK ermöglicht hat. Ein Meister wird nicht eher verlassen, bis alle von ihm abhängigen TASKs beendet sind. So kann eine TASK, die Meister anderer TASKs und fertig ausgeführt ist, erst beendet werden, wenn alle diese TASKs beendet sind. Solange sie nicht beendet ist, wird diese TASK ihrerseits möglicherweise andere TASKs (die ihre Meister sind) an der weiteren Ausführung hindern.

Für die Definition der Meister einer TASK verweisen wir auf [Ada, §9.4(1-4)]. In den Beispielen werden wir die Meister der vorkommenden TASKs identifizieren. Fängt man bei einer beliebigen TASK an und sucht nacheinander alle ihre Meister auf, dann ist das vorletzte Glied in dieser

Kette entweder das Hauptprogramm oder ein Bibliothekspaket. Das letzte Glied (der Meister aller Meister) ist die *Umgebungs-TASK* (*environment task*), eine implizit vereinbarte TASK, die das Ada-Programm einschließt und aufgerufen hat.

Das Hauptprogramm kann erst beendet werden, wenn alle TASKs beendet sind (die gegenteilige Behauptung in [Ada, §9.4 (13)] bezüglich TASKs, die das Hauptprogramm nicht zum Meister haben, erwies sich als nicht sinnvoll und wurde durch AI-00752 aufgehoben).

Eine TASK kann auch beim selektiven Warten über eine TERMINATE-Alternative in den Zustand „beendet" gelangen, aber nur, wenn sie einen Meister hat, für den gilt:

- der Meister ist fertig ausgeführt, und
- alle anderen TASKs, die von diesem Meister abhängen, sind entweder schon beendet, oder können sich ebenfalls (sofort) über eine TERMINATE-Alternative beenden.

Es gibt auch eine ABORT-Anweisung ([Ada, §9.10]), mit der eine oder mehrere TASKs beendet werden können. Diese ist nur für Notfälle gedacht, da bei Ausführung der ABORT-Anweisung die betroffene TASK keine Möglichkeit hat, eventuell notwendige Vorkehrungen zu treffen, bevor sie beendet wird.

14.7 Beispiele

14.7.1 Beispiel: Privatparkplatz

Das (sehr einfache) Beispiel in diesem Abschnitt stellt die Interaktionen zwischen einem Auto und einem nur für dieses Auto bestimmten Parkplatz dar: Das Auto fährt abwechselnd auf den Parkplatz und wieder heraus. In den Intervallen zwischen diesen Aktionen geht sein Besitzer einkaufen bzw. hält sich zu Hause auf.

Die TASKing-Themen, die wir mit diesem Beispiel besprechen, sind:

- Die Rolle des Hauptprogramms in Programmen mit TASKs,
- die Vereinbarung einer TASK mit ENTRYs,
- Aktivierung einer TASK, und
- einfache Rendezvous ohne Parameter.

Das Auto und der Parkplatz sind zwei reale Dinge, die, abgesehen von wenigen Synchronisationspunkten, unabhängig voneinander existieren

14.7 Beispiele

```
PROCEDURE auto IS

   TASK parkplatz IS        -- Vereinbarung
      ENTRY herein;         -- von
      ENTRY heraus;         -- TASK
   END parkplatz;           -- parkplatz

   TASK BODY parkplatz IS SEPARATE;

   PROCEDURE einkaufen_gehen IS SEPARATE;
   PROCEDURE nach_hause_fahren IS SEPARATE;

BEGIN                       -- TASK parkplatz wird aktiviert
   LOOP
      parkplatz.herein;        -- ENTRY-Aufruf,
                               -- Synchronisation mit parkplatz
      einkaufen_gehen;
      parkplatz.heraus;        -- ENTRY-Aufruf,
                               -- Synchronisation mit parkplatz
      nach_hause_fahren;
   END LOOP;
END auto;                   -- erst wenn TASK Parkplatz beendet ist
```

```
SEPARATE (auto)

TASK BODY parkplatz IS
BEGIN
   LOOP
      ACCEPT herein;              -- ACCEPT-Anweisung,
                                  -- Synchronisation mit auto

      ACCEPT heraus;              -- ACCEPT-Anweisung,
                                  -- Synchronisation mit auto
   END LOOP;
END parkplatz;
```

und agieren. Diesen Sachverhalt kann man durch Abbildung dieser zwei Dinge auf zwei TASKs darstellen. Dabei werden die Synchronisationspunkte (das Auto fährt auf den Parkplatz oder verläßt es) durch Rendezvous dargestellt. Da das Auto dabei immer die Rolle der aufrufenden TASK

spielt, kann man, wie in diesem Beispiel, das Auto durch das Hauptprogramm darstellen und nur den Parkplatz durch eine TASK.
Die TASK-Vereinbarung

```
TASK parkplatz IS
   ENTRY herein;
   ENTRY heraus;
END parkplatz;
```

definiert die Schnittstelle der TASK nach außen, also ihren Namen und ihre ENTRYs. Diese TASK hat zwei ENTRYs, beide parameterlos. Auf die Festlegung von Prioritäten für Hauptprogramm und TASK haben wir verzichtet.

Auch für TASK-Rümpfe kann man Stummel schreiben; dies haben wir hier für den Rumpf von TASK parkplatz getan; der eigentliche Rumpf muß also in einer Untereinheit nachgeliefert werden.

Die eigentlichen Rümpfe der lokalen Prozeduren einkaufen_gehen und nach_hause_fahren tragen zum Thema dieses Kapitels wenig bei; solche eigentlichen Rümpfe zeigen wir hier und in den restlichen Beispielen dieses Kapitels nicht.

In diesem Beispiel wird eine TASK erzeugt: TASK parkplatz. Die TASK wird durch Abarbeitung einer Objektvereinbarung im Vereinbarungsteil der PROCEDURE auto erzeugt (siehe §14.4); deshalb wird sie nach Abarbeitung dieses Vereinbarungsteils und vor Ausführung der nachfolgenden Anweisungen aktiviert. Diese Aktivierung besteht in der Abarbeitung des Vereinbarungsteils von TASK BODY parkplatz; also stehen Hauptprogramm und TASK gleichzeitig (synchronisiert) an ihrem jeweiligen BEGIN und sind bereit, Anweisungen auszuführen.

Wenn sie nicht auf verschiedenen Prozessoren laufen, tritt hier eine Ressourcen-Knappheit ein: Es können nicht beide gleichzeitig ausgeführt werden. Da wir keine Prioritäten festgelegt haben, hängt es nun von der Implementierung ab, ob jetzt (und wie lange) die Anweisungen des Hauptprogramms oder die der TASK ausgeführt werden.

In diesem Programm spielt es keine Rolle, ob zuerst die Anweisungen von auto oder die von parkplatz ausgeführt werden. Im ersten Fall versucht auto nämlich als erstes, einen ENTRY-Aufruf für ENTRY herein in TASK parkplatz auszuführen; da parkplatz aber noch nicht an einer entsprechenden ACCEPT-Anweisung steht, kann der ENTRY-Aufruf (noch) nicht befriedigt werden; also wird die Ressource „Prozessor", die auto nun nicht mehr braucht, der TASK parkplatz zugeteilt. Ähnlich sieht es aus, wenn die Anweisungen von TASK parkplatz zuerst ausgeführt werden.

In diesem Rendezvous werden keine Parameter übergeben, und die aufgerufene TASK führt keine Anweisungen während des Rendezvous aus; das Rendezvous dient programmtechnisch also nur zur Synchronisation.

Nach dem Rendezvous werden wieder Hauptprogramm und TASK (logisch gesehen) unabhängig voneinander ausgeführt. Das Hauptprogramm ruft die Prozedur einkaufen_gehen auf, die im Auftrag des Hauptprogramms (also unabhängig von TASK parkplatz) ausgeführt wird. Bei Prozessorenknappheit hängt es auch hier von der Ada-Implementierung ab, ob zuerst das Hauptprogramm oder die TASK weiterrechnen darf.

Nun wenden wir uns dem TASK BODY parkplatz zu. Die Anweisungsfolge ist denkbar einfach: Abwechselnd werden ACCEPT-Anweisungen für ENTRYs herein und heraus ausgeführt.

Wenn man aus Versehen die beiden ACCEPT-Anweisungen im TASK BODY parkhaus vertauscht, entsteht unweigerlich ein Deadlock: Das Hauptprogramm wartet an seinem ENTRY-Aufruf parkplatz.herein darauf, daß TASK parkplatz eine ACCEPT-Anweisung für ENTRY herein erreicht; dieser wartet aber an seiner ACCEPT-Anweisung für ENTRY heraus darauf, daß eine TASK oder das Hauptprogramm (hier kommt nur das Hauptprogramm in Frage) einen ENTRY-Aufruf parkplatz.heraus erreicht.

Da sowohl Hauptprogramm als auch TASK Endlosschleifen ausführen, gibt es in diesem Beispiel keine Beendigungsprobleme.

14.7.2 Beispiel: Parkplatzgebühren

Das Beispiel in diesem Abschnitt stellt die gleichen Interaktionen dar wie das letzte Beispiel. In diesem Beispiel aber soll für das Parken eine Gebühr bezahlt werden; deshalb muß beim Hereinfahren ein Parkschein mit Zeitstempel gezogen werden; beim Herausfahren muß der Parkschein abgegeben und die Gebühr bezahlt werden.

Die TASKing-Themen, die wir mit diesem Beispiel besprechen, sind:

- Vereinbarung einer TASK ohne ENTRYs,
- ENTRYs mit Parameter(n),
- das Ausführen von Anweisungen während eines Rendezvous,
- der Meister einer TASK und
- die Beendigung des Hauptprogramms.

In diesem Beispiel haben wir auch das Auto durch eine TASK dargestellt. Das Hauptprogramm dient also nur zur Vereinbarung der TASKs und enthält nur eine NULL-Anweisung. Dies ist in Programmen mit TASKs häufig der Fall. Die beiden TASKs sind im Vereinbarungsteil des Hauptprogramms vereinbart, werden also nach Abarbeitung dieses Vereinbarungsteils und vor Ausführung der NULL-Anweisung im Hauptprogramm aktiviert. Das Hauptprogramm ist Meister beider TASKs; deswegen darf das Hauptprogramm erst beendet werden, wenn beide TASKs beendet

```
----------------------------------------------------------------|
WITH calendar;

PROCEDURE parkplatz_und_auto IS

   TASK parkplatz IS
      ENTRY herein (parkschein : OUT calendar.time);
      ENTRY heraus (parkschein : IN  calendar.time);
   END parkplatz;

   TASK auto;                         -- eine TASK ohne ENTRY

   TASK BODY parkplatz IS SEPARATE;
   TASK BODY auto IS SEPARATE;

BEGIN              -- TASKs auto und parkplatz werden aktiviert
   NULL;
END parkplatz_und_auto; -- erst nach Beendigung beider TASKs
----------------------------------------------------------------|
SEPARATE (parkplatz_und_auto)

TASK BODY auto IS
   mein_parkschein : calendar.time;

   PROCEDURE einkaufen_gehen IS SEPARATE;
   PROCEDURE nach_hause_fahren IS SEPARATE;
BEGIN
   LOOP
      parkplatz.herein (parkschein => mein_parkschein);
      einkaufen_gehen;
      parkplatz.heraus (parkschein => mein_parkschein);
      nach_hause_fahren;
   END LOOP;
END auto;
----------------------------------------------------------------|
```

sind. Da diese nicht beendet werden, bleibt das Hauptprogramm nach Ausführung seiner NULL-Anweisung vor seinem END stehen. Wie im letzten Beispiel hängt es vom Ada-System ab, welche der beiden TASKs nach ihrer Aktivierung und nach jedem Rendezvous zuerst ihre nächsten Anweisungen ausführt, falls nur ein Prozessor zur Verfügung steht. Wie im

14.7 Beispiele

```
---------------------------------------------------------------|
SEPARATE (parkplatz_und_auto)

TASK BODY parkplatz IS

   PROCEDURE kassieren (einfahrt,
                        ausfahrt : IN calendar.time)
                                              IS SEPARATE;
BEGIN
   LOOP

      ACCEPT herein (parkschein : OUT calendar.time) DO
         parkschein := calendar.clock;
      END herein;
                                       -- Ende des Rendezvous

      ACCEPT heraus (parkschein : IN calendar.time) DO
         kassieren (einfahrt => parkschein,
                    ausfahrt => calendar.clock);
      END heraus;
                                       -- Ende des Rendezvous

   END LOOP;
END parkplatz;
---------------------------------------------------------------|
```

letzten Beispiel spielt dies aber für das Verhalten dieses Programms keine entscheidende Rolle.

Das Auto wird in diesem Beispiel durch eine TASK dargestellt, die keine ENTRYs hat. Die TASK-Vereinbarung ist in diesem Fall besonders einfach:

   TASK auto;

TASK parkplatz dagegen ist komplexer geworden: Seine ENTRYs haben je einen Parameter erhalten. Die Syntax von Parametervereinbarungen bei ENTRYs ist identisch mit der bei Unterprogrammen: Die formalen Teile

   (parkschein : OUT calendar.time);
   (parkschein : IN calendar.time);

vereinbaren ENTRY-Parameter parkschein, einmal als OUT-Parameter (der Informationen von der aufgerufenen zur aufrufenden TASK fließen läßt) und einmal als IN-Parameter (der Informationen in die umgekehrte Richtung fließen läßt).

Die Syntax eines ENTRY-Aufrufs ist identisch mit der Syntax eines Unterprogrammaufrufs:

```
parkplatz.herein (parkschein => mein_parkschein);
```
ist ein ENTRY-Aufruf für ENTRY herein in TASK parkplatz mit aktuellem Parameter mein_parkschein.

Bei einer ACCEPT-Anweisung für ein ENTRY mit Parameter(n) muß der formale Teil der ENTRY-Vereinbarung wiederholt werden. Eine ACCEPT-Anweisung für ENTRY herein in diesem Beispiel muß also mit

```
ACCEPT herein (parkschein : OUT calendar.time)
```

beginnen. Die aufgerufene TASK im Rendezvous kann die aktuellen Parameter nur während des Rendezvous versorgen bzw. verarbeiten; deswegen enthält eine ACCEPT-Anweisung für ein ENTRY mit Parameter(n) fast immer Anweisungen. Anweisungen, die zu einer ACCEPT-Anweisung gehören und deshalb während des Rendezvous ausgeführt werden, stehen zwischen DO und END entry_name;:

```
ACCEPT herein (parkschein : OUT calendar.time) DO
    parkschein := calendar.clock;
END herein;
```

Während der Rendezvous in diesem Beispiel werden Parameter übergeben und (in der aufgerufenen TASK) Anweisungen ausgeführt. Das Rendezvous ist also erst beendet, wenn alle Parameter übergeben und die Anweisungen im Rendezvous ausgeführt worden sind; erst dann kann die Ausführung der beiden beteiligten TASKs fortgesetzt werden.

Da jede Anweisung in einer ACCEPT-Anweisung die aufrufende TASK aufhält und so die Möglichkeiten zur Parallelarbeit reduziert, gehören dort nur Aktionen hin, die nicht vor oder nach dem Rendezvous ausgeführt werden können. Das sind

- Aktionen zur Versorgung der Parameter; also in diesem Beispiel die Zuweisung eines Wertes an parkschein; und
- Aktionen, die aus Gründen der Programmlogik während des Rendezvous stattfinden müssen. Wollte man etwa in diesem Beispiel die Berechnung des Wertes calendar.clock schon vor dem Rendezvous erledigen, müßte man mit Beschwerden des Autofahrers rechnen, auf dessen Parkschein unter Umständen eine viel zu frühe Zeit aufgedruckt würde.

14.7.3 Beispiel: Viele Autos

Das Beispiel in diesem Abschnitt stellt ein Parkhaus mit begrenzter Kapazität dar und eine erst zur Laufzeit feststehende Anzahl von Autos, die abwechselnd und unabhängig voneinander in das Parkhaus hinein- und wieder herausfahren. Ist das Parkhaus voll, bildet sich eine Warteschlange; die Autos werden in der Reihenfolge ihrer Ankunft hereingelassen. Um das Beispiel klein zu halten, ist dies ein kostenloses Parkhaus; die Parkhäuser in den nächsten beiden Beispielen sind es ebenfalls.

Die TASKing-Themen, die wir mit diesem Beispiel besprechen, sind:

- TASK-Typen,
- dynamische TASK-Vereinbarung,
- Aktivierung,
- der Meister einer Task,
- selektives Warten, und
- WHEN in SELECT-Alternativen.

Da in diesem Beispiel mehrere (gleichartige) Autos dargestellt werden sollen, ist hier auto nicht eine einzelne TASK, sondern ein TASK-Typ:

    TASK TYPE auto;

Nun könnten TASKs dieses Typs durch gewöhnliche Objektvereinbarungen ins Leben aufgerufen werden. Da aber die Anzahl der Autos erst zur Laufzeit festgelegt werden soll, haben wir das Festlegen dieser Anzahl der lokalen Funktion anzahl_der_autos anvertraut, die hier als Stummel vereinbart ist (da der eigentliche Rumpf in diesem Zusammenhang nicht interessiert, zeigen wir ihn hier nicht). Nun soll ein ARRAY solcher Autos vereinbart werden, das anzahl_der_autos Komponenten besitzt. Wie in §10.1 schon erläutert, kann dieses ARRAY nicht im gleichen Vereinbarungsteil vereinbart werden wie die Funktion; wir haben es also in einer Blockanweisung vereinbart. Das dort vereinbarte ARRAY enthält eine Anzahl identischer TASKs vom Typ auto. Die Namen dieser TASKs sind autos (1), autos (2) und so weiter.

TASK parkhaus wird im Vereinbarungsteil des Hauptprogramms vereinbart; folglich wird sie nach Abarbeitung dieses Vereinbarungsteils und vor Ausführung der Blockanweisung aktiviert. Die Auto-TASKs dagegen werden nach Abarbeitung des Vereinbarungsteils der Blockanweisung aktiviert, also in jedem Fall nach der Aktivierung von TASK parkhaus.

Meister der TASK parkhaus ist das Hauptprogramm. Dieses darf sich also erst beenden, wenn TASK parkhaus beendet ist (was hier nicht vorgesehen ist). Das Hauptprogramm ist auch Meister der Auto-TASKs; diese

```
--------------------------------------------------------------|
PROCEDURE parkhaus_und_autos IS
   TASK parkhaus IS
      ENTRY herein;
      ENTRY heraus;
   END parkhaus;

   TASK TYPE auto;                  -- ein TASK-Typ

   FUNCTION  anzahl_der_autos RETURN natural IS SEPARATE;
   TASK BODY parkhaus IS SEPARATE;
   TASK BODY auto IS SEPARATE;

BEGIN                              -- TASK parkhaus wird aktiviert

   DECLARE
      autos : ARRAY (1 .. anzahl_der_autos) OF auto;

   BEGIN    -- identische TASKs vom Typ auto werden aktiviert
      NULL;
   END;     -- erst wenn alle TASKs autos (n) beendet sind

END parkhaus_und_autos;   -- erst wenn TASK parkhaus beendet
--------------------------------------------------------------|
```

hängen aber nur indirekt vom Hauptprogramm ab — sie hängen direkt von der Blockanweisung ab, die ebenfalls ihr Meister ist. Die Blockanweisung darf also erst beendet werden, wenn alle Auto-TASKs beendet sind (was auch nicht vorgesehen ist).

Der Rumpf des TASK-Typs auto enthält nichts Neues, wohl aber der Rumpf der TASK parkhaus. Das Parkhaus muß jetzt mit mehreren Autos zurechtkommen; es darf also nicht, wie in den früheren Beispielen, stur abwechselnd herein- und herauslassen. Es muß vielmehr jederzeit bereit sein, Autos herauszulassen; und, wenn es nicht gerade voll ist, muß es auch jederzeit Autos hereinlassen können. Hier hilft also keine Folge von ACCEPT-Anweisungen; aber das selektive Warten mit zwei ACCEPT-Alternativen hat die richtige Semantik. Das Problem, daß das Parkhaus in vollem Zustand keine Autos mehr hereinlassen darf, läßt sich einfach lösen: Jede ACCEPT-Alternative beim selektiven Warten darf durch eine Bedingung geschützt sein. Im selektiven Warten in TASK BODY parkhaus schützt die Bedingung

```
autos_im_parkhaus + 1 IN kapazitaet
```

14.7 Beispiele

```
------------------------------------------------------------|
SEPARATE (parkhaus_und_autos)

TASK BODY parkhaus IS

   SUBTYPE kapazitaet IS natural RANGE 0 .. 20;
   autos_im_parkhaus : kapazitaet := 0;
BEGIN
   LOOP

      SELECT                                  -- selektives Warten **
                                              --                   **
         WHEN autos_im_parkhaus + 1 IN kapazitaet =>    -- **
            ACCEPT herein;                              -- **
            autos_im_parkhaus := autos_im_parkhaus + 1;-- **
      OR                                                -- **
         ACCEPT heraus;                                 -- **
         autos_im_parkhaus := autos_im_parkhaus - 1;    -- **
      END SELECT;                                       -- **

   END LOOP;
END parkhaus;
------------------------------------------------------------|
```

die ACCEPT-Alternative

```
            ACCEPT herein;
            autos_im_parkhaus := autos_im_parkhaus + 1;
```

Zunächst ein paar Worte zur Syntax: Ein selektives Warten beginnt immer mit SELECT und endet mit END SELECT;. Auf das erste SELECT folgen die ACCEPT-Alternativen (mindestens eine), jeweils eventuell durch Bedingungen (beginnend mit WHEN) geschützt und durch das reservierte Wort OR voneinander getrennt. Jede ACCEPT-Alternative beginnt mit einer ACCEPT-Anweisung, der noch beliebige weitere Anweisungen folgen können.

Selektives Warten ist ein Konstrukt für die aufgerufene TASK im Rendezvous. Die Syntax des selektiven Wartens ist außen herum identisch mit der Syntax der bedingten und befristeten ENTRY-Aufrufe, die ja Konstrukte für die aufrufende TASK im Rendezvous sind. Dies ist auf den ersten Blick zunächst verwirrend. Selektives Warten ist aber leicht von bedingten und befristeten ENTRY-Aufrufen zu unterscheiden: Beim selektiven Warten folgt auf das erste SELECT eine ACCEPT-Anweisung (eventuell mit WHEN-Bedingung), beim bedingten oder befristeten ENTRY-Aufruf steht dort ein ENTRY-Aufruf.

```
----------------------------------------------------------------|
SEPARATE (parkhaus_und_autos)

TASK BODY auto IS
   PROCEDURE einkaufen_gehen IS SEPARATE;
   PROCEDURE nach_hause_fahren IS SEPARATE;
BEGIN
   LOOP
      parkhaus.herein;
      einkaufen_gehen;
      parkhaus.heraus;
      nach_hause_fahren;
   END LOOP;
END auto;
----------------------------------------------------------------|
```

Die Semantik des selektiven Wartens haben wir größtenteils in §14.2.2 und §14.3 erklärt. Dort haben wir allerdings die WHEN-Bedingungen nicht erwähnt. Ihre ungefähre Semantik liegt auf der Hand: Die ACCEPT-Alternative wird nur dann in Betracht gezogen, wenn die Bedingung den Wert **true** hat. Dazu muß gesagt werden, daß sämtliche Bedingungen beim Eintritt in das selektive Warten ausgewertet werden. Wenn sich also der Wert einer Bedingung bis zum Eintreffen des ersten ENTRY-Aufrufs ändert, dann wird die schon gefällte Entscheidung, die dazugehörige ACCEPT-Alternative in Betracht zu ziehen oder nicht, nicht mehr revidiert. Dies kann aber in diesem Beispiel nicht passieren, weil autos_im_parkhaus eine lokale Variable der TASK ist und deshalb nur von ihr geändert werden kann.

Die Semantik des selektiven Wartens und der ACCEPT-Anweisungen wirkt sich in diesem Beispiel so aus:

- Hereinfahrende Autos werden in der Reihenfolge ihrer Ankunft hereingelassen;
- herausfahrende Autos werden in der Reihenfolge herausgelassen, in der sie sich zum Herausfahren melden;
- wenn zu einem gegebenen Zeitpunkt sowohl herein- als auch herausfahrende Autos anstehen, legt [Ada] nicht fest, welche Warteschlange bedient wird.

14.7.4 Beispiel: Verschiedenartige Autofahrer

Das Beispiel in diesem Abschnitt stellt, ähnlich wie das im letzten Abschnitt, ein Parkhaus mit begrenzter Kapazität dar und eine erst zur Laufzeit feststehende Anzahl von Autos. Im letzten Beispiel war allerdings jeder Autofahrer bereit, beliebig lange auf die Einfahrt in das Parkhaus zu warten. In diesem Beispiel haben die Autofahrer weniger Geduld: Es gibt nur ungeduldige (die höchstens 5 Minuten warten) und sehr ungeduldige (die überhaupt nicht warten). Jedes Auto macht nur zwei Einkaufsbummel (wobei es bei jedem Einkaufsbummel das Parkhaus ansteuert). Das Programm beendet sich, wenn jeder Autofahrer fertig ist, frühestens jedoch 16 Stunden nach Programmbeginn.

Die TASKing-Themen, die wir mit diesem Beispiel besprechen, sind:

- Prioritäten bei TASKs,
- DELAY-Anweisungen,
- preemptive scheduling,
- Aktivierung einer TASK durch Auswertung eines Allokators,
- bedingter bzw. befristeter ENTRY-Aufruf, und
- selektives Warten mit TERMINATE-Alternative.

In diesem Beispiel haben wir für das Hauptprogramm und alle TASKs Prioritäten festgelegt: Alle TASKs haben die niedrigste Priorität, das Hauptprogramm hat die höchste Priorität. Prioritäten legt man mit PRAGMA priority fest; die Zahl, die als Priorität angegeben wird, muß im SUBTYPE priority im vordefinierten PACKAGE system liegen. Dieses Paket wird im §15.1.1 besprochen. Es enthält implementierungsabhängige Größen. Der Bereich zulässiger Prioritäten ist also von Ada-Implementierung zu Ada-Implementierung verschieden. Es ist auch zulässig, daß dieser Bereich nur eine Zahl enthält.

In jeder Implementierung bedeutet aber eine größere Zahl eine höhere Priorität. Der einzige Sinn der Prioritätensetzung in diesem Beispiel ist, daß das Hauptprogramm höhere Priorität haben soll als alle TASKs. Dies wäre für die Funktionalität dieses Beispiels nicht nötig; wir möchten aber schon hier die Auswirkung der Priorität auf DELAY-Anweisungen erklären, um das nächste Beispiel nicht mit diesem Thema zusätzlich belasten zu müssen.

Dieses Beispiel enthält zwei DELAY-Anweisungen: Eine wird vom Hauptprogramm ausgeführt, die andere ist in der Prozedur zu_hause_sein, die von jeder Auto-TASK bis zu zweimal ausgeführt wird. Wenn eine TASK oder das Hauptprogramm eine DELAY-Anweisung ausführt, wird die Ausführung der TASK (bzw. des Hauptprogramms) für die in der DELAY-

```
----------------------------------------------------------------|
WITH system;
PROCEDURE eintags_parkhaus IS
   PRAGMA priority (system.priority'last);-- hohe Prioritaet

   TASK TYPE ungeduldiges_auto IS
      PRAGMA priority (system.priority'first); -- niedere
   END ungeduldiges_auto;                       -- Prioritaet

   TASK TYPE sehr_ungeduldiges_auto IS
      PRAGMA priority (system.priority'first); -- niedere
   END sehr_ungeduldiges_auto;                  -- Prioritaet

   TASK parkhaus IS
      PRAGMA priority (system.priority'first); -- niedere
      ENTRY herein;                             -- Prioritaet
      ENTRY heraus;
   END parkhaus;

   TYPE ungeduldig IS ACCESS ungeduldiges_auto;
   TYPE sehr_ungeduldig IS ACCESS sehr_ungeduldiges_auto;

   da_ungeduldig      : ungeduldig;                 -- := NULL
   da_sehr_ungeduldig : sehr_ungeduldig;            -- := NULL
   minuten            : CONSTANT duration := 60.0;
   stunden            : CONSTANT duration := 60 * minuten;

   FUNCTION  anzahl_der_autos RETURN natural IS SEPARATE;
   PROCEDURE einkaufen_gehen IS SEPARATE;
   PROCEDURE zu_hause_sein IS SEPARATE;
   TASK BODY ungeduldiges_auto IS SEPARATE;
   TASK BODY sehr_ungeduldiges_auto IS SEPARATE;
   TASK BODY parkhaus IS SEPARATE;
BEGIN                          -- Task parkhaus wird aktiviert

   FOR index IN 1 .. anzahl_der_autos LOOP
      da_ungeduldig := NEW ungeduldiges_auto;
      da_sehr_ungeduldig := NEW sehr_ungeduldiges_auto;
   END LOOP;
   DELAY 16 * stunden;  -- hier greift preemptive scheduling

END eintags_parkhaus;          -- wenn alle TASKs beendet sind
----------------------------------------------------------------|
```

14.7 Beispiele

```
-------------------------------------------------------------|
SEPARATE (eintags_parkhaus)

PROCEDURE zu_hause_sein IS

   FUNCTION  stunden_zu_hause RETURN natural IS SEPARATE;
BEGIN
   DELAY stunden_zu_hause * stunden;        -- oder laenger
END zu_hause_sein;
-------------------------------------------------------------|
```

Anweisung angegebene Anzahl von Sekunden unterbrochen. Wenn weniger Prozessoren verfügbar sind, als es aktive TASKs gibt, nutzt das Ada-System normalerweise diese Pause aus, um eine andere TASK rechnen zu lassen. Wenn die in der DELAY-Anweisung angegebene Zeitspanne vorbei ist, sind also meist alle Prozessoren mit anderen TASKs belegt. Was dann geschieht, hängt von den Prioritäten ab:

- Ist die Priorität der TASK, die die DELAY-Anweisung ausführte, höher als die Priorität einer gerade rechnenden TASK, deren Prozessor für die DELAY-TASK geeignet wäre, so wird eine solche TASK unterbrochen, damit die TASK, die die DELAY-Anweisung ausführte, sofort nach Ablauf der Frist weiter ausgeführt werden kann. Diese Vorgehensweise heißt *preemptive scheduling* ([Ada] verlangt preemptive scheduling nicht ausdrücklich; dies wurde in AI-00032 nachgeholt).

- Ist aber die Priorität der TASK, die die DELAY-Anweisung ausführte, nicht höher als die Priorität einer der gerade rechnenden TASKs, deren Prozessor für die DELAY-TASK geeignet wäre, so wird die gerade rechnende TASK nicht unbedingt unterbrochen. Die TASK, die die DELAY-Anweisung ausführte, wird also frühestens dann wieder rechnen können, wenn ein geeigneter Prozessor gerade nicht von einer TASK höherer Priorität beansprucht wird; aber auch dann können ihm die TASKs gleicher Priorität diesen Prozessor streitig machen.

Das heißt in diesem Beispiel: Weil das Hauptprogramm höhere Priorität hat als alle TASKs, wird die von seiner DELAY-Anweisung eingeleitete Pause genau nach der angegebenen Frist beendet (soweit dies in der Macht des Ada-Systems liegt: Wenn zum Beispiel das Ada-Programm den Rechner mit anderen Betriebssystemprozessen teilen muß, hängt die Genauigkeit eines solchen DELAYs auch vom Betriebssystem ab). Die von den TASKs ausgeführten DELAY-Anweisungen dagegen werden meist wesentlich länger dauern als die angegebene Zeitspanne.

Die Zeitspanne in der DELAY-Anweisung wird zwar in Sekunden angegeben. Der Ausdruck in der DELAY-Anweisung ist vom vordefinierten Fixpunkttyp duration, dessen Auflösung nicht gröber sein darf als zwanzig Millisekunden, meist aber viel feiner ist; es können also auch Bruchteile von Sekunden angegeben werden.

Dieses Beispiel enthält zwei TASK-Typen und dazu noch zwei ACCESS-Typen, die diese TASK-Typen als Zieltypen haben. Im Vereinbarungsteil des Hauptprogramms werden keine TASKs der beiden TASK-Typen vereinbart; dafür werden solche TASKs in den Anweisungen durch Auswertung von Allokatoren erzeugt:

```
FOR index IN 1 .. anzahl_der_autos LOOP
   da_ungeduldig := NEW ungeduldiges_auto;
   da_sehr_ungeduldig := NEW sehr_ungeduldiges_auto;
END LOOP;
```

Bei der ersten Ausführung dieser beiden Zuweisungen wird je eine Auto-TASK erzeugt und aktiviert. Diese beiden TASKs sind nur über die Namen

```
da_ungeduldig.ALL
da_sehr_ungeduldig.ALL
```

zugänglich. Aber schon bei der nächsten Ausführung der beiden Zuweisungen werden zwei neue TASKs erzeugt und die Variablen da_ungeduldig und da_sehr_ungeduldig mit entsprechenden neuen Werten besetzt. Nach Ausführung der ganzen LOOP-Anweisung sind also alle TASKs außer den beiden letzten namenlos; sie können nicht im Ada-Programm angesprochen werden, werden aber noch ausgeführt und können zum Beispiel mit ENTRY-Aufrufen andere TASKs ansprechen.

TASK parkhaus wird sofort nach Abarbeitung des Vereinbarungsteils des Hauptprogramms aktiviert. Da aber das Hauptprogramm höhere Priorität hat, werden (sofern nur ein Prozessor vorhanden ist) die Anweisungen der TASK parkhaus frühestens dann ausgeführt, wenn das Hauptprogramm nicht rechenbereit ist, also erst bei Ausführung der DELAY-Anweisung im Hauptprogramm. Bei jeder Allokator-Auswertung wird eine Auto-TASK aktiviert; auch ihre Anweisungen werden aber erst später ausgeführt.

Meister der TASK parkhaus ist das Hauptprogramm; Meister aller Auto-TASKs ist ebenfalls das Hauptprogramm, weil die beiden ACCESS-Typen in ihm vereinbart sind. Das Hauptprogramm kann sich deshalb erst beenden, wenn alle TASKs beendet sind.

In den beiden Rümpfen der Auto-TASKs sieht man Beispiele der im §14.2.1 besprochenen Varianten des ENTRY-Aufrufs. TASK BODY ungeduldiges_auto enthält einen befristeteten ENTRY-Aufruf:

```
------------------------------------------------------------|
SEPARATE (eintags_parkhaus)

TASK BODY ungeduldiges_auto IS
   PROCEDURE so_lange_warte_ich_nicht IS SEPARATE;
BEGIN
   FOR einkaufs_bummel IN 1 .. 2 LOOP

      SELECT                        -- befristeter ENTRY-Aufruf **
                                                              -- *
         parkhaus.herein;  -- aber nur, wenn's schnell geht   *
         einkaufen_gehen;                                     -- *
         parkhaus.heraus;                                     -- *
      OR                                                      -- *
         DELAY 5 * minuten;                                   -- *
         so_lange_warte_ich_nicht;                            -- *
      END SELECT;                                             -- *
      zu_hause_sein;
   END LOOP;
END ungeduldiges_auto;
------------------------------------------------------------|

------------------------------------------------------------|
SEPARATE (eintags_parkhaus)

TASK BODY sehr_ungeduldiges_auto IS
   PROCEDURE ich_habe_keine_zeit_zum_warten IS SEPARATE;
BEGIN
   FOR einkaufs_bummel IN 1 .. 2 LOOP

      SELECT                        -- bedingter ENTRY-Aufruf **
                                                              -- *
         parkhaus.herein;  -- aber nur, wenn's sofort geht    *
         einkaufen_gehen;                                     -- *
         parkhaus.heraus;                                     -- *
      ELSE                                                    -- *
         ich_habe_keine_zeit_zum_warten;                      -- *
      END SELECT;                                             -- *
      zu_hause_sein;
   END LOOP;
END sehr_ungeduldiges_auto;
------------------------------------------------------------|
```

```
SELECT
   parkhaus.herein;
   einkaufen_gehen;
   parkhaus.heraus;
OR
   DELAY 5 * minuten;
   so_lange_warte_ich_nicht;
END SELECT;
```

Zunächst zwei Bemerkungen zur Syntax:

1. Befristete und bedingte ENTRY-Aufrufe sind wie das selektive Warten SELECT-*Anweisungen*; das heißt, sie beginnen mit SELECT und enden mit END SELECT. Daß sie aber kein selektives Warten sind, erkennt man daran, daß auf das anfängliche SELECT ein ENTRY-Aufruf folgt, wie in diesem Beispiel.

2. Eine DELAY-Anweisung unmittelbar nach dem reservierten Wort OR (innerhalb einer SELECT-Anweisung) darf nicht mit einer gewöhnlichen DELAY-Anweisung (niemals unmittelbar nach einem OR) verwechselt werden; sie hat auch eine ganz andere Semantik.

Die Semantik dieses Aufrufs ist: Ab Beginn seiner Ausführung wird die verstrichene Zeit gemessen. Wird der nach SELECT stehende ENTRY-Aufruf innerhalb der Zeit angenommen, die in der (nach OR stehenden) DELAY-Anweisung angegeben ist, so werden alle Anweisungen zwischen dem ersten SELECT und dem OR ausgeführt. Wird aber der erste ENTRY-Aufruf innerhalb dieser Zeit nicht angenommen, so werden stattdessen alle Anweisungen zwischen der DELAY-Anweisung und END SELECT ausgeführt. In diesem Beispiel also wartet der Autofahrer höchstens fünf Minuten in der Warteschlange vor dem Parkhaus. Wenn innerhalb dieser Zeit die Schranke aufgeht, fährt er (sofort, nicht erst nach Ablauf der fünf Minuten) hinein, geht einkaufen und fährt später wieder heraus; anderenfalls führt er stattdessen so_lange_warte_ich_nicht aus.

Der bedingte ENTRY-Aufruf enthält statt OR und einer DELAY-Anweisung das reservierte Wort ELSE:

```
SELECT
   parkhaus.herein;
   einkaufen_gehen;
   parkhaus.heraus;
ELSE
   ich_habe_keine_zeit_zum_warten;
END SELECT;
```

Wird bei Beginn der Ausführung der SELECT-Anweisung der nach dem ersten SELECT stehende ENTRY-Aufruf sofort angenommen, so werden die

```
-----------------------------------------------------------|
SEPARATE (eintags_parkhaus)

TASK BODY parkhaus IS
   SUBTYPE kapazitaet IS natural RANGE 0 .. 20;
   autos_im_parkhaus : kapazitaet := 0;
BEGIN
   LOOP
      SELECT-- selektives Warten mit TERMINATE-Alternative *
                                                          -- *
         WHEN autos_im_parkhaus + 1 IN kapazitaet =>      -- *
            ACCEPT herein;                                -- *
            autos_im_parkhaus := autos_im_parkhaus + 1;   -- *
      OR                                                  -- *
         ACCEPT heraus;                                   -- *
         autos_im_parkhaus := autos_im_parkhaus - 1;      -- *
                                                          -- *
      OR             -- nur unter bestimmten Bedingungen  -- *
         TERMINATE;                                       -- *
      END SELECT;                                         -- *
   END LOOP;
END parkhaus;
-----------------------------------------------------------|
```

Anweisungen zwischen dem ersten SELECT und dem OR ausgeführt; anderenfalls die Anweisungen zwischen OR und END SELECT. In diesem Beispiel also fährt der Autofahrer nur dann ins Parkhaus (mit anschließendem Einkauf und späterem Nachhausefahren), wenn er sofort hineinfahren kann; anderenfalls führt er stattdessen ich_habe_keine_zeit_zum_warten aus.

Im TASK BODY parkhaus sieht man ein selektives Warten mit TERMINATE-Alternative:

```
SELECT
    -- geschuetzte ACCEPT-Alternative
OR
    -- ACCEPT-Alternative

OR
    TERMINATE;
END SELECT;
```

Bis auf den Zusatz OR TERMINATE ist dieses selektive Warten identisch mit dem im letzten Beispiel. Wenn ein Meister der TASK, die das selektive Warten ausführt, fertig ausgeführt ist und alle TASKs, die von diesem Meister abhängen, entweder schon beendet sind oder sich ebenfalls (sofort) über eine TERMINATE-Alternative beenden können, dann bewirkt der Zusatz OR TERMINATE, daß der Meister und alle von ihm abhängige TASKs (also auch diese) sich beenden. In diesem Beispiel ist das Hauptprogramm der direkte Meister, und er hat außer dieser TASK keine abhängige TASK, die ein selektives Warten mit TERMINATE-Alternative enthält. Die TERMINATE-Alternative in dieser TASK wird also (nur) dann wirksam, wenn das Hauptprogramm schon fertig ausgeführt ist und alle Auto-TASKs schon beendet sind.

Die TERMINATE-Alternative kann eine TASK nur dann beenden, wenn für die TASK wirklich keine Aufgabe mehr da ist. Der Begriff des Meisters ist nämlich so mit dem der Sichtbarkeit abgestimmt, daß eine TASK mit fertig ausgeführtem Meister nur vom Meister und von solchen TASKs aus sichtbar ist, die ebenfalls von diesem Meister abhängen. Wartet aber jede dieser TASKs an einem selektiven Warten, dann steht sie nicht mitten in der Ausführung eines ENTRY-Aufrufs. Sie kann auch in Zukunft keinen solchen ENTRY-Aufruf ausführen, ohne vorher selber einen bekommen zu haben. Ohne TERMINATE-Alternative entstünde also ein Deadlock, weil jede auf einen ENTRY-Aufruf wartet, der nicht kommen kann.

Die TERMINATE-Alternative ist somit ein eleganter und gefahrloser Weg, TASKs zu beenden, deren Aufgabe erfüllt ist. Manchmal, wie hier, ist sie auch der einzige gefahrlose Weg. Da nämlich alle Auto-TASKs bis auf die letzten zwei keinen Namen haben, gibt es im Ada-Programm keinen anderen Weg festzustellen, welche der Auto-TASKs noch nicht beendet sind. Eine ABORT-Anweisung vom Hauptprogramm aus, um TASK parkhaus zu beenden, würde also Gefahr laufen, dies zu früh zu tun.

14.7.5 Beispiel: Täglicher Feierabend

Im Beispiel in diesem Abschnitt macht das Parkhaus jeden Morgen zur gleichen Zeit auf und läßt tagsüber Autos hinein und heraus. 16 Stunden später macht es zu, wobei Autos, die noch herausfahren wollen, solange herausgelassen werden, bis eine Minute lang kein Nachzügler mehr kommt. Dann ist Ruhe bis zum nächsten Aufmachen.

Die TASKing-Themen, die wir mit diesem Beispiel besprechen, sind:

- DELAY-Anweisung mit einem nichtstatischen Ausdruck,
- selektives Warten mit ELSE-Teil,
- selektives Warten mit DELAY-Alternative, und
- geschachtelte "selective wait"-Anweisungen.

14.7 Beispiele

In diesem Beispiel soll das Parkhaus jeden Morgen zur gleichen Zeit aufmachen und jeden Abend zur gleichen Zeit anfangen zuzumachen. Bei weitem der einfachste Weg, dies zu erreichen, ist, eine andere TASK, die sonst keine Aufgabe hat, zum Wecker zu erklären. Diese Rolle soll das Hauptprogramm übernehmen. TASK parkhaus hat deshalb zusätzliche ENTRYs morgens_aufmachen und abends_zumachen, damit das Hauptprogramm als Weckrufe ENTRY-Aufrufe für diese ENTRYs ausführen kann.

Das Hauptprogramm mißt die Zeit bis zum nächsten Weckruf durch Ausführung von DELAY-Anweisungen. Wenn die Weckrufe pünktlich ausgeführt werden sollen, muß das Hauptprogramm nach Ablauf der jeweiligen DELAY-Zeitspanne pünktlich wieder rechnen können. Das kann man, wie im letzten Abschnitt erläutert, dadurch erreichen, daß das Hauptprogramm höhere Priorität hat als alle TASKs; deshalb haben wir das Hauptprogramm mit höchster Priorität und alle TASKs mit niedrigster Priorität vereinbart.

Naheliegend wäre es, zwischen den ENTRY-Aufrufen an TASK parkhaus DELAY-Anweisungen

DELAY 16 * stunden;

und

DELAY 8 * stunden;

zu plazieren. Jeder ENTRY-Aufruf kostet aber Zeit, vor allem dann, wenn die aufgerufene TASK ihre ACCEPT-Anweisung erst erreichen muß. Diese Lösung hätte also zur Folge, daß sich die Öffnungszeit des Parkhauses immer mehr verspätet. Um eine solche Tendenz zu verhindern, enthält die zweite DELAY-Anweisung einen nichtstatischen Ausdruck:

DELAY 24 * stunden - (calendar.clock - eroeffnungs_zeit);

(Das erste "-" in diesem Ausdruck ist der vordefinierte Operator für den vordefinierten Typ duration; das zweite "-" stammt aus PACKAGE calendar und wäre normalerweise ohne USE-Klausel hier nicht direkt sichtbar; deswegen wurde es im Vereinbarungsteil des Hauptprogramms mit einer RENAMES-Vereinbarung direkt sichtbar gemacht.) Da in diesem Programm PROCEDURE tages_parkhaus höhere Priorität als alle anderen TASKs hat, besteht keine Gefahr einer Unterbrechung dieser TASK zwischen Berechnung des Ausdrucks und Beginn der DELAY-Pause. Eine solche Unterbrechung hätte nämlich zur Folge, daß die DELAY-Pause, deren Länge auf der Basis eines sofortigen Beginns berechnet wurde, erst später beginnt und damit zu spät endet.

Ada 9X bietet eine zusätzliche Art von DELAY-Anweisung, in der eine absolute Zeit als DELAY-Ende angegeben wird:

```
---------------------------------------------------------------|
WITH calendar, system;

PROCEDURE tages_parkhaus IS
   PRAGMA priority (system.priority'last);-- hohe Prioritaet

   TASK TYPE auto IS
      PRAGMA priority (system.priority'first); -- niedrige
   END auto;                                    -- Prioritaet

   TASK parkhaus IS
      PRAGMA priority (system.priority'first);
      ENTRY herein;
      ENTRY heraus;
      ENTRY morgens_aufmachen;
      ENTRY abends_zumachen;
   END parkhaus;

   anzahl_der_autos  : CONSTANT positive := 36;
   minuten           : CONSTANT duration := 60.0;
   stunden           : CONSTANT duration := 60 * minuten;
   autos             : ARRAY (1 .. anzahl_der_autos) OF auto;
   eroeffnungs_zeit  : calendar.time;

   FUNCTION  "-" (left,
                  right : calendar.time) RETURN duration
      RENAMES calendar."-";

   TASK BODY auto IS SEPARATE;
   TASK BODY parkhaus IS SEPARATE;
BEGIN
   LOOP
      eroeffnungs_zeit := calendar.clock;
      parkhaus.morgens_aufmachen;
      DELAY 16 * stunden;
      parkhaus.abends_zumachen;
      DELAY 24 * stunden -
         (calendar.clock - eroeffnungs_zeit);
   END LOOP;
END tages_parkhaus;
---------------------------------------------------------------|
```

```
DELAY UNTIL eroeffnungs_zeit;  -- nur in Ada 9X
```
Dies erhöht die Transparenz erheblich und verbannt die oben erwähnte Gefahr in allen Fällen. Natürlich müßte **eroeffnungs_zeit** vor Ausführung dieser DELAY-Anweisung mit dem passenden Wert belegt werden.

Im TASK BODY parkhaus muß jeden Tag zuerst auf den morgendlichen Weckruf gewartet werden:

```
ACCEPT morgens_aufmachen;
```

Während des ganzen Tages muß vorrangig darauf geachtet werden, ob der abendliche Weckruf angekommen ist. In diesem Fall muß das Schließritual durchgeführt werden; nur wenn noch kein Weckruf angekommen ist, darf das schon bekannte Verfahren zum Herein- bzw. Herauslassen der Autos fortgesetzt werden. Da vorrangig auf ein ENTRY-Aufruf für ENTRY abends_zumachen gewartet wird, bietet sich hier ein selektives Warten mit ELSE-Teil an:

```
tagsueber :
  LOOP
    SELECT
      ACCEPT abends_zumachen;
      -- Schliess-Ritual
    ELSE
      -- ein Auto herein- oder herauslassen
    END SELECT;
  END LOOP tagsueber;
```

Beim Schließ-Ritual werden Autos herausgelassen, bis eine Minute lang kein Nachzügler kommt; dann wird bis zum morgendlichen Weckruf kein Auto mehr heraus- oder hereingelassen. Da hier eine begrenzte Zeit lang auf einen ENTRY-Aufruf gewartet werden muß, eignet sich ein selektives Warten mit DELAY-Alternative:

```
abends :
  LOOP
    SELECT
      ACCEPT heraus;
      autos_da := autos_da - 1;
    OR
      DELAY 1 * minuten;
      EXIT tagsueber;
    END SELECT;
  END LOOP abends;
```

Dieses Beispiel enthält also geschachtelte „selektives Warten"-Anweisungen. Diese Anweisungen, wie auch ACCEPT-Anweisungen und ENTRY-Aufrufe in allen ihren Varianten, dürfen beliebig geschachtelt werden.

```
------------------------------------------------------------|
SEPARATE (tages_parkhaus)

TASK BODY parkhaus IS

   SUBTYPE kapazitaet IS natural RANGE 0 .. 20;
   autos_da : kapazitaet := 0;
BEGIN
jeden_tag :
   LOOP
      ACCEPT morgens_aufmachen;

   tagsueber :
      LOOP
         SELECT --------  selektives Warten mit ELSE-Teil --
                                                             --
            ACCEPT abends_zumachen;                          --
         abends :                                            --
            LOOP                                             --
               SELECT ------ selektives Warten mit --        --
                              -- DELAY-Alternative --        --
                  ACCEPT heraus;                    --       --
                  autos_da := autos_da - 1;         --       --
               OR                                   --       --
                  DELAY 1 * minuten;                --       --
                  EXIT tagsueber;                   --       --
               END SELECT;--------------------------         --
            END LOOP abends;                                 --
         ELSE                                                --
            SELECT -------- selektives Warten ---------      --
                                                       --    --
               WHEN autos_da + 1 IN kapazitaet =>      --    --
                  ACCEPT herein;                       --    --
                  autos_da := autos_da + 1;            --    --
            OR                                         --    --
                  ACCEPT heraus;                       --    --
                  autos_da := autos_da - 1;            --    --
               END SELECT; -----------------------------     --
         END SELECT; ----------------------------------------
      END LOOP tagsueber;
   END LOOP jeden_tag;
END parkhaus;
------------------------------------------------------------|
```

```
------------------------------------------------------------|
SEPARATE (tages_parkhaus)

TASK BODY auto IS

   PROCEDURE einkaufen_gehen IS SEPARATE;
   PROCEDURE nach_hause_fahren IS SEPARATE;
BEGIN
   LOOP
      SELECT                         -- befristeter ENTRY-Aufruf
         parkhaus.herein;
         einkaufen_gehen;
         parkhaus.heraus;
      OR
         DELAY 5 * minuten;
      END SELECT;
         nach_hause_fahren;
   END LOOP;
END auto;
------------------------------------------------------------|
```

14.7.6 Beispiel: Mehrklassen-Parkhaus

Im Beispiel in diesem Abschnitt hat das Parkhaus drei verschiedene Warteschlangen für die Einfahrt und drei Tarife: Wer mehr bezahlt, wird vor allen weniger bezahlenden Gästen hereingelassen. Für die Ausfahrt gibt es nach wie vor nur eine Warteschlange. Der Einfachheit halber macht dieses Parkhaus nachts nicht zu.

Mit diesem Beispiel wird in erster Linie das Thema *ENTRY-Familien* besprochen. Bisher wurden nur einzelne ENTRYs vorgestellt. Es ist aber auch möglich, eine Familie von ENTRYs zu vereinbaren: Alle ENTRYs der Familie haben die gleichen Parameter, die Familienmitglieder werden durch Indizes eines diskreten Typs identifiziert. Nebenbei wird eines der drei TASKing-Attribute vorgestellt, die im nächsten Abschnitt besprochen werden.

Natürlich kann man jede Aufgabe, die sich mit einer ENTRY-Familie lösen läßt, auch mit entsprechend vielen einzelnen ENTRYs lösen; manchmal ist eine Lösung mit Hilfe einer ENTRY-Familie aber wesentlich transparenter und wartungsfreundlicher. Programmtechnisch bringen ENTRY-Familien den Vorteil, daß man die gleiche ACCEPT-Anweisung für verschiedene ENTRYs (der ENTRY-Familie) benutzen kann. Anders ausgedrückt: Wenn man alle ENTRY-Aufrufe, die durch eine bestimmte ACCEPT-Anweisung bearbeitet werden können, sich als Warteschlange vorstellt,

```
----------------------------------------------------------------|
WITH calendar;

PROCEDURE drei_tarife_parkhaus_und_autos IS

   TYPE tarife IS (niedrig, normal, hoch);

   TYPE parkscheine IS
      RECORD
         zeit  : calendar.time;
         tarif : tarife;
      END RECORD;

   TASK parkhaus IS

      ENTRY herein (tarife) (parkschein : OUT parkscheine);

                     -- eine ENTRY-Familie mit 3 ENTRYs

      ENTRY raus (parkschein : IN parkscheine);
   END parkhaus;

   TASK TYPE auto;

   autos : ARRAY (1 .. 60) OF auto;

   TASK BODY parkhaus IS SEPARATE;

   TASK BODY auto IS SEPARATE;
BEGIN
   NULL;
END drei_tarife_parkhaus_und_autos;
----------------------------------------------------------------|
```

dann bietet eine ENTRY-Familie die Möglichkeit, in einer solchen Warteschlange bei jeder Ausführung der ACCEPT-Anweisung nach bestimmten Gesichtspunkten einen ENTRY-Aufruf auszuwählen, der nicht unbedingt vorne in der Schlange steht.

Die drei Tarife in diesem Beispiel sind durch einen Aufzählungstyp dargestellt:

```
TYPE tarife IS (niedrig, normal, hoch);
```

Auf die Parkscheine wird nicht nur die Einfahrtszeit aufgedruckt, sondern auch der gewählte Tarif. TASK parkhaus soll nun statt eines ENTRYs herein drei ENTRYs haben, für jeden Tarif eines. Diese werden aber nicht als Einzel-ENTRYs vereinbart, sondern als ENTRY-Familie mit dem Typ tarife als Indexmenge:

```
ENTRY rein (tarife) (parkschein : OUT parkscheine);
```

Die ENTRYs dieser ENTRY-Familie heißen also

```
herein (niedrig)
herein (normal)
herein (hoch)
```

Das Parkhaus muß nun beim Hereinlassen immer die Autos des höchsten Tarifs bedienen, der in der Warteschlange für die Einfahrt vertreten ist. Führt TASK BODY parkhaus also eine Variable aktueller_tarif, die diesen Tarif enthält, dann kann die bisherige Logik dieses Rumpfes im Grunde unverändert übernommen werden. Die ACCEPT-Anweisung für das ENTRY herein muß nur durch eine ACCEPT-Anweisung für das ENTRY herein (aktueller_tarif) ersetzt werden; und es muß dafür gesorgt werden, daß aktueller_tarif zur richtigen Zeit den richtigen Wert hat. Dieser Wert läßt sich mit Hilfe des TASKing-Attributs 'count ermitteln, das sich auf ein ENTRY bezieht und die Anzahl der anstehenden ENTRY-Aufrufe für dieses ENTRY liefert.

Wir haben in das selektive Warten noch eine DELAY-Alternative eingebaut:

```
OR
     DELAY 5.0;
```

Wenn nämlich weder aus- noch einfahrwillige Autos da sind, bekommt aktueller_tarif den Wert tarife'last. Kommen danach nur einfahrwillige Autos anderer Tarife an, wird ein selektives Warten ohne DELAY-Alternative sie nicht hereinlassen, sondern unbegrenzt auf Autos des höchsten Tarifs warten.

Man kann statt der DELAY-Alternative auch einen ELSE-Teil

```
ELSE
     NULL;
```

einbauen. Dann wird TASK BODY parkhaus in Zeiten, in denen weder aus- noch einfahrwillige Autos da sind, immer wieder das selektive Warten ausführen („busy wait"). Wenn diese TASK auf einem eigenen Prozessor läuft, der ohnehin keine andere Aufgabe hat, dann schadet dies nichts. Anderenfalls aber hindert TASK parkhaus in solchen Fällen den Prozessor unnötig daran, andere Arbeiten zu tun, sei es die Ausführung anderer

```
------------------------------------------------------------|
SEPARATE (drei_tarife_parkhaus_und_autos)
TASK BODY parkhaus IS

   SUBTYPE kapazitaet IS natural RANGE 0 .. 20;
   autos_im_parkhaus : kapazitaet := 0;
   aktueller_tarif   : tarife;

   PROCEDURE kassieren
      (einfahrt,
       ausfahrt : IN calendar.time;
       tarif    : IN tarife) IS SEPARATE;
BEGIN
   LOOP
      aktueller_tarif := tarife'last;
      FOR t IN REVERSE tarife LOOP
         IF herein (t)'count > 0 THEN
            aktueller_tarif := t;
            EXIT;
         END IF;
      END LOOP;
      SELECT
         WHEN autos_im_parkhaus + 1 IN kapazitaet =>
            ACCEPT herein (aktueller_tarif)
               (parkschein : OUT parkscheine) DO
               parkschein :=
                  (zeit => calendar.clock,
                   tarif => aktueller_tarif);
            END herein;
            autos_im_parkhaus := autos_im_parkhaus + 1;
      OR
         ACCEPT raus (parkschein : IN parkscheine) DO
            kassieren (einfahrt => parkschein.zeit,
                       ausfahrt => calendar.clock,
                       tarif => parkschein.tarif);
         END raus;
         autos_im_parkhaus := autos_im_parkhaus - 1;
      OR
         DELAY 5.0;
      END SELECT;
   END LOOP;
END parkhaus;
------------------------------------------------------------|
```

TASKs im Ada-Programm oder die Ausführung anderer Betriebssystemprozesse außerhalb des Ada-Programms.

Ohne ENTRY-Familie wäre TASK BODY parkhaus nicht nur umfangreicher und weniger transparent geworden, sondern auch weniger gut wartbar: Bei einer Änderung der Anzahl der Tarife hätte man auch den Anweisungsteil des Rumpfes ändern müssen; bei dieser Lösung muß man nur die Vereinbarung des Typs **tarife** ändern.

```
----------------------------------------------------------------|
SEPARATE (drei_tarife_parkhaus_und_autos)

TASK BODY auto IS
   hosentasche : parkscheine;

   PROCEDURE einkaufen_gehen IS SEPARATE;

   PROCEDURE nach_hause_fahren IS SEPARATE;

   FUNCTION  mein_tarif RETURN tarife IS SEPARATE;
BEGIN
   LOOP
      parkhaus.herein (mein_tarif)
                           (parkschein => hosentasche);
      einkaufen_gehen;
      parkhaus.raus (parkschein => hosentasche);
      nach_hause_fahren;
   END LOOP;
END auto;
----------------------------------------------------------------|
```

14.8 Attribute für TASKing

Für jede TASK gibt es Attribute, die den Zustand der TASK anzeigen:
task_name'callable
     hat Typ **boolean** und ergibt **false**, wenn **task_name** fertig ausgeführt oder beendet (siehe §14.6) oder anomal ist (der letztgenannte Zustand tritt ein, wenn eine ABORT-Anweisung, die **task_name** beenden soll, im Gange ist, aber **task_name** dadurch noch nicht beendet ist; siehe [Ada, §9.10]). Das sind genau die Fälle, in denen **task_name**

nicht mit einem ENTRY-Aufruf aufgerufen werden kann. Anderenfalls hat task_name'callable den Wert true.

task_name'terminated

hat den Wert true genau dann, wenn task_name beendet ist (siehe §14.6), anderenfalls den Wert false.

Diese beiden Attribute können vom Hauptprogramm oder von anderen TASKs benutzt werden, sofern sie task_name sehen können.

Für jedes ENTRY in jeder TASK gibt es ein Attribut, das innerhalb der TASK benutzt werden kann:

entry_name'count

hat den Typ *universal_integer* (siehe §7.8) und ergibt die Anzahl der ENTRY-Aufrufe, die schon für ENTRY entry_name anstehen (befristete ENTRY-Aufrufe, die ja noch storniert werden können, zählen auch mit).

14.9 Ausnahmen in TASKs

Man wird als Programmierer wahrscheinlich nicht absichtlich eine Ausnahme in einer TASK auslösen lassen, ohne sie dort zu behandeln. Bevor man aber ein Programm mit TASKs testet, sollte man wissen, was in diesem Fall geschieht. Wir geben hier einen kurzen Überblick; die genaue Beschreibung steht in [Ada, §§9.3, 9.4, 11.4, 11.5].

In den allermeisten Fällen, in denen eine Ausnahme in einer TASK ausgelöst und dort nicht behandelt wird, legt [Ada] fest, daß die TASK sich einfach beendet, ohne daß irgendwo im Programm eine Ausnahme ausgelöst wird, nach der Devise „the show must go on". Wenn ein Programm mit TASKs sich nicht so verhält wie erwartet, sollte man deswegen im Interesse der Diagnostik dafür sorgen, daß jede in einer TASK ausgelöste Ausnahme sofort gemeldet wird — es kann sein, daß eine TASK sich wegen einer unbehandelten Ausnahme beendet hat. Oft kann man dies mit Hilfe eines Testwerkzeugs (eventuell erst nach entsprechender Einstellung desselben) erreichen, ohne das Programm zu ändern. Wenn dies nicht möglich ist, muß man eben zum Testen in jede TASK einen Ausnahmebehandler einbauen, der einfach eine entsprechende Meldung ausgibt.

Die schon erwähnte Ausnahme tasking_error wird bei der erzeugenden TASK ausgelöst, wenn bei der Aktivierung einer TASK eine unbehandelte Ausnahme ausgelöst wird, und bei der aufrufenden TASK, wenn ein Rendezvous nicht zustandekommt oder nicht ordnungsgemäß beendet werden kann, weil sich die aufgerufene TASK schon beendet hat oder (wahrscheinlich wegen einer Ausnahme) während des Rendezvous beendet.

14.10 Gemeinsam benutzte Variablen

Das Mittel der Wahl zur Kommunikation zwischen TASKs ist das Rendezvous. Man sollte grundsätzlich Rendezvous zur Kommunikation zwischen TASKs verwenden; dadurch gestaltet man die Kommunikation transparent und sicher.

Bei zeitkritischen Programmen kann man in Ausnahmefällen, falls man dadurch eine entscheidende Beschleunigung erreichen kann, stattdessen über *gemeinsam benutzte Variablen (shared variable)* einen Teil der Kommunikation abwickeln: Auf eine in mehreren TASKs sichtbare Variable wird in mehreren TASKs zugegriffen.

Diesen Abschnitt sollten Sie auch dann lesen, wenn Sie nicht mit gemeinsam benutzten Variablen arbeiten wollen; manchmal wird nämlich versehentlich von verschiedenen TASKs aus auf die gleiche Variable zugegriffen, und dies kann zu Programmfehlern führen.

Der Zugriff auf die gleiche Variable aus verschiedenen TASKs birgt drei Gefahren:

1. Der Compiler kann aus Optimierungsgründen die TASKs zeitweise mit lokalen Kopien der Variablen arbeiten lassen, also jede TASK mit eigener Kopie; dies kann falsche Ergebnisse zur Folge haben;
2. wenn der Vorgang des Lesens/Veränderns der Variablen so implementiert ist, daß während dieses Vorgangs eine andere TASK auf die Variable zugreifen kann, kann ein inkonsistenter Wert entstehen; und
3. wenn mehrere TASKs unsynchronisiert die Variable lesen und dann verändern, kann dies falsche Ergebnisse zur Folge haben.

Wir zeigen diese Gefahren in konkreten Beispielen:

1. Bei der Anweisungsfolge

```
LOOP

    -- Anweisungen, die x nicht verändern können

    y := x;

    -- Anweisungen, die x nicht verändern können

END LOOP;
```

wird ein gut optimierender Compiler, dem nicht mitgeteilt wird, daß x eine gemeinsam benutzte Variable ist, möglicherweise am Anfang der

Ausführung der LOOP-Anweisung eine lokale Kopie von x anfertigen und während der ganzen Ausführung der LOOP-Anweisung mit dieser Kopie arbeiten. Je aufwendiger der Zugriff auf x ist (zum Beispiel wenn x im Speicher eines anderen Prozessors steht), desto gewinnbringender ist diese Optimierung. Wenn allerdings x während der Ausführung der LOOP-Anweisung von einer anderen TASK verändert wird, verursacht diese Optimierung falsche Ergebnisse.

2. Wenn während eines Lesezugriffs
$$y := x;$$
der Wert von x durch eine andere TASK verändert wird, kann y nachher einen Teil des alten und einen Teil des neuen Wertes enthalten.

3. Wenn die boolesche Variable geraet_frei von mehreren unsynchronisierten TASKs etwa wie folgt benutzt wird:

```
IF geraet_frei THEN
   geraet_frei := false;

   -- Geraet benutzen;

   geraet_frei := true;
END IF;
```

dann können (wenn geraet_frei den Wert true hat) unter unglücklichen Umständen mehrere TASKs die erste Zeile dieser Anweisungsfolge ausführen, bevor eine davon die zweite ausführt.

Alle diese Gefahren lauern auf denjenigen, der versehentlich verschiedene TASKs auf die gleiche Variable zugreifen läßt. Alle diesen Situationen beinhalten „erroneous execution", das heißt, der Programmierer kann nicht damit rechnen, vom Ada-System auf diesen Fehler hingewiesen zu werden.

Bei der Benutzung von Paketen in Programmen mit TASKs muß man sich dieser Gefahr bewußt sein: Enthält der Paketrumpf eine Variable, auf die Unterprogramme des Pakets zugreifen, dann hat der Aufruf dieser Unterprogramme aus verschiedenen TASKs zur Folge, daß verschiedene TASKs (über die Unterprogrammaufrufe) auf die Variable zugreifen.

Wenn man absichtlich verschiedene TASKs auf die gleiche Variable zugreifen läßt, dann muß man dies dem Compiler mitteilen:

```
PRAGMA shared (name_der_variablen);
```

Dadurch entgeht man den ersten beiden Gefahren. Die erste vermeidet der Compiler dadurch, daß er die auf die Variable zugreifenden TASKs nicht mit lokalen Kopien arbeiten läßt; und der zweiten beugt er dadurch vor, daß er die Benutzung von PRAGMA shared auf Objekte beschränkt, für die sowohl das direkte Lesen als auch das direkte Aktualisieren als unteilbare Operation implementiert ist. Allerdings äußert sich die Ablehnung der Benutzung des PRAGMAs für ein ungeeignetes Objekt nur in einer Warnung des Compilers (siehe Kapitel 16), nicht in der Ablehnung der Übersetzungseinheit. Man muß also unbedingt auf eventuelle Warnungen des Compilers achten, wenn man PRAGMA shared benutzt.

Gegen die dritte Gefahr hilft allerdings auch PRAGMA shared nicht: Wenn verschiedene TASKs auf die gleiche Variable zugreifen, sorgt das Ada-System grundsätzlich nie für die Synchronisation dieser Zugriffe. Wenn also die Programmlogik eine Synchronisation der Zugriffe verlangt, muß der Programmierer selber, zum Beispiel durch Rendezvous, dafür sorgen.

Ada 9X bietet über den neuen Konstrukt „protected unit" (s. Kapitel 18) die Möglichkeit, synchronisiert und dennoch effizient aus verschiedenen TASKs auf die gleiche(n) Variable(n) zuzugreifen.

14.11 Ein-/Ausgabe in Programmen mit TASKs

Auch bei der Ein-/Ausgabe in einem Programm mit TASKs muß der Programmierer für die Synchronisation sorgen; sonst muß er damit rechnen, daß möglicherweise (abhängig von der Ada-Implementierung) Ein-/Ausgabe verschiedener TASKs beliebig durcheinandergerät. Die einfachste und am wenigsten fehleranfällige Art der Synchronisation besteht darin, für jede Ein-/Ausgabedatei (zum Beispiel für die Standard-Ausgabedatei text_io.standard_output) dafür zu sorgen, daß die Ein-/Ausgabe für diese Datei nur von einer TASK ausgeführt wird. TASKs, die in diese Datei schreiben oder aus ihr lesen wollen, geben dann über Rendezvous entsprechende Aufträge an diese TASK.

15 Systemnahes Programmieren

Bisher wurde immer wieder betont, daß Ada-Programme im Interesse der Portierbarkeit Einzelheiten über die maschineninterne Darstellung des Programms verbergen. Dies ist natürlich in Teilen des Programms, in denen es eng mit der Maschine oder mit dem Betriebssystem zusammenarbeiten muß, nicht immer möglich. Ada war aber von Anfang an auch als Programmiersprache für Betriebssysteme und rechnerintegrierte Anwendungen konzipiert; deswegen enthält Ada Konstrukte zur maschinen- bzw. systemnahen Programmierung. Auch diese Konstrukte sind aber so geschaffen, daß die maschinen- bzw. systemnahen Teile eines solchen Ada-Programms auf wenige Übersetzungseinheiten beschränkt bleiben können und große Teile des Programms in völlig portablem Ada geschrieben werden können.

Viele solche Ada-Anwendungen laufen auf einem nackten Rechner; dann kann man wirklich von „maschinennahem Programmieren" sprechen. Viele laufen aber auf einem Rechner unter der Regie eines Betriebssystems; dann kann das Ada-Programm nicht immer direkt mit der Maschine verkehren — zum Beispiel bei der Behandlung von Hardware-Unterbrechungen, die meist vom Betriebssystem behandelt und allenfalls als Software-Unterbrechungen an das Programm weitergegeben werden. Deswegen sprechen wir in diesem Kapitel vom „systemnahen Programmieren"; bei Ada-Programmen, die auf einem nackten Rechner laufen, ist mit „System" der nackte Rechner gemeint.

Die Konstrukte zum systemnahen Programmieren umfassen:

1. Mittel, die Zugriffe auf implementierungsabhängige Informationen ermöglichen, die teils vom Ada-System, teils schon vom Rechner abhängen;
2. Konstrukte zur Festlegung von Einzelheiten über die maschineninterne Darstellung von Teilen des Programms;
3. Konstrukte zur Einbindung von Programmteilen, die nicht in Ada geschrieben sind;

4. Mittel zur Freigabe von Speicherplatz; und

5. Mittel zum Unterbinden von Prüfungen des Ada-Systems, die der Programmsicherheit und dem Auffinden von Fehlern dienen.

Es muß noch gesagt werden, daß die in diesem Kapitel beschriebenen Konstrukte größtenteils de facto nicht zum zwingend vorgeschriebenen Sprachstandard gehören. Bei manchen steht schon in der Beschreibung des Konstrukts in [Ada], daß nicht jede Ada-Implementierung das Konstrukt unterstützen muß. Aber auch Konstrukte, die in [Ada] zwingend vorgeschrieben sind, werden größtenteils in den zur Zeit gültigen Validierungstests nicht überprüft. Eben weil diese Konstrukte stark systemabhängige Eigenschaften ausdrücken, wäre es auch bei vielen Konstrukten nicht möglich, Tests zu schreiben, die ohne Änderung in allen Ada-Implementierungen verwendet werden könnten. Mittlerweile werden allerdings die meisten in diesem Kapitel beschriebenen Konstrukte in den meisten Implementierungen unterstützt. Wenn man aber gerade solche Konstrukte braucht, sollte man sich vor dem Kauf eines Ada-Systems erkundigen, welche dieser Konstrukte unterstützt werden.

15.1 Zugriffe auf systemabhängige Größen

15.1.1 PACKAGE system

Jedes Ada-System hat ein vordefiniertes Paket, PACKAGE system, das systemabhängige Größen enthält. Die Größen, die PACKAGE system enthalten muß, sind in [Ada, §13.7] beschrieben. Die wichtigsten sind:

TYPE address
    der zur Darstellung von Speicheradressen dient;
SUBTYPE priority
    der Bereich der zulässigen TASK-Prioritäten zur Verwendung in PRAGMA priority (siehe §14.3, 14.7.4);
min_int
    die kleinste (negative) Zahl, die noch in irgendeinem vordefinierten ganzzahligen Typ liegt;
max_int
    die größte (positive) Zahl, die noch in irgendeinem vordefinierten ganzzahligen Typ liegt;

15.1 Zugriffe auf systemabhängige Größen

```
-----------------------------------------------------------|
WITH system, text_io;

PROCEDURE anwendung_von_package_system IS
   adresse                         : system.address;

   TYPE groesster_ganzzahliger_typ IS RANGE system.min_int
     .. system.max_int;

   TYPE groesster_gleitpunkt_typ IS DIGITS system.max_digits
     ;

   hoechste_prioritaet_einer_task : CONSTANT system.priority
                                  := system.priority'last;
BEGIN
   text_io.put_line
      (groesster_ganzzahliger_typ'image (system.min_int) &
       groesster_ganzzahliger_typ'image (system.max_int));
END anwendung_von_package_system;
-----------------------------------------------------------|
```

max_digits
: die größte Zahl, die in einer Vereinbarung eines Gleitpunkttyps als Anzahl der dargestellten Dezimalstellen (also hinter DIGITS) angegeben werden darf;

max_mantissa
: die maximale Länge der binären Mantisse einer Modellzahl eines Festpunkttyps;

fine_delta
: das kleinste zulässige DELTA in einer Vereinbarung eines Festpunkttyps mit Bereichseinschränkung -1.0 .. 1.0;

tick
: Periode der Systemuhr in Sekunden.

Das Beispiel in diesem Unterabschnitt zeigt unter anderem, wie man einen ganzzahligen Typ mit maximaler Spannweite und einen Gleitpunkttyp mit größtmöglicher Genauigkeit vereinbaren, und wie man die Größen system.max_int und system.min_int ausdrucken lassen kann.

PACKAGE system kann auch weitere Größen enthalten. Zum Beispiel ist die Beschaffenheit des Typs system.address vollkommen implementierungsabhängig. In vielen Ada-Systemen ist dieser Typ als privater Typ vereinbart; dann enthält PACKAGE system auch die Mittel zum Umgang mit diesem Typ, die dem Ada-Programmierer zur Verfügung stehen sollen — zum Beispiel Funktionen, die hexadezimale Adressen in Werte des Typs `system.address` umwandeln und umgekehrt.

15.1.2 Darstellungsattribute

Spezielle Attribute, die bisher nicht besprochen wurden, geben Auskunft über die maschineninterne Darstellung von Größen im Ada-Programm. Diese Attribute sind in [Ada,§§13.7.2, 13.7.3] beschrieben; das Beispiel in diesem Unterabschnitt verwendet einige dieser Attribute, die wir hier kurz besprechen:

Das Attribut `'address` ergibt die Anfangsadresse einer Größe, das Attribut `'size` bezogen auf ein Objekt die Anzahl von Bits, die zur Darstellung des Objekts vorgesehen sind.

Bei RECORD-Objekten ergibt das Attribut `'position` bezogen auf eine Komponente des Objekts den Abstand, gemessen in ganzen adressierbaren Einheiten (= Bytes auf fast jedem Rechner), zwischen Objektanfang und der adressierbaren Einheit, die den Anfang der Komponenten enthält. `'first` und `'last` ergeben die Abstände in Bits zwischen dem Beginn dieser adressierbaren Einheit und dem ersten bzw. letzten Bit der Komponenten.

Das Attribut `'storage_size` ist für ACCESS- und TASK-Typen vorgesehen. Bei einem ACCESS-Typ ergibt es die Anzahl adressierbarer Einheiten, die für die Zielobjekte des Typs reserviert sind; bei einem TASK-Typ ergibt es die Anzahl adressierbarer Einheiten, die für jede Aktivierung einer TASK dieses Typs reserviert werden.

Für jeden Gleitpunkttyp kann man über verschiedene Attribute Auskunft über die interne Darstellung des Typs bekommen: `'machine_radix` ergibt die verwendete Radix (normalerweise 2), `'machine_mantissa` die Länge der Mantisse in der internen (normalerweise binären) Darstellung, und `'machine_emax` und `machine_emin` den größten (positiven) bzw. kleinsten (negativen) zulässigen Wert des Exponenten.

Die Darstellungsattribute braucht man vor allem dann, wenn Werte aus einem Ada-Programm in ihrem internen Format außerhalb des Ada-Programms verarbeitet werden sollen — zum Beispiel, wenn sie mit `direct_io` oder `sequential_io` ausgegeben und von einem anderen Programm eingelesen werden sollen.

15.1 Zugriffe auf systemabhängige Größen

```
----------------------------------------------------------------|
WITH system;

PACKAGE darstellungsattribute IS

   TYPE record_typ IS
      RECORD
         erste  : boolean;
         zweite : integer;
         dritte : boolean;
      END RECORD;

   record_objekt                    : record_typ;
   adresse_des_record_objekts       : system.address :=
                                        record_objekt'address;
   groesse_in_bits                  : integer :=
                                        record_objekt'size;
   offset_in_bytes                  : integer :=
      record_objekt.dritte'position;
   offset_in_bits_ab_byte_anfang    : integer :=
      record_objekt.dritte'first_bit;

   TYPE access_typ IS ACCESS record_typ;

   fuer_zielobjekte_reservierter_platz : integer :=
      access_typ'storage_size;

   TASK TYPE task_typ;

   fuer_tasks_dieses_typs_reservierter_platz : integer :=
      task_typ'storage_size;
   float_radix                      : integer :=
                                        float'machine_radix;
   float_mantisse                   : integer :=
      float'machine_mantissa;
   kleinster_float_exponent         : integer :=
                                        float'machine_emax;
   groesster_float_exponent         : integer :=
                                        float'machine_emin;

END darstellungsattribute;
----------------------------------------------------------------|
```

15.2 Festlegen der internen Darstellung

Im letzten Abschnitt ging es um Informationen über die interne Darstellung, die das Ada-System gewählt hat; in diesem Abschnitt geht es um die Möglichkeit, im Ada-Programm die interne Darstellung festzulegen. Dies kann notwendig sein, wenn das Ada-Programm Daten verarbeitet, die außerhalb des Programms entstehen oder weiterverarbeitet werden sollen, zum Beispiel

- den Inhalt einer bestimmten Hardware-Adresse,
- die Ein- oder Ausgabe einer Betriebssystemroutine, oder
- die Ein- oder Ausgabe eines anderen Programms.

Zunächst zählen wir die Möglichkeiten auf, die interne Darstellung zu beeinflussen:

- *Längenklauseln* (siehe §15.2.1) legen fest, wie viel Speicherplatz intern für einen bestimmten Zweck verwendet werden soll;
- *PRAGMA pack* weist den Compiler an, einen zusammengesetzten Typ möglichst platzsparend darzustellen (siehe §15.2.3);
- *Darstellungsklauseln für Aufzählungs- und RECORD-Typen* (siehe §15.2.2) legen die interne Darstellung bestimmter Aufzählungs- und RECORD-Typen fest; und
- *Adreßklauseln* (siehe §15.2.5) legen die Speicheradressen von Ada-Größen fest.
- *Unterbrechungs*-ENTRYs (siehe §15.2.6), eine spezielle Form der Adreßklauseln, verknüpfen eine Hard- oder Software-Unterbrechung so mit einem ENTRY, daß jedes Auslösen der Unterbrechung wie ein ENTRY-Aufruf auf das ENTRY wirkt.

Eine Typdarstellung, die mit Darstellungsklauseln festgelegt wird, kann wesentlich ineffizienter sein als die Typdarstellung, die der Compiler normalerweise gewählt hätte. Im §15.2.4 besprechen wir die Lösung dieses Problems.

Wenn ein Ada-Compiler eine Darstellungsklausel nicht annehmen kann — sei es wegen einer Einschränkung der Implementierung oder weil die Klausel Unmögliches verlangt — muß er die Übersetzungseinheit ablehnen.

15.2.1 Längenklauseln

```
----------------------------------------------------------------|
WITH system;

PACKAGE laengenklauseln IS

   TYPE channel_typ IS RANGE 0 .. 2 ** 16 - 1;

   FOR channel_typ'size USE 16;
                   -- Objekte vom Typ channel_typ werden
                   -- intern mit genau 16 Bit dargestellt

   TYPE integer_zeiger_typ IS ACCESS integer;

   FOR integer_zeiger_typ'storage_size USE
      2048 * integer'size/system.storage_unit; -- Platz fuer
                                   -- 2048 Zielobjekte
                                   -- wird reserviert

   TASK TYPE task_typ;

   FOR task_typ'storage_size USE 2048;
                   -- 2 KB werden fuer jede Aktivierung
                   -- einer Task von diesem Typ reserviert

   TYPE deutschmark_typ IS DELTA 0.01 RANGE 0.0 .. 10_000.0;

   FOR deutschmark_typ'small USE 0.01;
                             -- intern werden genau die
                             -- Vielfachen von 0.01 dargestellt

END laengenklauseln;
----------------------------------------------------------------|
```

Längenklauseln bestimmen, wieviel Speicherplatz im Zusammenhang mit einem Typ verwendet wird. Jede Längenklausel bestimmt den Wert eines Darstellungsattributs

- 'size (bei einem beliebigen Typ)
- 'storage_size (bei einem ACCESS- oder TASK-Typ), oder
- 'small (bei einem Festpunkttyp).

Bei der Vereinbarung

```
TYPE channel_typ IS RANGE 0 .. 2 ** 16 - 1;
```

würde der Compiler normalerweise die gleiche interne Darstellung wählen wie für den kleinsten genügend großen vordefinierten Typ. Wie viel Platz dieser belegt, hängt von der Implementierung ab. In den meisten Implementierungen würden die Werte dieses benutzerdefinierten Typs vier Byte belegen, obwohl zwei Byte auch ausreichen. Die Längenklausel

```
FOR channel_typ'size USE 16;
```

legt fest, daß `channel_typ` intern mit genau 16 Bit dargestellt wird. (Laut [Ada, §13.2(a)] legt diese Längenklausel zwar nur fest, daß die interne Darstellung höchstens 16 Bit belegt. Inzwischen ist aber beschlossen worden, daß eine Längenklausel

```
FOR t'size USE k;
```

für einen ganzzahligen, Aufzählungs- oder Fixpunkt-Typ `t` zur Folge haben muß, daß `t'size` = k; dies wird auch mittlerweile in den Validierungstests geprüft.) In diesem Beispiel ist eine Darstellung mit weniger als 16 Bit ohnehin nicht möglich.

Die Längenklausel

```
FOR integer_zeiger_typ'storage_size USE
    2048 * integer'size/system.storage_unit;
```

legt fest, daß Platz für 2048 Zielobjekte des ACCESS-Typs `integer_zeiger_typ` reserviert wird. `integer'size` ist die Anzahl Bits, die ein Zielobjekt belegt, `system.storage_unit` die Anzahl Bits in einer adressierbaren Speichereinheit (also normalerweise 8).

```
FOR task_typ'storage_size USE 2048;
```

legt fest, daß für jede Aktivierung einer Task des Typs `task_typ` 2 Kilo-Byte reserviert werden. Bei den beiden letzten Längenklauseln legt [Ada] nicht fest, was geschieht, wenn dieser reservierte Platz nicht ausreicht; je nach Implementierung kann `storage_error` ausgelöst oder aber automatisch mehr Speicherplatz angefordert werden.

Die letzte Art von Längenklauseln wirkt sich nur nebenbei auf den Speicherverbrauch aus. Sie dient dazu, bei Festpunkttypen `'small` festzulegen. Bei der Vereinbarung

```
TYPE deutschmark_typ IS DELTA 0.01 RANGE 0.0 .. 10_000.0;
```

wäre normalerweise `deutschmark_typ'small` die größte Zweierpotenz, die nicht größer als 0.01 ist, also 1/128. Bei kommerziellen Berechnungen müssen aber die Pfennige genau dargestellt werden; dies erreicht man mit einer Längenklausel

```
FOR deutschmark_typ'small USE 0.01;
```
die den Wert 0.01 für deutschmark_typ'small festlegt.

15.2.2 Darstellungsklauseln

Eine *Aufzählungsdarstellungsklausel* (*enumeration representation clause*) legt fest, durch welche binären Werte die einzelnen Werte eines Aufzählungstyps intern dargestellt werden. Zum Beispiel legt

```
FOR function_code_typ USE
    (read => 55 + 64  , write => 48 + 256);
```

fest, daß beim Aufzählungstyp function_code_typ die Werte read und write intern mit binär 119 bzw. 304 dargestellt werden. Die binären Werte müssen mit wachsenden Aufzählungswerten steigen; es wäre also in diesem Beispiel nicht zulässig, read den Wert 304 und write den Wert 119 zuzuordnen. Bei der Vereinbarung eines Aufzählungstyps, der mit einer solchen Darstellungsklausel versehen sein soll, muß man also die Aufzählungswerte gleich in der entsprechenden Reihenfolge hinschreiben.

Mit einer *RECORD-Darstellungsklausel* (*record representation clause*) kann man festlegen, wie die Komponenten innerhalb der Objekte eines RECORD-Typs plaziert werden und wie die Objekte ausgerichtet werden. Zum Beispiel legt die Darstellungsklausel

```
FOR io_status_block_typ USE
    RECORD AT MOD 4;

        condition_value AT 0 RANGE 0 .. 15;

        transfer_count  AT 0 RANGE 16 .. 31;

        dev_spec_info   AT 4 RANGE 0 .. 31;

    END RECORD;
```

fest, daß alle Objekte des Typs io_status_block_typ auf 4-Byte-Grenze beginnen müssen, und daß die Komponente condition_value die ersten beiden Bytes (also Bits 0 .. 15 beginnend mit Byte 0), die Komponente transfer_count die nächsten beiden Bytes und die Komponente dev_spec_info die nächsten vier Bytes belegt.

```
----------------------------------------------------------------|
PACKAGE typen IS

   TYPE function_code_typ IS (read, write);

   FOR function_code_typ USE
      (read => 55 + 64  , write => 48 + 256);

                  -- intern wird der Wert read mit binaer 119,
                  -- der Wert write mit binaer 304 dargestellt

   TYPE word_typ IS RANGE - 2 ** 15 .. 2 ** 15 - 1;

   TYPE longword_typ IS RANGE - 2 ** 31 .. 2 ** 31 - 1;

   TYPE io_status_block_typ IS
      RECORD
         condition_value : word_typ;
         transfer_count  : word_typ;
         dev_spec_info   : longword_typ;
      END RECORD;

   FOR io_status_block_typ USE
      RECORD AT MOD 4;   -- jedes Objekt dieses Typs wird auf
                         -- 4-Byte-Grenze ausgerichtet

         condition_value AT 0 RANGE 0 .. 15;

                  -- diese Komponente belegt Bits 0 bis 15

         transfer_count   AT 0 RANGE 16 .. 31;

                  -- diese Komponente belegt Bits 16 bis 31

         dev_spec_info    AT 4 RANGE 0 .. 31;

                  -- diese Komponente belegt Bits 32 bis 63

      END RECORD;

END typen;
----------------------------------------------------------------|
```

15.2.3 PRAGMA pack

```
-----------------------------------------------------------------|
PACKAGE platzsparen IS

   TYPE bit_array IS ARRAY (1 .. 1000) OF boolean;
   PRAGMA pack (bit_array);

END platzsparen;
-----------------------------------------------------------------|
```

Mit Darstellungsklauseln kann man die interne Darstellung eines Typs genau bestimmen. Bei großen zusammengesetzten Typen möchte man aber manchmal nur dafür sorgen, daß der Typ möglichst platzsparend dargestellt wird. Dies erreicht man mit PRAGMA pack: In diesem Beispiel belegt jeder Wert des Typs bit_array nur 1000 Bit, ohne PRAGMA pack wären es sehr wahrscheinlich mindestens 8000.

15.2.4 Darstellungsklauseln und Effizienz

Wenn man mit Darstellungsklausel(n) oder mit PRAGMA pack den Compiler zwingt, einen Typ auf eine bestimmte Weise darzustellen und im Programm mit diesem Typ viel arbeitet, dann kann dies spürbare negative Auswirkungen auf die Effizienz des Programms haben.

In solchen Fällen ist es aber meist nur an wenigen Stellen im Programm nötig, den Typ auf diese Weise darzustellen. Dann kann man den Effizienzverlust vermeiden, wenn man, wie im Beispiel darstellungsaenderung auf der nächsten Seite, zwei Typen vereinbart: Einen Typ ohne Darstellungsklauseln (wie hier io_status_block_typ) und einen abgeleiteten Typ des ersten Typs (wie hier normierter_io_status_block_typ), der mit einer Darstellungsklausel versehen ist. Nun benutzt man nur an den Stellen, an denen es nötig ist, den abgeleiteten Typ, und an allen anderen Stellen den Typ ohne Darstellungsklauseln; den Übergang von einem Typ zum anderen bewältigt man mit expliziten Typkonvertierungen (siehe §7.9).

```
----------------------------------------------------------------|
PACKAGE darstellungsaenderung IS

   TYPE word_typ IS RANGE - 2 ** 15 .. 2 ** 15 - 1;

   TYPE longword_typ IS RANGE - 2 ** 31 .. 2 ** 31 - 1;

   TYPE io_status_block_typ IS
     RECORD
        condition_value : word_typ;
        transfer_count  : word_typ;
        dev_spec_info   : longword_typ;
     END RECORD;

   TYPE normierter_io_status_block_typ IS NEW
     io_status_block_typ;

   FOR normierter_io_status_block_typ USE
     RECORD AT MOD 4;
        condition_value AT 0 RANGE 0 .. 15;
        transfer_count  AT 0 RANGE 16 .. 31;
        dev_spec_info   AT 4 RANGE 0 .. 31;
     END RECORD;

END darstellungsaenderung;
----------------------------------------------------------------|
```

15.2.5 Adreßklauseln

Eine *Adreßklausel* legt die Speicheradresse einer Ada-Größe fest. Adreßklauseln dienen dazu, Dinge, die unabhängig vom Ada-Programm existieren, also eigentlich außerhalb des Programms liegen, im Programm zugänglich zu machen. Adreßklauseln sind nicht dazu gedacht, verschiedene Ada-Objekte an die gleiche Adresse legen zu lassen und damit die strenge Typisierung zu umgehen. Dies mag manchmal nötig sein, das dafür vorgesehene Mittel ist aber nicht die Adreßklausel, sondern die ungeprüfte Typkonvertierung (siehe §15.5.2).

Schon die Adressen, die in Adreßklauseln dargestellt werden sollen, sind naturgemäß in höchstem Maße von der Umgebung des Ada-Programms abhängig. Die Syntax einer Adreßklausel ist zwar in [Ada] genau festgelegt:

15.2 Festlegen der internen Darstellung

```
WITH system;

FUNCTION  adresse_der_betriebssystem_variablen
  (name : IN string) RETURN system.address;

WITH system, adresse_der_betriebssystem_variablen;
PRAGMA elaborate (adresse_der_betriebssystem_variablen);

PACKAGE adressklausel_beispiel_1 IS
  fehler_nummer : integer;

  FOR fehler_nummer USE AT
    adresse_der_betriebssystem_variablen ("_errno");

END adressklausel_beispiel_1;
```

```
    FOR ada_groesse USE AT adresse;
```
wobei **adresse** den Typ **system.address** hat. Da dieser Typ aber implementierungsabhängig ist, ist es unmöglich, ein vollständiges Beispiel anzugeben, das in jedem Ada-System korrekt ist, geschweige denn sinnvoll. Wir zeigen deshalb Beispiele, in denen die Berechnung der Adresse in einen getrennt übersetzten Teil des Programms verlagert wird.

Das erste Beispiel kommt aus der UNIX-Welt: Wenn man in einem Ada-Programm Zugang zur Betriebssystemvariablen **_errno** braucht, kann man diese durch eine Variable im Ada-Programm darstellen und mit einer Adreßklausel dafür sorgen, daß mit dieser Ada-Variablen die Betriebssystemvariable **_errno** angesprochen wird.

```
WITH system, vme_bus;

PACKAGE adressklausel_beispiel_2 IS
  trigger : vme_bus.vme_kennung;

  FOR trigger USE AT vme_bus.trigger_adresse;

END adressklausel_beispiel_2;
```

Das zweite Beispiel stammt aus einem Programm für einen nackten Motorola Board mit einem VMEBus. Mit der Variablen **trigger** soll der Inhalt einer bestimmten Adresse im Bus angesprochen werden.

15.2.6 Behandlung von Unterbrechungen

Ein *Unterbrechungs*-ENTRY (*interrupt entry*), eine spezielle Art von Adreßklausel, verknüpft eine Unterbrechung so mit einem ENTRY, daß jedes Auslösen der Unterbrechung wie ein ENTRY-Aufruf auf das ENTRY wirkt. So können Unterbrechungen vollständig in Ada behandelt werden.

Unterbrechungs-ENTRYs haben die gleiche Syntax wie alle anderen Adreßklauseln:

    FOR entry_name USE AT adresse;

wobei **adresse** ein Ausdruck vom Typ **system.address** sein muß, die eine Unterbrechung identifiziert. Manche Unterbrechungen liefern Kontrollinformationen; diese werden über (IN-)Parameter des ENTRYs übergeben. Ein ENTRY, das durch eine solche Adreßklausel zum Unterbrechungs-ENTRY erklärt wird, darf nur IN-Parameter haben.

Es hängt von der Umgebung des Ada-Systems ab, welche Unterbrechungen überhaupt im Ada-Programm behandelt werden können. Wenn das Ada-Programm auf einem nackten Rechner abläuft, kann es Hardware-Unterbrechungen behandeln. Viele Betriebssysteme dagegen behandeln alle Hardware-Unterbrechungen selbst und geben sie allenfalls als Software-Unterbrechungen an die Programme weiter. In einem Ada-System, das Programme erzeugt, die unter der Regie eines solchen Betriebssystems ablaufen, kann das Ada-Programm nur Software-Unterbrechungen behandeln.

Auch die erlaubten Werte von **adresse** und ihre Semantik hängen stark vom Ada-System ab. Wie bei allen Adreßklauseln gibt es also auch für Unterbrechungs-ENTRYs kein vollständiges Beispiel, das auf allen Ada-Systemen korrekt ist.

Die durch ein Unterbrechungs-ENTRY ausgelösten ENTRY-Aufrufe werden vom Ada-System so behandelt, als würden sie von einer TASK ausgeführt, deren Priorität höher ist als die des Hauptprogramms und als die Prioritäten aller benutzerdefinierten TASKs. Ein Rendezvous zur Behandlung eines von einer Unterbrechung ausgelösten ENTRY-Aufrufs hat also bei der Zuteilung knapper Ressourcen Vorrang vor „normalen" Rendezvous und vor der Ausführung des Hauptprogramms und der benutzerdefinierten TASKs. Trotzdem sollte man TASKs, die ein Unterbrechungs-ENTRY enthalten, mit einer hohen Priorität versehen. Sonst kann es nämlich sein,

15.2 Festlegen der internen Darstellung

```
------------------------------------------------------------|
PACKAGE terminal IS

   PROCEDURE schreib (was   : IN string);

   -- schreibt die Zeichenkette "was" auf den Bildschirm

   PROCEDURE lies (ergebnis : OUT character);

   -- liest ein Zeichen von der Tastatur
   -- ohne Echo an den Bildschirm

END terminal;
------------------------------------------------------------|
```

daß sie mangels Ressourcen gar nicht an der entsprechenden ACCEPT-Anweisung stehen, wenn die Unterbrechung ausgelöst wird. Dann hilft die hohe Priorität des Rendezvous nichts, weil es noch gar nicht stattfinden kann.

Das Beispiel in diesem Abschnitt ist ein einfacher Terminal-Treiber in der Gestalt eines Pakets terminal. Das Paket bietet eine Schnittstelle zur nichtblockierenden Text-Ein/Ausgabe auf ein Eingabegerät (zum Beispiel Tastatur) und ein Ausgabegerät (zum Beispiel Bildschirm). (Ein/Ausgabe in einem Ada-Programm ist *nichtblockierend*, wenn bis zur Beendigung des Ein/Ausgabevorgangs allenfalls die TASK, die den Vorgang ausgelöst hat, stehenbleibt. Andere rechenbereite TASKs können also in dieser Zeit weiterrechnen.) Das Paket kann ohne Einschränkung von verschiedenen TASKs aus benutzt werden.

Bei einem Aufruf der

```
   PROCEDURE schreib (was   : IN string);
```

wird in jedem Fall die ganze als aktueller Parameter angegebene Zeichenkette zusammenhängend ausgegeben; Zeichenketten, die von Aufrufen aus verschiedenen TASKs stammen, werden also nicht vermischt. Aufrufe dieser Prozedur aus verschiedenen TASKs müssen allenfalls dann von diesen TASKs synchronisiert werden, wenn die darin angegebenen Zeichenketten in einer bestimmten Reihenfolge ausgegeben werden sollen.

Mit der

```
   PROCEDURE lies (ergebnis : OUT character);
```

wird nur ein Zeichen eingelesen. Aufrufe dieser Prozedur aus verschiedenen TASKs müssen von diesen TASKs synchronisiert werden, wenn bestimmte Zeichen von bestimmten TASKs gelesen werden sollen.

Damit die Ein/Ausgabe im `PACKAGE terminal` nichtblockierend ist, muß sie in (mindestens) einer eigenen `TASK` stattfinden, die in den Zeiten, in denen sie auf den Abschluß einer Ein- oder Ausgabe wartet, andere `TASK`s rechnen läßt. In diesem Beispiel gehen wir davon aus, daß das Ende einer solchen Wartezeit durch Auslösen einer Hardware-Unterbrechung signalisiert wird. Wenn die Ein/Ausgabe-`TASK` das Warten durch eine `ACCEPT`-Anweisung für ein entsprechendes Unterbrechungs-`ENTRY` implementiert, dann bewirkt dieses Warten nach der Ada-Semantik automatisch, daß in dieser Zeit die für die Ein/Ausgabe-`TASK` verwendeten Ressourcen für andere `TASK`s zur Verfügung stehen.

Die implementierungsabhängigen Zutaten des `PACKAGE BODY terminal` sind als Bibliotheksunterprogramme vereinbart:

- `PROCEDURE schreib_zeichen`
  schreibt ein Zeichen an das Eingabegerät, ohne die Rückmeldung des Geräts abzuwarten.

- `FUNCTION adresse_der_lese_unterbrechung` und
  `FUNCTION adresse_der_schreib_unterbrechung`
  liefern Werte des Typs `system.address`, die die Unterbrechungen identifizieren, die bei Ankunft eines Zeichens vom Eingabegerät bzw. bei erneuter Bereitschaft des Ausgabegeräts nach Ausgabe eines Zeichens ausgelöst werden. Die Implementierung setzt voraus, daß dies verschiedene Unterbrechungen sind. Bei einem Board, das für diese beiden Ereignisse die gleiche Unterbrechung auslöst, müßte `PACKAGE BODY terminal` also eine andere Struktur haben.

```
-----------------------------------------------------------|
PROCEDURE schreib_zeichen (c : IN character);
-----------------------------------------------------------|
WITH system;
FUNCTION   adresse_der_lese_unterbrechung
   RETURN system.address;
-----------------------------------------------------------|
WITH system;
FUNCTION   adresse_der_schreib_unterbrechung
   RETURN system.address;
-----------------------------------------------------------|
```

Da Ein- und Ausgabe generell asynchron zueinander ablaufen, werden im allgemeinen die beiden Arten von Unterbrechungen zeitlich unabhängig voneinander auftreten. Deshalb bietet es sich an, im `PACKAGE BODY terminal` zwei `TASK`s zu vereinbaren: `TASK eingabe` zur Abwicklung der Eingabe einschließlich der entsprechenden Unterbrechungen und

15.2 Festlegen der internen Darstellung 349

analog dazu TASK ausgabe für die Ausgabe. Um zu vermeiden, daß diese TASKs nur wegen einer ungünstigen Zuteilung von Ressourcen gar nicht an der entsprechenden ACCEPT-Anweisung stehen, wenn die relevante Unterbrechung ausgelöst wird, haben wir sie mit den beiden höchsten Prioritäten versehen.

Jede dieser TASKs muß ein Unterbrechungs-ENTRY für die entsprechende Unterbrechung enthalten. Die Unterbrechung, die bei Ankunft eines Eingabezeichens ausgelöst wird, übergibt das empfangene Zeichen. Deshalb hat das dazugehörige ENTRY einen IN-Parameter des Typs character. Die Vereinbarungen der beiden Unterbrechungs-ENTRYs sind also:

```
ENTRY eingabe_angekommen (was : IN character);

FOR eingabe_angekommen USE AT
    adresse_der_lese_unterbrechung;
```

und

```
ENTRY zeichen_ist_ausgegeben;

FOR zeichen_ist_ausgegeben USE AT
    adresse_der_schreib_unterbrechung;
```

Die Rümpfe der im PACKAGE terminal vereinbarten Prozeduren lies und schreib müssen mit den beiden TASKs kommunizieren können. Dazu hat jede der beiden TASKs außer dem Unterbrechungs-ENTRY noch ein ganz normales ENTRY:

```
ENTRY lies (was : OUT character);
```

in TASK eingabe und

```
ENTRY schreib (was : IN string);
```

in TASK ausgabe. Man hätte ENTRY schreib mit einem Parameter des Typs character statt eines Parameters des Typs string ausstatten können; dann hätte PROCEDURE schreib die zu schreibende Zeichenkette Zeichen für Zeichen übergeben müssen. Dann wäre aber nicht sichergestellt, daß alle Zeichen einer Ausführung der PROCEDURE schreib zusammenhängend übergeben werden: Zwischendurch könnte eine (durch einen Aufruf einer anderen TASK veranlaßte) andere Ausführung der Prozedur ebenfalls Zeichen übergeben.

Nun kann im TASK BODY eingabe_task die Annahme und Ausführung eines Auftrags zum Lesen eines Zeichens so geschehen:

```
WITH system, adresse_der_lese_unterbrechung,
   adresse_der_schreib_unterbrechung;

PACKAGE BODY terminal IS

   TASK eingabe_task IS
      PRAGMA priority (system.priority'last);

      ENTRY lies (was : OUT character);

      ENTRY eingabe_angekommen (was : IN character);

      FOR eingabe_angekommen USE AT
         adresse_der_lese_unterbrechung;
   END eingabe_task;

   TASK ausgabe_task IS
      PRAGMA priority (system.priority'last - 1);

      ENTRY schreib (was : IN string);

      ENTRY zeichen_ist_ausgegeben;

      FOR zeichen_ist_ausgegeben USE AT
         adresse_der_schreib_unterbrechung;
   END ausgabe_task;

   TASK BODY eingabe_task IS SEPARATE;

   TASK BODY ausgabe_task IS SEPARATE;

   PROCEDURE schreib (was : IN string) IS
   BEGIN
      ausgabe_task.schreib (was);
   END schreib;

   PROCEDURE lies (ergebnis : OUT character) IS
   BEGIN
      eingabe_task.lies (ergebnis);
   END lies;
END terminal;
```

15.2 Festlegen der internen Darstellung

```
ACCEPT lies (was : OUT character) DO
   ACCEPT eingabe_angekommen
      (was : IN character) DO
      lies.was := eingabe_angekommen.was;
   END eingabe_angekommen;

END lies;
```

Die Annahme und Ausführung eines Auftrags zum Schreiben einer Zeichenkette kann im TASK BODY ausgabe_task so geschehen:

```
ACCEPT schreib (was : IN string) DO
   FOR index IN was'range LOOP
      schreib_zeichen (was (index));
      ACCEPT zeichen_ist_ausgegeben;

   END LOOP;
END schreib;
```

Die Einbettung der ACCEPT-Anweisungen in je ein selektives Warten mit TERMINATE-Alternative stellt sicher, daß die beiden TASKs im PACKAGE BODY terminal sich beenden, wenn das Hauptprogramm und alle anderen TASKs im Ada-Programm fertig ausgeführt sind (siehe §14.6).

PACKAGE terminal enthält weder in der Paketvereinbarung noch im Paketrumpf lokale Variablen; die Benutzung des Pakets durch mehrere TASKs kann also nicht zum Zugriff auf die gleiche Variable durch verschiedene TASKs führen (siehe §14.10).

Dies ist eine sehr einfache Implementierung des PACKAGE BODY terminal; sie enthält zum Beispiel keine Vorkehrungen zur Pufferung von Eingabezeichen. Ob und in welchem Maße das Ada-System ENTRY-Aufrufe von Unterbrechungen in die Warteschlange der ENTRY-Aufrufe einreiht oder ob sie verlorengehen, wenn sie nicht sofort angenommen werden, hängt von der Ada-Implementierung ab. Sowohl eine Pufferung der Eingabe (type-ahead) als auch eine Pufferung der Ausgabe (Spooling) könnte man durch Hinzunahme weiterer TASKs erreichen; dies gehört aber nicht zum Thema dieses Abschnitts.

```
----------------------------------------------------------------|
SEPARATE (terminal)

TASK BODY eingabe_task IS
BEGIN
   LOOP
      SELECT
         ACCEPT lies (was : OUT character) DO
            ACCEPT eingabe_angekommen
               (was : IN character) DO
               lies.was := eingabe_angekommen.was;
            END eingabe_angekommen;

         END lies;

      OR
         TERMINATE;
      END SELECT;
   END LOOP;
END eingabe_task;
----------------------------------------------------------------|
WITH schreib_zeichen;

SEPARATE (terminal)

TASK BODY ausgabe_task IS
BEGIN
   LOOP
      SELECT
         ACCEPT schreib (was : IN string) DO
            FOR index IN was'range LOOP
               schreib_zeichen (was (index));
               ACCEPT zeichen_ist_ausgegeben;

            END LOOP;
         END schreib;

      OR
         TERMINATE;
      END SELECT;
   END LOOP;
END ausgabe_task;
----------------------------------------------------------------|
```

15.3 Programmteile in anderen Sprachen

[Ada] sieht zwei Wege vor, innerhalb eines Ada-Programms die Möglichkeiten anderer Sprachen zu nutzen:

- Mit einer *Maschinencode-Einfügung (machine code insertion)* kann man Maschinencode-Befehle in eine Ada-Prozedur schreiben.
- Mit Hilfe von *PRAGMA interface* kann man ein komplettes Unterprogramm, das in einer anderen Sprache geschrieben wurde, im Ada-Programm aufrufen.

Beide Konstrukte sind in [Ada] explizit aus dem Pflichtkatalog für Ada-Systeme ausgenommen; PRAGMA interface ist aber mittlerweile in den meisten Ada-Systemen implementiert, wenn auch nicht unbedingt für alle Sprachen.

15.3.1 Unterprogramme in anderen Sprachen

PRAGMA interface ist zum einen für Teile von Ada-Programmen gedacht, die besser oder überhaupt nur in einer anderen Sprache geschrieben werden können, zum Beispiel sehr hardware- oder betriebssystemabhängige Teile. Es ist aber zum anderen auch für Ada-Programmierer nützlich, die in einer anderen Programmiersprache einen großen Fundus von Routinen aufgebaut oder benutzt haben und diese auch in ihren Ada-Programmen verwenden wollen.

Um ein komplett in einer anderen Sprache geschriebenes Unterprogramm in einem Ada-Programm aufzurufen, muß man eine ganz normale Unterprogrammvereinbarung schreiben, zum Beispiel

```
PROCEDURE schreib_zeichen (c : IN character);
```

und statt eines in Ada geschriebenen Rumpfes dem Compiler mitteilen, daß der Unterprogrammrumpf in einer anderen Sprache geschrieben wurde:

```
PRAGMA interface (assembler, schreib_zeichen);
```

Das Unterprogramm kann dann wie ein normales Ada-Unterprogramm benutzt werden.

Soweit ist die Anwendung von PRAGMA interface in jeder Implementierung gleich. Im Detail gibt es aber zwischen verschiedenen Implementierungen Unterschiede:

- Meist stimmen die Syntaxregeln für Bezeichner in der anderen Sprache nicht mit denen in Ada überein: Der Name eines Unterprogramms in der anderen Sprache muß kein Ada-Bezeichner sein und umgekehrt. Deswegen haben die meisten Implementierungen, die PRAGMA interface unterstützen, ein zusätzliches (implementierungsspezifisches) PRAGMA, mit dem die Verknüpfung zwischen Ada-Namen und Namen in der anderen Sprache hergestellt werden kann.

- Die Übereinstimmung zwischen Ada-Typen und Typen in der anderen Sprache hängt naturgemäß stark vom Ada-System und von der Implementierung der anderen Sprache ab. Dies beeinflußt, welche Parametertypen im anderssprachigen Rumpf erlaubt sind und durch welche Typen in der Ada-Unterprogrammvereinbarung sie dargestellt werden müssen.

Es ist außerdem zulässig, daß ein Ada-System für die Anwendungen von PRAGMA interface weitere spezielle Bedingungen festlegt. Es ist also unerläßlich, vor der Benutzung dieses PRAGMAs sich über die implementierungsspezifischen Details zu informieren. Diese müssen im Appendix F des Handbuchs des Ada-Systems stehen.

Ada 9X unterstützt das Programmieren in verschiedenen Sprachen wesentlich stärker und bietet eine viel weitergehende Standardisierung dieser Unterstützung:

- Ada 9X sieht außer Aufrufen anderssprachiger Unterprogramme in einem Ada-Programm (PRAGMA import) auch Aufrufe von Ada-Unterprogrammen in anderssprachigen Programmen vor (PRAGMA export).

- Ada 9X unterstützt über die beiden eben genannten neuen PRAGMAs auch den Zugriff auf Variablen über Sprachgrenzen hinweg.

- Appendix M von Ada 9X (s. Kapitel 18) legt vordefinierte Pakete zur Unterstützung mehrsprachiger Programmierung mit C, COBOL und Fortran fest. Diese Pakete enthalten Vereinbarungen von Typen der jeweiligen Sprache und entsprechende Unterprogramme. Sie ermöglichen einen portablen Datenaustausch zwischen Ada- und anderssprachigen Programmteilen, zum Beispiel über Unterprogrammparameter.

15.3.2 Maschinencode-Einfügungen

[Ada, §13.8] sieht die Möglichkeit vor, Prozedurrümpfe zu schreiben, die (außer USE-Klauseln) keine Vereinbarungen und keine Ausnahmebehandler enthalten und deren Anweisungen ausschließlich in Ada dargestellte Maschinencode-Befehle sind.

Dazu ist ein vordefiniertes `PACKAGE machine_code` nötig, das allerdings nicht zum zwingend vorgeschriebenen Sprachstandard gehört (siehe [Ada, §13.8]). Mit Hilfe eine solchen Pakets können Maschinencode-Befehle durch Aggregate eines dort vereinbarten RECORD-Typs dargestellt werden; man kann also Maschinencode-Befehle in Ada schreiben.

Wenn (was meist der Fall ist) der Ada-Compiler `PRAGMA interface` für Assembler unterstützt, kann man die gleichen Maschinencode-Befehle natürlich auch in einem Assembler-Unterprogramm unterbringen und dieses mittels `PRAGMA interface` vom Ada-Programm aus aufrufen. Es gibt aber zwei Gründe, in manchen Fällen stattdessen `PACKAGE machine_code` zu benutzen:

- Die Quelle der Maschinencode-Befehle ist dann eine Ada-Quelle, deren Übersetzung durch den Ada-Compiler erfolgt. Der Programmierer muß also die Quelle und das daraus erzeugte Modul nicht gesondert behandeln.

- Wenn in einem zeitkritischen Programm Beobachtungen ergeben, daß der Aufwand des Unterprogrammaufrufs, der zu `PRAGMA interface` dazugehört, den Zeitrahmen sprengt, dann sollte man mit Hilfe des `PACKAGE machine_code` ein Unterprogramm schreiben, das mittels `PRAGMA inline` (s. §16.1) offen eingesetzt wird. Dies ist gerade bei kurzen Befehlsfolgen (zum Beispiel zum Lesen oder verändern eines Registers) sinnvoll, bei denen ein damit verbundener Unterprogrammaufruf ein Vielfaches der für die Ausführung der Befehlsfolge benötigten Zeit kosten würde.

Da `PACKAGE machine_code` naturgemäß stark maschinenabhängig ist, zeigen wir dazu kein Beispiel.

15.4 Freigeben von Speicherplatz

Wenn ein Ada-Programm mit ACCESS-Typen arbeitet und Zielobjekte des Typs im Programm unzugänglich werden, weil sie durch keinen Namen mehr angesprochen werden können, dann ist das Ada-System zwar befugt, aber nicht verpflichtet, den für die Zielobjekte reservierten Speicherplatz wieder freizugeben. Das Erkennen solcher Situationen in jedem Fall würde das Ada-System, und damit das Ada-Programm, mit einem enormen Aufwand zur Laufzeit belasten. In Programmen, in denen häufig Zielobjekte unzugänglich werden und später neue Zielobjekte entstehen,

```
WITH unchecked_deallocation, text_io;

PROCEDURE halde_klein_halten IS

   TYPE keller_eintrag;

   TYPE zeiger_typ IS ACCESS keller_eintrag;

   TYPE keller_eintrag IS
      RECORD
         eintrag    : string (1 .. 100);
         vorgaenger : zeiger_typ;
      END RECORD;

   neuer,
   zum_wegwerfen : zeiger_typ;
   letzter       : zeiger_typ := NEW keller_eintrag;

   PROCEDURE gib_frei IS NEW
      unchecked_deallocation (keller_eintrag, zeiger_typ);
BEGIN
   FOR index IN 1 .. 999 LOOP
      text_io.get (letzter.eintrag);
   keller_fuellen :
      WHILE letzter.eintrag (1) /= '>' LOOP
         neuer := NEW keller_eintrag;
         neuer.vorgaenger := letzter;
         letzter := neuer;
         text_io.get (letzter.eintrag);
      END LOOP keller_fuellen;

   keller_leeren :
      WHILE letzter.vorgaenger /= NULL LOOP
         zum_wegwerfen := letzter;            --*
         letzter := letzter.vorgaenger;
         gib_frei (zum_wegwerfen);            --*
         text_io.put (letzter.eintrag);
      END LOOP keller_leeren;

   END LOOP;
END halde_klein_halten;
```

können deshalb die unzugänglich gewordenen Zielobjekte wertvollen Speicherplatz blockieren, der für die neuen Zielobjekte gebraucht werden könnte.

Die in [Ada, §13.10] beschriebene vordefinierte generische Prozedur unchecked_deallocation dient dazu, Platz, der für ein Zielobjekt nicht mehr gebraucht wird, wieder freizugeben.

Im Beispiel in diesem Abschnitt wird mehrfach ein mit einem ACCESS-Typ implementierter Keller gefüllt und anschließend geleert. Bei jedem Schritt des Leerens wird ein Zielobjekt unzugänglich. Um den dafür reservierten Speicherplatz für die nächste Auffüllaktion verfügbar zu machen, wird bei jedem solchen Schritt in den mit --* markierten Anweisungen eine Ausprägung gib_frei der generischen Prozedur unchecked_deallocation aufgerufen.

Natürlich kann der Mißbrauch dieser Prozedur — also die Freigabe von Speicherplatz für Zielobjekte, die doch noch zugänglich sind und später angesprochen werden — undurchsichtige Spezialeffekte verursachen. Solcher Mißbrauch fällt unter die Rubrik „erroneous execution".

15.5 Unterbinden von Typprüfungen

Die strenge Typisierung ist unerläßlich für das frühzeitige Aufdecken mancher Programmfehler; man sollte also nur in Ausnahmefällen auf die Sicherheit verzichten, die sie bietet. In bestimmten Situationen kann es aber nötig sein, vorübergehend die strenge Typisierung zu unterbinden, damit im Programm die interne Darstellung eines Wertes als Wert eines anderen Typs behandelt werden kann.

Dazu dient die in [Ada, §13.10] beschriebene vordefinierte generische Prozedur unchecked_conversion. In diesem Beispiel wenden wir diese an, um festzustellen, mit welchem Bitmuster der Wert sonntag des Aufzählungstyps wochentage intern dargestellt wird. Die Funktion bitmuster_von entsteht durch Ausprägung der generischen Prozedur unchecked_conversion mit Quelltyp wochentage und Zieltyp bitmuster_typ; bitmuster_von (sonntag) ist also ein Wert des Typs bitmuster_typ, deren interne Darstellung aus dem gleichen Bitmuster wie die interne Darstellung von sonntag besteht.

Der Mißbrauch dieser Prozedur — also Anwendungen, bei denen Ergebnisse entstehen, die zum Zieltyp gehören, aber nicht die entsprechenden Eigenschaften haben — fällt ebenfalls unter die Rubrik „erroneous execution". Eine Ausprägung von unchecked_conversion mit Quelltyp bitmuster_typ und Zieltyp wochentage zum Beispiel würde bei den

```
----------------------------------------------------------|
WITH unchecked_conversion, text_io;

PROCEDURE bitmuster_bestimmen IS

   TYPE wochentage IS
      (montag    , dienstag  , mittwoch  , donnerstag,
       freitag   , samstag   , sonntag   );

   TYPE null_oder_eins IS RANGE 0 .. 1;

   TYPE bitmuster_typ IS ARRAY (1 .. wochentage'size)
      OF null_oder_eins;
   PRAGMA pack (bitmuster_typ);
   bitmuster : bitmuster_typ;

   FUNCTION  bitmuster_von IS NEW
      unchecked_conversion (source => wochentage,
                            target => bitmuster_typ);

   PACKAGE bit_io IS NEW
      text_io.integer_io (null_oder_eins);
BEGIN
   bitmuster := bitmuster_von (sonntag);
   FOR n IN bitmuster'range LOOP
      bit_io.put (bitmuster (n));
   END LOOP;
   text_io.new_line;
END bitmuster_bestimmen;
----------------------------------------------------------|
```

meisten aktuellen Parametern ein Ergebnis liefern, das formal (weil die Funktion Ergebnistyp wochentag hat) zum Typ wochentag gehört, aber verschieden von jedem Wert dieses Typs ist.

16 Compilerdirektiven: PRAGMAs

Ada sieht ein Sprachmittel vor für organisatorische Mitteilungen an den Compiler, die an sich mit der Programmlogik nichts zu tun haben: *PRAGMAs*.

Es gibt sprachdefinierte PRAGMAs. Wir besprechen hier (im §16.1) nur wenige und verweisen den Leser auf [Ada, Appendix B], das alle sprachdefinierten PRAGMAs auflistet und beschreibt, oft mit einem Hinweis auf eine ausführlichere Beschreibung an anderer Stelle. Trotz der Tatsache, daß diese PRAGMAs an sich mit der Programmlogik nichts zu tun haben, können manche von ihnen für die Korrektheit eines Programms unerläßlich sein: PRAGMA elaborate (siehe §10.3), PRAGMA interface (siehe §15.3.2) und PRAGMA shared (siehe §14.10). PRAGMA priority (siehe §14.3) kann bei knappen Ressourcen den Ablauf eines Programms, das TASKs enthält, entscheidend beeinflussen.

Die meisten PRAGMAs haben Argumente, für alle PRAGMAs gibt es Regeln über ihre Plazierung im Programmtext. Ein PRAGMA, das falsch plaziert ist oder ein für dieses PRAGMA nicht erlaubtes Argument enthält, ist wirkungslos. Insbesondere führt es nicht zur Ablehnung der Übersetzungseinheit; der Compiler gibt allenfalls eine Warnung aus. Bei Benutzung der oben erwähnten „lebenswichtigen" PRAGMAs muß man also auf solche Warnungen achten.

Jede Ada-Implementierung kann zusätzliche PRAGMAs definieren. Diese implementierungsabhängigen PRAGMAs dürfen aber nicht ausschlaggebend für die Korrektheit eines Programms sein. Diese PRAGMAs müssen im Appendix F des entsprechenden Handbuchs beschrieben sein.

16.1 Beschleunigung des Programmablaufs

Wir stellen hier einige PRAGMAs kurz vor, die den Programmablauf beschleunigen können.

PRAGMA inline erlaubt dem Compiler explizit, ein genanntes Unterprogramm möglichst an allen seinen Aufrufstellen offen einzubauen. Statt des üblichen Codes für den Unterprogrammaufruf, der zur Laufzeit zusätzlichen Zeitaufwand verursacht, soll also der Code des Unterprogrammrumpfs an der Aufrufstelle eingebaut werden. Dies ist natürlich nur möglich, wenn der Unterprogrammrumpf zum Zeitpunkt der Übersetzung der Unterprogrammaufrufe schon übersetzt ist. PRAGMA inline bringt also oft zusätzliche Abhängigkeiten zwischen Übersetzungseinheiten und damit Einschränkungen der möglichen Übersetzungsreihenfolgen mit sich. Es ist deswegen zweckmäßig, dieses PRAGMA erst möglichst spät in den Programmtext aufzunehmen.

Manchmal wird auf die Verwendung eines Unterprogramms verzichtet, um zur Laufzeit Zeit zu sparen. Dadurch leidet allerdings die Transparenz des Programms. In Ada kann man durch den Einsatz von PRAGMA inline die Effizienz des Programms erhöhen, ohne seine Transparenz zu opfern.

PRAGMA optimize kann mit Argument TIME oder SPACE angegeben werden um dem Compiler mitzuteilen, ob er vorrangig zugunsten der Laufzeit oder des Speicherplatzes optimieren soll.

Mit *PRAGMA suppress* kann man eine Laufzeitprüfung nennen, die lokal ausgeschaltet werden soll. Die Laufzeitprüfungen sind in [Ada, §11.7] genannt und beschrieben; sie dienen als Grundlage für das eventuelle Auslösen bestimmter vordefinierter Ausnahmen. Sie tragen also entscheidend zur Zuverlässigkeit des Ada-Programms bei; deshalb zählen Fehlersituationen, die auf das Ausschalten von Laufzeitprüfungen zurückzuführen sind, zur Sparte „erroneous execution". Wenn ein Programm allerdings für bestimmte Ausnahmen gar keinen Ausnahmebehandler enthält (zum Beispiel, weil diese Ausnahmen gar nicht sinnvoll behandelt werden können), dann kann es durchaus sinnvoll sein, die entsprechende(n) Laufzeitprüfung(en) auszuschalten.

17 Musterlösungen

Dieses Kapitel enthält Musterlösungen zu allen Übungen außer Übungen 2, 6 und 7, deren Musterlösungen jeweils im gleichen Kapitel zu finden sind wie die Aufgabenstellung. Es enthält auch den Programmtext der restlichen Übersetzungseinheiten des Vokabel-Trainers.

17.1 Lösung zu Übung 1

```
------------------------------------------------------------|
WITH text_io;

PROCEDURE erste_probe IS
   anzahl_der_buchstaben : natural;

   PACKAGE zahlen_io IS NEW text_io.integer_io (natural);
BEGIN
   text_io.put_line
      ("Wieviele Buchstaben wollen Sie eintippen?");
   zahlen_io.get (anzahl_der_buchstaben);
   text_io.put_line
      (
   "Bitte nur Großbuchstaben aus geraden Linien eintippen!"
         );

   DECLARE
      buchstaben_reihe : ARRAY (1 .. anzahl_der_buchstaben)
            OF character;
   BEGIN
```

```
        FOR index IN 1 .. anzahl_der_buchstaben LOOP
           text_io.get (buchstaben_reihe (index));
        END LOOP;
        FOR index IN REVERSE 1 .. anzahl_der_buchstaben LOOP
           CASE buchstaben_reihe (index) IS
              WHEN 'A' | 'E' | 'F' | 'H' | 'I' | 'K' .. 'N' |
                   'T' | 'V' .. 'Z' =>
                 text_io.put (buchstaben_reihe (index));

              WHEN 'C' | 'c' | 'O' | 'o' | 'S' | 's' =>
                 EXIT;

              WHEN OTHERS =>
                 NULL;

           END CASE;
        END LOOP;
     END;
END erste_probe;
```

Wenn Sie keine Blockanweisung in Ihrer Lösung haben, läuft Ihr Programm (falls es läuft) nur zufällig. Dann hat nämlich bei der Vereinbarung von buchstaben_reihe die Schranke anzahl_der_buchstaben noch nicht den am Terminal eingegebenen Wert. Ihr Programm ist also *erroneous* (siehe §5.1), denn diese Variable wird im Programm ausgewertet, bevor ihr ein Wert zugewiesen wird.

17.2 Lösung zu Übung 3

```
WITH terminal, notieren, auflisten, abfragen;

PROCEDURE vokabeln_hauptprogramm IS
   lektion_1,
   lektion_2 : positive;
BEGIN

   DECLARE
```

17.2 Lösung zu Übung 3

```
      notieren_wurde_aufgerufen : boolean := false;
BEGIN
   IF terminal.bejaht
        ("Musst Du heute neue Vokabeln eintragen?")
   THEN
      terminal.frag (frage => "Aus welcher Lektion?",
                     antwort => lektion_1);
      notieren (lektion_1);
      notieren_wurde_aufgerufen := true;
   END IF;
   IF terminal.bejaht
        ("Willst Du erst mal die Vokabeln ansehen?")
   THEN
      IF NOT notieren_wurde_aufgerufen THEN
         terminal.frag (frage => "Aus welcher Lektion?",
                        antwort => lektion_1);
      END IF;
      auflisten (lektion_1);
   END IF;
END;
terminal.sag ("Jetzt frage ich Dich ab.");
terminal.frag (frage => "Ab welcher Lektion?",
               antwort => lektion_1);
terminal.frag (frage => "Bis zu welcher Lektion?",
               antwort => lektion_2);

DECLARE
   deutsch_fragen : boolean :=
      terminal.bejaht
         (
"Soll ich zuerst von Deutsch nach Fremdsprache abfragen ?"
         );
BEGIN
   abfragen (erste_lektion => lektion_1,
             letzte_lektion => lektion_2,
             deutsch_nach_fremdsprache => deutsch_fragen)
       ;
   IF terminal.bejaht
        ("Soll ich jetzt andersherum abfragen?")
   THEN
      abfragen
         (erste_lektion => lektion_1,
          letzte_lektion => lektion_2,
```

```
              deutsch_nach_fremdsprache => NOT deutsch_fragen
                 );
      END IF;
   END;
   terminal.sag ("Auf Wiedersehen!");
END vokabeln_hauptprogramm;
----------------------------------------------------------------|
```

17.3 Lösung zu Übung 4

```
----------------------------------------------------------------|
PROCEDURE vokabel IS

   TYPE deutsch_typ IS NEW string (1 .. 40);

   TYPE auslaendisch_typ IS NEW string (1 .. 40);

   TYPE vokabel_typ IS
      RECORD
         deutsch      : deutsch_typ;
         auslaendisch : auslaendisch_typ;
      END RECORD;

   FUNCTION  deutsch_von (vokabel : IN vokabel_typ)
      RETURN deutsch_typ;

   FUNCTION  uebersetzung_von (vokabel : IN vokabel_typ)
      RETURN auslaendisch_typ;

   FUNCTION  eintrag
      (deutscher_ausdruck      : IN deutsch_typ;
        auslaendischer_ausdruck : IN auslaendisch_typ)
      RETURN vokabel_typ;

   FUNCTION  deutsch_von (vokabel : IN vokabel_typ)
      RETURN deutsch_typ IS
   BEGIN
      RETURN vokabel.deutsch;
```

```
      END deutsch_von;

      FUNCTION  uebersetzung_von (vokabel : IN vokabel_typ)
         RETURN auslaendisch_typ IS
      BEGIN
         RETURN vokabel.auslaendisch;
      END uebersetzung_von;

      FUNCTION  eintrag
         (deutscher_ausdruck      : IN deutsch_typ;
          auslaendischer_ausdruck : IN auslaendisch_typ)
         RETURN vokabel_typ IS
      BEGIN
         RETURN (deutsch => deutscher_ausdruck,
                 auslaendisch => auslaendischer_ausdruck);
      END eintrag;
BEGIN
   NULL;
END vokabel;
---------------------------------------------------------------|
```

Für die Vereinbarungen der Typen deutsch_typ und auslaendisch_typ gibt es zwei grundsätzlich verschiedene Möglichkeiten:

```
    TYPE deutsch_typ IS NEW string (1 .. 40);
```

oder

```
    SUBTYPE deutsch_typ IS string (1 .. 40);
```

Bei der ersten Variante sind deutsch_typ und auslaendisch_typ verschiedene Typen, deren Werte zum Beispiel nicht miteinander verglichen werden können. Bei der zweiten Variante aber sind sie beide Untertypen des gleichen Typs, nämlich string; dann haben Objekte von deutsch_typ und auslaendisch_typ den gleichen Grundtyp (string) und können deshalb zum Beispiel miteinander verglichen werden.

Die hier gewählte Möglichkeit spiegelt die Verschiedenartigkeit der deutschen und ausländischen Ausdrücke wider und verhindert, daß etwa versehentlich ein deutscher und ein ausländischer Ausdruck miteinander verglichen werden (dies wäre im Kontext dieser Anwendung nicht sinnvoll).

17.4 Lösung zu Übung 5

```
-----------------------------------------------------------------|
WITH calendar;

FUNCTION zufallszahl (zwischen : IN natural;
                      und      : IN natural)
   RETURN natural IS

   TYPE sekunden_typ IS RANGE 0 .. 86400;

   unterschied : sekunden_typ :=
                    sekunden_typ (ABS (zwischen - und));
   minimum     : natural;
BEGIN
   IF zwischen <= und THEN
      minimum := zwischen;
   ELSE
      minimum := und;
   END IF;
   IF unterschied = 0 THEN
      RETURN minimum;
   ELSE
      RETURN minimum +
         natural
            (sekunden_typ
               (calendar.seconds (calendar.clock)) REM
            (unterschied + 1));
   END IF;
END zufallszahl;
-----------------------------------------------------------------|
```

Der Ergebnistyp `calendar.time` der Uhrfunktion `calendar.clock` ist ein privater Typ. Um also aus dem Ergebnis dieser Funktion eine Anzahl von Sekunden zu gewinnen, muß man ein Unterprogramm aus PACKAGE calendar aufrufen. In Frage kommt nur die Funktion `seconds`, die ein Ergebnis des vordefinierten Fixpunkttyps `duration` liefert; dieses kann durch eine explizite Typkonvertierung in einen ganzzahligen Typ umgewandelt werden.

Der benutzerdefinierte ganzzahlige Typ `sekunden_typ` wird hier eingeführt, um unabhängig von der benutzten Ada-Implementierung jeden

Wert des Typs **duration**, der hier vorkommen kann, in einen ganzzahligen Wert konvertieren zu können. Verwendet man nämlich statt **sekunden_typ** den vordefinierten Untertyp **natural** des vordefinierten Typs **integer**, dann verhält sich die Funktion **zufallszahl** in verschiedenen Ada-Implementierungen verschieden. In Implementierungen, in denen **integer** (und damit **natural**) ein vier-Byte-Typ ist, liefert sie korrekte Ergebnisse. Bei einem zwei-Byte-Typ **integer** dagegen bleibt sie nach einer bestimmten Uhrzeit immer bei der expliziten Typkonvertierung mit **constraint_error** stehen, weil die Uhrzeit in Sekunden größer als **integer'last** ist. Dieses Beispiel zeigt einmal mehr, daß man sich nicht auf vordefinierte Zahlentypen verlassen sollte, sondern eigene Zahlentypen mit den für die Anwendungen nötigen Eigenschaften vereinbaren sollte.

17.5 Lösung zu Übung 8

In dieser Lösung haben wir im Rumpf der Funktion **bejaht** und der zweiten Prozedur **frag** die erste Funktion **frag** aufgerufen, so daß in jedem Unterprogramm die Eingabe letztlich mit **text_io.get_line** eingelesen wird.

Es ist natürlich auch möglich, im Rumpf der zweiten Prozedur **get** eine Ausprägung von **text_io.integer_io** zu vereinbaren und die Eingabe mit einer Prozedur **get** aus dieser Ausprägung einzulesen. Es ist außerdem möglich, im Rumpf der Funktion **bejaht** die Eingabe mit einer Prozedur **text_io.get** einzulesen. Bei diesen Lösungen allerdings wird die Eingabe manchmal mit einer Prozedur **get** und manchmal mit **get_line** eingelesen. Damit dies nicht zu den in §11.4 beschriebenen Problemen führt, muß man also in den Rümpfen, die mit einer Prozedur **get** einlesen, nach dem **get**-Aufruf **text_io.skip_line** aufrufen.

```
WITH text_io;

PACKAGE BODY terminal IS

   FUNCTION  bejaht (frage : IN string) RETURN boolean IS
      eingabe : string (1 .. 90);
      laenge  : integer RANGE 1 .. 90;
   BEGIN
      frag (frage => frage,
            antwort => eingabe,
            antwort_laenge => laenge);
      RETURN eingabe (1) = 'j' OR eingabe (1) = 'J';
   END bejaht;

   PROCEDURE frag (frage          : IN string;
                   antwort        : OUT string;
                   antwort_laenge : OUT positive) IS
   BEGIN
      text_io.put_line (frage);
      antwort := (OTHERS => ' ');
      text_io.get_line (antwort, antwort_laenge);
   END frag;

   PROCEDURE frag (frage   : IN string;
                   antwort : OUT positive) IS
      eingabe : string (1 .. 90);
      laenge  : integer RANGE 1 .. 90;
   BEGIN
      frag (frage => frage,
            antwort => eingabe,
            antwort_laenge => laenge);
      antwort :=
          integer'value (eingabe (eingabe'first .. laenge));
   END frag;

   PROCEDURE sag (text : IN string) IS
   BEGIN
      text_io.put_line (text);
   END sag;
END terminal;
```

17.6 Lösung zu Übung 9

```
-----------------------------------------------------------|
SEPARATE (funktionen.heft)

PROCEDURE naechsten_eintrag_lesen
   (zwischen,
    und      : IN lektion_typ;
    eintrag  : OUT eintrags_info_typ) IS
   aktueller_eintrag : eintrag_mit_lektionsname;
BEGIN
   WHILE NOT io.end_of_file (datei) LOOP
      io.read (file => datei, item => aktueller_eintrag);
      IF aktueller_eintrag.lektion IN zwischen .. und THEN
         eintrag :=
            (existiert => true,
             inhalt => aktueller_eintrag.inhalt);
         RETURN;
      END IF;
   END LOOP;
   eintrag := (existiert => false);
END naechsten_eintrag_lesen;
-----------------------------------------------------------|
```

17.7 Lösung zu Übung 10

```
-----------------------------------------------------------|
GENERIC

   TYPE karten_typ IS PRIVATE;

PACKAGE kasten IS

   PROCEDURE steck_an_beliebiger_stelle_hinein
      (karte : IN karten_typ);
```

```
   FUNCTION  naechste_karte RETURN karten_typ;

   FUNCTION  anzahl_karten RETURN natural;

END kasten;
-------------------------------------------------------------|
WITH zufallszahl, liste;
PRAGMA elaborate (liste);   -- sonst eventuell program_error
                            -- (siehe unten ***)

PACKAGE BODY kasten IS
   anzahl_karten_im_kasten : natural := 0;

   PACKAGE karten_liste IS NEW liste (karten_typ);    -- ***
                                                      -- (siehe oben)
   PROCEDURE steck_an_beliebiger_stelle_hinein
      (karte : IN karten_typ) IS
   BEGIN
      anzahl_karten_im_kasten := anzahl_karten_im_kasten + 1
         ;
      karten_liste.fuege_eintrag_ein
         (inhalt => karte,
          position =>
             zufallszahl (zwischen => 1,
                          und => anzahl_karten_im_kasten));
   END steck_an_beliebiger_stelle_hinein;

   FUNCTION  naechste_karte RETURN karten_typ IS
      aktuelle_karte : karten_typ;
   BEGIN
      IF anzahl_karten_im_kasten = 0 THEN
         RAISE program_error;
      END IF;
      aktuelle_karte :=
         karten_liste.inhalt (karten_liste.erster_eintrag);
      karten_liste.entferne_eintrag
         (karten_liste.erster_eintrag);
      anzahl_karten_im_kasten := anzahl_karten_im_kasten - 1
         ;
      RETURN aktuelle_karte;
   END naechste_karte;
```

```
      FUNCTION  anzahl_karten RETURN natural IS
      BEGIN
         RETURN anzahl_karten_im_kasten;
      END anzahl_karten;
BEGIN
   karten_liste.initialisiere;
END kasten;
-----------------------------------------------------------|
```

17.8 Lösung zu Übung 11

```
-----------------------------------------------------------|
WITH text_io;

PACKAGE BODY terminal IS

   FUNCTION  bejaht (frage : IN string) RETURN boolean IS
      eingabe : string (1 .. 90);
      laenge  : integer RANGE 1 .. 90;
   BEGIN
      frag (frage => frage,
            antwort => eingabe,
            antwort_laenge => laenge);
      RETURN eingabe (1) = 'j' OR eingabe (1) = 'J';
   END bejaht;

   PROCEDURE frag (frage          : IN string;
                   antwort        : OUT string;
                   antwort_laenge : OUT positive) IS
   BEGIN
      LOOP
         BEGIN
            text_io.put_line (frage);
            antwort := (OTHERS => ' ');
            text_io.get_line (antwort, antwort_laenge);
            EXIT;
```

```
              EXCEPTION
                 WHEN OTHERS =>
                    text_io.put_line
                       (
     "Da ist was schiefgegangen; probieren wir's nochmal!"
                       );

              END;
          END LOOP;
       END frag;

       PROCEDURE frag (frage   : IN string;
                      antwort : OUT positive) IS
          eingabe : string (1 .. 90);
          laenge  : integer RANGE 1 .. 90;
       BEGIN
          LOOP
             BEGIN
                frag (frage => frage,
                      antwort => eingabe,
                      antwort_laenge => laenge);
                antwort :=
                   integer'value
                      (eingabe (eingabe'first .. laenge));
                EXIT;
             EXCEPTION
                WHEN constraint_error =>
                   text_io.put_line
                      ("Bitte nur eine ganze Zahl eingeben!");

             END;
          END LOOP;
       END frag;

       PROCEDURE sag (text : IN string) IS
       BEGIN
          text_io.put_line (text);
       END sag;
    END terminal;
```

17.9 Lösung zu Übung 12

```
----------------------------------------------------------|
SEPARATE (funktionen.heft)

PROCEDURE heft_oeffnen IS
   dateiname : CONSTANT string := "VOKABELN.DAT";

   PROCEDURE heft_kaufen IS
   BEGIN
      io.create (file => datei,
                 mode => io.inout_file,
                 name => dateiname);
   END heft_kaufen;

   FUNCTION  heft_ist_da RETURN boolean IS
   BEGIN
      io.open (file => datei,
               mode => io.inout_file,
               name => dateiname);
      RETURN true;
   EXCEPTION
      WHEN io.name_error =>
         RETURN false;

   END heft_ist_da;
BEGIN
   IF NOT heft_ist_da THEN
      heft_kaufen;
   END IF;
END heft_oeffnen;
----------------------------------------------------------|
```

17.10 Lösung zu Übung 13

```
---------------------------------------------------------------|
WITH terminal;
PRAGMA elaborate (terminal);      -- sonst evtl. program_error
                                  -- (siehe unten ***)

SEPARATE (funktionen.heft)

PROCEDURE heft_oeffnen IS

   TYPE benutzer_typ IS NEW string (1 .. 40);

   TYPE fremdsprachen_typ IS NEW string (1 .. 40);

   aktueller_benutzer   : benutzer_typ;
   aktuelle_sprache     : fremdsprachen_typ;
   laenge_benutzername,
   laenge_sprache       : integer RANGE 1 .. 90;

   FUNCTION  dateiname (benutzer : IN benutzer_typ;
                        sprache  : IN fremdsprachen_typ)
      RETURN string IS
   BEGIN
      RETURN (
            string (benutzer (1 .. laenge_benutzername)) &
         string (sprache (1 .. laenge_sprache)));
   END dateiname;
   PRAGMA inline (dateiname);

   PROCEDURE heft_kaufen (benutzer : IN benutzer_typ;
                          sprache  : IN fremdsprachen_typ)
      IS
   BEGIN
      io.create (file => datei,
                 mode => io.inout_file,
                 name => dateiname (benutzer, sprache));
   END heft_kaufen;
```

17.10 Lösung zu Übung 13

```
   FUNCTION  heft_ist_da (benutzer : IN benutzer_typ;
                          sprache  : IN fremdsprachen_typ)
      RETURN boolean IS
   BEGIN
      io.open (file => datei,
               mode => io.inout_file,
               name => dateiname (benutzer, sprache));
      RETURN true;
   EXCEPTION
      WHEN io.name_error =>
         RETURN false;

   END heft_ist_da;

   PROCEDURE benutzer_und_sprache_feststellen IS
   BEGIN
      terminal.frag (frage => "Hallo. Wie heisst Du?",
                     antwort =>
                        string (aktueller_benutzer),
                     antwort_laenge => laenge_benutzername);
                                    -- siehe oben ***
      terminal.frag
         (frage => "Um welche Sprache geht es heute?",
          antwort => string (aktuelle_sprache),
          antwort_laenge => laenge_sprache);
   END benutzer_und_sprache_feststellen;
   PRAGMA inline (benutzer_und_sprache_feststellen);
BEGIN
   benutzer_und_sprache_feststellen;
   WHILE NOT
         heft_ist_da (benutzer => aktueller_benutzer,
                      sprache => aktuelle_sprache)
   LOOP
      IF terminal.bejaht
            (
"Hast Du schon mal frueher bei mir Vokabeln eingetragen?"
            )
      THEN
         terminal.sag ("Du hast Dich wohl vorhin vertippt.")
            ;
         benutzer_und_sprache_feststellen;
```

```
      ELSE
         heft_kaufen (benutzer => aktueller_benutzer,
                      sprache  => aktuelle_sprache);
         EXIT;
      END IF;
   END LOOP;
END heft_oeffnen;
------------------------------------------------------------|
```

17.11 Vokabel-Trainer: Überblick

Die Tabelle auf dieser Seite zeigt alle Übersetzungseinheiten des Vokabel-Trainers in alphabetischer Reihenfolge auf unter Angabe des Abschnitts, in dem der Quelltext jeder Einheit zu finden ist.

Das Bild auf der nächsten Seite zeigt die Abhängigkeiten zwischen diesen Übersetzungseinheiten. Das Bild ist komplex, weil es alle Übersetzungseinheiten zeigt. Ein Programmierer, der an einer dieser Übersetzungseinheiten arbeitet, muß allerdings nur einen kleinen Ausschnitt dieses Bildes sehen.

PROCEDURE abfragen	§17.12
PROCEDURE auflisten	§17.12
PROCEDURE entferne_eintrag	§17.12
PROCEDURE fuege_eintrag_ein	§17.12
PACKAGE funktionen	§9.9
PACKAGE BODY funktionen	§11.8
PACKAGE BODY heft	§11.8
PROCEDURE heft_oeffnen	§17.9
PACKAGE kasten	§17.7
PACKAGE BODY kasten	§17.7
PACKAGE liste	§12.8
PACKAGE BODY liste	§17.12
PROCEDURE naechsten_eintrag_lesen	§17.6
PROCEDURE notieren	§17.12
PACKAGE terminal	§6.12
PACKAGE BODY terminal	§17.8
PROCEDURE vokabeln_hauptprogramm	§17.12
FUNCTION zufallszahl (Vereinbarung)	§8.10
FUNCTION zufallszahl (Rumpf)	§17.4

17.11 Vokabel-Trainer: Überblick

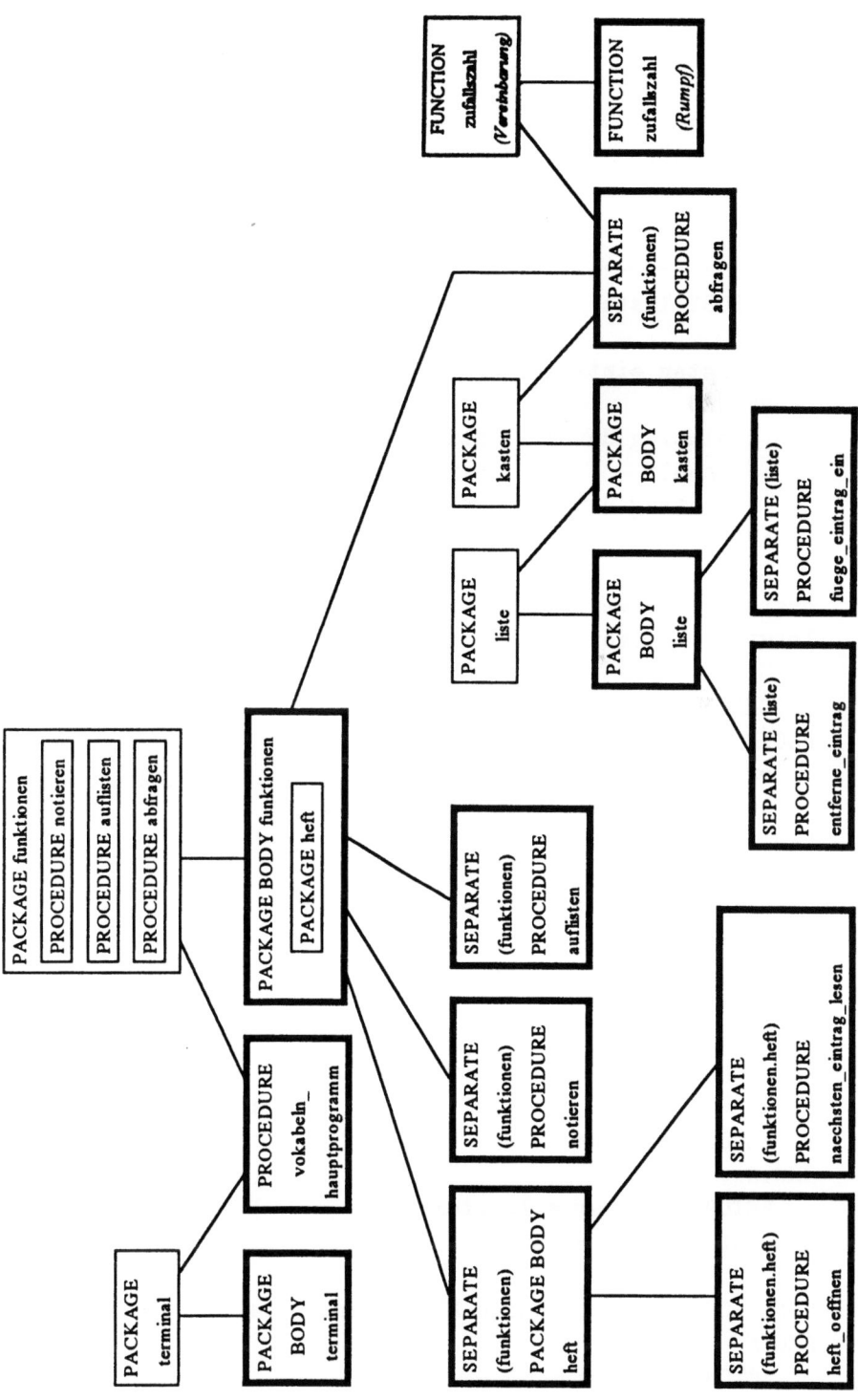

17.12 Weitere Übersetzungseinheiten

Dieser Abschnitt enthält der Vollständigkeit halber alle Übersetzungseinheiten des Vokabel-Trainers, die noch nicht gezeigt wurden.

```
--------------------------------------------------------------|
PACKAGE BODY liste IS

   TYPE listen_eintrag IS
      RECORD
         eintrag_davor  : zeiger_auf_eintrag;
         inhalt         : eintrag;
         eintrag_danach : zeiger_auf_eintrag;
      END RECORD;

   erster : zeiger_auf_eintrag;
   letzter : zeiger_auf_eintrag;

   PROCEDURE initialisiere IS
   BEGIN
      erster := NULL;
      letzter := NULL;
   END initialisiere;

   FUNCTION  ist_leer RETURN boolean IS
   BEGIN
      RETURN erster = NULL;
   END ist_leer;

   FUNCTION  ist_letzter_eintrag (welcher : IN
                                   zeiger_auf_eintrag)
      RETURN boolean IS
   BEGIN
      RETURN welcher = letzter;
   END ist_letzter_eintrag;

   FUNCTION  erster_eintrag RETURN zeiger_auf_eintrag IS
   BEGIN
      RETURN erster;
   END erster_eintrag;
```

```
   FUNCTION naechster_eintrag (wonach : IN
                                        zeiger_auf_eintrag)
      RETURN zeiger_auf_eintrag IS
   BEGIN
      RETURN wonach.eintrag_danach;

            -- constraint_error, wenn wonach Wert NULL hat

   END naechster_eintrag;

   PROCEDURE fuege_eintrag_ein (inhalt   : IN eintrag;
                                position : IN positive) IS
      SEPARATE;

   PROCEDURE entferne_eintrag (welchen : IN
                                        zeiger_auf_eintrag) IS
      SEPARATE;

   FUNCTION  inhalt (wovon : IN zeiger_auf_eintrag)
      RETURN eintrag IS
   BEGIN
      RETURN wovon.inhalt;
   END inhalt;
END liste;
------------------------------------------------------------|


SEPARATE (liste)

PROCEDURE entferne_eintrag (welchen : IN zeiger_auf_eintrag)
   IS
BEGIN

      -- zuerst den Vorwaertszeiger in Ordnung bringen

   IF welchen = erster THEN
      erster := welchen.eintrag_danach;
   ELSE
      welchen.eintrag_davor.eintrag_danach :=
         welchen.eintrag_danach;
   END IF;
```

```
      -- und dann den Rueckwaertszeiger

   IF welchen = letzter THEN
      letzter := welchen.eintrag_davor;
   ELSE
      welchen.eintrag_danach.eintrag_davor :=
         welchen.eintrag_davor;
   END IF;
END entferne_eintrag;
-----------------------------------------------------------|


SEPARATE (liste)

PROCEDURE fuege_eintrag_ein (inhalt   : IN eintrag;
                             position : IN positive) IS
   neuer_eintrag                   : zeiger_auf_eintrag :=
                                     NEW listen_eintrag;
   nach_diesem_eintrag_einsetzen : zeiger_auf_eintrag;
BEGIN
   neuer_eintrag.inhalt := inhalt;
   IF ist_leer THEN
      erster := neuer_eintrag;
      letzter := neuer_eintrag;
      erster.eintrag_danach := NULL;
      erster.eintrag_davor := NULL;
   ELSIF position = 1 THEN
      neuer_eintrag.eintrag_davor := NULL;
      neuer_eintrag.eintrag_danach := erster;
      erster.eintrag_davor := neuer_eintrag;
      erster := neuer_eintrag;
   ELSE
      nach_diesem_eintrag_einsetzen := erster;
      FOR index IN 2 .. position - 1 LOOP
         IF nach_diesem_eintrag_einsetzen = letzter THEN
            EXIT; -- am Ende der Liste einsetzen
         END IF;
         nach_diesem_eintrag_einsetzen :=
            nach_diesem_eintrag_einsetzen.eintrag_danach;
      END LOOP;
      neuer_eintrag.eintrag_davor :=
         nach_diesem_eintrag_einsetzen;
      neuer_eintrag.eintrag_danach :=
```

17.12 Weitere Übersetzungseinheiten 381

```
            nach_diesem_eintrag_einsetzen.eintrag_danach;
         IF nach_diesem_eintrag_einsetzen = letzter THEN

         -- wir sind am Ende der Liste

            letzter := neuer_eintrag;
         ELSE
            nach_diesem_eintrag_einsetzen.eintrag_danach.
               eintrag_davor := neuer_eintrag;
         END IF;
         nach_diesem_eintrag_einsetzen.eintrag_danach :=
            neuer_eintrag;
      END IF;
END fuege_eintrag_ein;
-----------------------------------------------------------|


WITH terminal;

SEPARATE (funktionen)

PROCEDURE notieren (lektion : IN lektion_typ) IS
   deutsch       : heft.deutsch_typ;
   uebersetzung  : heft.auslaendisch_typ;
   laenge        : natural;
BEGIN
   heft.ans_ende_blaettern;
   LOOP
      terminal.frag
         (frage =>
      "Gib bitte ein Wort in Deutsch ein:      ('>>' = Ende)"
              ,
           antwort => string (deutsch),
           antwort_laenge => laenge);
      EXIT WHEN string (deutsch) =
         ">>                                           ";
      terminal.frag
         (frage => "Gib bitte die Uebersetzung ein:",
          antwort => string (uebersetzung),
          antwort_laenge => laenge);
      heft.schreib
         (lektion => lektion,
          eintrag => heft.eintrag (deutsch, uebersetzung));
```

```
      END LOOP;
      terminal.sag ("Ende der Erfassung");
   END notieren;
   ---------------------------------------------------------------|


   WITH terminal;

   SEPARATE (funktionen)

   PROCEDURE auflisten (lektion : IN lektion_typ) IS
      eintrag : heft.eintrags_info_typ;
   BEGIN
      terminal.sag
         ("heutige Lektion :   " &
             lektion_typ'image (lektion));
      terminal.sag
         ("deutscher Ausdruck                       " &
          "Uebersetzung                            ");
      heft.an_anfang_blaettern;
      LOOP
         heft.naechsten_eintrag_lesen (zwischen => lektion,
                                       und => lektion,
                                       eintrag => eintrag);
         IF eintrag.existiert THEN
            terminal.sag
               (string (heft.deutsch_von (eintrag.inhalt)) &
                " = " &
                string (heft.uebersetzung_von (eintrag.inhalt))
                  );
         ELSE
            EXIT;
         END IF;
      END LOOP;
      terminal.sag ("Ende der Auflistung");
   END auflisten;
   ---------------------------------------------------------------|
```

```
WITH terminal, kasten;

SEPARATE (funktionen)

PROCEDURE abfragen
   (erste_lektion,
    letzte_lektion           : IN lektion_typ;
    deutsch_nach_fremdsprache : IN boolean) IS

   TYPE karten_typ IS
      RECORD
         eintrag  : heft.vokabel_typ;
         markiert : boolean := false;
      END RECORD;

   PACKAGE vokabel_kasten IS NEW kasten (karten_typ);

   anzahl_der_woerter,
   wieviele_richtige  : natural := 0;
   karte              : karten_typ;
   eingabe            : string (1 .. 90);
   laenge             : natural;

   FUNCTION frage (auf : IN karten_typ) RETURN string IS
   BEGIN
      IF deutsch_nach_fremdsprache THEN
         RETURN string (heft.deutsch_von (karte.eintrag));
      ELSE
         RETURN string
                  (heft.uebersetzung_von (karte.eintrag));
      END IF;
   END frage;

   FUNCTION antwort (auf : IN karten_typ) RETURN string IS
   BEGIN
      IF NOT deutsch_nach_fremdsprache THEN
         RETURN string (heft.deutsch_von (karte.eintrag));
      ELSE
         RETURN string
                  (heft.uebersetzung_von (karte.eintrag));
      END IF;
   END antwort;
```

```
BEGIN
   heft.an_anfang_blaettern;

   DECLARE
      heft_eintrag : heft.eintrags_info_typ;
   BEGIN
      LOOP
         heft.naechsten_eintrag_lesen
            (zwischen => erste_lektion,
             und => letzte_lektion,
             eintrag => heft_eintrag);
         IF heft_eintrag.existiert THEN
            karte.eintrag := heft_eintrag.inhalt;
            vokabel_kasten.steck_an_beliebiger_stelle_hinein
               (karte);
         ELSE
            EXIT;
         END IF;
      END LOOP;
   END;
   anzahl_der_woerter := vokabel_kasten.anzahl_karten;
   terminal.sag
      ("Tipp >> ein, wenn Du vorzeitig aufhoeren willst.");
   LOOP
      EXIT WHEN vokabel_kasten.anzahl_karten = 0;
      karte := vokabel_kasten.naechste_karte;
      terminal.frag ("* " & frage (auf => karte),
                     antwort => eingabe,
                     antwort_laenge => laenge);
      EXIT WHEN laenge = 2 AND THEN
         eingabe (1 .. 2) = ">>";
      IF laenge <= heft.deutsch_typ'length AND THEN
         eingabe (1 .. heft.deutsch_typ'length) =
         antwort (auf => karte)
      THEN
         IF NOT karte.markiert THEN
            wieviele_richtige := wieviele_richtige + 1;
         END IF;
      ELSE
         karte.markiert := true;
         vokabel_kasten.steck_an_beliebiger_stelle_hinein
            (karte);
         terminal.sag
```

17.12 Weitere Übersetzungseinheiten

```ada
                  (frage (auf => karte) & " : " &
                   antwort (auf => karte));
            DELAY 3.0;
         END IF;
      END LOOP;
      terminal.sag
         ("Von" & integer'image (anzahl_der_woerter) &
          " Woertern hattest Du" &
          integer'image (wieviele_richtige) &
          " gleich richtig.");
      IF wieviele_richtige = anzahl_der_woerter THEN
         terminal.sag ("Super!!!");
      ELSIF wieviele_richtige >
         2 * (anzahl_der_woerter - wieviele_richtige)
      THEN
         terminal.sag
            ("Nicht schlecht! Uebung macht den Meister.");
      END IF;
END abfragen;
------------------------------------------------------------|


WITH terminal, funktionen;
USE  funktionen;

PROCEDURE vokabeln_hauptprogramm IS
   lektion_1,
   lektion_2 : lektion_typ;
BEGIN

   DECLARE
      notieren_wurde_aufgerufen : boolean := false;
   BEGIN
      IF terminal.bejaht
            ("Musst Du heute neue Vokabeln eintragen?")
      THEN
         terminal.frag (frage => "Aus welcher Lektion?",
                        antwort => positive (lektion_1));
         notieren (lektion_1);
         notieren_wurde_aufgerufen := true;
      END IF;
      IF terminal.bejaht
            ("Willst Du erst mal die Vokabeln ansehen?")
```

```
            THEN
               IF NOT notieren_wurde_aufgerufen THEN
                  terminal.frag (frage => "Aus welcher Lektion?",
                                 antwort =>
                                       positive (lektion_1));
               END IF;
               auflisten (lektion_1);
            END IF;
         END;
         terminal.sag ("Jetzt frage ich Dich ab.");
         terminal.frag (frage => "Ab welcher Lektion?",
                        antwort => positive (lektion_1));
         terminal.frag (frage => "Bis zu welcher Lektion?",
                        antwort => positive (lektion_2));

      DECLARE
         deutsch_fragen : boolean :=
            terminal.bejaht
               (
   "Soll ich zuerst von Deutsch nach Fremdsprache abfragen ?"
                  );
      BEGIN
         abfragen (erste_lektion => lektion_1,
                   letzte_lektion => lektion_2,
                   deutsch_nach_fremdsprache => deutsch_fragen)
            ;
         IF terminal.bejaht
               ("Soll ich jetzt andersherum abfragen?")
         THEN
            abfragen
               (erste_lektion => lektion_1,
                letzte_lektion => lektion_2,
                deutsch_nach_fremdsprache => NOT deutsch_fragen
                  );
         END IF;
      END;
      terminal.sag ("Auf Wiedersehen!");
END vokabeln_hauptprogramm;
----------------------------------------------------------|
```

18 Ada 9X

Ziel der Sprachrevision Ada 9X ist eine Anpassung der Sprache im Hinblick auf heutige Anforderungen unter Wahrung der ursprünglichen Sprachziele wie Zuverlässigkeit, Wartbarkeit und Portabilität von Ada-Programmen. Dabei soll stets der Nutzen für Ada-Anwender gegen den möglichen Schaden abgewogen werden.

Das Ergebnis ist gekennzeichnet durch

1. sehr weitgehende, aber nicht vollständige Aufwärtskompatibilität;
2. einen verbindlichen Sprachkern, der wichtige Neuerungen für eine breite Anwendung enthält, und
3. Anhänge (*appendix*) mit Sprachelementen für spezielle Anwendungsgebiete. Falls diese von einem Ada-System unterstützt werden, werden sie vollständig mitvalidiert. Dies ermöglicht Portabilität der Anwendungen zwischen Ada-Systemen, die das entsprechende Anwendungsgebiet unterstützen.

Zu 1: Vollständige Aufwärtskompatibilität bei einer Sprachrevision ist auf den ersten Blick erstrebenswert. In der Praxis zeigt sich aber immer wieder, daß sie nur auf Kosten der Qualität der revidierten Sprache möglich ist. Deswegen hat bisher keine größere Sprachrevision die vollständige Aufwärtskompatibilität durchgehalten. Ada 9X macht hier keine Ausnahme. Bei der Revision wurde aber sehr darauf geachtet, mögliche Schäden für bestehende Ada-Anwender zu minimieren. Es gibt nur fünf Inkompatibilitäten, die typische Ada-Programme betreffen, und diese führen alle zu Fehlermeldungen des Ada-Systems zur Übersetzungs- oder Bindezeit und können mit geringem Aufwand behoben werden. Die restlichen Inkompatibilitäten werden sehr wenige Ada-Programme betreffen, und viele davon werden ebenfalls beim Übersetzen oder Binden vom Ada-System als Fehler gemeldet.

[Barnes, Kapitel 4] enthält Informationen über die Aufwärtsinkompatibilitäten in Ada 9X.

Zu 2: Zentrale Neuerungen im Sprachkern besprechen wir in diesem Kapitel:

- Konstrukte zum objektorientierten Programmieren in §18.1,
- Sprachelemente zur Erweiterung und Gliederung von Paketen in §18.2,
- Erweiterungen des Konzepts der ACCESS-Typen in §18.3 und
- Neuerungen in TASKing-Bereich in §18.4.

Dies ist nur eine Auswahl der Neuerungen in Ada 9X. Wir verweisen den interessierten Leser außerdem auf das Stichwortverzeichnis, das unter dem Stichwort „Ada 9X" auf kurze Informationen in den Kapiteln 1 bis 17 zu kleineren Neuerungen hinweist. [Barnes] enthält in Kapitel 2 eine Zusammenfassung der Neuerungen in Ada 9X und in Kapitel 3 eine Übersicht von Ada 9X, in der die Neuerungen durch Unterstreichen gekennzeichnet sind.

Zu 3: Wir gehen nicht auf die Inhalte dieser Anhänge ein. Es sind:

- G. Systems Programming
- H. Real-Time Systems
- I. Distributed Systems
- J. Information Systems
- K. Numerics
- L. Safety and Security
- M. Language Interface Packages

Bei allen Neuerungen wurden die ursprünglichen Sprachziele gewahrt. So ermöglicht Ada 9X zum Beispiel objektorientiertes Programmieren und die damit verbundene Flexibilität, ohne dafür die mit der strengen Typisierung einhergehende Zuverlässigkeit zu opfern.

In diesem Kapitel stellen wir zentrale Neuerungen in Ada 9X vor. Dabei stützen wir uns auf [Ada 9X] und [Ada 9X Rationale]. Vorneweg muß allerdings gesagt werden, daß [Ada 9X] den aktuellsten Entwurf des neuen Sprachstandards darstellt, der (sehr wahrscheinlich, aber) nicht zwangsläufig in jeder Einzelheit mit dem neuen Sprachstandard übereinstimmen muß.

Außerdem gibt es noch keine Ada-9X-Compiler. Deshalb haben die Ada-9X-Programmbeispiele in diesem Kapitel in zweierlei Hinsicht einen anderen Status als die [Ada]-Beispiele in den Kapiteln 1 bis 17: Sie sind nach einem noch nicht endgültig verabschiedeten Sprachstandard geschrieben und von keinem Compiler geprüft.

Wir unterscheiden vollständige Ada-9X-Beispiele optisch von [Ada]-Beispielen durch einen anderen Rahmen:

```
----------------------------------------Ada 9X--Ada 9X---|
  -- Ada-9X-Beispiel
----------------------------------------Ada 9X--Ada 9X---|
```

Ada-9X-Fragmente in diesem Kapitel sowie (sehr vereinzelt) in den Kapiteln 1 bis 17 kennzeichnen wir mit dem Kommentar

```
  -- nur in Ada 9X
```

In den Kapiteln 1 bis 17 haben wir ausgiebig von der DIN-Übersetzung der Ada-Terminologie in [Deutsch-Ada] Gebrauch gemacht. Ada 9X führt einige neue Fachausdrücke ein, für die es bisher weder eine DIN- noch eine allgemein akzeptierte Übersetzung gibt. Ein Beispiel ist „dispatching", ein zentraler Begriff des objektorientierten Programmierens, der in die Definition von Ada 9X aufgenommen wurde. In solchen Fällen hielten wir es für sinnvoller, das englische Wort (in Anführungszeichen) zu verwenden, als eine Übersetzung zu erfinden.

18.1 Objektorientiertes Programmieren

Der Begriff „objektorientiert" ist wie das Schlagwort „biologisch" im Supermarkt: Jeder nimmt es für seine Erzeugnisse in Anspruch, aber jeder versteht darunter etwas anderes.

Eine ausführliche Einführung in das Thema „objektorientiertes Programmieren" ist nicht Ziel dieses Buches. Dafür verweisen wir den Leser auf das Buch [Booch 91], das das Thema auf sehr zugängliche Weise und mit vielen Beispielen aus verschiedenen Programmiersprachen behandelt.

In den folgenden Unterabschnitten zeigen wir an Beispielen, wie man mit Ada 9X objektorientiert programmieren kann. Dazu besprechen wir zunächst im §18.1.1 einige grundlegende Begriffe des objektorientierten Programmierens und ordnen [Ada] im Spektrum dieser Begriffe ein. Die Besprechung der Begriffe ist nicht nur für Neuankömmlinge in der Welt des objektorientierten Programmierens gedacht. In dieser Welt fehlt nämlich eine Standardisierung der Terminologie weitgehend; der gleiche Begriff hat also in verschiedenen objektorientierten Sprachen ganz verschiedene Namen. Eine Begriffsklärung liegt deshalb auch im Interesse derjenigen Leser, die mit dem objektorientierten Programmieren in einer anderen Sprache schon vertraut sind.

18.1.1 Begriffsklärung

In [Booch 91,§2.1] wird *objektorientiertes Programmieren* (im folgenden manchmal mit *OOP* abgekürzt) als Implementierungsmethode charakterisiert, bei der

- Programme aus *Objekten* gebaut werden,
- jedes Objekt zu einer *Klasse* gehört und
- neue Klassen durch *Vererbung* aus bestehenden Klassen gebildet werden können.

Wir verweisen den Leser auf §6.10 und §6.11 für eine Erläuterung des Begriffs „Objekt" (im Sinne des OOP). Ein Objekt stellt ein (konkretes oder abstraktes) Ding dar mitsamt der Aktionen und Eigenschaften, die sich darauf beziehen. Wir werden ab jetzt diese Aktionen und Eigenschaften als *Operationen* bezeichnen.

Objekte werden in [Ada] durch Ada-Objekte und Pakete dargestellt (TASKs sind auch Ada-Objekte).

Der Begriff *Klasse* wurde am Ende vom §6.10.1 kurz eingeführt. Eine Klasse enthält Objekte, die sich in bestimmter Hinsicht ähnlich sind, und charakterisiert diese Ähnlichkeit. Die Ähnlichkeit besteht in Operationen, die für alle Objekte der Klasse definiert sind. Klassen können in [Ada] dargestellt werden

- durch Typen; dann sind die Objekte einer Klasse Ada-Objekte des entsprechenden Typs. Die Operationen der Klasse sind Unterprogramme mit Parameter(n) dieses Typs oder aber (sofern der Typ nicht privat ist) vordefinierte Operationen des Typs — wie die Operation der Selektion, mit deren Hilfe aus einem Objekt eines RECORD-Typs die Komponenten des Objekts gewonnen werden können.
- durch generische Pakete; dann sind die Objekte einer Klasse ausgeprägte Exemplare des generischen Pakets, also Pakete. Die Operationen der Klasse sind Unterprogramme und Ada-Objekte im Paket.

Wir haben in §6.10 und §6.11 zwar manche Objekte durch Pakete dargestellt, die keine ausgeprägten Exemplare waren. Es wäre aber auch möglich gewesen, ein entsprechendes generisches Paket zur Darstellung einer Klasse und das jeweilige Objekt als einziges ausgeprägtes Exemplar des generischen Pakets zu vereinbaren.

Der Begriff der *Vererbung* kam aus gutem Grunde in diesem Buch noch nicht vor. Vererbung ist ein Mechanismus, der eine neue Klasse bei ihrer Definition mit allen Operationen einer schon definierten Klasse versieht

18.1 Objektorientiertes Programmieren

— die neue Klasse erbt also alle Operationen der bestehenden (und besitzt meistens zusätzliche Operationen). Dabei gehört es zum Wesen der Vererbung, daß alle Objekte der neuen Klasse automatisch auch Objekte der ursprünglichen Klasse sind.

Zu einer objektorientierten Sprache gehört die Unterstützung aller drei obengenannten Merkmale des objektorientierten Programmierens. Eine Sprache, die die Darstellung von Objekten und Klassen unterstützt, aber nicht die Vererbung, ist *objektbasiert* ([Booch 91]), jedoch nicht objektorientiert.

[Ada] unterstützt die Vererbung nicht: Bei der Darstellung einer Klasse durch einen Typ gibt es zwar eine Möglichkeit, eine neue Klasse zu vereinbaren, die alle Operationen einer bestehenden Klasse erbt und noch weitere hinzufügt: das Konstrukt des abgeleiteten Typs (§7.9). Allerdings ist der so vereinbarte Typ ein anderer im Sinne der strengen Typisierung. Objekte der neuen Klasse (des abgeleiteten Typs) sind deshalb niemals auch Objekte der ursprünglichen Klasse (des Vatertyps). Was also zunächst wie Vererbung im Sinne des objektorientierten Programmierens aussieht, ist keine.

Bei der Darstellung einer Klasse durch ein generisches Paket müßte Vererbung einen Mechanismus beinhalten, der aus einem generischen Paket ein neues generisches Paket erstellt, das alle Vereinbarungen des ursprünglichen Pakets und eventuell noch weitere Vereinbarungen enthält. Ein solches neues generisches Paket zu erstellen, ist zwar möglich, wenn auch sehr umständlich (s. §18.2.4), aber auch hier sind die Objekte der neuen Klasse (also die ausgeprägten Exemplare des neuen generischen Pakets) keine Objekte der alten Klasse (also keine ausgeprägten Exemplare des ursprünglichen generischen Pakets). [Ada] ist also zwar eine objektbasierte, aber keine objektorientierte Sprache.

Unsere bisherige Erklärung des Begriffs „Vererbung" war lückenhaft. Zur Vererbung gehören nämlich auch Polymorphie und „dispatching", die wir nun kurz erläutern:

Entsteht eine Klasse (zum Beispiel „fremdsprachige Verben") durch Vererbung aus einer schon bestehenden Klasse (zum Beispiel „fremdsprachige Ausdrücke"), so sind alle Objekte der neuen Klasse auch Objekte der alten Klasse — alle fremdsprachigen Verben sind fremdsprachige Ausdrücke (aber die Verben besitzen zusätzliche Operationen, zum Beispiel solche, die Informationen über die verschiedenen Formen des Verbs liefern und verarbeiten). *Polymorphie* in einer Sprache ist die Möglichkeit, diese Gemeinsamkeit durch die Vereinbarung von Variablen und Parametern zum Ausdruck zu bringen, für die erst zur Laufzeit feststeht, zu welcher Klasse einer durch Vererbung definierten Hierarchie sie gehören. In unserem Beispiel wäre dies etwa eine Variable, bei der nicht von vornherein festgelegt wird, ob sie ein fremdsprachiges Verb darstellt (und damit zusätzliche spezielle Operationen hat) oder nur einen beliebigen fremdsprachigen Ausdruck (bei der die für ein Verb spezifischen Operationen fehlen).

Zu jeder Klasse gehören Operationen. Entsteht eine Klasse durch Vererbung aus einer bestehenden Klasse, so erbt sie die Operationen dieser Klasse. Es ist aber oft sinnvoll, geerbte Operationen in der neuen Klasse durch neue Operationen zu ersetzen. Gibt es zum Beispiel in der Klasse „fremdsprachige Ausdrücke" eine Operation „zeig am Bildschirm", so wird diese Operation den Text des Ausdrucks auf den Bildschirm schreiben. Die Klasse „fremdsprachiges Verb" erbt zwar diese Operation. In dieser Klasse aber hat die geerbte Operation vielleicht nicht den gewünschten Effekt: Statt nur die Grundform des Verbes auf den Bildschirm zu schreiben, soll sie es auch konjugieren. Zur Vererbung gehört also die Möglichkeit, in der durch Vererbung entstehenden Klasse geerbte Operationen durch gleichnamige Operationen mit einer anderen Funktionalität zu ersetzen.

Dies sieht zunächst wie Überladung (§6.6) aus, ist aber in Verbindung mit der Polymorphie wesentlich flexibler. Die Polymorphie ermöglicht ja Variablen, bei denen erst zur Laufzeit feststeht, zu welcher Klasse einer durch Vererbung definierten Hierarchie sie gehören. Ist nun eine solche Variable aktueller Parameter einer Operation, so steht erst zur Laufzeit fest, welche Operation gemeint ist (bei Überladung steht dies ja immer schon zur Übersetzungszeit fest). In unserem Beispiel stellt die Variable einen fremdsprachigen Ausdruck dar. Hinter einem Aufruf „zeig am Bildschirm" mit dieser Variablen als aktuellem Parameter können sich Aufrufe inhaltlich verschiedener Operationen verbergen, und es steht erst zur Laufzeit fest, welche Operation gemeint ist. Diese dynamische Auswahl einer Operation heißt *dispatching*. Sie trägt ganz wesentlich zur Flexibilität des objektorientierten Programmierens bei.

18.1.2 Vererbung: TAGGED Typen

In diesem Unterabschnitt zeigen wir neue Mechanismen in Ada 9X, die die Vererbung und die damit verbundenen Annehmlichkeiten des OOP wie Polymorphie und „dispatching" ermöglichen.

Das Beispiel, das wir hier zeigen, entstammt der Aufgabe des Vokabel-Trainers (§6.9) und wurde in Ansätzen schon im §18.1.1 besprochen. Wir haben es aus didaktischen Gründen klein gehalten, obwohl es inhaltlich sinnvoll gewesen wäre, darin mehr Unterprogramme zu vereinbaren.

Die bisherige Fassung des Vokabel-Trainers bietet nur die Möglichkeit, einen fremdsprachigen Ausdruck durch einen unstrukturierten Text darzustellen. Eine anspruchsvollere Fassung aber sollte je nach Art des

18.1 Objektorientiertes Programmieren

Ausdrucks eine differenzierte Darstellung bieten. Zum Beispiel sollte bei einem Substantiv (zumindest in manchen Fällen) auch die Mehrzahl dazugehören, bei einem Verb die Konjugation und eventuell weitere Formen.

Es bietet sich bei einer objektorientierten Implementierung also an, „fremdsprachiger Ausdruck" durch eine Klasse darzustellen, wobei dann durch Vererbung Klassen wie „fremdsprachiges Substantiv" und „fremdsprachiges Verb" definiert werden können.

Grundlage der Vererbung in Ada 9X sind die TAGGED Typen (erweiterbare RECORD-Typen) und das schon aus [Ada] bekannte Konstrukt der abgeleiteten Typen. TAGGED ist ein neues reserviertes Wort.

Ein RECORD-Typ, der als TAGGED vereinbart ist, wie

```
TYPE ausdruck_typ IS TAGGED -- nur in Ada 9X
    RECORD
        text : text_typ;
    END RECORD;
```

im PACKAGE vokabel_typen, hat die Eigenschaft, daß ein daraus abgeleiteter Typ bei der Vereinbarung nicht nur mit zusätzlichen Unterprogrammen sondern auch mit zusätzlichen RECORD-Komponenten ausgestattet werden kann. So wird der aus ausdruck_typ abgeleitete

```
TYPE substantiv_typ IS
  NEW ausdruck_typ WITH -- nur in Ada 9X
    RECORD
        mehrzahl : text_typ;
    END RECORD;
```

um eine zusätzliche RECORD-Komponente mehrzahl angereichert. Außerdem erhält der neue Typ neue Unterprogramme

```
PROCEDURE zeig_am_bildschirm
    (substantiv : IN substantiv_typ);

FUNCTION eingabe_OK (frage   : IN string;
                     antwort : IN substantiv_typ)
    RETURN boolean;
```

Ohne die Vereinbarung dieser Unterprogramme hätte substantiv_typ die gleichnamigen Unterprogramme für den Typ ausdruck_typ geerbt. Diese sind nämlich *primitive* Unterprogramme des Typs ausdruck_typ, das heißt, bei Bildung eines abgeleiteten Typs werden sie diesem vererbt.

Nun wenden wir uns dem PACKAGE BODY vokabel_typen zu. Er enthält drei Prozedurrümpfe zeig_am_bildschirm für die drei Typen ausdruck_typ, substantiv_typ und verb_typ und drei Funktionsrümpfe eingabe_

---Ada 9X--Ada 9X---|
```
PACKAGE vokabel_typen IS

   TYPE text_typ IS NEW string (1 .. 40);

   TYPE ausdruck_typ IS TAGGED
      RECORD
         text : text_typ;
      END RECORD;

   PROCEDURE zeig_am_bildschirm
      (ausdruck : IN ausdruck_typ);
   FUNCTION eingabe_OK (frage   : IN string;
                        antwort : IN ausdruck_typ)
      RETURN boolean;

   TYPE substantiv_typ IS
      NEW ausdruck_typ WITH
      RECORD
         mehrzahl : text_typ;
      END RECORD;

   PROCEDURE zeig_am_bildschirm
      (substantiv : IN substantiv_typ);
   FUNCTION eingabe_OK (frage   : IN string;
                        antwort : IN substantiv_typ)
      RETURN boolean;

   TYPE verb_typ IS
      NEW ausdruck_typ WITH
      RECORD
         praeteritum : text_typ;
         partizip    : text_typ;
      END RECORD;

   PROCEDURE zeig_am_bildschirm (verb : IN verb_typ);
   FUNCTION eingabe_OK (frage   : IN string;
                        antwort : IN verb_typ)
      RETURN boolean;

END vokabel_typen;
```
---Ada 9X--Ada 9X---|

```ada
-------------------------------------------Ada 9X--Ada 9X---|
WITH terminal;

PACKAGE BODY vokabel_typen IS

   PROCEDURE zeig_am_bildschirm
      (ausdruck : IN ausdruck_typ) IS SEPARATE;
   FUNCTION eingabe_OK (frage   : IN string;
                        antwort : IN ausdruck_typ)
      RETURN boolean IS SEPARATE;

   PROCEDURE zeig_am_bildschirm
      (substantiv : IN substantiv_typ) IS
   BEGIN
      zeig_am_bildschirm (ausdruck_typ (substantiv));
      terminal.sag
         ("Mehrzahl" & string (substantiv.mehrzahl));
   END zeig_am_bildschirm;

   FUNCTION eingabe_OK (frage   : IN string;
                        antwort : IN substantiv_typ)
      RETURN boolean IS
      eingabe : text_typ;
      eingabe_laenge : positive;
   BEGIN
      IF NOT eingabe_OK
         (frage => frage,
          antwort => ausdruck_typ (antwort)) THEN
         RETURN false;
      ELSE
         terminal.frag (frage => "Mehrzahl?",
                        antwort => string (eingabe),
                        antwort_laenge => eingabe_laenge);
         RETURN (eingabe = antwort.mehrzahl);
      END IF;
   END eingabe_OK;

   PROCEDURE zeig_am_bildschirm
      (ausdruck : IN verb_typ) IS SEPARATE;
   FUNCTION eingabe_OK (frage   : IN string;
                        antwort : IN verb_typ)
      RETURN boolean IS SEPARATE;
END vokabel_typen;
-------------------------------------------Ada 9X--Ada 9X---|
```

OK für die gleichen drei Typen. In den Rümpfen der beiden Unterprogramme für den Typ `substantiv_typ` wird das gleichnamige Unterprogramm für den Vatertyp `ausdruck_typ` aufgerufen mit einem aktuellen Parameter `ausdruck_typ (substantiv)`. Die explizite Typkonvertierung hier ist so zu verstehen: `ausdruck_typ (substantiv)` ist das Objekt des Typs `ausdruck_typ`, das aus `substantiv` durch Entfernung der im Typ `ausdruck_typ` nicht vorhandenen Komponenten (hier `mehrzahl`) entsteht.

Benutzerdefinierte Unterprogramme eines erweiterten Typs (wie hier `substantiv_typ` und `verb_typ`) können also in ihrer Implementierung auf diese Weise Unterprogramme des Vatertyps aufrufen. Aufgaben, die für eine allgemeine Klasse schon implementiert sind, müssen für eine daraus durch Vererbung entstandene speziellere Klasse nicht von Grund auf wieder implementiert werden. Stattdessen nutzt man die schon vorhandene Implementierung für den allgemeinen Fall und bettet sie nur in die im Spezialfall nötige Zusatzbehandlung ein.

18.1.3 Wartbarkeit durch TAGGED Typen

Wichtig beim Erlernen von Vokabeln sind nicht nur die Zeitformen der Verben, sondern auch ihre Konjugation. Ist der Vokabel-Trainer schon im Einsatz mit dem Paket `vokabel_typen`, so brächte die Hinzunahme eines entsprechenden neuen Erweiterungstyps von `verb_typ` nicht nur viele erneute Übersetzungen, sondern auch für das mittlerweile bewährte Paket die Gefahr eingeschleppter Fehler mit sich.

Ein solcher Erweiterungstyp läßt sich aber auch in einem neuen Paket vereinbaren:

```
----------------------------------------Ada 9X--Ada 9X---|
WITH vokabel_typen;

PACKAGE konjugieren IS

   TYPE person_typ IS (erste, zweite, dritte);
   TYPE anzahl_typ IS (einzahl, mehrzahl);
   TYPE praesens_typ IS ARRAY (person_typ, anzahl_typ)
      OF text_typ;

   TYPE verb_typ IS
      NEW vokabel_typen.verb_typ WITH
      RECORD
         praesens     : praesens_typ;
```

```
      END RECORD;

   PROCEDURE zeig_am_bildschirm (verb : IN verb_typ);
   FUNCTION eingabe_OK (frage   : IN string;
                        antwort : IN verb_typ)
      RETURN boolean;

END konjugieren;
```
--Ada 9X--Ada 9X---|

Die Erweiterung eines TAGGED Typs kann auch als PRIVATE erklärt werden. Dann können Anwender des Typs auf die in der Erweiterung zusätzlich vereinbarten Komponenten nur mittels der im sichtbaren Teil des Pakets vereinbarten Mittel zugreifen.

--Ada 9X--Ada 9X---|
```
WITH vokabel_typen;

PACKAGE konjugieren_privat IS

   TYPE verb_typ IS
      NEW vokabel_typen.verb_typ WITH PRIVATE;

   PROCEDURE zeig_am_bildschirm (verb : IN verb_typ);
   FUNCTION eingabe_OK (frage   : IN string;
                        antwort : IN verb_typ)
      RETURN boolean;

PRIVATE

   TYPE person_typ IS (erste, zweite, dritte);
   TYPE anzahl_typ IS (einzahl, mehrzahl);
   TYPE praesens_typ IS ARRAY (person_typ, anzahl_typ)
      OF text_typ;

   TYPE verb_typ IS
      NEW vokabel_typen.verb_typ WITH
      RECORD
         praesens   : praesens_typ;
      END RECORD;

END konjugieren_privat;
```
--Ada 9X--Ada 9X---|

Die Erweiterbarkeit von Programmen ohne Veränderung schon bestehender Module ist ein wichtiges Merkmal von objektorientierten Sprachen. Außer im Zusammenhang mit der Vererbung unterstützt Ada 9X die Erweiterbarkeit in diesem Sinne auch durch neue Konstrukte zur Gliederung und Erweiterung von Paketen, die im §18.2 besprochen werden.

18.1.4 Polymorphie: class-wide programming

Die bisherige Darstellung der TAGGED Typen und die Beispiele in den beiden vorhergehenden Unterabschnitten ließen einen wichtigen Aspekt der Vererbung vermissen: die Polymorphie. In [Ada] ist ja ein abgeleiteter Typ ein anderer als sein Vatertyp. Objekte der Typen substantiv_typ, verb_typ und konjugieren.verb_typ sind also wegen der strengen Typisierung keine Objekte des Typs ausdruck_typ. Das bleibt auch in Ada 9X so.

Ada 9X verknüpft aber mit jedem TAGGED Typ t einen *class-wide*-Typ t'class, der sowohl t umfaßt als auch alle Typen, die (direkt oder indirekt) durch Vererbung aus t entstanden sind. ausdruck_typ'class umfaßt also alle in den letzten beiden Unterabschnitten besprochenen Typen. Jede Erweiterung eines TAGGED Typs gilt ebenfalls als TAGGED und ist deswegen mit einem „class-wide"-Typ verknüpft. Zum Beispiel umfaßt verb_typ'class verb_typ und konjugieren.verb_typ, aber ausdruck_typ und substantiv_typ sind nicht darin enthalten.

Klassen im Sinne des OOP werden also in Ada 9X nicht durch die TAGGED Typen dargestellt, sondern durch die damit assoziierten „class-wide"-Typen. (Wir werden deshalb im folgenden „class-wide"-Typen auch als *Klassen* bezeichnen.) Jeder Wert eines „class-wide"-Typs ist mit einem Etikett (*tag*) versehen, das den TAGGED Typ des Werts identifiziert.

„Class-wide"-Typen verhalten sich ähnlich wie uneingeschränkte Typen (s. §7.4.1): Eine Vereinbarung eines Objekts eines solchen Typs ohne weitere Einschränkung ist unzulässig. Der Grund dafür ist die Erweiterbarkeit von TAGGED Typen und die daraus resultierende Unabgeschlossenheit der „class-wide"-Typen. Zum Beispiel kann ein Wert von ausdruck_typ'class zu einem der Typen ausdruck_typ, substantiv_typ oder verb_typ gehören, oder aber zum Typ konjugieren.verb_typ, der bei der Übersetzung der Vereinbarung von ausdruck_typ noch überhaupt nicht vereinbart war. Bei der Übersetzung einer Vereinbarung eines „class-wide"-Objekts ohne Einschränkung auf einen bestimmten TAGGED Typ hätte der Compiler also keine Möglichkeit zu errechnen, wieviel Speicherplatz er für das Objekt reservieren muß. Die Vereinbarung eines solchen Objekts ist deshalb nur in Verbindung mit einer Initialisierung

18.1 Objektorientiertes Programmieren

zulässig, und das Objekt bleibt dann durch den TAGGED Typ des Initialwerts eingeschränkt.

Es gibt jedoch Situationen, in denen „class-wide"-Typen sehr sinnvoll eingesetzt werden können. Wir zeigen solche Situationen in den folgenden Beispielen.

„Class-wide"-Typen können als Typ eines formalen Unterprogrammparameters auftreten. Zum Beispiel könnte der Rumpf der Prozedur funktionen.abfragen im Vokabel-Trainer eine Prozedur

```
FUNCTION uebersetzung_OK
    (richtige_antwort : IN ausdruck_typ'class)
                                            -- nur in Ada 9X
        RETURN boolean IS
BEGIN
    RETURN (eingabe_OK
            (frage   => "Gib bitte die Übersetzung ein:",
             antwort => richtige_antwort) OR ELSE
            eingabe_OK
            (frage   => "Falsch, versuch's noch einmal:",
             antwort => richtige_antwort));
END uebersetzung_OK;
```

enthalten. Zur Laufzeit könnte diese Prozedur abwechselnd mit aktuellen Parametern der Typen ausdruck_typ, substantiv_typ und verb_typ aus dem Paket vokabel_typen oder auch des Typs konjugieren.verb_typ aufgerufen werden. Bei der Übersetzung dieser Funktion kann aber nicht bekannt sein, welche Funktion eingabe_OK in den beiden Aufrufen gemeint ist, weil zur Übersetzungszeit noch gar nicht feststeht, welche Typen später durch Vererbung aus ausdruck_typ noch entstehen werden. Das Ada-System stellt dies zur Laufzeit anhand des Etiketts („tag") des aktuellen Parameters fest und wählt das passende Unterprogramm aus („dispatching").

„Class-wide"-Typen können als Zieltyp eines ACCESS-Typs eingesetzt werden. Der Typ vokabel_typ könnte also in einer neuen Implementierung des Vokabel-Trainers so vereinbart werden:

```
TYPE auslaendisch_zeiger IS ACCESS
    vokabel_typen.ausdruck_typ'class; -- nur in Ada 9X

TYPE vokabel_typ IS
    RECORD
        deutsch      : deutsch_typ;
        auslaendisch : auslaendisch_zeiger;
    END RECORD;
```

und man könnte mit einem Aufruf

```
zeig_am_bildschirm (vokabel.auslaendisch.ALL);
```
den fremdsprachigen Teil eines Objekts `vokabel` dieses Typs am Bildschirm anzeigen lassen. Auch dieser Aufruf verursacht „dispatching", da `vokabel.auslaendisch.ALL` Ausdruck des Typs `ausdruck_typ'class` ist. Zur Laufzeit wird also anhand des Etiketts („tag") des aktuellen Parameters sein TAGGED Typ festgestellt und das passende Unterprogramm aufgerufen.

Die Prozedur `funktionen.abfragen` kann also unter Verwendung der Klasse `vokabel_typen.ausdruck_typ'class` zu einem Zeitpunkt geschrieben werden, an dem noch gar nicht entschieden ist, welche Typen zu dieser Klasse gehören. Sie braucht später, wenn neue Typen hinzugefügt werden, nicht angepaßt zu werden. Voraussetzung ist, daß die nötigen Operationen als primitive Unterprogramme des TAGGED Typs `ausdruck_typ` vereinbart wurden.

Wir haben aus Platzgründen nur zwei solche Unterprogramme vereinbart. Unterprogramme zum Lesen und Schreiben von Werten des Typs `vokabel_typen.ausdruck_typ'class` aus dem Heft bzw. in das Heft sind auch nötig zur Implementierung von `funktionen.abfragen`. Solche Unterprogramme haben wir nicht vereinbart. Sie können mit Hilfe der speziell für Klassen definierten Attribute `'input` bzw. `'output` (im Kapitel 14 der neuen Sprachdefinition beschrieben) implementiert werden. Für jeden TAGGED Typ `t` hat FUNCTION `t'class'input` den Ergebnistyp `t'class` und liest einen Wert dieser Klasse ein. PROCEDURE `t'class'output` hat einen IN-Parameter der Klasse `t'class` und schreibt einen Wert dieser Klasse.

18.1.5 Abstrakte Typen

Im letzten Abschnitt sah man, wie durch Verwendung einer Klasse zur Darstellung verschiedener Arten fremdsprachiger Ausdrücke die PROCEDURE `funktionen.abfragen` schon implementiert werden kann, bevor überhaupt feststeht, welche Arten fremdsprachiger Ausdrücke behandelt werden sollen und wie sie dargestellt werden sollen.

In den bisherigen Beispielen stand allerdings schon frühzeitig eine einfache Art fremdsprachiger Ausdruck fest, aus dem alle noch zu definierenden Arten durch Erweiterung gewonnen werden sollten. Dies ist aber nicht immer der Fall. Es kann sein, daß der gemeinsame Nenner der Typen einer Klasse selber gar nicht dazugehört, zum Beispiel dann, wenn diese potentiellen Typen keine gemeinsame Komponente besitzen. Es kann aber auch sein, daß man zum Zeitpunkt, zu dem eine Anwendung einer Klasse geschrieben werden soll, noch keine Entscheidung über die darin aufzunehmenden Typen treffen kann oder möchte.

18.1 Objektorientiertes Programmieren

In solchen Situationen bietet sich die Vereinbarung eines *abstrakten Typs* an:

```
----------------------------------------Ada 9X--Ada 9X---|
PACKAGE neue_vokabel_typen IS

   TYPE abstrakter_ausdruck_typ IS
      ABSTRACT TAGGED NULL RECORD;

   PROCEDURE zeig_am_bildschirm
      (ausdruck : IN abstrakter_ausdruck_typ) IS ABSTRACT;
   FUNCTION eingabe_OK (frage   : IN string;
                        antwort: IN abstrakter_ausdruck_typ)
      RETURN boolean IS ABSTRACT;

END neue_vokabel_typen;
----------------------------------------Ada 9X--Ada 9X---|
```

ABSTRACT ist ein neues reserviertes Wort, das abstrakte Typen und Unterprogramme kennzeichnet. **NULL RECORD** zeigt an, daß dieser Typ ein **RECORD**-Typ ohne Komponenten ist.

Ein abstrakter Typ ist ein **TAGGED** Typ, der *abstrakte* „dispatching"-Unterprogramme hat. Er bietet eine Struktur, die erst mit Leben gefüllt werden muß, bevor sie zur Vereinbarung von Objekten verwendet werden kann. `abstrakter_ausdruck_typ` zum Beispiel bietet die Struktur eines **TAGGED** Typs mit zwei primitiven Unterprogrammen mit ganz bestimmten Profilen. Ein abstrakter Typ kann aber nicht zur Vereinbarung von Objekten herangezogen werden. Die einzige Anwendungsmöglichkeit eines abstrakten Typs ist, abgeleitete Typen daraus zu bilden, die ebenfalls (primitive) Unterprogramme mit den gleichen Profilen haben. Diese abgeleiteten Typen sind aber auch abstrakt und unterliegen den gleichen Einschränkungen, sofern sie abstrakte Unterprogramme besitzen. Um also aus einem abstrakten Typ einen normalen Typ zu machen, den man zur Vereinbarung von Objekten verwenden kann, muß man einen abgeleiteten Typ bilden und dabei alle geerbten abstrakten Unterprogramme durch nicht-abstrakte primitive Unterprogramme ersetzen.

Im **PACKAGE** `nichtabstrakte_typen` ist also **TYPE** `ausdruck_typ` ein abstrakter Typ, weil er die beiden abstrakten Unterprogramme seines Vatertyps erbt. Die Typen `substantiv_typ` und `verb_typ` dagegen sind keine abstrakten Typen, weil bei ihrer Vereinbarung die beiden geerbten abstrakten Unterprogramme durch nicht-abstrakte Unterprogramme ersetzt werden. Im Gegensatz zu `ausdruck_typ` können also `substantiv_typ` und `verb_typ` zur Vereinbarung von Objekten verwendet werden.

```
-----------------------------------------Ada 9X--Ada 9X---|
WITH neue_vokabel_typen;

PACKAGE nichtabstrakte_typen IS

   TYPE text_typ IS NEW string (1 .. 40);

   TYPE ausdruck_typ IS
      NEW neue_vokabel_typen.abstrakter_ausdruck_typ WITH
      RECORD
         text : text_typ;
      END RECORD;

   TYPE substantiv_typ IS NEW ausdruck_typ WITH
      RECORD
         mehrzahl : text_typ;
      END RECORD;

   PROCEDURE zeig_am_bildschirm
      (substantiv : IN substantiv_typ);
   FUNCTION eingabe_OK (frage   : IN string;
                        antwort : IN substantiv_typ)
      RETURN boolean;

   TYPE person_typ IS (erste, zweite, dritte);
   TYPE anzahl_typ IS (einzahl, mehrzahl);
   TYPE praesens_typ IS ARRAY (person_typ, anzahl_typ)
      OF text_typ;

   TYPE verb_typ IS NEW ausdruck_typ WITH
      RECORD
         praesens    : praesens_typ;
         praeteritum : text_typ;
         partizip    : text_typ;
      END RECORD;

   PROCEDURE zeig_am_bildschirm (verb : IN verb_typ);
   FUNCTION eingabe_OK (frage   : IN string;
                        antwort : IN verb_typ)
      RETURN boolean;

END nichtabstrakte_typen;
-----------------------------------------Ada 9X--Ada 9X---|
```

18.1.6 Mehrfache Vererbung

Die bisher besprochene Vererbung ermöglicht nur die Vereinbarung neuer Klassen, die alle Operationen einer vorhandenen Klasse erben. Diese Art der Vererbung ist in allen objektorientierten Sprachen möglich. Mit *mehrfacher Vererbung* (*multiple inheritance*) ist die Möglichkeit gemeint, eine Klasse zu vereinbaren, die alle Operationen mehrerer vorhandener Klassen erbt.

Mehrfache Vererbung wird nicht in jeder objektorientierten Sprache unterstützt. Sie ist zwar in manchen Anwendungen sehr hilfreich, kann aber das Konstrukt der Vererbung generell mit einem hohen Laufzeitaufwand belasten und so auch die Effizienz solcher Programme beeinträchtigen, in denen sie gar nicht in Anspruch genommen wird. Deshalb wird die mehrfache Vererbung in Ada 9X nur indirekt über das neue Konstrukt der ACCESS-Diskriminanten unterstützt. Dadurch wird im Bedarfsfall die Wirkung der mehrfachen Vererbung erzielt, ohne in den Fällen, in denen sie in ihrer ausgeprägtesten Form gar nicht nötig ist, den Preis dafür bezahlen zu müssen.

18.1.6.1 Ein einfaches Beispiel

Der Vokabel-Trainer soll um eine akustische Sprachausgabe erweitert werden. Dazu soll eine Erweiterung des TAGGED Typs vokabel_typen.ausdruck_typ vereinbart werden, die auch die Aussprache des jeweiligen Ausdrucks enthält. Vorhanden ist ein Paket

```
------------------------------------------Ada 9X--Ada 9X---|
PACKAGE akustik IS

   TYPE signal_typ IS TAGGED PRIVATE;

   kein_ton : CONSTANT signal_typ;

   PROCEDURE loese_aus (signal : IN signal_typ);

   FUNCTION aufgenommenes_signal RETURN signal_typ;
         -- nimmt ein akustisches Signal auf

PRIVATE
   ...
END akustik;
------------------------------------------Ada 9X--Ada 9X---|
```

mit einem Typ signal_typ, der sich zur Darstellung der Aussprache eignet und mit primitiven Unterprogrammen loese_aus und aufgenommenes_signal zur akustischen Aus/Eingabe.

Diese Erweiterung kann, wie im PACKAGE aussprache unten, mit Hilfe eines Typs ausdruck_typ bewältigt werden, der eine Erweiterung von vokabel_typen.ausdruck_typ ist und der eine weitere Komponente ton vom Typ akustik.signal_typ hat. In diesem wie in vielen Fällen reicht diese einfache Konstruktion aus.

```
----------------------------------------Ada 9X--Ada 9X---|
WITH vokabel_typen, akustik;

PACKAGE aussprache IS

   TYPE ausdruck_typ IS NEW vokabel_typen.ausdruck_typ WITH
     RECORD
        ton : akustik.signal_typ := kein_ton;
     END RECORD;

   PROCEDURE zeig_am_bildschirm (ausdruck: IN ausdruck_typ);

   PROCEDURE nimm_aussprache_auf
       (fuer_ausdruck : IN OUT ausdruck_typ);

END aussprache;
----------------------------------------Ada 9X--Ada 9X---|
```

Die geerbte PROCEDURE zeig_am_bildschirm soll durch eine Prozedur ersetzt werden, die außer der Textausgabe auch die Aussprache des jeweiligen Ausdrucks (akustisch) ausgibt. Die geerbte FUNCTION eingabe_OK wird beibehalten, denn das Einlesen eines Ausdrucks und die Prüfung auf Richtigkeit soll nicht mit einer akustischen Eingabe verbunden sein. Der neue Typ erhält aber ein zusätzliches primitives Unterprogramm PROCEDURE nimm_aussprache_auf zur akustischen Aufnahme der Aussprache eines Ausdrucks.

```
----------------------------------------Ada 9X--Ada 9X---|
PACKAGE BODY aussprache IS

   PROCEDURE zeig_am_bildschirm
       (ausdruck: IN ausdruck_typ) IS
   BEGIN
      zeig_am_bildschirm
          (vokabel_typen.ausdruck_typ (ausdruck));
```

18.1 Objektorientiertes Programmieren 405

```
      akustik.loese_aus (ausdruck.ton);
   END zeig_am_bildschirm;

   PROCEDURE nimm_aussprache_auf
      (fuer_ausdruck : IN OUT ausdruck_typ) IS
   BEGIN
      fuer_ausdruck.ton := akustik.aufgenommenes_signal;
   END nimm_aussprache_auf;
END aussprache;
------------------------------------------Ada 9X--Ada 9X---|
```

18.1.6.2 Generische Erweiterungspakete

Der letzte Abschnitt zeigte die Erweiterung des TAGGED Typs vokabel_typen.ausdruck_typ um eine Komponente ton des Typs akustik.signal_typ. Dabei wurde die geerbte PROCEDURE zeig_am_bildschirm ersetzt und eine zusätzliche PROCEDURE nimm_aussprache_auf vereinbart.

Diese Erweiterung mitsamt dem entsprechenden Paketrumpf hätte genauso auf einen beliebigen Typ in vokabel_typen.ausdruck_typ'class angewendet werden können, zum Beispiel auf den Typ konjugieren.verb_typ.

Die Erweiterung eines beliebigen Typs in vokabel_typen.ausdruck_typ'class nach diesem Rezept kann man als generisches Paket akustik_erweiterung mit dem generischen formalen Typ ausgangs_ausdruck formulieren:

```
------------------------------------------Ada 9X--Ada 9X---|
WITH vokabel_typen, akustik;

GENERIC
   TYPE ausgangs_ausdruck_typ IS NEW
      vokabel_typen.ausdruck_typ WITH PRIVATE;
PACKAGE akustik_erweiterung IS

   TYPE ausdruck_typ IS NEW ausgangs_ausdruck_typ WITH
      RECORD
         ton : akustik.signal_typ;
      END RECORD;

   PROCEDURE zeig_am_bildschirm (ausdruck: IN ausdruck_typ);

   PROCEDURE nimm_aussprache_auf
```

```
     (fuer_ausdruck : IN OUT ausdruck_typ);

END akustik_erweiterung;
```
--Ada 9X--Ada 9X---|

Dabei wird mit

```
   TYPE ausgangs_ausdruck_typ IS NEW
      vokabel_typen.ausdruck_typ WITH PRIVATE;
                                -- nur in Ada 9X
```

ein generischer formaler Typ vereinbart, für den zur Ausprägungszeit jeder Typ in vokabel_typen.ausdruck_typ'class eingesetzt werden darf.

Analog zum generischen Paket akustik_erweiterung kann man ein generisches Paket bild_erweiterung vereinbaren. Dann kann man für jeden Typ in vokabel_typen.ausdruck_typ'class eine Erweiterung des Typs mit Hilfe von akustik_erweiterung und bild_erweiterung vereinbaren. Wir zeigen dies im PACKAGE multimedia_vokabeln am Beispiel des Typs vokabel_typen.ausdruck_typ:

--Ada 9X--Ada 9X---|
```
WITH vokabel_typen, akustik_erweiterung, bild_erweiterung;

PACKAGE multimedia_vokabeln IS

   TYPE ausdruck_typ IS NEW vokabel_typen.ausdruck_typ
      WITH PRIVATE;

   PROCEDURE zeig_am_bildschirm (ausdruck: IN ausdruck_typ);

PRIVATE

   PACKAGE mit_akustik IS NEW
      akustik_erweiterung (vokabel_typen.ausdruck_typ);

   PACKAGE mit_akustik_und_bild IS NEW
      bild_erweiterung (mit_akustik.ausdruck_typ);

   TYPE ausdruck_typ IS NEW
      mit_akustik_und_bild.ausdruck_typ WITH NULL;

END multimedia_vokabeln;
```
--Ada 9X--Ada 9X---|

18.1.6.3 ACCESS-Diskriminanten

In den letzten beiden Beispielen wurde ein TAGGED Typ um eine Komponente erweitert, dessen Typ ein anderer TAGGED Typ war. Der so entstandene Typ ist Erweiterung des ersten Typs, aber nicht des zweiten; dafür gehört die zusätzliche Komponente zum zweiten Typ.

Diese Konstruktion reicht in vielen Anwendungen aus: Man hat ein Abbild eines Typs, das in einer zusätzlichen Komponenten ein Abbild des anderen Typs enthält.

Allerdings kann diese Konstruktion versagen, wenn einer der beiden Ausgangstypen Knoten einer verketteten Struktur darstellt mitsamt den Verbindungen zu anderen gleichartigen Knoten.

Betrachten wir als Beispiel einerseits einen TAGGED Typ leute.person_typ, dessen Werte Personen darstellen:

```
-----------------------------------------Ada 9X--Ada 9X---|
PACKAGE leute IS

    TYPE person_typ IS TAGGED
      RECORD
        vorname,
        nachname : string (1 .. 30);
      END RECORD;

    PROCEDURE drucke_angaben (von : IN person_typ);

END leute;
-----------------------------------------Ada 9X--Ada 9X---|
```

Bei der Darstellung eines Stammbaums kann die Darstellung der Stammbaumstruktur, also der verwandtschaftlichen Beziehungen zwischen den im Stammbaum dargestellten Menschen, zunächst völlig unabhängig von anderen Aspekten dieser Menschen (wie Namen, Geburtsdatum) entworfen und betrachtet werden. Betrachten wir also einen Typ stammbaum.eintrag_typ, dessen Werte (vereinfacht) nur die Verbindungen eines Eintrages (zu anderen Einträgen) in einem Stammbaum darstellen:

```
-----------------------------------------Ada 9X--Ada 9X---|
PACKAGE stammbaum IS

    TYPE eintrag_typ;

    TYPE eintrag_zeiger IS ACCESS eintrag_typ'class;
```

```
   TYPE kinder_typ IS ARRAY (positive RANGE <>)
      OF eintrag_zeiger;

   TYPE kinder_zeiger IS ACCESS kinder_typ;

   TYPE eintrag_typ IS TAGGED LIMITED
      RECORD
         vater,
         mutter : eintrag_zeiger;
         kinder : kinder_zeiger;
      END RECORD;

   PROCEDURE identifiziere (eintrag : IN eintrag_typ)
      IS ABSTRACT;
            -- zeigt Informationen ueber die Person an,
            -- die der Eintrag darstellt.
END stammbaum;
```
--Ada 9X--Ada 9X---|

Nun soll im Sinne der mehrfachen Vererbung ein Typ vereinbart werden, dessen Werte jeweils eine Person darstellen mitsamt seinen verwandtschaftlichen Beziehungen zu anderen (genauso dargestellten) Personen in einem Stammbaum.

Der Typ `leute.person_typ` stellt Personen dar, der Typ `stammbaum.eintrag_typ` die Verbindungen eines Stammbaumeintrages. Der zu vereinbarende Typ soll also die Eigenschaften beider Typen widerspiegeln.

In Ada 9X muß man sich für <u>einen</u> Vater(unter)typ entscheiden, aus dem der zu vereinbarende Typ abgeleitet werden soll. In diesem Fall muß man sich also entweder für `leute.person_typ` oder für `stammbaum.eintrag_typ` als Vatertyp entscheiden, je nachdem, welcher dieser Typen beim neu zu vereinbarenden Typ die übergeordnete Rolle spielen soll.

Es wird meistens sinnvoll sein, `leute.person_typ` als Vatertyp zu wählen, denn wahrscheinlich stehen letztlich nicht die Stammbaumverbindungen, sondern die im Stammbaum dargestellten Menschen im Vordergrund. Eine Erweiterung des `TAGGED` Typs `leute.person_typ` um eine zusätzliche Komponente des Typs `stammbaum.eintrag_typ` reicht hier aber nicht aus. Man stelle sich nämlich einen Wert otto eines solchen Typs vor mit einer Komponenten `otto.eintrag` des Typs `stammbaum.eintrag_typ`. `otto.eintrag.mutter` bietet zwar Zugang zu Informationen über ottos Mutter. Wenn diese Informationen aber wie `otto.eintrag` nur den Typ `stammbaum.eintrag_typ` haben, dann sind es

18.1 Objektorientiertes Programmieren

nur Informationen über die verwandtschaftlichen Beziehungen von ottos Mutter; die Verknüpfung zum entsprechenden Wert des Typs leute.person_typ fehlt. Bei einer solchen Typvereinbarung wird es also nicht möglich sein, aus otto den Vornamen von ottos Mutter zu gewinnen.

Für solche Situationen sind die in Ada 9X neu hinzugekommenen *ACCESS-Diskriminanten* vorgesehen. Wir vereinbaren zunächst einen Typ eintrag_erweiterung, der den TAGGED Typ stammbaum.eintrag_typ nicht um eine normale RECORD-Komponente, sondern um eine Diskriminante erweitert:

```
----------------------------------------Ada 9X--Ada 9X---|
WITH leute, stammbaum;

PACKAGE bewohnter_stammbaum IS

   TYPE eintrag_erweiterung
      (person : ACCESS leute.person_typ'class) IS
      NEW stammbaum.eintrag_typ WITH NULL;

   PROCEDURE identifiziere
      (eintrag : IN eintrag_erweiterung);

END bewohnter_stammbaum;
----------------------------------------Ada 9X--Ada 9X---|
```

Der Typ der Diskriminanten person ist ein (anonymer) ACCESS-Typ mit dem Zieltyp leute.person_typ'class. Die Diskriminante person stellt also eine Verbindung zu einem Wert dieses Typs her (und damit zum Beispiel auch zur Komponenten vorname). Der Rumpf der PROCEDURE identifiziere kann von dieser Verbindung Gebrauch machen:

```
----------------------------------------Ada 9X--Ada 9X---|
PACKAGE BODY bewohnter_stammbaum IS

   PROCEDURE identifiziere
      (eintrag : IN eintrag_erweiterung) IS
   BEGIN
      drucke_angaben (eintrag.person.ALL);
   END identifiziere;

END bewohnter_stammbaum;
----------------------------------------Ada 9X--Ada 9X---|
```

Der eben vereinbarte Typ ist eine Erweiterung des Typs stammbaum.eintrag_typ, kann aber zur Vereinbarung eines Typs mit den gewünschten Eigenschaften verwendet werden.

Nehmen wir an, **person_total** sei eine Erweiterung von **leute.person_typ**, die als Vatertyp eingesetzt werden soll. Wir vereinbaren nun einen Typ, der eine Erweiterung von **person_total** ist und die gewünschten Eigenschaften hat:

```
TYPE stammbaum_eintrag_total IS
  NEW person_total WITH RECORD -- nur in Ada 9X
    eintrag : eintrag_erweiterung
                  (stammbaum_eintrag_total'ACCESS);
  END RECORD;
```

Mit **stammbaum_eintrag_total** in

   eintrag_erweiterung (stammbaum_eintrag_total'ACCESS)

ist nicht der Typ gemeint, der gerade vereinbart wird, sondern das Objekt dieses Typs, in dem sich die Komponente **eintrag_erweiterung** befindet.

Sehen wir uns als Beispiel ein Objekt dieses Typs an:

   emma : stammbaum_eintrag_total;

gehört zur Klasse **person_total'class** und hat eine Komponente **emma.eintrag** des Typs **eintrag_erweiterung**, die damit zur Klasse **stammbaum.eintrag_typ'class** gehört.

emma.eintrag hat außerdem eine Diskriminante (also auch eine Komponente) **emma.eintrag.person** des Typs

   ACCESS leute.person_typ'class

mit dem Wert **emma'ACCESS**. Damit hat **emma.eintrag.person.ALL** den Wert **emma**. Jedes Objekt des Typs **stammbaum_eintrag_total** hat also in seiner Komponente **eintrag** eine Komponente **person**, die Zugang zum ganzen Objekt bietet (und damit auch zu den Komponenten des Objekts, die vom Typ **person_total** stammen).

Werden nun alle Personen im Stammbaum durch Werte des Typs **stammbaum_eintrag_total** dargestellt, so stellt

   emma.eintrag.vater.ALL

emmas Vater dar, dessen Eintrag ebenfalls vom Typ **stammbaum_eintrag_total** ist. Also stellt

   emma.eintrag.vater.eintrag.person.vorname

den Vornamen von Emmas Vater dar.

18.2 Erweiterung und Gliederung von Paketen

Dieser Abschnitt bespricht Konstrukte in Ada 9X, die es ermöglichen, ein Paket in mehrere Übersetzungseinheiten aufzuteilen bzw. es nachträglich zu erweitern, ohne es neu übersetzen zu müssen.

18.2.1 Gliederung nichtgenerischer Pakete

Das Konstrukt der privaten Typen in [Ada] trägt wesentlich zur Wartbarkeit von Ada-Programmen bei, führt allerdings oft zu sehr großen und damit unübersichtlichen Paketen. Ein Beispiel ist das vordefinierte PACKAGE text_io, dessen Vereinbarung sich in [Ada] über fast fünf Seiten erstreckt. Es ist nicht möglich, dieses unhandliche Paket auf sinnvolle Weise durch mehrere kleinere Bibliothekspakete zu ersetzen, weil der private Typ file_type, der darin vereinbart ist, in sehr vielen Unterprogrammen des Pakets als Parametertyp vorkommt. Bei einer Unterbringung solcher Unterprogramme in einem Paket außerhalb von text_io wäre die vollständige Typvereinbarung von file_type, die meist für die Implementierung der Unterprogramme gebraucht wird, im Rumpf des neuen Pakets nicht sichtbar.

In Ada 9X wurde deshalb eine neue Art von Bibliothekseinheit eingeführt, die eine hierarchische Struktur zwischen Bibliothekseinheiten ermöglicht. Zum Beispiel könnten die von vielen text_io-Benutzern selten angewendeten Unterprogramme, die sich auf die Spaltenposition innerhalb der aktuellen Zeile beziehen, in einem *child package* ausgegliedert werden (wir übersetzen „child" mit *Kind*):

```
----------------------------------------Ada 9X--Ada 9X---|
PACKAGE text_io.columns IS

   PROCEDURE set_col (to : IN positive_count);
   PROCEDURE set_col (file : IN file_type;
                      to   : IN positive_count);

   FUNCTION col (file : IN file_type)
      RETURN positive_count;
   FUNCTION col RETURN positive_count;

END text_io.columns;
----------------------------------------Ada 9X--Ada 9X---|
```

Innerhalb von PACKAGE text_io.columns sind alle Vereinbarungen im sichtbaren Teil von PACKAGE text_io sichtbar. text_io.columns ist

Bibliothekspaket, kann also in jeder Übersetzungseinheit mit einer WITH-Klausel

```
WITH text_io.columns;  -- nur in Ada 9X
```

sichtbar gemacht werden. Durch diese WITH-Klausel wird auch das *parent* PACKAGE text_io sichtbar.

Und nun zur Implementierung des neuen Pakets: Wesentlich ist, daß im (hier nicht vorhandenen) privaten Teil und im Rumpf einer solchen Kind-Einheit der private Teil des „parent" sichtbar ist. Im PACKAGE BODY text_io.columns ist also die vollständige Vereinbarung von TYPE file_type sichtbar.

Auch generische Programmeinheiten können in Ada 9X als Kind-Einheiten vereinbart werden. Jede der vier lokalen generischen Pakete im PACKAGE text_io könnte also stattdessen als Kind-Paket vereinbart werden, zum Beispiel

```
------------------------------------------Ada 9X--Ada 9X---|
GENERIC

   TYPE num IS RANGE <>;

PACKAGE text_io.integer_io IS
   default_width : field := num'width;
   default_base  : number_base := 10;

   PROCEDURE get (item  : OUT num;
                  width : IN field := 0);
   PROCEDURE get (file  : IN file_type;
                  item  : OUT num;
                  width : IN field := 0);

   PROCEDURE put (item  : IN num;
                  width : IN field := default_width;
                  base  : IN number_base := default_base);
   PROCEDURE put (file  : IN file_type;
                  item  : IN num;
                  width : IN field := default_width;
                  base  : IN number_base := default_base);

   PROCEDURE get (from  : IN string;
                  item  : OUT num;
                  last  : OUT positive);
   PROCEDURE put (to    : OUT string;
```

18.2 Erweiterung und Gliederung von Paketen

```
              item : IN num;
              base : IN number_base := default_base);

END text_io.integer_io;
```
--Ada 9X--Ada 9X---|

Auch Unterprogramme können Kind-Einheiten sein. Wir zeigen ein Beispiel im §18.2.3.

18.2.2 Gliederung von Paketrümpfen

In der Musterlösung zu Übung 7 im §9.9 hatten wir uns dafür entschieden, PACKAGE heft innerhalb von PACKAGE BODY funktionen zu vereinbaren. Dadurch wurde letzterer allerdings recht unübersichtlich (§11.8). Die einzige Möglichkeit, die [Ada] zur Gliederung eines <u>Rumpfes</u> bietet, ist das Konstrukt „Untereinheit", mit dem nur der Text eines Rumpfs, nicht aber zum Beispiel derjenige einer Paketvereinbarung ausgelagert werden kann.

Ada 9X bietet eine spezielle Art von Kind-Einheit für diesen Zweck: die *private-child*-Einheiten. (Kinder, die weder privat noch Abkömmlinge (also Kinder, Enkel usw.) privater Kinder sind, heißen *public*.) Private Kinder eines Pakets dienen nur seiner Implementierung und können deshalb nur in dieser Implementierung sichtbar gemacht werden, zum Beispiel im Paketrumpf und in weiteren privaten Kindern des Pakets.

Um PACKAGE BODY funktionen übersichtlicher zu gestalten, könnte man also PACKAGE heft als privates Kind von PACKAGE funktionen vereinbaren:

--Ada 9X--Ada 9X---|
```
PRIVATE PACKAGE funktionen.heft IS

 ...

END funktionen.heft;
```
--Ada 9X--Ada 9X---|

Das Paket funktionen.heft könnte dann mit

```
WITH funktionen.heft;    -- nur in Ada 9X
```

im PACKAGE BODY funktionen sichtbar gemacht werden, aber nicht in der Vereinbarung von PACKAGE funktionen und zum Beispiel auch nicht im PACKAGE BODY terminal.

Um die Transparenz noch weiter zu verbessern, könnte man einen Teil des etwas unübersichtlichen privaten PACKAGE funktionen.heft als weiteres privates Kind von PACKAGE funktionen auslagern:

--Ada 9X--Ada 9X---|
```
PRIVATE PACKAGE funktionen.typen IS

   TYPE deutsch_typ IS NEW string (1 .. 40);
   TYPE auslaendisch_typ IS NEW string (1 .. 40);
   TYPE vokabel_typ IS PRIVATE;

   FUNCTION   deutsch_von (vokabel : IN vokabel_typ)
      RETURN deutsch_typ;
   FUNCTION   uebersetzung_von (vokabel : IN vokabel_typ)
      RETURN auslaendisch_typ;
   FUNCTION   eintrag
      (deutscher_ausdruck       : IN deutsch_typ;
       auslaendischer_ausdruck : IN auslaendisch_typ)
      RETURN vokabel_typ;

PRIVATE

   TYPE vokabel_typ IS
      RECORD
         deutsch       : deutsch_typ;
         auslaendisch : auslaendisch_typ;
      END RECORD;

END funktionen.typen;
```
--Ada 9X--Ada 9X---|

Das abgemagerte PACKAGE funktionen.heft sähe dann so aus:

--Ada 9X--Ada 9X---|
```
WITH funktionen.typen; USE funktionen.typen;

PRIVATE PACKAGE funktionen.heft IS

   PROCEDURE schreib (lektion : IN lektion_typ;
                      eintrag : IN vokabel_typ);
   ...
```
--Ada 9X--Ada 9X---|

Kinder des gleichen Pakets (also Geschwister) können sich nämlich gegenseitig mit WITH-Klauseln sichtbar machen — mit der Einschränkung, daß „public" Kinder keine privaten Kinder sichtbar machen können.

18.2.3 Erweiterung von Paketen

Ein „public child" eines Pakets ist eine Erweiterung des Pakets. Dieses Konstrukt kann nicht nur zur Gliederung von Paketvereinbarungen verwendet werden, sondern auch zur nachträglichen Erweiterung.

Im §9.9 hatten wir das im Vokabel-Trainer zu verwendende PACKAGE funktionen so vereinbart:

```
PACKAGE funktionen IS

   TYPE lektion_typ IS RANGE 1 .. 1000;

   PROCEDURE notieren (lektion : IN lektion_typ);

   PROCEDURE auflisten (lektion : IN lektion_typ);

   PROCEDURE abfragen
      (erste_lektion,
       letzte_lektion           : IN lektion_typ;
       deutsch_nach_fremdsprache : IN boolean);

END funktionen;
```

Nach Einsatz des Vokabel-Trainers äußern die Benutzer aber bestimmt den Wunsch nach einer zusätzlichen Funktion „korrigieren" zur Verbesserung falsch eingetippter Vokabeln. Diese Funktion kann in Ada 9X so vereinbart werden:

---------------------------------------Ada 9X--Ada 9X---|

```
PROCEDURE funktionen.korrigieren (lektion : IN lektion_typ);
```

---------------------------------------Ada 9X--Ada 9X---|

Auch Unterprogramme können nämlich Kind-Einheiten sein. Ein Anwender, der das Paket mitsamt der Erweiterung verwenden will, macht mit

```
WITH funktionen.korrigieren;   -- nur in Ada 9X
```

das Paket sowie die Erweiterung sichtbar. Im Rumpf von PROCEDURE funktionen.korrigieren muß PACKAGE heft mitsamt der Typen vokabel_typ, deutsch_typ und auslaendisch_typ sowie der dazugehörigen Operationen sichtbar sein. Im letzten Abschnitt waren diese Größen zuletzt in privaten Kind-Paketen funktionen.typen und funktionen.-heft vereinbart. Dann können sie im Rumpf von PROCEDURE funktionen.korrigieren durch Voranstellen von

```
WITH funktionen.typen, funktionen.heft;   -- nur in Ada 9X
```
sichtbar gemacht werden.

18.2.4 Erweiterung generischer Pakete

§12.4 enthielt eine generische Version von PACKAGE liste. §12.6 sollte eine Erweiterung dieses generischen Pakets um eine generische Prozedur lauf_durch zeigen.

Im §12.6 hatten wir das ursprüngliche Paket komplett abgeschrieben und die vorgesehene Erweiterung eingefügt. Diese Vorgehensweise ist nicht nur umständlich, sondern auch fehleranfällig. Außerdem kommen spätere Änderungen des ursprünglichen Pakets dem erweiterten Paket nicht zugute.

Wir hätten auch ein generisches Zusatzpaket schreiben können, das nur die Erweiterung (hier die generische Prozedur lauf_durch) enthält. Dieses neue Paket müßte aber als generische Parameter alle generischen Parameter des ursprünglichen Pakets haben und außerdem einen zusätzlichen generischen Parameter für jede Größe im ursprünglichen Paket, die für die Implementierung der Erweiterung gebraucht wird:

```
--------------------------------------------------------------|
GENERIC

    TYPE eintrag IS PRIVATE;

    TYPE zeiger_auf_eintrag IS PRIVATE;

    WITH FUNCTION erster_eintrag RETURN zeiger_auf_eintrag;

    WITH FUNCTION ist_leer RETURN boolean;

    WITH FUNCTION ist_letzter_eintrag (welcher : IN
                                       zeiger_auf_eintrag)
          RETURN boolean;

    WITH FUNCTION naechster_eintrag (wonach : IN
                                     zeiger_auf_eintrag)
          RETURN zeiger_auf_eintrag;
```

18.2 Erweiterung und Gliederung von Paketen

```
PACKAGE liste_zusatz IS

   GENERIC

      WITH PROCEDURE tu_was (am_eintrag : IN
                                         zeiger_auf_eintrag);

   PROCEDURE lauf_durch;

END liste_zusatz;
```

Das Ausprägen des Erweiterungspakets ist genauso umständlich. Hat man zum Beispiel das ursprüngliche Paket so ausgeprägt,

```
WITH liste;
PACKAGE character_liste IS NEW liste (eintrag => character);
```

dann prägt man die Erweiterung so aus:

```
WITH character_liste, liste_zusatz;

PACKAGE character_liste_zusatz IS NEW liste_zusatz
   (eintrag => character,
    zeiger_auf_eintrag =>
       character_liste.zeiger_auf_eintrag,
    erster_eintrag => character_liste.erster_eintrag,
    ist_leer => character_liste.ist_leer,
    ist_letzter_eintrag =>
       character_liste.ist_letzter_eintrag,
    naechster_eintrag => character_liste.naechster_eintrag);
```

Ada 9X bietet hier eine wesentlich elegantere Möglichkeit durch eine neue Art generischer formaler Parameter: die *generischen formalen Pakete*. Die Vereinbarung eines generischen formalen Pakets lautet:

```
WITH PACKAGE p IS NEW q (<>);
```

wobei q ein generisches Paket ist und bei der Ausprägung für p stets nur ein ausgeprägtes Exemplar von q eingesetzt werden darf. Unser generisches Erweiterungspaket könnten wir in Ada 9X so formulieren:

```
-----------------------------------------Ada 9X--Ada 9X---|
WITH liste;

GENERIC
   WITH PACKAGE liste_auspraegung IS NEW liste (<>);
PACKAGE liste_zusatz IS

   GENERIC

      WITH PROCEDURE tu_was (am_eintrag : IN
                                     liste.zeiger_auf_eintrag);
   PROCEDURE lauf_durch;

END liste_zusatz;
-----------------------------------------Ada 9X--Ada 9X---|
```

Die Ausprägung lautete dann:

```
-----------------------------------------Ada 9X--Ada 9X---|
WITH character_liste, liste_zusatz;

PACKAGE character_liste_zusatz IS NEW liste_zusatz
   (liste_auspraegung => character_liste);
-----------------------------------------Ada 9X--Ada 9X---|
```

18.3 Neue Möglichkeiten mit ACCESS-Typen

In Ada 9X ist die Palette der Größen, zu denen ACCESS-Typen Zugang bieten können, um zwei erweitert worden: um Unterprogramme und um Objekte, die durch eine Objektvereinbarung (also nicht durch die Auswertung eines Allokators) entstanden sind.

18.3.1 „ACCESS-to-subprogram"-Typen

Im Gegensatz zu [Ada] ist es in Ada 9X möglich, mit ACCESS-Werten auf Unterprogramme zu zeigen. Solche Werte kann man zum Beispiel benutzen, um die Unterprogramme eines Pakets

18.3 Neue Möglichkeiten mit ACCESS-Typen

```
-------------------------------------------------------------|
PACKAGE aktionen IS

   PROCEDURE notieren;
   PROCEDURE auflisten;
   PROCEDURE abfragen;

END aktionen;
-------------------------------------------------------------|
```

verschiedenen Knöpfen eines Menüs zuzuordnen:

```
---------------------------------------------Ada 9X--Ada 9X---|
WITH aktionen;

PACKAGE menu IS

   TYPE knopf_typ IS (notieren, auflisten, abfragen);

   TYPE aktions_typ IS ACCESS PROCEDURE;

   knopf_aktion : ARRAY (knopf_typ) OF aktions_typ
      := (notieren  => aktionen.notieren'ACCESS,
          auflisten => aktionen.auflisten'ACCESS,
          abfragen  => aktionen.abfragen'ACCESS);

END menu;
---------------------------------------------Ada 9X--Ada 9X---|
```

Dabei vereinbart

   TYPE aktions_typ IS ACCESS PROCEDURE; -- nur in Ada 9X

einen Typ, der Zugang zu parameterlosen Prozeduren bietet. aktionen.notieren'ACCESS ist ein ACCESS-Wert, der Zugang zur Prozedur aktionen.notieren bietet, und kann deshalb wie in diesem Beispiel einem Objekt des Typs aktions_typ zugewiesen werden.

Die Prozedur funktionen.notieren aus §9.9 dagegen kann diesem Objekt nicht zugewiesen werden, weil sie ein anderes Parametertypprofil hat. Eine solche Zuweisung würde eine Fehlermeldung zur Übersetzungszeit auslösen. Ein mit Hilfe des Attributs 'ACCESS gelieferter Wert ist also keine nackte Adresse, sondern unterliegt der strengen Typisierung.

Der Vokabel-Trainer könnte alle drei Unterprogramme nacheinander so aufrufen:

```
-------------------------------------------Ada 9X--Ada 9X---|
WITH menu;

PROCEDURE vokabeln_hauptprogramm IS
BEGIN
   FOR knopf IN menu.knopf_typ LOOP
      menu.knopf_aktion (knopf).ALL;
   END LOOP;
END vokabeln_hauptprogramm;
-------------------------------------------Ada 9X--Ada 9X---|
```

Dabei ist menu.knopf_aktion (knopf) jeweils ein ACCESS-Wert, der Zugang zu einer parameterlosen Prozedur bietet, und

```
      menu.knopf_aktion (knopf).ALL;  -- nur in Ada 9X
```

ist ein Aufruf der Prozedur. Ein Aufruf mit aktuellen Parametern würde nicht zum bekannten Profil der Prozedur passen und deshalb eine Fehlermeldung des Compilers auslösen.

In [Ada] konnte man mit generischen Programmeinheiten manche Aufgaben lösen, die sich jetzt einfacher mit „ACCESS-to-subprogram"-Typen lösen lassen. Man könnte zum Beispiel die generische Prozedur lauf_durch in PACKAGE liste aus §12.6 in Ada 9X als nichtgenerische Prozedur mit einem „ACCESS-to-subprogram"-Parameter darstellen:

```
-------------------------------------------Ada 9X--Ada 9X---|
GENERIC

   TYPE eintrag IS PRIVATE;

PACKAGE liste IS

   -- wie bisher

   TYPE aktion_typ IS ACCESS PROCEDURE
      (am_eintrag : IN zeiger_auf_eintrag);

   PROCEDURE lauf_durch (tu_was : IN aktion_typ);

PRIVATE
   -- wie bisher
END liste;
-------------------------------------------Ada 9X--Ada 9X---|
```

Die Anwendung dieser Prozedur aus §12.6 könnte dann so programmiert werden:

```
-----------------------------------------Ada 9X--Ada 9X---|
WITH liste, text_io

PROCEDURE anwendung IS

   PACKAGE character_liste IS NEW
      liste (eintrag => character);

   PROCEDURE drucke_eintrag (welchen : character_liste.
                                    zeiger_auf_eintrag) IS
   BEGIN
      text_io.put (character_liste.inhalt (welchen));
   END drucke_eintrag;

BEGIN
   -- Liste aufbauen

   character_liste.lauf_durch
      (tu_was => drucke_eintrag'ACCESS);
END anwendung;
-----------------------------------------Ada 9X--Ada 9X---|
```

Und die Untereinheit mit dem eigentlichen Rumpf von `lauf_durch` würde sich überhaupt nicht verändern. Im Aufruf

```
    tu_was (am_eintrag => aktuell);
```

müßte zwar eigentlich `tu_was` durch `tu_was.ALL` ersetzt werden, weil `tu_was` jetzt nicht mehr generisches formales Unterprogramm, sondern „ACCESS-to-subprogram"-Parameter ist. Aber hier darf `tu_was.ALL` mit `tu_was` abgekürzt werden.

18.3.2 ACCESS-Zugang zu vereinbarten Objekten

In [Ada] können ACCESS-Werte nur auf Objekte zeigen, die durch Auswertung eines Allokators (s. §7.6) entstanden sind. Diese Einschränkung gilt in Ada 9X nicht mehr.

Die Vereinbarung eines ACCESS-Typs, dessen Werte eventuell auch Zugang zu vereinbarten Objekten bieten soll, muß mit einem der zusätzlichen Wörter ALL und CONSTANT gekennzeichnet werden:

```
TYPE lesen_und_schreiben IS ACCESS ALL integer;   -- ( nur in
TYPE nur_lesen IS ACCESS CONSTANT integer;         -- ( Ada 9X
```

wobei der Zusatz CONSTANT (wie hier bei nur_lesen) festlegt, daß Werte des ACCESS-Typs nicht dazu benutzt werden dürfen, ihre Zielobjekte zu verändern. Werte eines mit ALL vereinbarten ACCESS-Typs (wie lesen_und_schreiben) unterliegen dieser Einschränkung nicht.

Soll nun ein vereinbartes Objekt eines so gekennzeichneten ACCESS-Typs auch Zielobjekt eines Wertes dieses Typs werden, so muß dies schon bei der Vereinbarung des Objekts durch Angabe des in Ada 9X neuen reservierten Wortes ALIASED angekündigt werden:

```
i : ALIASED integer;   -- nur in Ada 9X
```

Das Attribut 'ACCESS ist für ein solches Objekt definiert und bietet Zugang zum Objekt. Dabei paßt i'ACCESS zu jedem Typ, der wie die beiden oben vereinbarten Typen als ACCESS ALL integer oder ACCESS CONSTANT integer vereinbart ist.

18.4 TASKing-Neuerungen

Der TASKing-Bereich von [Ada] war von Anfang an viel Kritik ausgesetzt, wohl deshalb, weil im Bereich der Parallelität und der Echtzeitverarbeitung zum Zeitpunkt der Definition der Sprache zu wenig Erfahrungen vorhanden waren, um eine Grundlage für einen Konsens zu bieten. Häufige Kritikpunkte sind:

- Das einzige portable Konstrukt zur Synchronisation und Kommunikation von Tasks, das Rendezvous, erfordert eine Implementierung mit einem relativ hohen Aufwand an Laufzeit. Bei Echtzeitanwendungen kann es deshalb passieren, daß eine TASKing-Lösung zwar von der Logik her die weitaus sauberste und am besten wartbare Möglichkeit ist, aber die Echtzeitanforderungen nicht erfüllt. (Häufig wird allerdings mit der pauschalen Begründung, Ada-Tasking sei für Echtzeit-Anwendungen zu langsam, von vornherein eine intransparente, schwer wartbare und oft unnötige Assembler-Lösung bevorzugt.)

- Zur Verwaltung von Daten, auf die mehrere TASKs zugreifen sollen, sind oft weitere TASKs nötig, wodurch die eben erwähnte Problematik verschärft wird.

- In manchen Bereichen wurde ein Mangel an Sprachmitteln beklagt, so daß die Implementierung naheliegender Aktivitäten zwar möglich, aber sehr umständlich und deswegen auch manchmal zu ineffizient war. Beispiele sind das Fehlen einer Möglichkeit, TASKs eines TASK-Typs schon bei der Vereinbarung mit unterscheidenden Merkmalen zu versehen (s. §14.4), sowie einer Möglichkeit, innerhalb einer TASK einen Kontrollwechsel durch ein asynchron (zur Ausführung der TASK) eintretendes Ereignis auslösen zu lassen.

- Die starre Zuordnung von Prioritäten zu TASKs zur Übersetzungszeit entspricht oft nicht den Gegebenheiten in praktischen Anwendungen. Außerdem kann sie über *priority inversion* dazu führen, daß eine Aufgabe niederer Priorität vorrangig vor einer Aufgabe hoher Priorität erledigt wird. Als Beispiel stelle man sich eine TASK hoch mit hoher Priorität vor, die auf ein Rendezvous mit einer TASK niedrig mit niederer Priorität wartet. Gleichzeitig sei eine TASK mittel rechenbereit. Die Priorität des Rendezvous ist zwar diejenige der TASK hoch, also höher als die Priorität der TASK mittel. Wenn aber TASK niedrig, um die relevante ACCEPT-Anweisung zu erreichen, zuerst ein Rendezvous mit einer weiteren TASK mit ebenfalls niedriger Priorität abwickeln muß, dann hat dieses andere Rendezvous niedrige Priorität. Da das Rendezvous hoher Priorität noch nicht stattfinden kann, kommt TASK mittel zum Zuge und kann so (indirekt) TASK hoch beliebig lange daran hindern, weiterzurechnen.

Mittlerweile sind wesentlich mehr Erfahrungen im Bereich der Parallelität und der Echtzeitanwendungen vorhanden als in den frühen achtziger Jahren. Im TASKing-Bereich enthält Ada 9X entsprechend viele zentrale Neuerungen, die wir hier nur kurz ohne Beispiele darstellen. [Barnes] enthält eine ausführlichere Beschreibung mit Beispielen.

Das neue Konstrukt der *protected* Typen bietet synchronisierten Zugang zu Werten eines solchen Typs aus verschiedenen TASKs. Wesentlich dabei ist, daß die Implementierung dieses Konstrukts mit geringem Laufzeitaufwand realisiert werden kann. Es eignet sich also gut für zeitkritische Anwendungen. Ein Objekt eines „protected" Typs hat, im Gegensatz zu einer TASK, keinen eigenen Kontrollfluß. Spezielle Unterprogramme und ENTRYs bieten Zugang zum Objekt. Prozeduren und ENTRY-Aufrufe können das Objekt verändern; deswegen verwehrt das Ada-System während der Ausführung einer Prozedur oder eines ENTRYs allen anderen TASKs den Zugang zum Objekt. Funktionen dagegen greifen nur lesend auf das Objekt zu; das Ada-System läßt beliebig viele gleichzeitige Funktionsaufrufe zu.

In Ada 9X kann ein TASK TYPE mit einer Diskriminanten versehen sein, so daß TASKs dieses Typs gleich bei ihrer Aktivierung ein unterscheidendes Merkmal bekommen.

Ada 9X führt eine neue Art von SELECT-Anweisung ein, mit der ein asynchroner Kontrollwechsel innerhalb einer TASK programmiert werden kann. Auslöser des Kontrollwechsels kann das Beenden eines ENTRY-Aufrufs oder einer DELAY-Anweisung sein.

Mit der neuen REQUEUE-Anweisung kann ein schon angenommener ENTRY-Aufruf erneut in eine ENTRY-Warteschlange eingereiht werden, entweder in die gleiche oder in eine andere. Dabei gilt das angefangene Rendezvous als noch nicht beendet. Das heißt, die Ausführung der aufrufenden TASK wird erst dann fortgeführt, wenn auch der durch REQUEUE entstandene implizite ENTRY-Aufruf verarbeitet worden ist. REQUEUE ist ein neues reserviertes Wort.

Ein Paket zur dynamischen Veränderung von Prioritäten von TASKs ist in Ada 9X im Appendix H (Real-Time Systems) beschrieben. Dieser Anhang enthält auch zum Beispiel ein Paket, mit dessen Hilfe TASKs von außen angehalten und wieder fortgeführt werden können, sowie PRAGMAs zur Festlegung der Reihenfolge, in der TASKs in ENTRY-Warteschlangen bedient werden (in [Ada] werden sie immer „first in, first out" bedient). Die Bedeutung der Anhänge in Ada 9X wurde am Anfang dieses Kapitels erläutert.

Literaturverzeichnis

[Ada]
: The Programming Language Ada. Reference Manual. ANSI/MIL-STD-1815A-1983. Lecture Notes in Computer Science 155. Springer-Verlag, Berlin 1983

[Ada 9X]
: Programming Language Ada. Language and Standard Libraries. Draft. Version 5.0. Ada 9X Mapping Revision Team, Intermetrics, Cambridge, MA 1994

[Ada 9X Rationale]
: Rationale for the Programming Language Ada. Language and Standard Libraries. Draft. Version 4.0. Ada 9X Mapping Revision Team, Intermetrics, Cambridge, MA 1993

[Barnes]
: Barnes, J.G.P.: Introducing Ada 9X. Ada 9X Project Report. Intermetrics, Cambridge, MA 1993

[Booch 86]
: Booch, G.: Software Engineering with Ada. 2nd ed. Benjamin-Cummings, Redwood 1986

[Booch 91]
: Booch, G.: Object-Oriented Design with Applications. Benjamin-Cummings, Redwood 1991

[Deutsch-Ada]
: DIN 66 268, deutsche Übersetzung von [Ada]. Beuth-Verlag, Berlin 1988

[Dijkstra]
: Dijkstra, E.W.: Notes on Structured Programming. In: O.J. Dahl, E.W. Dijkstra, C.A.R. Hoare (Eds.), Structured Programming. Academic Press, New York 1972

[Schmidt]
: Schmidt, D.: Programmieren mit Ada. Band 1: Ada für Einsteiger. Springer-Verlag, Berlin 1992

[Steelman]
    Defense Advanced Research Projects Agency, Department of Defense: Requirements for Higher Order Computer Programming Languages - 'STEELMAN'. Arlington, VI 1978

[Stoneman]
    Defense Advanced Research Projects Agency, Department of Defense: Requirements for Ada Programming Support Environments - 'STONEMAN'. Arlington, VI 1980

[Weinert]
    Weinert, A.: Programmieren mit Ada und C. Vieweg-Verlag, Braunschweig 1992

Stichwortverzeichnis

Kursive Seitenzahlen verweisen auf Abschnitte

& (Verkettungsoperator) 112
Abarbeitung *199*
Abarbeitungsreihenfolge *203*
abgeleiteter Typ *143*
Abhängigkeit *185*
ABORT-Anweisung 300
abstrakter Datentyp 149
abstrakter Typ (Ada 9X) *401*
abstraktes Unterprogramm (Ada 9X) *401*
Abstraktion *16*, 57
accept statement 292
ACCEPT-Anweisung 292, 300
  mit DO 306
  mit Folge von Anweisungen 306
  mit Parameter(n) 305
access type 93, *126*
ACCESS-Diskriminanten (Ada 9X) 409
ACCESS-Typ *126*
activation *298*
Ada 9X *4*, 10, 11, 22, *387*
  ARRAY-Aggregate in Zuweisungen 112
  DELAY UNTIL 319
  Hilfsmittel zur Ausnahmebehandlung 275
  OUT-Parameter 64
  Paketrumpf zwingend vorgeschrieben 151, 158

Programmieren in verschiedenen Sprachen 354
Reihenfolge von Vereinbarungen in Vereinbarungsteilen 67
USE TYPE 155
Vereinbarung von string-Variablen 110
Überladung des Gleichheitsoperators 165
private generische formale Typen 245
protected unit 331
Ada Issue 10
Adresse 334
Adreßklausel 49, 338, *344*
Aggregat 107, *110*
aggregate 107
AI (Ada Issue) 10
Aktivierung *298*, 302, 307
  durch Allokator-Auswertung 314
ALIASED (Ada 9X) 422
allocator 129
Allokator 129
Anhang von Ada 9X 387
anonymer vordefinierter numerischer Typ 135
Anweisung 35, *39*
Appendix F 211, 271, 359
array type 93
ARRAY-Aggregat 107, 250

ARRAY-Aggregate in Zuweisungen (Ada 9X) 112
ARRAY-Typ *104*
assignment 39
Attribut 45, 99
  für TASKing 327
attribute 99
Aufzählungsdarstellungsklausel 341
Aufzählungstyp *95*
ausführen 39
ausgeprägtes Exemplar 217
Ausnahme 41, *269*
  auslösen 269
  behandeln 269
  weiterreichen 269
Ausnahmebehandler *273*
ausprägen einer generischen Einheit 217
Ausschnitt 106

base type 97
bedingte Anweisung *42*
beendet 299
Beendigung 303
  des Hauptprogramms 303
  einer TASK *299*, 318
Bereichseinschränkung 41
Bezeichner 36
Bibliothek 58, 59, *183*
Bibliothekseinheit *75*
Bibliotheksunterprogramm *75*
Binden eines Ada-Programms 203
block statement 39
Blockanweisung 39, *52*
body stub 67
boolean 102
bottom-up design 21

calendar (vordefiniertes Paket) 180
callable (Tasking-Attribut) 327

CASE-Anweisung 39, *45*
catenation 112
character (vordefinierter Typ) 98
child (Ada 9X) *411*
  private *413*
  public 413
class-wide-Typ (Ada 9X) *398*
completed *299*
composite type 104
computerintegrierte Anwendung 6
conditional entry call 293
constant 52, 124
constrained array type 109
constraint 97
constraint_error 41, 97, 99, 108, 109, 110, 121, 124, 126, 132, 270, 271, 273, 278
context clause 184
count (Tasking-Attribut) 325, 328

Darstellungsklausel 98, 338, *341*
data_error 271, 272
deadlock 303, 318
declaration 35
declarative part 35
DECLARE 54
default expression 218
  for discriminant 126
DELAY UNTIL (Ada 9X) 319
DELAY-Alternative 321
DELAY-Anweisung 39, 311
  mit nichtstatischem Ausdruck 319
DELTA 136
derived type 94, *143*
designated object 128
designated type 128
directly visible 73
direkt sichtbar 73
discriminant 118
diskreter Typ 45, 104
Diskriminante 118

dispatching 392
DO 306
duration (vordefinierter Typ) 181, 314
dynamische TASK-Vereinbarung 307

eigentlicher Rumpf 67
einfache Anweisung *40*
eingeschränkter ARRAY-Typ 109
Einschränkung 97
elaboration *199*
ELSE-Teil 321
embedded computer application 6
ENTRY 292
entry call 292
ENTRY-Aufruf 292, 300
   bedingter 293, 316
   befristeter 293, 314
ENTRY-Familie 323
ENTRY-Vereinbarung 302
   mit Parameter 305
   ohne Parameter 302
Entwurf eines Programms *19*
enumeration representation clause 341
enumeration type 93
environment task 300
Ergebnis 59
erroneous execution 42, *284*, 330, 357, 360, 362
exception 41, *269*
   handler *273*
execute 39
EXIT-Anweisung 39
explicit type conversion 145
explizite Typkonvertierung 145
expression 41

Festpunkttyp 133
fixed point type 133
floating point type 133
Formatierer 56
Formatierung 37
frame 273
full expanded name 186
function 59
Funktion 59
funktionale Spezifikation 19

ganzzahliger Typ 133
ganzzahliges Literal 136
Geheimnisprinzip *25*, 58, 59, 62, 67, 70, 78, 88, 95, 149, 192, 193, 230
gemeinsam benutzte Variable *329*
generic formal object 238
generic formal part 238
generic formal subprogram 239
generic formal type 238
generic parameter 238
generic unit 216, 237
generische Einheit 216, *237*
generischer formaler Teil 238
generischer formaler Typ 238
generischer Parameter 238
generisches formales Objekt 238
generisches formales Paket (Ada 9X) 417
generisches formales Unterprogramm 239
Gleichheitsoperator 153
   Sichtbarkeit von 153
Gleitpunkttyp 133
GOTO-Anweisung 39
Grundtyp 95
Gültigkeitsbereich 73

fehlerhafte Ausführung 42, 65, *284*
fertig ausgeführt 299

Hauptprogramm 41
   Beendigung 303

in einem Programm mit TASKs 302
hide 49
Hilfsmittel zur Ausnahmebehandlung (Ada 9X) 275

identifier 36
identische TASKs *296*
IF-Anweisung 39, *42*
Implementierung 25
IN (Modus) 59
IN-Parameter 168
incomplete type declaration 94, 130
incorrect order dependence 206, 245, 262, *286*
index constraint 109
Indexeinschränkung 109
Infixschreibweise 102
information hiding *25*
Initialisierung einer Variablen 42, 43
inkorrekte Abhängigkeit von der Reihenfolge *286*
instance 217
instantiate 217
integer literal 136
integer type 133
interrupt entry *346*

Kind (Ada 9x) 411
Klammerung von Ausdrücken 100
Klasse 390
Klasse (Ada 9X) 398
Kommentar 36
Kompatibilität einer Einschränkung 109
Konstante 52, 124
Kontextklausel 184
kursiver Text in der Sprachdefinition 98

Kurzauswertungsoperation 104

Längenklausel 338, *339*
Lesbarkeit 22, 97, 100
library unit *75*
LIMITED PRIVATE Typ *172*
Literal 37
  ganzzahliges 136
  NULL 129
  numerisches 136
  reelles 136
  Zeichenketten- 37
logical operator 103
logischer Operator 103, 250
logischer Prozessor 292
lokales Unterprogramm *62*
LOOP-Anweisung 39, *47*

machine code insertion 353, *354*
Maschinencode-Einfügung 353, *354*
master 299
mehrfache Vererbung *403*
Meister einer TASK 299, 303, 307
membership test 99
mode 59
model number 138
Modellzahl 138
Modus 59
multiple inheritance *403*

named association 64, 107
natural (vordefinierter Typ) 45
nichtblockierende Ein-/Ausgabe 347
nichtinitialisierte Variable 284
NULL
  -Anweisung 42
  als ACCESS-Literal 129
  in RECORD-Vereinbarungen 120

numeric literal 136
numeric type 94
numeric_error 270
numerisches Literal 136

object 94
object oriented design 21
Objekt 81, 93, 94, 390
objektbasiert 391
objektorientierter Entwurf 21
objektorientiertes Programmieren 389
obsolete 69, 186
OOD (object oriented design) 21
OOP (objektorientiertes Programmieren) 389
Operation 98, 106
Operationen im Sinne des OOP 390
Operator 99
operator 99
order of elaboration 203
OUT (Modus) 59
OUT-Parameter (Ada 9X) 64
overloading 72

package 149
package body 151, 156, 162
PACKAGE calendar 180
package declaration 150, 156, 158
PACKAGE liste mit privatem Typ 175
PACKAGE system 311, 334
Paket 18, 33, 149
Paket mit Anweisungen 178
Paketanwendung 161
Paketaufbau 157
Paketrumpf 151, 156, 162
Paketrumpf zwingend vorgeschrieben (Ada 9X) 151, 158

Paketvereinbarung 150, 156, 158
parameter association 64
parameter passing 65
Parametertypprofil 73
Parameterübergabe 65
Parameterzuordnung 64
parent (Ada 9X) 412
parent unit 67
Polymorphie 391
positional association 64, 107
Präfixschreibweise 102
PRAGMA 359
  elaborate 203, 206, 243
  inline 360
  interface 353
  optimize 360
  pack 338
  priority 295, 311, 319
  shared 330
  suppress 360
predefined type 97
preemptive scheduling 313
primitives Unterprogramm (Ada 9X) 393
Priorität 295, 311
priority 295
priority inversion 423
private generische formale Typen (Ada 9X) 245
private part 171
private type 169
privater Teil eines Pakets 156, 171
privater Typ 149, 169
procedure 59
  call 39
program library 59, 183
program unit 33
program_error 64, 199, 200, 201, 206, 207, 208, 262, 270, 284
Programmbibliothek 56, 59, 183
Programmeinheit 33
Programmieren in verschiedenen Sprachen (Ada 9X) 354

propagate 269
proper body 67
protected type (Ada 9X) 423
protected unit (Ada 9X) 331
Prozedur 33, *59*
Prozeduraufruf 39
Prozeß *291*

qualified expression 112
qualifizierter Ausdruck 112

Rahmen 273
range constraint 41
real literal 136
recompilation 186
record representation clause 341
record type 93
RECORD-Aggregat 116
RECORD-Darstellungsklausel 341
RECORD-Typ *116*
reelles Literal 136
Reihenfolge von Vereinbarungen 66
Reihenfolge von Vereinbarungen in Vereinbarungsteilen (Ada 9X) 67
REM (vordefinierter Operator) 181
RENAMES 154
Rendezvous *292*
  ohne Parameter 302
representation clause 98
reserviertes Wort 36
result 59
RETURN-Anweisung 64

safe number 140, 142
Schablone 216, *237*
Schleifenanweisung *47*
Schnittstelle 25
schrittweise Verfeinerung 21
scope 73

Seiteneffekt 286
  in Paketrumpf 162
SELECT-Anweisung 316
selection 150
selective wait *294*
Selektion 150
selektives Warten *294*, 308
  geschachteltes 321
  mit DELAY-Alternative 294, 321
  mit ELSE-Teil 294, 321
  mit TERMINATE-Alternative 294, 317
shared variable *329*
short circuit control form 104
sichere Zahl 140, 142
sichtbar s. Sichtbarkeit
Sichtbarkeit 66, 70, s.a. Verdecken
  direkte 73, 152
  im Paketrumpf 162
  eines lokalen Unterprogramms 67
  einer lokalen Größe 67
  eines Operators 153
  des Paketrumpfes 156
  eines Paketteils 156
  einer Schleifenvariablen 49
  durch Selektion 73
  bei einem SEPARATE Unterprogramm 70
  einer Untereinheit 76
  eines Unterprogramms 72
  einer Vereinbarung im Unterprogrammrumpf 62
  durch WITH 76
slice 106
small 141
Software-Krise *5*
Spezifikation 24
statement 35, *39*
statisch 250
storage_error 270, 340

strenge Typisierung *28*, 94, 97, 120, 126, 127, 137, 143
string literal 37
strong typing 94
Stummel *67*
subprogram body 61
subprogram declaration 60
subtype 95
subunit *67*
Synonym 97, 154
Syntax 36
systemnahes Programmieren *333*

tag (Ada 9X) 398
TAGGED Typen (Ada 9X) *393*
TASK *291*
   aufgerufene *292*
   aufrufende *292*
   Typ *297*, 307
   Vereinbarung 302
   Vereinbarung ohne ENTRYs 305
task type *297*
tasking_error 271
template 216, 237
TERMINATE-Alternative 317
terminated *299*
terminated (Tasking-Attribut) 328
text_io 35, *211*
timed entry call 293
top-down design 21
top-down programming 69
Transparenz *22*, 65, 94, 145, 152
Typ *93*
TYPE duration 181, 314
Typkonvertierung *145*

Überladung *72*, 102, 146, 164, 213
Überladung des Gleichheitsoperators (Ada 9X) 165
Übersetzung 184
Übersetzungseinheit 58, *184*

Umgebungs-TASK 300
unconstrained array type *109*
uneingeschränkter ARRAY-Typ *109*
universal type 137
universal_integer 137
universal_real 137
universeller Typ 137
Unterbrechungs-ENTRY 338, 346
Untereinheit *67*, 185
Unterprogramm *57*
Unterprogrammrumpf 61
Unterprogrammvereinbarung 60
   explizite 60, 62, 71, 76
   implizite 62
Untertyp 95
unvollständige Typvereinbarung 130
USE TYPE (Ada 9X) 155
USE-Klausel *151*, 184

Validierung 10, *12*
variant part *118*
Variantenteil *118*
Vatereinheit 67
veraltete Einheit 69, 186
Verdecken 49
   von Objekten *73*
Vereinbarung 35
   einer Variablen 41
   einer Variablen mit Initialisierung 43
   eines Unterprogramms 62
   explizite Unterprogramm- 71, 76
   mehrerer gleichartiger Variablen 44
Vereinbarung von string-Variablen (Ada 9X) 110
Vereinbarungsteil 35, 66
Vererbung *390*
   mehrfache *403*
Verkettung 112

visible 62
   by selection 73
vollständiger erweiterter Name 186
Vorbesetzung einer Diskriminanten *126*
Vorbesetzungsausdruck 218
vordefinierter Typ 97

Wartbarkeit 176
WHEN in SELECT-Alternative 308
Wiederübersetzung 186
Wiederverwendbarkeit 132, 237
with clause 35
WITH-Klausel 35, 184

Zeichenkettenliteral 37
Zielobjekt 128
Zieltyp 127, 128
Zugehörigkeitstest 99
Zugriff 126
Zuordnung 64
   aktueller Parameter 64
   über die Position 64, 107
   über Namen 64, 107
zusammengesetzte Anweisung 40
zusammengesetzter Typ 104, 116
Zuweisung 39

MIX
Papier aus verantwortungsvollen Quellen
Paper from responsible sources
FSC® C105338

If you have any concerns about our products,
you can contact us on
ProductSafety@springernature.com

In case Publisher is established outside the EU,
the EU authorized representative is:
**Springer Nature Customer Service Center GmbH
Europaplatz 3, 69115 Heidelberg, Germany**

Printed by Libri Plureos GmbH
in Hamburg, Germany